프랑스
육아의
비밀

| 일러두기 |

- 신생아부터 생후 12개월까지는 '아기'라고 표기하고 그 이후부터 '아이'라고 표기했다.
- 생후 24개월까지는 개월수로 표기하고 그 이후부터는 나이 단위 '살'로 표기했다.

프랑스 육아의 최고 권위자
안느 바커스가 밝히는

프랑스 육아의 비밀

안느 바커스 지음 · 김수진 옮김

예문아카이브

아이를 불행하게 만드는 가장 확실한 방법은
언제든지, 무엇이라도 손에 넣을 수 있도록 내버려 두는 것이다.

— 장 자크 루소(Jean Jacques Rousseau)

'프랑스 엄마들의 양육 비밀'을 밝히다

　자녀 문제로 고민 중인 부모라면 《프랑스 육아의 비밀》을 가까이에 두고 필요할 때마다 들추어 보아야 한다. 자녀의 발달 과정에서 나타나는 행동과 그 이면에 깃든 심리는 물론, 부모와 자식 사이에 오가는 미묘한 애증 관계, 치열한 신경전, 여기에 방대한 임상 연구 데이터를 곁들이고, 저자 특유의 따뜻한 감성과 교육적인 관점을 잘 버무려 명쾌하게 설명한 책이기에 그렇다.

　저자 안느 바커스는 프랑스의 저명한 아동 심리학자이자 정신요법 의사로서 20년 넘게 아동 발달과 심리 연구에 매진해 왔다. 또한 학자 이전에 두 아이의 어머니로서 자신이 정립한 감성적 바탕과 아동 발달 심리를 토대로 아이들을 행복하게 키우고 있다. 프랑스 정통 교육을 주춧돌로 삼고 뇌 과학, 생물학, 심리학, 정신과학의 최신 성과들을 엮어 내는 저자의 양육법은 세계적으로 인정받고 있으며, 아이 주도적 발달 이론은 특히 한국 부모들에게 각광을 받고 있다.

부모들은 아이들과 벌이는 양육 전쟁에 매일매일 녹초가 되다시피 한다. 특히 한국 부모들의 자녀에 대한 몰입도는 둘째가라면 서러울 정도로 세계 최강인지라, 자녀교육이라면 옳고 그름을 따지지 않고 과잉으로 치닫는 경우가 많다. 이렇게 물불 안 가린 채 아이들 양육에 치중하다 보니, 정작 부모들은 자신의 심리 상태나 정신 건강은 변변히 챙기지도 못하고 지내 왔다. 이 책은 아이들의 심리적 안정과 부모들의 정신 건강까지 두루 아우르는 정신 의학서 역할도 한다.

최근 프랑스 육아가 주목받는 이유는 아이를 주체적이고 독립적인 존재로 자라게 하는 강인한 프랑스식 양육법에 있다. 이 방식은 식사, 잠투정, 놀이, 학습 등 아이의 발달 과정에서 부딪히는 갖가지 문제들을 아이가 주도적으로 해결할 수 있도록 도와준다. 서툴더라도 혼자서 해내는 과정을 응원하고 좀 더 주체적이고 독립심이 강한 아이로 키우는 교육을 지향하는 것이다.

주체적인 아이로 키우려면 아이를 왕자나 공주처럼 떠받드는 분위기는 좋지 않다. 그런데 한국에서는 아이를 금이야 옥이야 받들어 모시듯 양육이 이루어지다 보니, 가정에서 아이가 무소불위의 '일인자' 노릇을 톡톡히 하고 있다. 어렸을 때부터 독립적인 존재로 자라는 환경을 만들어 주는 프랑스식 양육과는 상당히 거리가 먼 모습이다. 아이 주도적 양육법이 한국에서 잘 정착되지 않는 이유이기도 하다.

저자 안느 바커스는 아이가 원하는 것을 얻기 위해 떼를 쓰고 칭얼대는 것을 허용하지 않지만, 그렇다고 강압적으로 아이를 훈육해서도 안 된다고 말한다. 시간이 걸릴지언정 스스로 깨치게 함으로써 아이의 자제력과 인내심, 자립심을 길러 주는 방법을 제시한다. 아이에게 끌려 다니는 한국의 부모들이 한 번쯤 생각해 보아야 할 대목이다.

아이의 취향이나 성격, 부모의 양육 방식과 교육을 바라보는 관점이 다른 상황에서 이 책이 완벽한 모범 답안을 제시해 줄 수는 없다. 그러나 자녀의 심리적 상황이나 발달 과정에서 흔히 발생할 만한 문제들을 명확하게 세심하게 이해시켜 주는 책이다.

《프랑스 육아의 비밀》의 또 다른 장점은 영유아 시기부터 시작해 아이가 가정의 테두리에서 벗어나 유치원이나 학교생활을 할 때의 사회성 발달까지 짚어 준다는 것이다. 부모에게 전적으로 의지했던 아이가 사회로 나오면서 겪게 되는 새로운 환경은 아이에게 처음 맛보는 시련일 것이다. 이 책은 새로운 환경에 대한 낯선 감정을 추스르면서 아이 스스로 해결하고 깨달아 나가는 방법을 알려 준다. 문제 해결의 단서를 아이에게 때맞추어 제공하고 도와주는 부모의 역할도 조목조목 제시되어 있다.

부모와 자녀들이 소통하고 서로 배려하고 존중하고 도움을 주고받는 것은 그 무엇과도 바꿀 수 없는 삶의 소중한 기반이 될 것이다. 안느 바커스의 혜안이 녹아 있는 《프랑스 육아의 비밀》은 한국 부모들이 꼭 읽어야 할 필독서다.

— 김동철(심리학자, 김동철 심리케어 대표원장)

알다가도 모를 우리 아이,
속마음이 궁금하시죠?

부모라면 자녀를 어떻게 교육해야 할지 고민하기 마련이다. 가령 자녀가 탐구욕을 보일 때 어느 선까지 허용하고 제한해야 할까? 산타 할아버지는 허구의 인물이라는 사실을 아이들에게 어떻게 알려 주어야 할까? 아이가 거짓말을 하면 어떻게 반응해야 할까? 용돈을 줄 필요가 있을까? 이처럼 수많은 질문을 자신에게 던진다.

이런 의문을 가지고 고민한다는 것 자체가 매우 긍정적인 현상이다. 부모가 자녀를 위해 최선을 다하려고 하며 실수를 미연에 방지하려는 노력의 산물이기 때문이다.

아이를 키우다 보면 유독 '까다롭게' 굴며 부모 속을 썩이는 시기가 있다. 어느 날은 큰아이가 거미를 보고 무섭다며 소란을 피우더니 다음 날에는 작은아이가 온종일 배변 훈련용 변기를 사용하지 않겠다고 떼를 써 부모의 진을 빼는 식이다. 이렇게 롤러코스터를 탄 듯 다사다난한 아이와의 하루하루를 어떻게 보내야 할까?

이 책은 부모가 매일 일어나는 크고 작은 상황에 구체적으로 대처하는 법을 다양하게 알려 준다. 필자의 조언을 액면 그대로 따르라는 것은 아니다. 그보다는 현재 아이가 하는 행동에 숨은 심리와 발달 상황을 설명하여, 부모가 아이를 보다 잘 이해하고 최상의 교육적 선택을 할 수 있게 도와주고자 한다.

세상 모든 가족은 서로 다르며, 아이들 하나하나가 유일무이한 존재다. 따라서 이 책은 모든 경우에 적용할 수 있는 '모범 답안'을 제시하지 않는다. 자기 자녀에 대해서는 그 누구보다 부모가 가장 잘 아는 법이다. 즉, 여러분이야말로 자녀를 가장 잘 이해할 수 있는 위치에 있다. 하지만 자녀를 가장 이해하기 힘든 사람 역시 부모다. 여러분은 이 책을 통해 한 걸음 물러서서 깊이 생각하는 법을 배우고 구체적으로 활용할 만한 조언도 얻을 수 있다. 이를 자녀의 특성에 맞게 적용하고 거기에 자녀에 대한 사랑을 곁들여서 구체적으로 실천해 나가는 것은 부모, 바로 여러분의 몫이다.

이 책에서 다룬 주제가 여러분의 자녀에게 모두 해당하는 문제는 아닐 것이다. 어쩌면 아직 그 단계까지 접어들지 않았을 수도 있다. 그렇다 해도 미리 읽어 두면 예방이 가능하다. 유비무환이라는 말처럼 어려움을 미리 염두에 두고 있으면 막상 그 일이 닥쳤을 때 이겨 낼 수 있다. 책을 읽는 동안 여러분은 자녀를 위해 깊이 고민하고 스스로에게 질문도 던지면서 자녀를 더 잘 이해할 방법이 무엇인지 찾게 될 것이다. 그러면서 부모로서의 역량이 강화되고 자녀와의 소통도 한결 수월해질 것이다.

이 책은 엄마는 물론 아빠를 위한 것이기도 하다. 자녀교육은 부모 모두의 몫이라는 것이 필자의 신념이기 때문이다.

물론 여러분이 던지는 모든 질문에 대한 답을 여기서 다 찾을 수는 없다. 그럴 때는 주저하지 말고 전문가와 상담하기 바란다. 경험상 단 한 번의 상담만으로도 엉킨 실타래가 풀리고 마음의 안정을 찾았다는 부모를 많이 만났기 때문이다.

— 안느 바커스

CONTENTS

제2부 아동기 — 일곱 살부터 열네 살까지

제1부

영유아기

—

출생 후 일곱 살까지

—

제1장

아이와의 첫 만남!
관계 맺기

산후 우울증은
어떻게 극복할까요?

휴, 마침내 임신 기간이 끝났어요! 산처럼 배가 불러서 걷는 것도 잠자는 것도 힘들고, 소화도 잘 되지 않고, 숨이 턱까지 차오르는 생활도 이제는 안녕이에요.

무사히 출산한 후, 아기를 안고 집으로 돌아온 여러분은 자신감과 활기가 넘치는 환한 모습이어야 '마땅할' 것이다. 그런데 진정으로 행복해야 할 바로 그 시기에 여러분은 상실감, 근심, 무기력감, 고독을 느낀다. 행복에 젖어 있어야 할 때인데 오히려 눈물이 하염없이 흐른다. 도대체 무슨 일일까? 전문가들은 출산 후 찾아오는 이 우울한 감정을 '산후 우울증'이라 부른다.

왜 우울증이 생기는 걸까
• 출산 후에는 심한 육체적, 정신적 변화와 함께 호르몬 변화를 겪게

되므로 적응 기간이 필요하다. 어떤 일을 손꼽아 기다리는 과정은 보통 긴장과 흥분을 동반한다. 그러다가 마침내 그 일을 겪고 나면 일종의 쇼크 상태와 공허감이 뒤따른다. 누구든 한두 번쯤은 이런 경험이 있을 것이다.

- 갑작스러운 상황 변화가 다 그렇듯, 임신부에서 엄마로 넘어가는 것은 상당히 민감하고 힘든 일이다. 이 과정에서 여러분은 그토록 바라고 기다려 왔던 아기를 얻었다. 아기는 배 속에 있었다는 것을 믿기 어려울 만큼 온전하고 눈부신 모습으로 여러분 눈앞에 있다. 반면 여러분이 잃는 것도 있다. 무엇일까? 이제부터 여러분은 더 이상 세상의 중심이 아니다. 아기가 세상의 모든 관심을 한 몸에 받는다. 배우자와 단둘이 머리를 맞대고 있는 시간도, 온전한 밤 시간도, 여가 생활도 당분간 꿈도 꾸지 못한다.

- 오랫동안 꿈꾸어 왔던 것에 비하면 현실은 실망스러울 따름이다. 여러분이 낳은 아기는 광고에서 보던 사랑스러운 아기들과 조금도 닮지 않았다. 엄청나게 울어 대고, 늘 배고파하는 것 같고, 밤낮이 바뀐 생활을 한다. 비록 몸집은 작지만 존재감이 엄청난 아기 때문에 여러분은 완전히 녹초가 되고 만다.

- 명랑하고 참을성 많은 완벽한 엄마가 되겠노라 다짐했건만, 그런 이상적인 엄마의 모습은 대체 어디로 사라진 걸까? 아기와의 생활에 지친 여러분은 친구들 중 누가 해도 나보다는 좋은 엄마가 될 것이라고 생각하며 눈물범벅이 된다.

- 피로는 결정적인 역할을 한다. 출산 후 회복 과정, 엄마로서 겪는

새로운 생활 리듬, 아기를 보러 온 친지들의 방문, 수면 부족 등으로 인해 여러분이 해야 할 일들이 더욱 버겁게 느껴진다. 몸을 움직이자니 피곤해지고, 가만있자니 걱정이 앞선다. 그래서 스트레스가 쌓이고 의기소침해지고 화가 치밀어 오르고 죄책감이 든다.

우울증이 빨리 지나가게 하려면

산후 우울증은 짧게는 이틀이나 사흘에서 길게는 2~3주 동안 지속된다. 이 기간은 사람마다 다르다. 각자의 신체적, 감정적 상태와 어떤 도움과 지원을 받느냐에 따라 달라진다. 그렇다면 이 힘든 시기가 빨리 지나가게 하려면 어떻게 대응해야 할까?

- 이런 우울한 감정이 존재한다는 사실을 아는 것만으로도 안심이 되고 인내심이 생긴다. 세상과 단절되지 말고 감정을 있는 그대로 표현하면 속이 후련해지면서 해방감이 들 것이다. 친정 엄마 앞에서 실컷 울거나, 친한 친구에게 전화해서 여러분의 힘겨운 상황을 털어놓는 것이 좋다.

- 지금이 바로 다른 사람의 도움을 받아야 할 때다. 이웃이 빵 사러 간다고 하면 여러분 것도 같이 사다 달라고 부탁하라. 남편에게 식사 준비를 맡기고, 가사도우미를 구해서 집안일을 부탁하는 것도 좋은 방법이다. 집에 찾아오는 손님이 많다면, 여러분이 편하게 대할 수 있는 사람들만 초대하라. 그리고 그들에게 "저녁 식사 좀 갖고 올 수 있어?" 또는 "미안하지만 빨래 좀 널어 줄 수 있어?"라고 도움을 청한다. 그렇다고 죄책감을 느낄 필요는 없다. 이게 다

아기를 위한 것이다.

- 이렇게 해서 얻은 자유 시간은 여러분과 아기를 위해 쓰도록 한다. 아기가 잘 때 짬짬이 쉬면서 낮잠 자는 것이 얼마나 중요한지 곧 깨닫게 될 것이다. 잠든 아기를 품에 안고 편하게 쉬는 맛이 얼마나 달콤한지도 알게 될 것이다.

- 매일 여러분 자신만의 긴장 해소 시간을 갖는 것이 정신 건강에 좋다. 목욕을 하거나 잡지를 보거나 친구와 통화를 하라. 출산 직후에는 몸이 힘들어서 누워 있고만 싶겠지만, 그렇다고 세상과 단절된 채 지내서는 안 된다. 여러분이 즐겁게 해 왔던 것들을 다 끊고 살지 말라는 말이다.

- 여러분과 마찬가지로 여러분의 남편도 새로운 상황에 혼란을 느끼고 새 식구와 적응할 시간이 필요하다. 그러므로 여러분이 아기를 돌보는 데 익숙해지려면 처음 몇 주 동안 남편이 주도적으로 여러분과 집안일을 돌봐야 한다는 점을 출산 전에 미리 잘 설명해 둔다. 이렇게 남편이 도와주고, 집안일을 도맡아 해 준다면, 여러분은 엄마라는 새로운 역할에 차츰 적응하면서 마음의 안정과 자신감을 얻을 것이다. 이처럼 배우자가 적극적으로 보조하는 것이 반드시 필요하다.

따라서 여러분이 직면한 어려움을 혼자 짊어진 채 끙끙대지 않는 것이 중요하다. 힘들면 힘들다고 말하고, 다른 사람의 도움을 받을 줄도 알아야 한다. 주위 지인들에게 연락해서 정기적으로든 비정기적으로든 숙련된 도움의 손길을 받도록 한다. 예컨대 이 시기에는 친한 친구에게 전화를 걸어 도움을 청하거나 옆에 있어 달라고 부탁해야 한다.

엄마이기 전에 아내라는 걸 잊지 마라

울고, 밤에 깨는 등 '정상적으로 행동하는' 아기에게 완벽한 엄마이면서 동시에 남편에게 친절하고 배려할 줄 아는 아내가 되기란 하늘의 별 따기다. 여러분의 남편은 당신과 교대로 짐을 질 준비가 된 사람이다. 남편이 교대해 주면 여러분은 자유 시간을 가질 수 있다. 하지만 부부가 둘만의 시간을 가지는 것 역시 매우 중요하다. 망설이지 말고 일주일에 한 번 정도는 가족이나 베이비시터에게 아기를 맡기고 부부가 함께 외출하는 시간을 갖는다. 그것이 힘들면 아기가 잠든 동안 매일 단 30분만이라도 조용히 두 사람의 친밀한 시간을 가지도록 노력하라. 여러분은 부모이기 전에 부부이며, 아기가 생긴 이후에도 부부라는 관계는 변함이 없어야 한다. 아기가 태어났다고 아빠나 엄마로만 살아야 하는 것은 아니다. 부모가 되고 나서도 여러분 자신으로서, 그리고 부부로서 두 사람이 함께 존재한다는 사실을 잊지 말기 바란다. 그렇게 한다고 여러분의 자녀가 고통을 느끼지는 않는다. 아니, 오히려 그 반대가 될 것이다.

산후 우울증은 증세가 매우 심해지거나 수개월간 지속될 수 있다. 우울증이 심해지면 아기를 돌보기 힘들 뿐만 아니라 일상적인 일에 대처할 수도 없다. 그러면 아기는 엄마가 왜 자기를 보고 미소 짓지도 않고 놀아 주지도 않는지 영문을 모르다가 결국에는 엄마처럼 우울증에 걸릴 수 있다. 산후 우울증이 심한 경우, 문제를 회피하거나 이 상황을 숨기고 집에 틀어박혀 혼자 힘들어하지 말자. 전문의를 찾아가 상담을 하고 조언과 도움을 받아야 한다.

2

아기와의 유대 관계는
어떻게 형성되나요?

아기는 미숙하고 연약한 상태로 태어나기 때문에 다른 사람에게 전적으로 의지할 수밖에 없는 존재예요. 그러므로 아기가 살아남으려면 다른 사람의 도움이 절대적으로 필요하고, 그중에서도 엄마의 도움이 최우선 순위예요. 이런 까닭에 아기에게는 엄마 또는 '엄마처럼 보살펴 주는' 사람에게 애착을 느끼고 애착 관계를 맺도록 하는 원초적 능력이 있어요.

아기에게 출생이란 세상에 나오는 것이라기보다는 다른 세상에서 살게 되는 것이다.

엄마 배 속에서 열 달 동안 아기는 모든 생리적 욕구가 충족된 상태로 엄마와 완전히 하나가 되어 살아간다. 그곳에서는 줄곧 소음이 들린다. 엄마의 심장 박동 소리, 소화하는 소리, 숨 쉬는 소리, 목소리 등은 언제나 들리는 배경음이다. 엄마가 단순히 호흡만 해도 움직임이 일어난다. 엄마가 몸을 움직일 때 흔들리면서 잠이 들고, 양수가 부드럽게 몸을 감싼 완벽한 안락함 속에서 보호받고 사랑받는다.

그러다가 출생과 함께 아기는 불편함과 부족함을 알게 된다. 목이 마르거나 배가 고프고, 추위나 더위를 느낀다. 또 트림이 잘 나오지 않거나 기저귀가 축축해지면 기분이 상한다. 하지만 그럴 때 엄마가 등장해서 필요한 조치를 해 주면 불쾌감이 사라진다. 그러니 인생은 그리 끔찍한 것이 아니다. 아기는 다시금 자신감을 되찾는다. 이렇듯 엄마란 아기가 살고 싶다고 느끼게 만드는 사람이다.

엄마는 아기가 가장 안전하다고 느끼는 울타리

아기는 그동안 엄마의 자궁이라는 '인큐베이터' 안에서 보호받으며 지내 왔다. 이제 아기가 제대로 성장하고 발달하려면 아기 주변에 새로운 '인큐베이터'를 만들어야 한다. 그 안에서 아기는 보호받고 양식을 먹고 사랑을 받게 될 것이다. 아기에게 엄마의 몸은 더없는 행복과 안정감을 주는 공간이다. 그래서 아기는 자기를 돌보는 사람이 안아 주었을 때 대체로 울음을 그친다. 그러니까 절대로 아기가 변덕스럽기 때문에 그러는 게 아니다.

이처럼 엄마가 만들어 준 평화롭고 사랑스러운 '울타리' 덕분에 아기는 주변에서 인식하는 모든 것에 의미를 부여하고 그것이 무엇인지 배울 수 있다. 아기는 밖이나 안에서 발생하는 모든 것으로부터 보호받는다고 느낀다.

아기가 행복한 미소를 짓는 이유

아기의 감각적인 측면은 태어날 때부터 이미 갖추어져 있어서 사람들, 특히 엄마와 따뜻하고 생생한 관계를 맺을 수 있다.

- 아기는 다른 무엇보다도 사람의 얼굴에 흥미를 느낀다. 태어난 지 몇 시간 만에 엄마의 얼굴을 알아볼 수 있을 정도다.
- 아기는 병원에서 퇴원하기도 전에, 마음을 평화롭게 해 주는 엄마의 냄새와 목소리를 구별할 줄 안다.
- 아기는 멀리 떨어져 있어도 엄마의 몸에 직접적인 반응을 보인다. 수유 중인 엄마라면 한밤중에 들리는 아기의 울음소리에, 심지어 울음을 터뜨리기 몇 분 전부터 젖이 도는 것을 느꼈을 것이다.
- 아기는 사람들이 알아채기 훨씬 전부터 미소를 짓기 시작한다. 아기는 사람들의 시선을 사로잡으려고 생후 며칠만 지나면 행복한 미소를 띠기 시작한다. 사람의 애정을 불러일으키는 데 이보다 좋은 방법이 또 어디 있겠는가?

아기의 욕구를 최대한 충족시켜 주려면

- 아기가 울면 재빨리 응답해 준다. 우는 이유가 배가 고파서건, 답답해서건, 단순히 불편하기 때문이건 상관없다. 이때 아이의 버릇이 나빠질지도 모른다고 걱정하지 않아도 된다. 애정은 밥 먹이고, 기저귀 갈아 주고, 목욕시키는 등의 간단한 행동을 통해 충분히 전달된다는 사실을 명심하자.
- 여러 문화권에서 엄마들은 아기를 등에 업는다. 엄마에게 붙어 있

으려는 아기의 욕구를 충족시키기 위해서다. 이처럼 밀착된 신체 접촉은 무척 중요하다. 요즘은 아기를 앞으로 안는 아기 띠를 많이 사용한다. 그러면 아기를 산책에 데리고 나갈 때 표정을 잘 살필 수 있고 집안일을 할 때도 같이 붙어 있을 수 있다.

• 아기를 품에 안고 잔잔히 흔들어서 재우도록 한다. 아기는 흔들림을 무척 좋아한다. 엄마 자궁 속에서 살던 때를 생각나게 해 주기 때문이다. 또한 아기들은 부드러운 목소리로 흥얼거리는 콧노래를 좋아하며, 미소를 띠고 소리를 내어 세심하게 이야기해 주기를 바란다.

출산 직후 아기와 떨어져 지내야 한다면

안타깝게도 건강이 좋지 않아 태어나자마자 엄마와 떨어져 지내야 하는 아기도 있다. 엄마에게도 힘든 일이겠지만, 낯선 세상에 홀로 적응해야 하는 아기에게는 큰 고통이다. 이런 경우 모자 관계가 최대한 이어지도록 신경 써야 한다. 엄마는 되도록 자주 아기를 만나러 가서 말을 걸고 품에 안아 주자. 그렇게 하면 아기는 엄마의 빈자리를 크게 느끼지 않을 것이고, 엄마의 목소리와 냄새를 기억해 나중에 애정과 사랑으로 다시 채울 것이다.

애정과 말과 보살핌으로 이루어지는 경이로운 관계를 통해 아기는 엄마, 더 나아가서 아빠와 연결된다. 부모의 애정을 바탕으로 성장한 아이는 어떠한 경우에도 흔들리지 않고 자신감 있게 대처하게 된다.

엄마의 본능을 믿어라

엄마와 아기가 처음으로 함께 지내는 시간이 매우 중요하다. 둘은 서로 알아 가면서 상대방의 메시지를 해독하고 욕구가 무엇인지 파악하는 법을 터득한다. 만약 이 과정에서 엄마가 스스로 서툴다고 느끼더라도 아기가 본능적으로 능숙하게 엄마를 도와줄 것이다. 모든 일이 잘 진행되려면, 엄마가 다른 걱정거리에 휘둘리지 말고 안정감을 느끼면서 자신의 임무에 전념해야 한다.

오늘날 젊은 엄마들은 대부분 아기에 대한 경험이 거의 없다. 기껏해야 베이비시터 경력 몇 시간, 육아 관련 서적 몇 권 읽은 것이 고작이다. 그래서 어떻게 해야 할지 모르거나 돌이킬 수 없는 실수라도 할까봐 걱정하는 경우가 많다. 앞에서도 말했지만, 모든 것은 처음 몇 달, 또는 몇 해 동안에 결정된다! 따라서 주위 사람들의 역할이 무척 중요하다. 엄마에게 가장 도움이 되는 것은 충고 따위가 아니라 좋은 엄마가 될 자질이 있다는 확신을 심어 주는 것이다. 엄마가 자신의 본능을 믿게 도와주어야 한다.

아빠의 역할

"아기에게는 엄마의 따뜻한 보살핌이 필요하다"는 말은 육아에서 아빠를 제외해야 한다는 뜻이 아니다. 아기의 출생 직후부터 엄마와 아기 모두에게 아빠의 존재는 대단히 중요하다.

엄마가 최선을 다해 자기 임무를 수행하고, 아기와 따뜻한 애착 관계를 형성하면서 아기에게 모든 것을 맞추기 위해서는, 엄마 스스로 자신이 사랑받고 있으며 보호자에게 보호받고 있다고 느껴야 한다. 이때 가까운 곳에서 배려해 주고 안심시켜 주는 남편이나 동반자가 있고, 기쁜 일이건 슬픈 일이건 귀 기울여 들어 준다면 큰 도움이 된다. 그러면 엄마도 안심하고 아기와의 관계에 전념할 수 있다.

물론 처음에는 남편도 주로 '엄마 역할'을 하지만, 아빠만의 냄새와 목소리, 몸짓이 있기 때문에 엄마와는 사뭇 다르다. 그래서 아기는 세상에 자신과 엄마만 있는 것이 아니라는 사실을 빨리 깨닫게 된다. 우리가 사는 세상은 다양성으로 가득하며 이는 아기의 호기심을 일깨우고 성장 욕구를 자극한다.

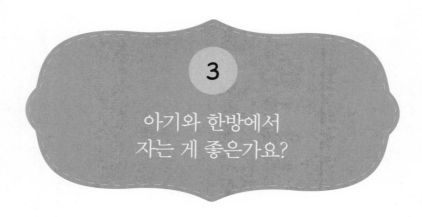

3

아기와 한방에서
자는 게 좋은가요?

"처음에는 야간 수유를 편하게 할 생각으로 아기를 제 옆에서 재웠어요.
그런데 아기가 자면서 계속 소리를 내는 통에 잠자는 내내 신경이 쓰였지
요. 한시도 눈을 붙일 수 없었답니다!" — 어느 엄마로부터.

열 달 동안 배 속에 품으며 친밀해진 것이 그 시작이었다. 예비 엄마
는 출산이 임박한 몇 주 전부터 배 속의 아기가 어떤 상태에 있는지 완
벽하게 느낄 수 있다. 아기가 잠을 자는지, 옆으로 돌았는지, 딸꾹질을
하는지도 다 알 수 있다. 그 후 병원에서 출산하고 며칠간 아기와 붙어
지낸 다음, 마침내 아기를 데리고 집으로 돌아온다. 아마 처음에는 사
랑스럽게 꾸며 놓은 깜찍한 요람이나 아기용 침대에 누워 있는 아기의
모습을 꿈꾸었을 것이다. 하지만 아기 방을 따로 준비했거나 언니 또는
형의 방에 아기 공간을 마련했더라도, 결국에는 부부의 침대 바로 옆에
아기를 데려다 놓아야 안심이 된다. 지극히 정상이다. 이제야 겨우 아기

와 엄마가 서로 만나게 되었으니, 떨어지고 싶지 않은 것이 당연하다.

아기를 부모 곁에 두는 시기

모유 수유를 하는가? 그렇다면 밤에 아기가 배고파서 울 때 슬그머니 엄마 침대로 데려와서 젖을 물리고 그대로 같이 잠자리에 드는 것이 제일 간단한 방법이다.

아기에게 분유를 먹이는가? 이때도 마찬가지다. 새벽 3시에 아기가 배고파 깼을 때 따뜻하고 커다란 침대 위에서 남편과 꼭 붙어 아기에게 젖병을 물리는 것만큼 달콤한 일도 없다. 그러다 아기가 다시 잠이 든다면? 조심스럽게 아기를 요람으로 옮긴 다음 엄마, 아빠도 잠들면 된다.

처음 몇 달간 아기가 밤낮을 구별하지 못할 때는 문제가 없다. 아기를 늘 품에 끼고 있는 것을 좋아하는 사람이 있는가 하면, 밤에는 떨어져 있어야 자신도 아기도 잠을 잘 잔다고 생각하는 사람도 있다. 그러므로 부모는 자신에게 적합한 방법을 선택하면 된다.

단, 이 시기가 지나면 아기가 마음 놓고 조용히 잘 수 있는 아기만의 공간을 마련해 주어야 한다. 부모 입장에서도 부부 사이의 친밀감을 회복해야 하고, 아기 입장에서도 밤에 깨지 않고 혼자 자는 법을 배워야 하기 때문이다.

그럼에도 아기를 옆에 두는 데는 몇 가지 이유가 있다.

- 어떤 엄마들은 아기의 부드러운 숨결을 바로 옆에서 느껴야만 마음을 놓는다. 이런 타입은 아기가 다른 방에 있으면 숨을 잘 쉬고

있는지 걱정이 되어, 자다가도 몇 번이나 확인하러 간다.

• 아기가 손위 형제의 방에서 지내는 경우, 형제의 밤잠을 설치게 할 수 있다. 사실 아이들은 아기가 우는 소리에 금세 적응하기 때문에 잠자는 데 크게 방해받지 않는다. 게다가 큰아이는 아기가 엄마의 침대에서 특별 대우를 받는 것보다 공평하게 자신과 같이 지내는 것을 더 좋아하기도 한다.

아기를 혼자 자게 하는 시기

그렇다고 아기를 부모의 침실에서 멀찍이 떼어 놓아야 한다는 말은 아니다. 간혹 아직 어린 아기를 부모의 침실과 뚝 떨어진 곳에 떼어 놓는 경우가 있다. 물론 예쁘게 꾸민 아기 방을 활용하기 위해서겠지만, 이렇게 되면 가족생활과 단절된 침묵의 공간에 아기만 떨어뜨려 두는 셈이 된다.

아기는 엄마 배 속에 있을 때 들려오던 소리와 소음에 익숙하기 때문에, 가족이 모인 방 안에 있거나 아기 방의 문을 열어 놓은 상황에서도 아주 잘 잘 수 있다. 오히려 이런 친근한 소음이 아기의 마음을 편하게 한다.

따라서 아기를 아기 방에서 재우되 방문을 열어 놓는 것이 아기의 잠투정을 예방하는 가장 좋은 방법이다. 이렇게 하면 아기는 자기만의 공간이 있는 침대에서 혼자 잠드는 법을 배우게 된다. 그래서 자다가 밤중에 깨더라도 자기 방에 있다는 사실에 놀라지 않고, 어떻게 해야 곧 다시 잠들 수 있는지도 알게 된다.

요즘은 미국에서 도입된 방법이 유행하고 있다. 부모와 아이들이 다함께 잘 수 있는 커다란 침대를 사서, 아이가 따로 자고 싶어 할 때까지 몇 년간 온 가족이 한 침대에서 자는 것이다. 이른바 가족 침대(family bed)를 사용하는 방식이다. 하지만 심리학자들 대부분은 이런 방식이 부모가 된 부부 관계의 균형 면에서나 아기의 정신 발달 면에서나 위험하다고 경고한다. 이렇게 되면 부모는 부부 생활을 포기하거나 다른 방법을 찾아야 하며, 아기들은 정서적 자립심을 기르지 못한다. 이는 위험한 결과로 이어질 수 있다. 따라서

- 아기를 부모 방에서 재우더라도 아기용 침대나 이부자리를 마련해 따로 재워야지, 부모 침대에서 함께 자는 것은 아기에게 안전하지 않다.
- 생후 6개월이 지난 후에도 아기를 부모 방에 데리고 있으려면 위험을 감수해야 한다. 그렇다면 이런 질문이 스스로 던져 보라. 엄마와 아기 중 상대를 더 필요로 하는 사람은 누구인가?

아기가 엄마와 약간의 거리를 두고 행복하게 잘 수 있도록 가능성을 열어 주는 것은 그 자체로 신뢰의 표현이다. 아이를 키우는 일은 부모 없이도 아이가 잘 지낼 수 있도록 조금씩 가르쳐 주는 것이 아닐까?

아기 방이 따로 없다면

어떤 부모는 아기를 재울 방이 따로 없어서 한방을 쓰기도 한다. 부모 침실 말고 조용한 방이 없다면 낮에는 아기를 부모 방에 두었다가 밤에 방 밖으로 내보낸다. 예컨대 아기 요람을 거실로 옮기는 것이다.

하지만 이런 방법은 고작 몇 개월간 쓸 수 있는 미봉책일 뿐이다. 공간의 제약으로 부모와 아기가 계속 한방을 쓸 수밖에 없다면, 이동식 병풍이나 칸막이를 설치해서 방 안의 다른 곳과 분리된 아기만의 공간을 마련해 주어야 한다. 그리고 이곳에 포스터나 모빌, 장난감 선반 등 아기에게 맞는 한두 가지 장식을 해 준다면 아기가 자신만의 공간으로 인식할 것이다.

주말에는 부모의 침대에서 느긋한 아침을

부모의 침대는 부부의 친밀함을 확인하는 은밀한 장소다. 그렇다고 아침마다 부모의 침대에 온 가족이 모여서 아이들과 첫인사를 나누고 웃음꽃을 피우는 만남의 장소가 되는 것에 반대할 이유는 전혀 없다! 주말에는 많은 가족들이 부모의 침대 위에서 느긋하게 아침을 시작한다. 온 가족이 모여서 같이 한숨 잔 다음, 엄마와 아빠의 침대에서 빵과 분유를 먹으면서 식사를 하는 즐거운 시간을 가지는 것이다.

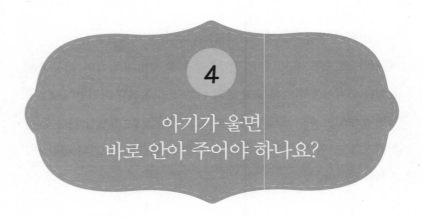

4

아기가 울면
바로 안아 주어야 하나요?

갓 태어난 아기는 자신의 감정을 표현할 방법이 거의 없어요. 그래서 가장

많이 쓰는 방법이 바로 우는 것이죠. 소리를 지르며 우는 것이 반드시 어딘

가 아프다는 뜻은 아니지만, 불편하다는 신호이므로 이에 응답해 주는 것

이 좋아요.

아기가 엄마 배 속에 있는 동안에는 배고픔이나 추위도 모르고 엉덩

이가 더러워지지도 않는다. 엄마와 합치된 천국과 같은 그곳에서는 모

든 욕구가 저절로 충족된다. 하지만 바깥세상으로 나오면 모든 것이 완

전히 달라지고 복잡해진다. 자신의 욕구를 충족하거나 생존을 보장할

수 없게 된 아기는 구해 달라는, 그리고 더 이상 견딜 수 없다는 의미의

반사적 행동으로 울음을 터트린다. 그렇게 하면 부모가 최선을 다해 응

답해 줄 것이기 때문이다.

울음은 아기의 의사소통 방법

울음은 아기가 사용할 수 있는 첫 번째 의사소통 방법이다. 우는 행동은 부모와의 소통이나 교류를 이루는 기본이 된다. "나는 기분이 나쁘다. 그래서 운다. 엄마가 달려와서 묻는다. '우리 아가 왜 그러니? 무슨 일이니?' 금세 기분이 나아져서 마음이 진정된다. 하지만 엄마는 내가 배가 고픈 걸 모른다. 다시 운다. 이번에는 엄마가 알아채고 내게 젖을 물린다. 나는 그제야 정말로 조용해진다. 확실히 우리 엄마는 내 마음을 잘 이해한다. 우린 서로 잘 통할 것 같다".

아기는 우는 행위를 통해 살고 싶은 욕망을 표현한다. 그런데 아기는 무엇을 원하는 것일까? 주로 먹을 것과 따뜻한 관심과 사랑을 원한다. 아기가 어떨 때 어떻게 우는지 구별하지 못한다 하더라도 지극히 정상이니 걱정할 것 없다. 그건 아기 자신도 잘 모른다. 적어도 몇 주는 지나야 아기도 자기가 느끼는 불편함을 제대로 해석해서 이를 정확히 표현할 방법을 찾아낸다.

아기와의 대화는 하루하루 지날수록 조금씩 섬세해진다. 우는 소리도 표현하려는 내용에 따라 달라져서, 부모가 이에 걸맞은 대응을 하기가 더욱 수월해진다. 배고플 때, 지쳤을 때, 아플 때, 안기고 싶을 때, 외로울 때 등 상황에 따라 우는 것이 다르다. 이렇게 아기마다 자신만의 고유한 언어를 개발하면 부모는 이를 배우게 된다. 말과 행동으로 아기가 표현하고 어른이 대답하는 이런 첫 번째 소통 과정에서 상호 신뢰가 싹튼다. 이때 아기는 자기 의사에 부모가 귀를 기울이고 존중한다고 느낀다. 그러면서 부모 자식 간의 관계가 성장한다.

이제 아기가 울면 얼른 가서 무슨 말을 하고 싶어 하는지 파악하고 응답해 주어야 하는 이유를 잘 알게 되었을 것이다. 좀 더 큰 아이나 심지어 어른인 친구가 울어도 우리는 그렇게 하지 않는가!

우는 아기에게 응답해야 하는 이유는 여러 가지다.

- 우는 것은 의사소통을 하는 것이다. 따라서 우는 아기에게 반응하는 것은 아기를 하나의 인격체로 인정하고, 말과 대화로 아기를 인도하는 것이다.

- 부모가 응답하면 아기는 위안을 얻으며, 시간이 지날수록 자기 마음을 이해해 준다고 느껴서 덜 울고 더 참을 줄 알게 된다.

- 뭐라도 하면 마음이 편해지기 마련이다. 엄마는 '소리의 탯줄'로 아기와 연결되어 있기 때문에, 아기가 내는 소리에 몸이 반응하도록 프로그램되어 있다. 내 아기의 감정이 격해진다는 것을 알면서도 아무것도 하지 않고 가만히 있는 것은 엄마의 정신 건강에도 좋지 않다. 행동을 취하면 아무것도 하지 않고 가만히 있지는 않았다는 의미이므로 어느 정도 죄책감을 덜 수 있다. "아기를 달래 보려고 내가 할 수 있는 건 다 해 봤어. 그런데도 안 되는 걸 보면 별다른 이유 없이 잠깐 울고 싶어서 그러는 걸 거야"라며 스스로를 위로하는 식이다.

- 대개 부모는 시간이 지나면 아기를 달래는 자신만의 방법을 터득한다. 가령 배고픈 아기에게 먹을 것을 주는 방법이 그 좋은 예다. 그러나 효과가 있다고 알려진 방법을 다 써 봐도 울음을 그치지

않는다면 새로운 방법을 만들어 내야 한다. 그러려면 부모가 상상력을 발휘할 필요가 있다.

• 흔히 이야기하는 것과 달리, 아기의 울음에 바로 반응한다고 해서 아기가 응석받이가 되는 것은 아니다. 오히려 아기는 자신이 속한 세상에 안정감을 느끼고, 자신감을 얻고, 자립심을 기르게 된다.

우는 아기에게 응답하는 방식

아기가 울면 안아 주어야 하는가? 여러분이 생각하기에 필요한 것 같으면 그렇게 하라. 단, 그렇다고 해서 아기가 울면 무조건 안아 주어야 한다는 말은 아니다.

우는 아기에게 응답하는 방식은 여러 가지가 있다.

어떤 아기는 내면의 긴장이나 에너지가 과도할 때 이를 소모하려고 울기도 한다. 이렇게 울고 나면 긴장이 완화되어 잠들 수 있기 때문이다. 이런 경우 아기는 '별다른 이유 없이' 우는 것이다. 단순히 허파 운동을 하는 것이지만, 울고 나면 후련해진다. 이때는 다정한 목소리로 달래 주고, 머리나 등을 부드럽게 쓰다듬고, 자장가를 불러 준 다음 조용히 내버려 두는 것이 안아 주는 것보다 더 적절한 방법이다.

생후 6개월이 지난 후에도 아기가 울자마자 안아 주기를 반복하면 버릇이 되어 낮이고 밤이고 안아 주어야 할 수도 있다. 이는 결국 문제가 될 것이다.

아기가 혼자서 잠들고 마음을 달랠 수 있다고 부모가 믿는 것이야말로 아기의 잠투정을 예방할 수 있는 최상의 방법이다.

아기가 울음을 그치지 않을 때

이럴 때 사용할 만한 몇 가지 비법을 소개한다.

- 드럼 세탁기가 돌아갈 때 세탁기 유리문이 보이도록 아기를 세탁기 앞에 앉힌다. 아기가 세탁기의 움직임과 돌아가는 소리, 열기를 느끼면 놀랍도록 집중할 것이다.
- 타월을 난방기 위에 잠시 올려놓았다가 따뜻해지면 아기 배 위에 살짝 올려 둔다. 아기가 소화가 안 되어서 울 때 도움이 된다.
- 수도꼭지에서 물방울이 조금씩 떨어지게 조절한다. '백색 소음'은 일반적으로 신경에 거슬리지만 어떤 아기에게는 최면 효과를 낸다고 한다.
- 아기를 데리고 나가 드라이브한다.
- 일정한 리듬으로 아기 엉덩이를 토닥인다.
- 쇼팽의 음악을 들려준다.
- 아기 방에 어항을 설치하여, 아기가 침대에 누웠을 때 물고기들이 움직이는 것이 보이게 한다.

우는 아기를 진정시키는 방법

생후 2~3개월 정도가 되면 아기는 혼자서도 자기 마음을 달래는 방법을 찾아내기 시작한다. 즉, 자기 손가락 또는 주먹을 빨거나 엄마 냄새가 나는 손수건을 만지작거리는 등의 행동을 한다.

이렇게 스스로 안정을 찾으려 하는 아기에게 사랑하는 사람의 목소리를 들려주는 것만으로도 힘이 된다. 이제 아기가 부르면 이에 반응하기까지 어느 정도 뜸을 들여도 된다.

자, 아기가 울고 있다. 낮잠에서 깨어난 모양이다. 잠에서 깼으니 얼른 와서 들여다봐 달라는 뜻이다. 이때 사랑하는 엄마의 익숙한 목소리가 들린다. "금방 갈게. 이제 하던 일이 다 끝났어. 곰돌이 인형이랑 놀고 있어. 곧 갈게!" 엄마의 목소리를 들은 아기는 진정하는 데 필요한 방법을 자기 안에서 찾아내고 조금 참는 법을 배운다. 이렇게 자립을 향한 첫걸음을 내딛는 것이다.

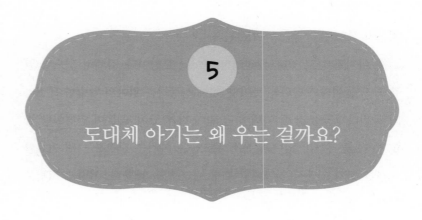

5

도대체 아기는 왜 우는 걸까요?

아기의 기본 욕구는 그리 많지 않아요. 이 얼마 되지 않는 욕구가 충족되지 않을 때 우는 거죠. 그중에서 먹고 싶은 욕구, 자고 싶은 욕구, 빨고 싶은 욕구, 안기고 싶은 욕구, 사랑받고 싶은 욕구, 자극받고 싶은 욕구가 가장 크답니다.

아기 우는 소리에 지레 겁먹지 말고, 혹시 기본 욕구가 충족되지 않아서 우는 것은 아닌지 먼저 살펴보자. 만약 그렇다면 즉각 아기의 욕구에 반응해 주어야 한다. 아기의 주의를 다른 곳으로 돌리는 것은 임시방편일 뿐이므로, 아기의 욕구가 무엇인지 파악하고 이를 해소하기 위해 노력하는 편이 낫다.

우는 이유를 10분 내로 찾아라
문제는 위에서 언급한 여섯 가지 기본 욕구 중에서 어느 것에 해당하느냐 하는 것이다.

원인을 찾는 데 걸리는 시간은 5분에서 10분이 넘지 않아야 한다. 그이상이 되면 욕구가 충족되지 않은 아기가 진정시키기 어려울 정도로 극도의 흥분 상태에 빠질 위험이 있다. 미국의 소아과 의사 브루스 토브먼(Bruce Taubman)은 많은 부모에게 도움이 될 만한 매우 구체적이고 실용적인 방법을 개발했다. 이른바 '시도와 실수' 방법인데, 정확한 원인을 찾을 때까지 가능한 해결 방법을 순서대로, 상식적으로, 신속하게 시도해 보는 것이다. 첫 번째 단계는 울기 시작한 순간이 언제인지 파악하는 것이다. 식사 중에 그랬는지, 아기가 침대나 아기의자에 혼자 있을 때였는지, 안겨 있을 때였는지 점검해야 한다.

수유 중에 울기 시작한다면

우선 밥 먹이던 것을 멈추고 아기를 달랜다. 그래도 울음을 그치지 않으면 아기에게 공갈젖꼭지를 물린다. 아기는 배가 고픈 것이 아니라 빨고 싶었던 것일 수 있기 때문이다. 몇 분 후 아기가 진정하고 다시 정상적으로 젖을 빤다면 장에 가스가 찼거나 잠시 경련이 일어나서 운 것이다. 만약 아기가 조용해진 다음에 다시 분유를 주거나 젖을 물렸는데 또다시 울기 시작한다면 다음과 같은 가정 아래 재빨리 확인해 본다.

- 젖을 물렸는데 젖이 비었다거나 분유를 금세 다 먹어 버렸다면 아기는 여전히 배가 고플 것이다. 이 경우 분유를 좀 더 먹인 다음 아기가 좋아하는지 살펴본다.
- 젖병에 분유가 조금 남은 상태에서 그만 먹였을 때, 아기가 우는

것을 멈춘다면 이제 배가 고프지 않다는 뜻이다. 분유를 더 주어도 아기가 먹으려 들지 않고 계속 운다면 공갈젖꼭지를 물려 보라.

위의 방법이 모두 효과가 없다면, 다음에 소개하는 경우를 고려해 본다.

아기를 안고 있는데 운다면

세 가지 가정이 가능하다.

- 아기가 지쳐서 그런 것일 수 있다. 평소 아기가 편안해하는 자세로 침대에 눕혀라. 몇 분 안에 울음이 잦아든다면 아기가 정말로 피곤했던 것이다. 그렇다면 오래지 않아 잠들 것이다. 이렇게 해도 계속 심하게 운다면 다른 문제가 있는 것이므로, 아기를 다시 일으켜 세워 공갈젖꼭지를 물려 본다. 그래도 진정되지 않으면 아기가 배가 고프거나 자극이 필요한 것은 아닌지 살펴본다.

- 아기가 배가 고픈 경우일 수 있다. 마지막 식사를 한 지 두 시간이 넘었다면 그럴 가능성이 크다. 젖을 물리거나 젖병을 주었을 때 울음을 그치면 정말로 배가 고팠던 것이다. 그렇지 않다면 공갈젖꼭지를 물려 보라. 그래도 우는가? 그렇다면 자극이 필요하거나 아니면 지쳤기 때문이다.

- 아기가 잠이 오거나 배가 고픈 것은 아닌 것 같다. 그렇다면 분명히 놀이, 교류, 음악, 장난감 같은 자극이 필요하거나 빨고 싶은 욕구가 있기 때문이다. 둘 다 시도해 보아도 울음을 그치지 않는다면 젖을 물리거나 침대에 눕힌다.

48

아기가 혼자 있는데 운다면

세 가지 경우가 가능하다.

- 아기가 분명히 잠이 들었는데 침대에서 우는 소리가 들린다. 얼른 가서 품에 안아 주기 전에 아기가 완전히 깼는지, 얕은 잠에서 깨어 칭얼거리는 것인지, 아니면 엄마를 부르는 것이 맞는지 먼저 확인한다. 간혹 아기들은 잠을 자는 동안, 또는 수면-각성 주기가 바뀌는 시간대에 울기도 한다. 이런 경우라면, 아기가 혼자서 수면 리듬을 배울 수 있도록 어른이 개입하지 않는 것이 좋다. 만약 아기가 완전히 깨어나서 품에 안았는데도 울음을 그치지 않는다면 배가 고프거나 다른 욕구 때문이 아닌지 생각해 본다.

- 아기가 깨어 있는 상태로 침대나 요람에 혼자 있다가 울었다면, 잠이 오거나 배가 고프거나 아니면 누군가와 같이 있고 싶어서일 것이다.

- 안고 있다가 잠이 들어서 막 침대에 뉘었는데 울기 시작했다면 우선 혼자 놓아둔다. 그렇게 해서 울음이 잦아든다면 문제가 없다. 아기는 곧 다시 잠이 들 것이다. 반대로 울음이 격해진다면 다시 아기를 침대에서 꺼내 재워야 한다.

기본 욕구가 모두 충족되었는지 확인하기

- 아기가 배가 고픈가? 얼른 먹을 것을 주어라. 젖을 물리거나 얼른 분유를 타 온다.

- 아기가 졸려 하는가? 아기가 잠들기 좋아하는 장소, 자세, 주변 환

경이 무엇인지 알아 둔 다음, 그 환경에서 재운다.

- 아기가 빨고 싶어 하는가? 아기에게 젖병을 주거나 젖을 물려 보고, 배가 고프지 않아 자꾸 밀어낸다면 공갈젖꼭지를 물린다.
- 아기가 엄마와 가까이 있고 싶어 하는가? 그렇다면 아기를 무릎 위에 앉히거나 아기 띠를 이용해서 엄마 몸에 찰싹 밀착해서 안아 준다. 아기를 흔들어 재우거나, 데리고 나가서 산책하는 것은 도움이 되지 않는다.
- 아기에게 자극이 필요한가? 가족이 생활하는 방 안에 아기용 접이의자를 놓고 아기를 앉히자. 그런 다음 손이 닿을 만한 곳에 장난 감을 걸어 두고 음악을 들려주고 함께 놀아 주고 이야기하는 등의 자극을 준다.

울음을 멈추지 않고 계속 운다면

위에 열거한 다섯 가지 욕구 중에 원인이 없는 경우도 있다. 그럴 때는 아기가 혹시 목이 마르거나 춥거나, 아니면 기저귀가 젖은 것이 아닌지 확인해 본다. 때로는 그저 엄마 품에 잠깐 안기고 싶어서 그러는 경우도 있다.

하지만 아무리 노력해도 아기를 제때 달래는 법을 찾지 못하거나 달래는 데 실패하는 경우가 종종 생긴다. 혹시 아기가 진정으로 원하는 것을 제대로 파악하지 못한 것이 아닐까? 단지 울고 싶은 욕구를 채우고 싶어서 우는 것은 아닐까? 아기들의 성향과 상태가 다 다르므로 한마디로 잘라서 답하기는 어렵다. 다만 확실한 것은 배앓이를 하는(영아

산통일 가능성이 높다. 영아 산통은 생후 4개월 이하의 아기가 주로 저녁이나 새벽에 이유 없이 발작적으로 울고 보채는 증상이 나타나는 것을 말한다. 발작적인 울음과 보챔이 하루 3시간, 최소 한 주 동안 3회 이상 발생할 때 영아 산통이라고 정의한다. 정확한 원인이 밝혀지지 않았지만 소화 기능의 미숙함에서 기인하는 것으로 보인다. 생후 4개월 이후가 되면 이러한 증상은 아무런 합병증 없이 사라진다_옮긴이) 아기들은 상대적으로 만족시키기가 어렵다는 점이다. 이런 아기들은 정신적, 신체적으로 지극히 정상적이고 행복한 상태에서도 쉽게 흥분하고 참을성이 없으며 민감하다. 그래서 심하다 싶을 만큼 끈질기게 우는데 언뜻 봐서는 이유를 알 수 없다. 이럴 때 부모 입장에서는 견디기가 무척 힘들다. 불행 중 다행인 것은 이런 증상은 몇 개월이 지나면 사라진다는 것이다.

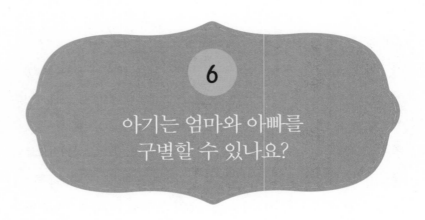

6

아기는 엄마와 아빠를
구별할 수 있나요?

아기는 무척이나 영리해요. 태어나면서부터 어느 정도 언어적, 수학적 능력을 보이니까요. 하지만 뭐니 뭐니 해도 아기가 가진 가장 탁월한 능력은 대인 관계 능력이랍니다.

최근 아기가 부모와 맺는 초기 관계와 애착 관계에 대한 기존의 견해를 완전히 뒤집는 연구 결과가 속속 발표되고 있다.

엄마와 아빠는 아기에게 가장 중요한 존재

자기와 비슷하게 생긴 사람들에게 애착을 갖는 것은 아기에게 생존 본능만큼이나 중요하다. 이것은 학습에 의한 것이 아니라, 본능에 의해 생기는 절대적인 욕구다. 아기에게는 엄마가 가장 중요한 존재다. 가장 먼저 젖을 주고, 기저귀를 갈고, 돌보아 주는 사람이 엄마이므로 아기는 엄마를 제일 먼저 알아보고 사랑한다. 엄마 역시 누구보다 먼저 아기가 보내는 신호를 해독하고 이에 맞춰서 대응한다. 시간이 지나면 엄마는 아기가 심심해서 우는지 아니면 지쳐서 우는지 알게 된다.

특히 신생아의 경우, 지능과 신체가 다 같이 잘 발달하려면 애정이 필요하다. 관련 연구 결과가 이를 뒷받침한다. 품에 많이 안겨서 충분히 사랑받고 보호받는다고 느끼는 아기일수록 발달이 빠르다고 한다. 필요할 때 언제나 곁에 있어 주는 엄마 덕분에 아기는 안전함을 기반으로 주위에 관심을 갖게 되고, 호기심을 느낀다. 아기가 행동하고 배우고 발견하고 발전하도록 뒷받침해 주는 것이 바로 사랑이다.

그런데 엄마는 얼마 지나지 않아 아기의 시선과 옹알이, 미소를 또 다른 존재와 공유하게 된다. 시간이 지나면서 점차 아기에게 중요해지는 사람, 즉 아빠와 말이다. 지금부터 아빠의 역할도 엄마 못지않게 중요하다는 사실을 살펴보겠다.

아빠는 놀이 방법이 엄마와 다르다

아빠에게는 아빠만의 특별한 역할이 있는데, 이는 아빠의 행동이 엄마와는 다르기 때문이다. 엄마와 같은 방식으로 아기를 대하지 않기 때문에 아기에게 아빠가 필요한 것이다. 아기는 태어나자마자 부모를 구별할 줄 아는데, 생후 6개월쯤 되면 엄마를 보고 나타내는 반응과 아빠를 보고 나타내는 반응에 분명한 차이가 생긴다. 가령 엄마가 방에 들어오면 마음을 진정시키지만, 아빠가 들어오면 자극이라도 받은 양 확 깨어난다. 마치 온몸으로 "좋았어, 어디 한번 놀아 볼까!"라고 말하는 것 같다.

실제로 공중에 뛰어오르고, 말타기 놀이도 하고, 바닥에서 데굴데굴 구르는 등의 장난은 주로 아빠와 한다. 엄마하고는 퍼즐 맞추기를 하거나 책을 본다. 이 같은 양상은 연구를 통해 이미 입증되었다. 아빠는 아기와 함께 있으면 몸으로 하는 놀이를 선호하는 반면, 엄마는 시각적인 놀이나 꼭 껴안아 주는 것을 더 좋아한다. 아기가 균형 감각을 발달시키고 자유자재로 신체를 움직이는 것을 배우려면 아빠와 몸으로 노는 것이 상당히 중요하다.

엄마가 아기를 품에 안을 때는 자신만의 방식으로, 십중팔구 같은 식으로 안는다. 하지만 남성은 아기를 열 번 안는다면 아홉 번은 새로운 방법을 쓴다. 오른팔 위에 올려놓거나, 어깨 위에 태우거나, 다리 사이에 세우거나 허리를 붙드는 등 다양한 방법을 동원한다.

아빠는 보살피는 방법이 엄마와 다르다

엄마의 행동은 아기의 마음을 안심시킨다. 반면 아빠가 하는 행동은 아기에게 자극을 준다. 엄마는 아기를 보호하지만, 아빠는 아기가 자립심을 가지도록 도와준다. 그래서 아기에게는 부모 모두가 필요하다.

최신 연구 결과로 알려진 몇 가지 사례를 살펴보자.

- 아빠는 아기가 시야 밖으로 멀어져도 크게 마음을 쓰지 않고, 꽤 멀리 기어갈 때까지 내버려 둔다. 과연 이것이 아빠가 TV에 정신이 팔린 탓일까? 위험에 무신경하기 때문일까? 천만의 말씀이다. 아빠는 본능적으로 아기의 탐구욕을 존중하기 때문에, 크게 위험하지 않은 한 아기가 자유롭게 돌아다니도록 내버려 두는 것이다.

• 아기가 난감하거나 새로운 상황에 직면하면 엄마는 가까이 와서 아기를 안심시키고 도우려고 한다. 반면 아빠는 뒤로 물러서서 아기가 혼자서 헤쳐 나가도록 내버려 둔다. 또한 아기가 하는 활동과 놀이에 개입해서 아기 대신 문제를 해결하는 경우도 드물다. 이것은 아빠가 그저 무관심하기 때문일까? 물론 아니다. 아기가 성장하고 스스로 상황에 대처하도록 독려하기 위한 것이다.

아빠가 양육에 적극 참여해야 하는 이유

이렇듯 원래부터 엄마와 아빠는 아기를 대하는 태도가 여러 면에서 다르기에 아기는 균형 있고 풍요롭게 성장할 수 있다. 자녀를 대하는 방식에서 어느 한쪽이 우월하다고 할 수 없다. 두 방식 모두 자녀의 성장에 기여하기 때문이다. 다만 아빠가 양육에 참여할 경우, 아기가 더 강하고 영리하게 자라며 충동 조절 능력도 뛰어난 것으로 알려졌다. 그런 아기는 부모와 떨어져 있거나 낯선 사람을 만나더라도 잘 울지 않으며, 탐구심도 탁월하다. 그렇게 몇 년이 지나면 지능 발달이 심화되어 자기 관리도 잘하고 사회 적응력도 뛰어난 아이가 된다.

아기는 엄마의 품 안에서 마음 편하게 보호받고 지낸다. 반면 바깥세상은 매력적이기도 하지만 두렵기도 한 곳이다. 이때 엄마의 세계를 바깥세상과 연결해 주는 것이 바로 아빠의 역할이다. 다시 말해 엄마는 안전을 보장해 주고, 아빠는 앞으로 한 걸음 더 내딛게 해 준다. 아기에게는 이 두 가지가 모두 필요하다.

전업 주부 아빠에게 추천하는 양육 방법

어떤 사회와 문화에서든 엄마와 아빠는 아기와의 관계에서나 아기를 돌보는 방식에서 서로 다르다. 아내가 일하고, 남편이 집에서 가사를 돌보며 자녀와 지내는 경우도 마찬가지다. 이 경우, 아빠가 아기를 돌보는 주 양육자지만, 그렇다 해도 엄마와는 다른 방식으로 아기를 대한다. 성별에 따른 이 같은 차이는 바꿀 수 없는 것이다. 혹시 이런 이유 때문에 어린 자녀를 돌보는 것을 주저하는 아빠가 있다면 그럴 필요가 없다고 말하고 싶다. 아기의 엄마처럼 행동하려 들지 말고 자기 소신대로 하면 된다. 아기와 사이가 좋은 아빠가 되라. 그러면 아기는 세상에 부러울 것이 없을 것이다.

아기의 언어 능력을 키우려면

아기가 엄마에게 말하는 방식과 아빠에게 말하는 방식 역시 다르다. 생후 18개월에서 24개월쯤 되면 아기는 말을 하거나 웅얼거리며 의사 표현을 하기 시작한다. 그런데 이런 식으로 불분명하게 말해도 엄마는 무슨 말인지 잘 알아듣기 때문에 아기는 엄마와 있으면 언어적으로 크게 노력하지 않는다. 손가락으로 과자를 가리키면서 만족스러운 얼굴을 하거나, 고개를 설레설레 흔들어 채소 죽을 먹기 싫다는 표현을 한다. 아기는 자신이 무슨 말을 하려는지 엄마가 알아채리라 기대한다.

반면 아빠는 자녀의 '옹알이'에 익숙지 않은 경우가 많아서, 아기가 제대로 의사 표현을 해야만 무슨 말인지 이해한다. 그래서 아기는 아빠와 함께 있으면 의사소통을 위해 노력하고 또 그런 만큼 언어 능력이 많이 발전한다.

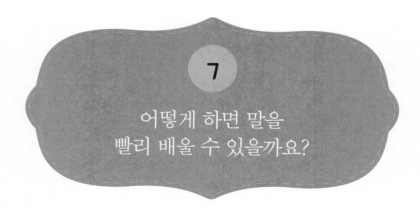

7

어떻게 하면 말을
빨리 배울 수 있을까요?

아기는 출생 직후부터 주변에서 들려오는 단어에 민감하게 반응합니다.
특히 모국어를 좋아하는 모습이 뚜렷하지요.

아기의 언어적 감수성과 말하기 능력은 어떻게 발달하는가?

언어 학습 과정은 어른을 모방하는 것에서 시작한다. 그런데 이 메커
니즘은 단순한 모방보다 훨씬 복잡하다. 아직 말문을 못 뗀 아기의 경
우, 설령 청각 장애가 있더라도 즉각적으로 소리를 낼 줄 안다. 하지만
어떤 소리건 청력과 훈련으로 자극을 받지 않으면 이를 발음하는 능력
이 사라져 버린다.

아기는 들어 본 적 있는 말이라면 아주 쉽고 완벽하게 배운다. 그래
서 모국어를 쉽게 습득한다. 보통 어른들에게는 단기간에 언어를 완벽
하게 습득하기란 힘든 수준을 넘어 거의 불가능한 일이다. 하지만 신생
아의 두뇌는 이런 학습에 적합하도록 프로그래밍되어 있다.

대부분의 아이는 지능과 무관하게 서너 살이 되면 유창하게 말을 할 줄 안다. 그 후 시간이 지나면서 언어를 습득하기 점점 어려워진다.

아기의 말 선생은 어른

세계 어느 곳을 가든 똑같은 모습이 있다. 바로 아기와 이야기하는 어른이 무의식적으로 말하는 방식을 바꾸는 것이다. 이때 어른은 더 높고 큰 목소리로 말해서 아기의 주의를 끈다. 아기가 처음 한 옹알이에는 아무 의미가 없을지 몰라도 어른이 이 옹알이를 되풀이하면 여기에 의미가 부여된다. 아기가 제대로 끊어서 말하는 법을 배우도록 어른은 어절이 나뉘는 부분, 즉 중간 휴지(休止) 부분을 강조해서 말한다. 또한 정성을 다해 또렷하게 발음하려고 애쓴다. 어떤 단어는 여러 번 반복하고, 어떤 단어는 강조하기도 하며, 억양을 가지고 장난을 하기도 한다. 가령 "진하게, 찌이인하게 뽀뽀할 거야!"처럼 말이다.

이런 과정을 거친 후, 매우 중요한 마지막 단계에 들어간다. 바로 아기에게 대화를 가르치는 것이다. 엄마는 아기에게 계속 말을 걸면서 무의식적으로 아기에게 필요한 정보를 전달한다. 즉, 각자 말하는 순서가 정해져 있으며 그 순서는 주고받기라는 사실이다. 아기에게 말을 걸 때에도 본능적으로 말하는 시간과 말하지 않는 시간을 번갈아 설정하여 아기가 대답하거나 반응할 시간을 주는 식이다.

복잡한 문법 규칙을 아기가 어떻게 습득하는가 하는 점은 여전히 수수께끼로 남아 있다. 과연 아기는 어떻게 문법을 익히고 금세 적용하는 것일까? 어떤 사람은 아기가 선천적으로 지니고 태어나는 기본 토대가 있다고 추정하고, 또 다른 사람은 부모와 아기가 함께 하는 놀이에 일종의 학습 과정이 존재한다고 주장한다.

아기의 언어 습득 시기

첫돌 즈음이면 아기는 단어와 그 단어가 가리키는 대상을 연관 짓기 시작한다. 생후 18개월 무렵이 되면 두 단어를 합칠 수 있으며 두 시간마다 새로운 단어를 습득한다. 생후 24개월이 되면 의미를 아는 단어가 1,000개에서 2,000개가량 쌓인다. 그런 다음 문법과 표현 규칙을 배운다. 단어가 문장 안에서 어디에 위치하는지에 따라 다른 의미를 지닌다는 언어 규칙도 알게 된다. 즉, "토토가 물고기를 먹는다"와 "물고기가 토토를 먹는다"는 같은 의미가 아니라는 것을 알게 된다.

모든 아기는 동일한 언어 습득 단계를 거치지만, 그렇다고 반드시 같은 나이에 같은 단계를 밟는 것은 아니다. 아이에 따라 일 년이나 그 이상 차이가 날 수도 있다.

분명히 짚고 넘어가야 할 점이 하나 있다. 말을 늦게 배운다고 나중에 커서 말을 어눌하게 하거나 말하는 능력이 뒤떨어지는 것은 아니다.

아기에게 말 거는 법

말하기는 첫 단어를 말하기 전부터 시작된다. 말하기를 배우는 것, 특히 입과 혀를 움직여 소리를 내는 행동은 세상에 태어나면서부터 시작된다. 그렇다고 혼자서 저절로 말을 배울 수 있는 것은 아니다. 말하는 법을 배우려면 누군가 아기에게 말을 걸고 들려주어야 한다.

생후 6주쯤이면 아기는 자기에게 보내는 미소와 말에 응답하기 시작한다. 미소를 짓고 몸을 움직여서 자신이 기뻐한다는 것을 표현하려고 한다. 생후 2개월이 되면 자기가 만들어 낸 소리도 덧붙이고, 생후 3개월이 되면 옹알거리며 말대답을 한다.

목욕을 시키거나 기저귀를 갈 때, 또는 아기가 먹거나 노는 동안에 아기에게 이런저런 이야기를 하고 질문도 하라. 아기에게 여러 가지 물건을 보여 주고 물건 이름을 말하면서 어디에 쓰는 것인지 설명하라. 여러분이 무엇을 하고 있는지, 무슨 생각을 하고 있는지도 들려주자. 동요도 불러 주고 시도 읊어 주어라. 아침에 눈을 뜨거나 아기 방에 들어갈 때 "안녕" 하면서 인사를 하라.

이렇게 하면 아기는 여러분이 하는 말을 다 이해하지는 못해도 경청하는 습관을 갖게 되고, 여러분 또한 아기에게 말하는 습관을 갖게 된다. 아기는 자신이 말을 걸 만한 중요한 존재라고 느끼게 될 것이다.

아기에게 말 가르치기

아기는 엄마 얼굴을 보는 것을 가장 좋아하고, 엄마 목소리를 가장 듣고 싶어 한다. 따라서 아기 쪽으로 몸을 숙여 부드럽게 말을 걸면 아기는 이 두 가지를 동시에 얻을 수 있다. 또한 아기에게 말할 때는 얼굴을 마주 보고 해야 한다. 그러면 아기는 엄마의 입술이 움직이는 것을 주의 깊게 관찰할 수 있다. 이렇듯 아기가 부모의 목소리와 입술의 움직임에 주목하는 것은 언어에 흥미가 있다는 뜻이다.

옹알이　아기를 정면으로 보면서 아기의 시선을 끌어라. 이렇게 하면 아기는 여러분이 이제부터 말을 시작하리란 것을 알아챈다. 그런 다음 아기가 내는 소리를 흉내 내라. 가끔은 아기 소리를 변형하거나 풍부하게 만들어서 메아리가 울리는 것처럼 아기에게 다시 들려준다. 아기가 내는 소리에 귀를 기울이면, 생후 6개월쯤부터 "맘마"나 "빠빠" 같은 소리를 내기 좋아한다는 것을 알 수 있다. 아기가 부모의 입을 통해 수없이 들었던 이 소리들이 가치 있는 것이라는 사실을 알게 된 증거다.

모방　아기와 얼굴을 맞대고 앉는다. 아기 눈을 똑바로 본다. 미소를 지으며 "아", "오", "므" 같은 간단한 소리를 또박또박 발음해서 들려준다. 단, 한 번에 한 음절씩 발음해야 한다. 아기가 엄마와 같은 소리를 낼 때까지 항상 미소를 보이면서 격려하듯 같은 소리를 반복해서 들려준다. 이렇게 하면 어느 순간 아기가 비슷하게 따라 할 것이다. 간혹 아기가 무엇을 해야 하는지 전혀 눈치채지 못하는 경우도 있다. 이 경우, 아직 때가 안 된 것이니 시간이 지난 후 다시 시도한다.

어휘　현재 아기가 낼 수 있는 소리가 거의 없다고 하더라도 아기는 부모의 말을 경청하면서 나중을 대비해 어휘를 쌓아 가는 중이다. 아기에게 가장 필요한 것은 부모가 하는 말을 듣고 배우는 일이다. 그러므로 계속해서 아기에게 간단한 단어를 들려주고 아기의 일상이나 활동과 관련된 이야기를 한다.

8

떼어 놓으려 하면 울고불고 매달려요. 어떡하죠?

"2주 전부터 아들의 행동이 완전히 달라졌어요. 아빠한테 곧잘 가던 아이가 이제 저한테만 꼭 붙어 있으려 하고 한시도 떨어지는 것을 견디지 못해요. 제가 어디 멀리 가는 것도 아니고 바로 옆방으로 가는데 말이죠. 엄마가 사라질까 봐 무서운 걸까요?" — 어느 엄마로부터.

아기는 생후 6, 7개월까지는 언제나 미소를 짓는다. 부모를 알아보고 다른 사람들보다 반가워하지만, 부모와 떨어져 있다고 해서 특별히 걱정하는 모습을 보이지는 않는다. 이 시기에는 다정하게 대하는 모든 사람에게 미소를 보내고 애교를 떤다. 그러다가 생후 8개월쯤 되면 상황이 완전히 달라진다. 자기가 알아보지 못하는 낯선 사람이 다가오면 큰소리로 울고 엄마 품을 찾는다.

아기가 반드시 거쳐야 하는 단계

이때부터는 아기와 떨어지려 할 때마다 고통스럽고 격렬한 저항에 부딪힌다. 이 시기의 아기를 키워 본 부모라면 목에 매달리는 아기의 작고 포동포동한 팔을 억지로 떼어 내면서 죄책감과 미안함을 느낀 적이 있을 것이다.

그러나 이것은 모든 아기가 거쳐야 하는 단계이며 아기에 따라 정도가 다를 뿐이다. 아기가 부모와 떨어지는 것을 두려워하는 것은 지극히 정상적인 반응으로, 몇 달간 지속되다가 점차 줄어든다. 아기가 말을 배워 소통할 줄 알게 되고 자존감을 습득하면, 모르는 사람을 대면하고 부모와 잠시 헤어지는 경우에도 잘 대처하게 된다.

다양한 사람들을 만나는 시기

이 시기의 모든 아기가 겪는 일이지만 아기에 따라 불안감을 느끼는 정도에 차이가 있다. 생후 8개월쯤 된 아기는 엄마가 자기 곁을 떠나면 자기와 멀어지기는 하지만 그래도 어딘가에 계속 존재한다는 사실을 안다. 하지만 엄마가 다시 돌아올지 확실치 않기 때문에 이 상황을 받아들이기 어려워한다. 또한 자기가 아는 익숙한 사람들과 모르는 사람들을 잘 구별할 수 있게 되어 모르는 사람을 무서워하기 시작한다. 요컨대 낯선 사람에 대한 공포심과 엄마와 떨어지는 것에 대한 두려움이 동시에 싹튼다.

아기가 다양한 사람들, 예를 들어 친구, 가족, 또래 아기, 다양한 연령대의 아기들을 만나는 것에 익숙해지게 하는 것이 좋다.

엄마에게 딱 달라붙어서, 엄마가 시야 밖으로 사라지거나 방에서 나가거나 떨어질 낌새만 보여도 바로 우는 아기는 어떻게 해야 할까?

일찍부터 독립의 의미를 가르쳐라　　이것은 출생 직후부터 할 수 있는 일이다. 우선 아기만의 공간을 마련하고 거기서 아기가 자유롭게 놀고 움직일 수 있게 해 준다. 그런 다음 때때로 아기 혼자만 있게 하고 엄마의 목소리만 들려준다. 아기가 이동할 수 있게 되면 집 안에서 마음껏 돌아다니게 한다. 또한 부모의 직접적인 감독 없이 부모로부터 떨어져 있게 내버려 둔다. 물론 한시도 눈을 떼어서는 안 된다. 좀 더 크면 독립심을 보일 때마다 꼭 보상을 해 준다. 혼자서 옷을 입겠다고 하면, "아주 기특하네"라며 칭찬하고, 혼자서 계단을 내려가려 하면 "잘하네!"라고 응원한다. 부모는 아기에게서 눈길을 떼지는 않되, 아기가 도와 달라고 하기 전에는 개입하지 말아야 한다.

숨바꼭질 놀이를 하라　　생후 5개월부터 아기는 두 손으로 얼굴을 잠깐 가렸다가 "까꿍!" 하면서 얼굴을 보여 주는 놀이를 무척 좋아한다. 아기가 혼자서 돌아다닐 수 있게 되면 커튼이나 문 뒤에 숨는 등 진짜 숨바꼭질을 시작하라. 처음에는 부모가 의자 뒤처럼 매우 찾기 쉬운 곳에 숨는다.

이런 놀이를 통해 아기는 부모와 다시 만나리라는 확신을 얻고 재미있게 헤어지는 법도 배운다.

아기가 세상에 익숙해지게 하라 여러분의 집에 친구나 가까운 친척들이 자주 드나든다면 아기는 낯선 사람들을 덜 무서워하게 된다. 이 사람 저 사람의 손에 안겨서 노는 데 익숙해지기 때문이다. 그래도 집배원이나 경찰관이 가까이 오면 여전히 큰 소리로 울기는 한다.

아기가 헤어짐에 익숙해지게 하라 부모 이외의 어른이나 다른 아기들과도 접촉해야 한다. 아기를 베이비시터나 믿을 만한 이웃에게 몇 시간 동안 맡기거나, 어린이집에서 하루를 보내게 하거나, 다정한 할머니에게 며칠간 맡겨 보라. 다채로운 경험을 바탕으로 아기는 불안감 없이 엄마와 떨어질 수 있게 된다.

아기가 변화에 대비하게 하라 아기를 모르는 사람에게 맡기거나 낯선 장소에 떨어뜨려야 하는 경우가 생긴다면, 아기에게 그 상황을 자세히 설명해 주고 적응할 시간을 충분히 준 다음 떠나도록 한다.
모르는 사람이 갑자기 다가가게 하지 말고, 이 '새로운 얼굴의 사람'을 아기가 먼저 받아들이게 한 후 맡긴다.

아기에게 작별 인사 하는 법을 가르쳐라 아기가 흥미로운 활동에 푹 빠져 있을 때 슬쩍 헤어지는 것이 손쉬울 수는 있다. 하지만 아기에게 작별 인사도 하지 않고 떠나면 더 심한 분리 불안을 야기할 수 있다. 그렇다고 헤어지는 시간을 쓸데없이 질질 끌어서도 안 된다. 가볍게 안아주고 다정하게 뽀뽀한 다음 갈 길을 가면 된다.

당신이 느끼는 감정에 주의하라　　아기는 부모의 감정을 눈치채고 이에 따라 반응하는 능력이 무척 뛰어나다. 아기를 두고 떠나는 것이 슬픈가? 그럼 아기도 슬퍼한다. 아기가 흘리는 눈물 때문에 부모가 죄책감을 느끼면 아기의 고통 역시 가중된다. 게다가 주저하는 부모의 마음을 알아챈 아기는 더 심하게 울어 댈 것이다!

아기의 태도에 따라 부모의 행동이 달라질 수 있다는 사실을 눈치채게 해서는 안 된다. 그러므로 침착하고 확신에 찬 말투로 아기에게 사랑한다, 엄마가 없더라도 재미있게 지낼 수 있을 것이다, 금방 돌아오겠다고 설명하고 떠나라.

내성적인 성격으로 만들지 않으려면

아기가 모르는 사람이나 무서워하는 사람과 충분히 친숙해지지 않은 상태에서 억지로 이들에게 가게 해서는 안 된다. 이런 상황에서 강경한 방식을 써 봤자 좋을 것이 없다.

만약 아이가 나이가 들어서도 낯선 사람에 대한 공포심이 사라지지 않는다면 이것은 내성적인 행동으로 이어진다. 억지로 낯선 사람과 접하게 하거나, 아이가 내성적인 성향을 보이고 용기를 내지 못하는 것을 놀리고 비웃는다면, 문제가 악화된다. 반대로 아이가 낯선 사람을 만날 때 곁에서 상냥하게 격려하고 용기를 북돋워 준다면 어려움을 극복하는 데 도움이 된다.

9

퇴근 후 어린이집에 갔는데
아이가 시큰둥해해요. 왜일까요?

퇴근 후 어린이집에 아이를 데리러 가면 종종 이해할 수 없는 아이의 반응에 당황스럽습니다. 한시라도 빨리 아이를 만나고 싶어 서둘러 갔건만 왜 반가운 기색을 보이지 않는 걸까요?

네 살 막상스는 온종일 엄마와 떨어져 지낸다. 엄마가 직장에서 일하는 동안 어린이집에서 하루를 보내기 때문이다. 퇴근 시간이 되면 엄마는 대중교통을 이용해 부리나케 달려오거나 교통 혼잡을 이리저리 피해 어린이집에 도착한다. 아이는 아이대로 엄마가 오기를 기다리고 있다. 아이는 자기 엄마가 바스티앵의 엄마 다음, 비비안의 아빠가 오기 조금 전에 도착한다는 것도 잘 안다. 하지만 정작 엄마가 왔을 때 막상스는 예상 밖의 반응으로 엄마의 마음을 상하게 한다. 곧장 엄마 품으로 뛰어들기는커녕 "어, 왔어요? 잠깐만 기다리세요"라고 하는 듯 무관심한 태도를 보이는 것이다. 막상스의 이런 모습은 어제오늘의 일이 아니다. 6개월 전에는 엄마가 도착하는 순간 반대쪽으로 달아나 테이블 아래에 숨었고, 엄마가 다가가서 붙잡으려 들면 소리를 지르며 울었다. 지난해에는 엄마가 와서 데리고 나갈 때 얼굴이 온통 눈물범벅이 되기도 했다. 이렇듯 저녁 시간에 엄마와 아이가 해후하는 일은 의외로 해피엔딩이 아니다.

생후 12개월 미만 : 아기를 만났을 때 해야 할 말과 행동

생후 12개월 미만의 아기에게는 하루라는 시간이 무척이나 길다. 아기의 시간은 어른이 느끼는 것과 같은 속도로 흐르지 않는다. 그래서 낮에 어린이집에서 지낸 후 저녁에 부모가 데리러 오면 아기는 아주 오랫동안 떨어져 있었던 것으로 여긴다. 하루 종일 아기는 부모와 집을 벗어나 어린이집, 또는 보모와 지내는 시간을 현재 시점으로 느끼며 지낸다. 그러므로 아기가 여러분을 보고 미소를 지으며 손을 내밀기를 바란다면 그러기 위한 준비 시간이 필요하다. 먼저 아기를 똑바로 바라보고 앉아서 따뜻한 목소리로 아기 이름을 부르며 "리사야, 안녕? 엄마 왔어. 오늘 하루 잘 지냈니? 이제 엄마랑 같이 집에 가야지" 하며 말을 건다. 그러면 아기는 엄마의 목소리를 알아듣고 얼굴과 연결한 다음 기쁨을 표현할 것이다. 이렇게 하면 여러분은 마음 상하는 상황을 맞이하지 않고 아기를 안고 집으로 돌아갈 수 있다.

생후 12개월에서 15개월 : 엄마를 보자마자 울기 시작한다면

생후 12개월에서 15개월에 접어들면 아이는 이른바 '과잉 행동' 시기에 들어간다. 앞뒤 생각하지 않고 움직이면서 에너지를 모두 소진하고, 수면이나 휴식 시간도 충분히 가지지 않는다. 세상에는 탐험해야 할 것이 엄청나게 많기 때문이다! 그래서 하루 일과가 끝날 때쯤이면 거의 녹초가 되어 있다. 바로 이런 시점에 여러분이 도착한다. 아이는 엄마가 왔다는 사실에 안도감을 느끼고, 온종일 쌓였던 피로가 갑자기 몰려온다. 엄마한테는 얼마든지 마음대로 해도 된다는 것을 알기 때문이다. 전적으로 신뢰할 만한 사람 품으로 돌아간다는 사실을 아는 것이다. 그래서 이유 없이 울게 된다. 그저 피곤하고 신경이 날카로워져서 우는 것이다. 이것은 아이가 엄마를 믿고 있다는 뜻이니, 어떻게 보면 아이가 엄마에게 주는 선물인 셈이다. 그런데 만약 엄마가 짜증을 내거나 실망한 모습을 보인다면 어떻게 될까? 아이는 더 심하게 울 것이다. 아이가 바라는 것은 오직 엄마 품에 안기는 것이다. 아마 집에 가면 아이는 밥을 먹다가 금세 곯아떨어질 것이다.

그럼 아이를 어떻게 대해야 할까? 다른 도리는 없다. 아이 마음을 이해해 주고, 달래고, 따뜻한 물로 목욕시키고, 참는 수밖에 없다. 몇 달만 지나면 아이는 더 튼튼해져서 낮잠 시간도 길어지고 하루 일과도 끄떡없이 버틸 것이다.

생후 18개월에서 24개월 : 엄마를 못 본 척한다면

생후 18개월에서 24개월이 되면 상황은 또 달라진다. 이 시기에 아이들은 좋게 말해서 "나를 기다리게 했으니 이제는 엄마 차례예요!" 혹은 나쁘게 말하면 "하루 종일 나를 버려두었으니 이제 복수할 거예요!"라는 마음을 가지게 된다. 이 정도 연령이면 아이는 엄마가 자신을 내버려 두고 다른 사람들과 하루를 보낸다는 사실을 잘 안다. 또한 친구들을 일찌감치 데리러 오는 엄마들을 옆에서 보게 된다. 이 때문에 아이는 어린이집에서 하루를 즐겁게 보냈고 선생님을 무척 좋아하더라도 엄마가 원망스러운 것이다. 아이는 엄마가 없는 동안에는 무척 보고 싶어 하다가도 일단 엄마가 오면 거리를 둔다. 어떨 때에는 하던 놀이를 계속 하면서 엄마가 온 걸 못 본 척하기도 한다. 그러다가 또 어떤 날에는 엄마를 피해 달아나거나 집에 돌아가기 싫다는 듯이 떼를 쓸 때도 있다.

아이의 마음을 달래는 방법

- 아이의 생활 리듬은 어른과 같지 않으며, 리듬이 바뀌는 동안 아이가 예민해진다는 사실을 이해하자.
- 아이를 껴안기 전에 먼저 "안녕" 하고 인사하고 아이가 무엇을 하고 있었는지 물어보는 시간을 가져라. 아이가 하는 활동을 존중하는 모습을 보여라. 누구나 그렇듯 아이도 방해받는 것을 싫어한다.
- 아이를 돌보아 주던 사람과 몇 분간이라도 이야기를 나누어라.
- 아이가 마음먹으면 엄마에게 갈 것이다. 그때 아이와 수다를 떨면서 다시 만나 얼마나 기쁜지, 집에서 먹을 저녁 메뉴와 엄마와 같이 할 놀이가 무엇인지 이야기하면서 데리고 나온다.
- 이런 노력에도 아이가 계속 울거나 다가오지 않으려 하면 그냥 아이를 데리고 나와라. "그만!"이라고 말해야 하는 때도 있는 법이다.

절대 해서는 안 되는 행동

- 아이가 보지 못하는데 갑자기 뒤에서 잡기
- 엄마가 얼마나 바쁜지 하소연하기
- 이런 상황을 10분 이상 방치하기
- 소리 지르거나 때리기 등으로 상황을 악화시키기
- 초콜릿이나 사탕으로 아이를 달래기

아이의 시큰둥한 행동은 지극히 정상

어린이집이나 보육 시설에서 엄마가 오기 바로 전까지만 해도 예쁘고 착하게 굴던 아이가, 엄마가 데리러 오면 반대쪽으로 달아나 소파에 올라가거나 테이블 밑으로 기어든다. 또 신발을 신지 않으려 하고 소리 지르며 운다. 하지만 이 모든 행동은 지극히 정상적이다!

아이가 한동안 집에서 쉬다가 어린이집이나 학교에 다시 나가게 되면 쉬었던 기간에 상관없이 힘들 수 있다. 특히 쉰 기간이 길면 길수록 적응하는 시간이 더 오래 걸린다. 아이는 방학 때와는 달리 또다시 매일 엄마와 떨어져 지내야 한다는 사실을 눈치챈다. 이처럼 생활 습관과 리듬이 바뀌면 아이는 약간 혼란스러워하는데 이에 따라 일상적이지 않은 피로가 쌓여서 저녁에 엄마와 다시 만나는 일이 조금 힘들어질 위험이 있다.

따라서 다시 어린이집에 가기 며칠 전부터 아이가 원래의 생활 리듬에 익숙해지게 해야 한다. 가령 일찍 자고 일찍 일어나는 습관을 들여야 한다. 원래 생활대로 완전히 돌아가기 전에 두세 번 정도 '단축 일정'을 보내게 하면 도움이 된다.

크게 걱정할 필요는 없다. 아이가 상황 변화를 잘 받아들이고 원래의 생활로 돌아오기까지는 그리 오래 걸리지 않을 것이다.

lo

아이가 툭하면 화를 내요, 어떡하죠?

"아주 사소한 일을 핑계 삼아 뤼실이 크게 화내는 것을 보면 일부러 저러는 거라는 생각이 듭니다. 누가 보면 진짜 불쌍하다고 여길 정도랍니다. 하지만 자기가 원하는 것을 얻으면 그 즉시 맑음 상태가 된다니까요!"
— 어느 아빠로부터.

생후 24개월이 된 마를렌느는 이제 아빠를 따라 슈퍼마켓에 가지 못한다. 아이가 사 달라는 것을 거절할 때마다 울고 떼쓰고 발버둥을 치는 통에 아빠의 인내가 바닥났기 때문이다. 마를렌느는 한번 떼쓰기 시작하면 울고불고하면서 발을 구르고 카트에 기어오르는 통에, 다른 손님들 눈에는 부모가 아동학대범처럼 비칠 지경이다. 이런 상황에서 부모가 무기력감을 느끼거나 짜증을 내지 않으려면 어떻게 해야 할까?

플라보는 생후 18개월밖에 안 됐지만 화가 나면 물불을 가리지 않는다. 마음에 드는 물건을 갖고 싶은데 부모가 거절하면 울고불고 난리가 난다. 과자부터 시작해 엄마의 반짝거리는 열쇠고리까지 종류를 가리지 않는다. 이 아이의 욕구불만이 어쩌나 큰지, 플라보의 부모는 혹시 자신들이 너무 엄한 것은 아닌지, 아이에게 좀 더 양보해야 하는 것인지 고민할 정도다.

대략 생후 18개월에서 네 살 사이의 아이는 툭하면 화를 낸다. 이들은 욕구불만이 생기거나 원하는 것이 좌절될 경우, 이를 핑계 삼아 소란을 피운다. 이때 아이는 자신의 삶을 스스로 결정하고 싶어 하지만, 여전히 약하고 무기력한 자기 모습만 확인할 뿐이다. 그럼 이런 현실에 순응한다면 어떨까? 이는 아이에게 말도 안 되는 일이다. 만약 아이가 순응한다면 그것은 순전히 어른들을 기쁘게 하려는 행동일 뿐이다.

아이가 화를 낼 때 대처법

일단 다음 방법대로 해야 한다.

- 화가 폭발한 아이는 감정적으로 자제력을 잃는다. 완전히 폭발해 버려서 아무 말도 귀에 들어오지 않을 것이다. 이런 아이를 설득하거나 잘잘못을 따지고 들면 오히려 더 심하게 울리는 꼴이 된다.
- 먼저 팽팽한 긴장 상태를 해소해야 한다. 가장 좋은 방법은 아이가 이런 에너지를 소진할 수 있게 시간을 충분히 주는 것이다. 가능하면 아이가 혼자만의 시간을 갖도록 하거나 아이에게 관심을 보이지 않는다. 다음과 같은 식이다. "네 방에 가서 실컷 울도록 해. 마음이 가라앉으면 오렴".
- 양보는 금물이다. 당장 화를 가라앉히려는 생각에 '대가를 지불'한

다면 화내는 빈도만 늘어날 뿐이다.

• 아이보다 심하게 화를 내서는 안 된다. 공포심만 불러일으키기 때문이다. 부모의 태도가 아이에게는 항상 본보기가 된다는 사실을 명심하라.

아이의 화가 그친 후에는

• 일단 아이의 분노가 누그러진 것처럼 보이면, 아이가 거부하지 않는 선에서 감정을 마무리하는 것을 도와준다. 아이를 품에 안고 단호하면서도 부드럽게 한동안 꼭 안고 있는다. 그런 다음 살살 흔들어 재워라. 아이가 회복하는 데 도움이 된다.

• 아이를 아이 방으로 보냈다면, 화가 풀린 다음에는 언제든지 방에서 나와 엄마한테 올 수 있다고 말해라.

• 아이와 갈등 상태를 오래 끌고 가서는 안 된다. 먼저 화해의 손을 내미는 것은 부모의 몫이다. 화를 냈다고 부모의 사랑을 잃는 것은 아니라는 점을 아이가 반드시 알아야 한다.

• 만약 아이가 난폭한 행동을 해서 다른 사람을 다치게 했거나 물건을 망가뜨렸다면 아이가 사태를 수습하도록 도와준다. 동생에게 용서를 구하거나, 스스로 장난감을 다시 주워 담게 한다.

• 다른 사람들과 마찬가지로 아이도 분노라는 감정을 느끼는 존재이며 화를 낼 권리가 있다. 하지만 다른 사람을 다치게 하거나 물건을 부술 권리가 있는 것은 아니다. 이런 사실을 아이에게 잘 설명하라.

아이가 너무 심하게 화를 낸다면

- 만약 아이가 너무 심하게 화를 내고 사소한 대립이나 불만에도 격하게 반응한다면 부모인 여러분의 행동이 어땠는지 돌아보아야 한다. 그동안 아이의 행동을 너무 제약했던가? 혹시 아이가 가족을 쥐락펴락하게 내버려 둔 것은 아닌가? 자문해 보아야 할 시점이다.

- 여러분 스스로 아이 앞에서 감정을 관리하고 화를 누그러뜨리고 평정심을 유지하는 어른의 모습을 보였는가? 아이가 감정을 조절하는 법을 배울 때는 부모가 모범을 보이는 것이 매우 중요하다. 만약 속에서 열불이 치밀어 오른다면, 아이에게 "조금 전의 일 때문에 엄마가 지금 화가 났단다. 잠깐 혼자 베란다에 나가서 숨을 고르고 진정시킬게"라고 이야기한다.

더 이상 화내지 않게 하려면

- 아이가 흥미를 보일 만한 것으로 재빨리 관심을 돌린다. "어머, 베란다에 비둘기가 날아왔네!"라고 하거나 "이제 만화영화 볼 시간 아니야?"라는 식으로 말이다.

- 아이가 조르는 것을 거절하기 전에 여러분도 아이의 마음을 이해한다는 것을 표현한다. "그래, 네 말이 맞아. 이 사탕 정말 맛있어 보이네. 다음에는 이걸로 사자".

아이와 합의점을 찾는 방법

협상을 해서 아이의 요구를 제한적으로 승낙하여 갈등을 예방하는 경우도 있다. 이것은 누구도 패자가 되지 않는 해결 방안이다. 예컨대 이런 식이다. "좋아, 사탕 먹어도 돼. 하지만 딱 한 개만이야" 또는 "그래, 하던 놀이 계속 하렴. 대신 딱 5분만 더 하는 거다".

이렇게 하면 아이는 자기 논리를 주장하는 법을 배우고 부모로부터 인정받는다고 느끼게 된다. 자기가 원하는 바를 전부는 아니더라도 일부 얻는 것이다. 그리고 부모는 갈등 상황이 벌어지는 일 없이 자녀가 말을 듣게 할 수 있다. 여기서 중요한 점은 일단 합의가 이루어졌으면 그 합의대로 지켜야 한다는 것이다. 5분은 5분이지, 15분이 되어서는 안 된다. 이를 지키지 못하면 합의는 의미를 잃게 되고, 부모의 말에 대한 신용이 떨어진다.

하지만 모든 것이 다 협상의 대상이 될 수는 없다. 아이와 합의점을 찾지 못한다면 최종 결론은 부모가 내려야 한다.

아이가 화내는 이유

아이가 화를 내는 것은 마음속을 가득 채운 감정이 난폭하게 터져 나오는 과정이다. 간혹 아이가 너무나 갑작스럽게 화를 내면 부모조차도 그 이유를 모를 때가 있다. 아이는 감정이 쉽게 격해지는데, 이런 감수성은 지극히 개인적인 것이기 때문이다. 치솟은 분노는 신경질, 긴장감, 당혹감을 유발하고, 이를 맞닥뜨린 부모에게 또 다른 분노를 불러일으킨다.

아이의 분노가 아무리 갑작스럽고 과도하게 나타난다 하더라도 거기에는 나름대로 의미가 깃들어 있다. 다음과 같은 것들이다.

- 하고 싶은 것이 있는데 마음대로 되지 않아 불만이 쌓였다.
- 버림받을까 봐 걱정되거나 무섭다.
- 크고 싶고, 자립하고 싶고, 내 일은 내가 알아서 결정하고 싶다.
- 존중받고 싶고, 불공평해 보이는 일에 반항하고 싶다.

부모의 권위를
어떻게 보여 줄까요?

아이가 생후 18개월 정도 되면 앞으로 2년간은 부모에게 힘든 시기입니다. 아이가 대장 노릇을 하며 모든 일을 마음대로 하고 싶어 하기 때문이죠. 이럴 때 아이에게 합리적인 한계를 정해 주면서 화목한 가정 분위기를 유지하는 방법은 무엇일까요?

생후 18개월 이전에는 하고 싶은 대로 내버려 두어도 크게 문제가 되지 않는다. 집 안에서 움직이는 활동 반경이 작아서 소란을 피우더라도 한계가 있기 때문이다. 눈을 부릅뜨고 목소리를 높이는 것만으로도 효과가 있다. 하지만 생후 18개월에서 24개월 즈음이 되면 상황이 달라진다. 뭐든 자기가 다 결정하고 싶어 하고 일부러 반대로 행동하거나 말을 듣지 않는다. 불만이 생기면 참지 못한다. 여기저기 뛰어다니며 가리지 않고 손으로 만지고 일부러 도발적으로 행동해서 부모가 통제하기 어려운 상황이 벌어지기 시작한다.

그 결과 평화롭고 이상적인 자녀와의 관계를 꿈꾸던 부모는 아이와 갈등 관계에 놓이게 된다. 대부분의 부모는 이런 상황에서 방임주의와 지나친 권위라는 양쪽의 암초를 피하면서 항해를 계속하려고 애를 쓴다.

그렇게 몇 달이 지난다. 아이는 여전히 그만 놀라고 하면 울고, DVD 플레이어에 볼펜을 집어넣고, 길을 건널 때 손을 잡지 않으려 한다.

이런 아이를 폭군으로 만들지 않으면서도 말을 잘 듣게 하려면 어떻게 처신해야 할까?

부모의 권위를 다시 잡아야 할 때

많은 부모가 '과연 내가 청개구리 우리 아이를 말 잘 듣게 만들 수 있을까?' 하고 자문한다. 진실을 알고 싶다면 다음 질문에 정직하게 대답하기 바란다. 여러분의 집에서는 누가 일을 주도하는가? 아이의 일상생활에 관해 누가 지휘봉을 잡고 있는가? 아이가 옷 입는 법, 잠자리에 드는 시간, 식사 때 먹을 음식 등을 정하는 사람이 부모인가 아니면 자녀인가?

이런 질문에 아이라고 답한다면, 바로 지금이 처음부터 다시 판을 짜야 할 때다. 잘못된 것을 바로잡아야 하는 중요한 시점인 것이다.

핵심 사항은 다음 네 가지다.

부모의 권위를 세우는 방법

아이가 반항하고 어른을 궁지에 몰아넣는 일은 많은 가정에서 흔히 일어난다. 그렇더라도 부모는 당황하지 말고 아이의 눈앞에서 강한 의

80

지와 단호한 모습을 보여 주어야 한다.

그러면 아이는 겉으로는 저항하는 모습을 보이더라도 마음속으로는 부모가 자기에게 관심이 있고, 옳은 방향으로 인도해 준다는 생각에 깊이 안도한다. 아이를 바른 길로 이끌기 위해서는 때에 따라 엄한 태도가 필요하다.

부모가 꼭 지켜야 하는 규칙

모든 규칙을 다 적용하기는 어려우므로 중요한 것 몇 가지만 잘 지키게 하는 편이 낫다. 즉 아이의 연령에 맞는 합리적이고 정중한 요구 사항 몇 가지를 정해 지키게 하는 것이 성공의 열쇠다.

아이에게 손가락으로 수프를 찍어 먹지 말고, 고양이 꼬리를 잡아당기지 말고, 높은 의자 위에서 일어서지 말라고 하는 것은 마땅히 해야 할 말이다. 하지만 아빠는 밤 11시에 잠자리에 들면서 아이에게는 8시에 자러 가라고 하거나, 인형 수집품을 진열장의 손 닿는 곳에 놓아둔 채 아이에게 만지지 말라고 한다면 설득력이 떨어진다.

아이를 현명하게 야단치는 방법

아이가 생활하는 데 필요한 규칙과 금기 사항을 단순하고 일관성 있게 정하고 나면 이를 실제로 적용하는 것이 중요하다.

- 1단계: 규칙을 간단명료한 말로 아이에게 설명해 준다. "오븐을 만지면 안 돼. 아주 뜨거워서 화상을 입을 수 있거든. 절대 금지야".
- 2단계: 필요할 때마다 규칙을 반복해서 일러 준다. "기억나지? 오

븐을 만지면 안 된다고 했지? 아주 위험하단다".

- 3단계: 행동의 결과를 경험하게 한다. 말을 잘 들으면 크게 칭찬하거나 격려하고, 말을 듣지 않으면 단호하게 나무란다. 필요에 따라 벌을 줄 수도 있다. 이를테면 "한 번 더 욕조 밖으로 물을 뿌리면 그 즉시 목욕을 그만할 거야"처럼 말이다. 하지만 엄포만 남발해서는 안 된다. 실제로 행동에 대한 결과가 뒤따라야 효과가 있기 때문이다.

- 신뢰와 애정 관계를 바탕으로 어른의 권위가 세워졌다면, 아이는 어떠한 경우라도 부모의 말을 잘 듣는다. 아이를 나무랄 때는 소리를 지르는 것보다 차분한 태도를 보이는 것이 훨씬 효과적이다. 그러지 않으면 얼마 지나지 않아 아이는 엄마를 발끈하게 만드는 것을 일종의 놀이처럼 즐기게 된다.

용인하는 것과 아닌 것 설명하기

아이가 하는 행동에서 안전과 관련된 것들은 용인할 수 없겠지만, 그밖의 경우에는 인정해야 한다. 그래야 아이가 자기 욕구와 감정이 존중받는다고 느낀다. 가령 아이에게도 화낼 권리는 있지만, 그렇다고 여동생을 때릴 권리는 없다. 초콜릿을 먹고 싶어 하는 것은 괜찮지만, 초콜릿을 안 사 준다고 가게에서 울고 떼를 써서는 안 된다. 이 분명한 차이를 아이가 느끼게 해야 한다. 부모가 사랑하는 것은 아이지, 아이의 투정이 아니니 말이다.

사랑의 매가 필요할 때

사랑의 매가 장황한 설교보다 나을까? 그렇지 않다. 매를 드는 것은 패배를 의미한다. 언제나 그렇다. 인내의 패배, 교육의 패배, 순종의 패배를 뜻한다. 따라서 매는 엄하게 다스려야 하는 긴급 상황이나 당장 더 좋은 방법을 찾을 수 없는 무기력한 상황일 때만 고려해야 하는 예외적인 처방일 뿐이다. 체벌은 때리는 사람의 마음만 풀어 준다. 특히 폭력적인 매질은 결코 하면 안 되는데, 부모 또한 감정을 추스리기 어려운 경우가 있다. 그러므로 매를 드는 일 자체를 피해야 한다. 매질 말고도 말을 듣게 하는 교육적인 방법은 얼마든지 있다.

아이를 말로 나무랄 경우, 설교는 짧고 분명하게 하는 것이 좋다. 너무 장황해지면 아이는 금세 지쳐서 결국 제대로 듣지 않는다. 아이의 뇌리에 가장 잘 각인되는 것은 단순하면서도 반복적인 문장이다. 가령 이런 것이다. "안 돼, 오븐을 만지면 안 돼. 화상을 입을 수 있으니까 절대 안 돼".

밥상머리 전쟁,
어떻게 피할 수 있을까요?

부모는 이 전쟁에서 절대 이길 수 없어요. 아이들은 알고 있답니다. 우리
몸이 지혜롭다는 것을. 그러니 아이들을 한번 믿어 봅시다.

지금 채소 죽을 먹고 있는 아이는 단순히 음식만 삼키는 것이 아니
다. 음식과 함께 사랑, 교육, 교양, 문화도 전달받고 있다. 아이는 식사
시간을 통해 성장하고 다른 사람과 소통하는 법을 배운다.

엄마나 아빠는 영양을 고려한 균형 잡힌 맛있는 음식을 준비해서 사
랑을 듬뿍 담아 전달한다. 따라서 아이가 밥을 먹지 않으려 하면 부모
는 받아들이기가 어렵다. 특히 엄마는 걱정이 앞서서 아이가 배가 고프
지 않을 거라는 생각보다는 쇠약해지거나 성장이 늦어질지도 모른다
는 것에 안달한다. 그래서 억지로 밥을 먹이지만, 아이는 단호히 거부
한다. 밥상에서 전쟁을 일으키는 모든 요인이 이렇게 해서 한자리에 모
이는 것이다.

무슨 수를 써서라도 먹여야 할까

대부분의 엄마는 고집스럽고 건강한 아이에게 억지로 밥을 먹이느라 엄청난 에너지를 소모한다. "엄마를 위해 한 숟가락만" 하며 아이를 살살 꾀거나, "이 수프를 만드느라 얼마나 고생했는데"처럼 감성에 호소하거나, "와, 비행기가 창고에 들어가네!"라는 식으로 놀이를 하거나, "밥 안 먹으면 키도 안 크고 비쩍 마를 거야"라고 으름장을 놓는다. 그러나 별로 효과가 없다. 30분 넘게 식탁에서 씨름했는데도 한 숟갈 먹이는 게 고작이다.

먹는 것을 좋아하는 아이가 있는 반면 싫어하는 아이도 있기 마련이다. 어떤 아이는 미식가이거나 식탐 기질이 있지만, 또 어떤 아이는 밥 먹으러 식탁에 앉는 것조차 지겨워한다. 어떤 아이는 통통하고 어떤 아이는 말랐다. 하지만 그 어떤 경우에도 부모가 주는 밥을 아이가 안 받아 먹어서 굶어 죽은 사례는 없다.

밥을 먹지 않으려 할 때

강제로 먹여서는 안 된다는 것이 기본 원칙이다. 먹는 것은 매우 미묘한 영역이라, 직접 관련이 없는 문제들에 쉽게 영향을 받기도 한다. 따라서 너무 심하게 강요하면 아이가 더 단호하게 거부할 위험이 있다. 강요는 거의 예외 없이 갈등으로 이어진다. 그러다 보면 가끔씩 밥을 거부하던 것이 나중에는 상습적인 거부로 사태가 악화될 수도 있다.

밥상머리 전쟁의 메커니즘은 간단하다. 밥을 먹지 않으려 하거나 완두콩 같은 특정 음식을 골라내면 부모가 매우 싫어한다는 사실을 아이는 금방 알아차린다. 주목을 받고, 식사 시간을 오래 끌고, 주위 사람들에게 압박을 줄 수 있는 멋진 방법을 발견한 것이다. 이와는 반대로 부모가 먹으라고 강요하지 않고 내버려 두면 아이는 금세 시들해진다.

폭식과 편식에 대처하는 법

아이의 식욕은 하루하루가 다르다. 갑자기 평소보다 두 곱절은 더 먹는 날도 있다. 월요일에는 거의 아무것도 입에 넣지 않던 아이가 화요일에는 게걸스럽게 먹기도 한다. 어떤 아이는 영양분이 많이 필요하지만 어떤 아이는 많이 먹지 않아도 잘 자란다.

기준으로 삼을 만한 것이 있다면 딱 하나, 아이의 건강이다. 소아과에서 아이가 정상적으로 성장하고 있다고 하면 하나도 걱정할 것이 없다.

성인 비만과 소아 비만이 증가해 사회 문제가 되고 있는 상황이다. 비만 치료 방법 중 하나는 자연스러운 감각을 회복하는 것이다. 즉, 배가 고프면 먹고, 배가 부르면 그만 먹고, 배가 고프지 않으면 안 먹는 것이다. 자라는 데 문제가 될 정도가 아니라면, 아이가 잘 먹지 않더라도 안달하지 말고 아이의 식욕을 존중해 주자.

밥상머리 전쟁을 피하는 방법

시간이 좀 흐르면 아이의 식욕과 식사 리듬이 안정되는 시기가 온다. 그러므로 때가 될 때까지 유연한 태도를 유지하는 것이 좋다. 단, 유연한 태도를 취하는 것이 방임한다는 의미는 아니다. 즉, 완전히 포기해 버리고 아이가 먹고 싶어 할 때 먹게 내버려 두라는 말이 아니다. 다음 조언들을 참고해서 아이에게 강제하는 것과 다 받아 주는 것 사이의 적절한 균형점을 찾기 바란다.

- 아이가 어린이집이나 학교에서 밥을 잘 먹었다면 저녁에는 그렇게 많이 먹지 않아도 된다.
- 아이는 그날그날의 기분에 따라 먹고 싶은 것이 달라진다. 그러니 아이가 원하는 것을 반대하고, 엄마가 먹이고 싶은 것을 강요하지 말자. 점심에는 먹지 않겠다던 것을 저녁에는 먹고 싶어 할 수도 있는 것이다.
- 아이의 그릇에는 음식을 조금씩 담아 주는 편이 낫다. 모자라면 더 주면 된다. 배도 고프지 않은데 커다란 그릇에 가득 담긴 음식을 보면 먹고 싶은 생각이 달아나기 마련이다.
- 처음 몇 달 동안은 숟가락으로 먹든 손가락으로 먹든 간섭하지 마라. 아이 스스로 즐겁게 식사하는 것이 더 중요하다. 수프와 죽처럼 숟가락을 써야 하고 잘 흘리는 음식 대신 고기, 채소를 스틱 모양으로 잘라 아이가 집어 먹기 쉽게 준비한다.
- 아이가 시금치가 들어간 샌드위치를 먹지 않겠다며 버틴다고 해서 그 즉시 감자칩이나 요구르트 등을 대신 주는 일은 피하도록 한다. 아이가 아무것도 먹고 싶어 하지 않았는가? 아마 다음 식사 시간에는 더 먹을 것이다.

아이의 건강을 위한다면

이론적으로는 어릴 때부터 아이에게 다양하고 풍부한 음식을 접하게 하여 갖가지 음식 재료와 맛을 알게 해야 한다. 하지만 경우에 따라 생소한 음식은 먹으려 하지 않고 좋아하는 몇몇 음식만 먹으려는 아이들도 있다. 안타까운 일이다. 이런 경우 균형 잡힌 식사를 준비하고 골고루 먹게 유도하는 것이 좋다.

밥을 잘 먹게 하려면

아이는 규칙적인 하루 일과에 맞춰, 조용한 곳에서 밥을 먹을 때 더 잘 먹는다. 가족들과 스케줄이 맞으면 가족이 식사하는 자리에 아이도 같이 앉아서 먹게 한다. 다른 사람들과 어울리면 더 잘 먹는다. 만약 다른 가족보다 앞서 혼자 먹어야 한다면, TV를 보는 것보다는 작은 장난감을 옆에 두고 식사하는 편이 낫다.

패스트푸드를 꼭 먹여야 한다면

막내 아이를 손위 형제들과 함께 패스트푸드점에 데리고 가서 햄버거와 감자튀김을 먹이게 되더라도 너무 죄의식을 느낄 필요는 없다. 우선 어쩌다 한 번 먹는 정도로는 그렇게 해가 되지 않고, 또한 아이가 왕성한 식욕으로 열심히 먹는 모습을 보면 마음이 놓이기도 한다. '즐거움을 주는 음식'을 함께 먹는 것 역시 가족끼리 따뜻한 시간을 보내는 기회가 된다.

I3

미아가 되지 않게
미리 방지하려면?

주위에 있는 청소년들에게 한번 물어보세요. 아마 누구나 한 번쯤은 부모를 잃어버려서 모르는 사람들 가운데 혼자 두려움에 떨었던 경험이 있을 거예요. 부모들에게도 물어보세요. 끔찍한 추억이라며 비슷한 에피소드를 들려줄 거예요.

아이를 잃어버리는 일은 흔히 일어날 수 있지만 정말 끔찍한 경험이다. 미아가 되기 쉬운 나이는 보통 세 살부터 일곱 살까지다. 아이들은 어느 순간 낯선 장소에 혼자 있다는 사실을 깨닫게 되면 부모에게서 버림받았다는 생각에 엄청난 불안감을 느낀다. 이는 부모에게도 절대적인 공황의 순간이다. 아이의 소식을 모르는 동안 일 분이 몇 시간은 되는 듯 길게 느껴진다. 다행히 대부분은 잃어버렸던 아이를 금세 다시 찾고 무사한 모습에 안도한다. 그렇지만 이런 상황을 최대한 방지하고, 혹시 일어날 경우에 어떻게 처신해야 할지 알아 두자.

미아 발생 위험이 높은 장소와 상황

미아 발생 위험이 높은 상황은 일반적으로 잘 알려진 대로다.

- 사람이 많이 모이는 곳에 있을 때
- 아이의 호기심이 고조되었을 때
- 부모가 양손에 무언가를 들고 있거나, 아이 말고 다른 일에 정신이 팔려 있을 때

가장 흔한 예로 쇼핑센터, 놀이공원, 시장이나 슈퍼마켓 등이 있다. 특히 어린이날이나 크리스마스 시즌의 엄청난 인파를 생각해 보라!

그렇다면 부모를 잃어버리는 상황에 대비해 아이에게 어떤 준비를 시켜야 할까? 우선 뻔한 위험을 강조해서 괜히 불안하게 만들지 말고, 유사시에 대비해 아이가 활용할 만한 방법을 알려 주도록 한다.

전화번호 외우기 놀이

- 두세 살 정도의 아이도 자기 이름, 집 주소와 전화번호 정도는 외울 수 있다. 이것만 알고 있으면 완전히 잃어버릴 일은 없다.
- 아이가 할 수만 있다면 전화번호를 외우게 해서 전화를 거는 법을 가르친다. 생각보다 훨씬 어린 나이에도 가능하다. 어떤 어른이라도 아이가 엄마나 아빠한테 전화를 걸겠다고 하면 기꺼이 휴대전화를 빌려줄 것이다.
- 아이가 완벽하고 적절하게 행동한다고 느껴질 때까지 마치 놀이를 하듯 아이를 훈련시킨다. 그러고 나서도 아이가 잊어버리지 않게 가끔씩 반복한다.

아이와 외출할 때 주의 사항

- 아이에게 눈에 확 띄는 원색 점퍼나 셔츠를 입히고 특이한 모자를 씌운다. 이렇게 하면 많은 사람들 가운데서도 쉽게 찾을 수 있고, 다른 사람들도 아이를 잘 알아볼 것이다.
- 어떤 엄마는 아이를 데리고 외출할 때 작은 호루라기를 목에 걸고 나간다고 한다. 그러다가 아이가 보이지 않으면 짧게 세 번 호루라기를 불어서 아이에게 엄마가 있는 쪽을 알려 주고 그쪽으로 오라는 신호를 보낸다. 한번 시도해 볼 만한 방법이 아닌가?
- 공공장소에 도착하면 가장 먼저 만일의 경우에 대비한 만남의 장소를 정한다. 같은 장소에 갈 때마다 똑같은 곳을 약속 장소로 정한다. 그리고 언제나 "만약 엄마랑 헤어지게 되면 여기에 있는 첫 번째 계산대 앞에서 만나는 거다"라고 말해 둔다. 아이가 혼자서 그 장소를 찾아갈 수 있는지도 미리 확인해 둔다.
- 아이가 어떤 사람에게 도움을 요청해야 하는지 설명해 준다. 물론 대부분의 사람이 정직하고 착하겠지만, 우선 계산대에 있는 사람이나 경찰관, 아이를 데리고 있는 엄마에게 먼저 도움을 청하라고 가르친다.

만약을 대비해 아이에게 꼭 알려 줘야 할 사항

아이가 잘 모르는 장소이거나, 이동하는 중이거나, 기준이 될 만한 곳을 정하기 어렵다면, 이렇게 당부의 말을 하는 것이 좋다. "만약 우리가 떨어지게 되면 그 장소에 그대로 있어야 한단다. 그러면 엄마랑 아빠가 너를 찾을 거야".

실제로 부모와 아이가 동시에 서로를 찾아 헤매는 것은 상황을 더욱 꼬이게 만든다. 그렇게 하다가 아이가 더 멀어질 위험도 있다. 매번 아이에게 똑같은 당부의 말을 하자.

어느 날 지하철에 오른 카트린느는 네 살짜리 아들 마르탱이 같이 타지 않고 역에 남아 있다는 사실을 알고 기겁했다. 그나마 다행인 것은, 마르탱이 이럴 때 어떻게 해야 하는지 확실히 알고 있었다는 점이다. 그녀는 다음 역에서 내려 반대 방향 열차를 타고 원래 역으로 되돌아왔다. 마르탱은 그곳에서 그다지 걱정하지 않는 듯한 표정으로 벤치에 앉아 있었다. "엄마가 되돌아올 거라 생각했어요. 그래서 움직이지 않고 여기에 가만히 있었어요".

동네에서 집 찾기 놀이

의외로 많은 아이가 자기 동네, 학교 가는 길, 놀이터 가는 길, 시장 가는 길에서 미아가 된다. 이를 방지하려면 충분한 시간을 두고 어디가 어디인지 아이가 파악하도록 도와주어야 한다. "빵집에 가려면 이 길 모퉁이를 돌아 약국 앞을 지나간단다." 놀이로 연습할 수도 있다. "이번에는 내가 너를 따라갈게. 우리 집까지 앞장서서 가 보렴".

아이를 잃어버렸다가 다시 찾았을 때

아이는 이미 충분히 마음고생을 했을 것이므로 당장은 아이에게 화를 내거나 야단을 칠 타이밍이 아니다. 훈계는 나중으로 미루어라. 지금은 아이를 꼭 안아 주고 다시 만난 기쁨을 만끽할 시간이다.

길 잃은 아이를 만나게 되면

만약 여러분이 길을 가다가 미아처럼 보이는 아이를 만난다면 어떻게 해야 할까?

- 따뜻한 말로 아이를 안심시킨다.
- 아이의 이름을 물어본다.
- 아이를 다른 곳으로 데려가면 안 된다. 아이의 부모가 찾으러 올 수 있기 때문이다.
- 다른 어른에게 부탁해서 신고를 하고 파출소 또는 지구대에 알리거나 부모를 찾도록 한다.
- 만약 길거리에서 아이를 발견했다면 가장 가까운 곳에 있는 상점 주인에게 혹시 아는 아이인지 물어본다. 아이가 그 동네에 산다면 아이를 알아보는 사람이 한두 명은 있기 마련이다.
- 가능하다면 아이의 부모가 도착할 때까지 아이 옆에 있어 준다.

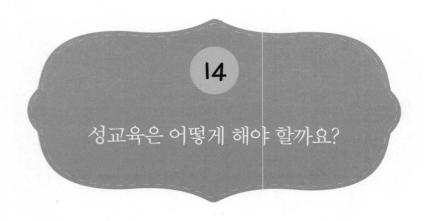

14

성교육은 어떻게 해야 할까요?

토요일 오후 4시, 지하철 안은 사람들로 가득했어요. 갑자기 사람들의 말소리 가운데서 아이의 목소리가 또렷이 들렸지요. "할아버지, 할아버지도 그거 있죠? 고추 말이에요." 다섯 살짜리 모르간이 전날 저녁 엄마한테서 배운 것을 확인하는 모습이었어요. 그 할아버지에게는 얼마나 불편한 상황이었을까요?

이는 충분히 일어날 법한 상황이다. 부모는 성에 관한 이야기를 집에서 조용한 시간에 하려고 하지만, 아이들은 빵집에서 줄을 서거나 북적거리는 식당에서 전혀 예기치 못한 방식으로 질문을 쏟아 낸다. 이것은 아이들이 성에 대한 화제에 전혀 거리낌이 없다는 증거다.

이런 경우에는 당황하지 말고 다음과 같이 아이에게 간단히 말하면 된다. "아가야, 아주 흥미로운 질문이구나. 집에 돌아가서 저녁에 대답해 줄게. 엄마가 잊지 않도록 네가 꼭 알려 주렴".

사실 이런 곤란한 상황을 피하고 싶다면 아이가 질문하기 전에 선수를 쳐서 미리 알려 주는 것이 좋다. 이럴 경우 아이가 호기심을 충분히 발휘하지 못한다는 아쉬움이 있다. 아이의 사고 수준을 보여 주는 지표는 바로 아이가 하는 질문이다. 그러므로 아이에게 질문할 기회를 주고, 이런 질문에 대처할 수 있도록 부모가 미리 준비하는 편이 좋다.

성교육을 시작해야 하는 시기

아이가 질문이나 행동을 통해 호기심을 보이는 바로 그때부터 시작하면 된다. 그 시기는 일반적으로 세 살쯤이다. 이때 아이는 세상을 남자와 여자로 나누기 시작하며, 남녀를 구별 짓는 것이 무엇인지 궁금해한다. 그 밖에도 가정 안에서 엄마의 임신, 고양이가 새끼를 낳는 것, TV에서 본 장면 등을 경험하면서 호기심이 발동하기도 한다.

아이의 질문은 다양하다. "아기는 어떻게 엄마 배 속에 들어갔나요? 또 어디로 나오게 되나요?"처럼 직접적일 수도 있고, "저도 나중에 아이를 가지게 되나요?" 또는 "새끼 고양이는 아빠가 없나요?"처럼 간접적일 수도 있다.

시간이 흐르면 아이는 성에 관한 대화를 시작하고 질문을 하면서 자기 생각을 알려 준다. 그럴 때면 아이가 호기심에 '사로잡힌' 것처럼 보이기도 하겠지만, 일단 호기심이 충족되면 몇 달 동안 관심조차 안 보이는 경우도 있다.

어떤 아이는 성에 관한 질문을 하지 않는다. 대개는 어른들이 난처해 하는 것을 느꼈거나, 암묵적으로 조용히 있으라고 종용하는 태도를 감지했기 때문이다. 이런 경우 아이의 연령에 적합한 정보를 부모가 알려 주는 것이 바람직하다.

사춘기가 다가오면서 아이는 서서히 질문하는 것을 멈추게 된다. 이 시기의 아이들은 대개 어른이 생각하는 것 이상으로 많은 것을 알고 있다. 성에 대해 부끄러워하게 되고, 신체 변화도 나타난다. 이때부터는 상세한 정보를 얻으려고 부모를 찾지 않는다. 그 대신 인터넷에서 정보를 검색하거나 친구들에게 물어보는 것을 더 좋아한다.

부모는 이 같은 비밀을 존중해 주고, 문을 열어 둔 채 기다리고 있어야 한다. "성, 사랑, 피임에 관해 알고 싶으면 언제든 와서 물어도 되는 것 알고 있지?"

성교육, 어떻게 말할까

가능하다면 진솔하고 간단한 용어가 제일 좋다.

"성관계를 맺는다는 말이 무슨 뜻이에요?" 여섯 살 된 밀랑이 묻는다. "성관계를 맺는다는 것은 두 어른이 서로 성적인 방법으로 애정을 나누는 것을 말한단다" "어떻게요?" "서로 쓰다듬어 주다가 보통은 남성이 자신의 성기를 여성의 질에 집어넣고 서로 꼭 끌어안는단다. 두 사람은 이렇게 하는 것을 아주 좋아해. 그리고 바로 이런 방법으로 아기를 만드는 거란다. 아기를 만들고 싶지 않더라도 즐거움을 위해 성관계를 가질 수도 있지".

아이가 질문할 때는 정자와 난자가 결합하는 과정에 대한 자세하고 전문적인 프레젠테이션을 기대하는 것이 아니다. 하지만 우스갯소리로 아이들을 바보 취급하면서 제대로 알려 주지 않을 경우, 금세 이를 눈치챈다. 따라서 최선의 방법은 아이 각자의 연령에 맞는 단어로 단순하게 설명해 주는 것이다. 여러분은 생식기를 여러분만의 애칭으로 부르는가? 그런 적이 없다면 한번 이름을 붙여 보면 어떨까? 다만 남성과 여성의 생식기에 같은 이름을 붙이지 말고, 아이에게 진짜 명칭도 함께 알려 주어야 한다.

성교육, 무엇을 말할까

진실을 말해야 한다. 이제 다리 밑에서 주워 왔다느니 하며 둘러대던 시대는 지났다. 하지만 아이의 연령에 맞추어 내용의 수위를 조절해야 한다. 영아기의 아이는 간단한 답변이면 된다. 대답이 성에 차지 않으면 다시 물을 것이고, 대답이 지나치면 지루해할 것이 분명하다. 아이는 어른이 자기 말을 잘 받아 준다고 느끼면 호기심이 충족될 때까지 질문한 다음, 궁금증이 사라지면 그만 듣는다.

작은 씨앗 이미지를 사용해서 설명하는 방법도 나쁘지 않다. 이렇게 해서 아빠의 역할을 분명하게 알려 주는 것이 매우 중요하다. 이 경우, 엄마가 단지 '씨앗의 집결지' 역할만 하는 것이 아니라는 점을 분명히 알려 주어야 한다. 엄마도 아빠와 마찬가지로 씨앗을 만들어 내며 이두 씨앗이 있어야 아기를 만들 수 있다고 설명하라.

아이가 정말로 알고 싶어 하는 것은 자기 성이 무엇인지, 부모 중에서 누구를 닮게 될 것인지, 나중에 자기는 어떻게 될 것인지, 자신도 엄마와 아빠가 서로 사랑해서 생긴 아이인지 등이다.

아이가 더 자라면 아이가 던지는 질문 때문에 당황할 수도 있다. 이건 먼 훗날의 일이 아니라 생각보다 빨리 닥친다. "왜 여자는 어른인데도 기저귀를 하나요?", "동성애자는 뭔가요?" 이런 질문을 받는다면 여러분이 아는 대로, 즉 스스로 생각하기에 옳은 대답을 해 주면 된다. 만약 대답하기가 거북하다면, 아이가 다른 어른에게서 설명을 듣게 해도 되고, 성과 생식에 관해 아이 눈높이에 맞춰 설명하는 책을 골라 아이에게 읽어 주어도 좋다. 중요한 것은 아이가 자신의 호기심이 환영받고 있다고 느끼게 하는 것이다.

이렇듯 성과 관련된 모든 것에 대해 아이와 개방적인 태도로 명료하게 대화를 나누면 아이가 건전한 성 의식을 지니게 된다.

성교육할 때 가장 중요한 설명

작은 씨앗이 어디로 가는지 설명하는 것은 생물학적인 내용이므로 그래도 무난하다. 문제는 그다음이다. 많은 부모가 이 과정에서 생기는 성욕과 즐거움에 대해 설명하는 것을 무척 난감하게 여긴다. 하지만 어색하다고 이 부분을 그냥 넘기면 중요한 내용을 생략해 버리는 것이나 다름없다. 성생활과 사랑은 행복하고 즐거운 것이지만 책임감과 노력도 필요한 것이라는 사실을 꼭 설명하자.

15

아이에게 알몸을 보여도 될까요?

집에서 완전히 벌거벗고 있는 것은 이제 금기 사항이 아니에요. 부모가 아이들과 같이 목욕하는 경우도 흔해졌으니까요.

한 세기가 지나기도 전에 우리는 상당히 큰 변화를 겪었다. 세대가 고작 세 번 바뀌는 동안, 발목을 드러내면 큰일이라도 날 것처럼 호들갑 떨던 근엄한 시대에서 해변이나 신문 가판대에서 흔하게 비키니 차림의 여성을 볼 수 있는 자유의 시대로 바뀐 것이다.

그렇다고 해서 아이들 앞에서 알몸을 보이면 안 된다는 금기가 완전히 사라진 것일까? 그렇지는 않다.

물론 몸에 대해 자유롭고 자연스러운 태도를 보이는 것이 지난 시대의 지나친 수줍음과 금기보다 낫다는 것에는 이론의 여지가 없다. 그러나 이 때문에 한계를 어디에 둘 것인지 정하기가 더욱 어려워졌다. 이제 금기는 사라졌다. 그렇다면 새로운 기준을 어디서 찾을 것인가?

부모가 아이에게 벌거벗은 모습을 보이는 것은 좋다. 그러나 어떤 상황에서, 아이가 몇 살이 될 때까지 허용할 것인지 기준이 필요하다.

아이들이 알몸에 관심 갖는 이유

아이들은 벌거벗고 있는 것을 큰 즐거움으로 여긴다. 18개월이나 두 돌이 되기 전에는 알몸이 편하고 안락하기 때문이다. 아직 기저귀를 차야 하는 아이들에게 기저귀 없이 바깥이나 집 안에서 마음껏 돌아다니는 것은 자연스럽고 기쁜 일이다.

두 살에서 다섯 살 사이에는 자신의 모습과 자기가 어떤 성을 가졌는지 보여 주는 것을 자랑스럽게 여긴다. 아이는 자기가 여자인지 남자인지 알게 되고, 모르는 사람이 없도록 이를 보여 준다. 벌거벗은 채 걸어다니고 거울에 자신의 모습을 비추어 보는 것을 좋아한다. 또한 다른 사람이 벗은 모습을 보는 것도 좋아한다. 노출이 심한 옷차림을 한 어른이 길을 건너갈 때 아이가 얌전히 시선을 돌릴 거라 기대한다면 오산이다. 아이는 관심이 가고 차이가 나는 것에 거리낌 없이 시선을 꽂는다. 그리고 이 나이 때는 만져 보고 싶은 마음도 생긴다. 그러니까 아이는 보여 주고, 보고, 탐험하고 싶어 한다. 아이의 이런 호기심은 전적으로 건전한 것이다!

아이가 성적 수치심을 느낀다면

요즘은 가족과 함께 있을 때 알몸으로 지내는 어른들이 꽤 많다. 이들은 자녀 앞에서 몸을 가리는 것이 우스운 일이라 여긴다. 가족끼리 벌거벗고 있는 것이 보편화된 것이다.

그렇다고 성적 수치심이 사라진 것은 아니다. 아이에 따라서 수치심은 갑자기 나타났다가 또 갑자기 사라지기도 한다. 욕실을 사용할 때 문을 잠그거나 숨어서 옷을 갈아입는 아이는 다른 사람의 벌거벗은 모습을 보는 것을 거북해한다. 이런 아이의 수치심을 존중해 주기 위해서는 아이를 놀리거나 강요하지 않아야 하며, 아이가 있을 때는 알몸으로 있지 않고 목욕 가운을 걸치는 것이 좋다.

어른의 성적 수치심은 아이의 수치심과 부응한다. 아이가 보고 '탐색'하는 앞에서 벌거벗고 지내기가 불편하다면 자유로운 교육이라는 명목으로 억지로 벗고 있을 필요는 없다. 신중하고 조심스러운 모습을 보이면 아이들도 부모를 따라 그렇게 행동하게 될 것이다.

성적 수치심이 생기는 시기

아이가 성에 관심을 가지고 자기 몸이 어떤 역할을 하는지 알기 시작하면 그때부터 수치심이 생긴다. 아이는 이것이 다 '어른들의 일'이라고 짐작하지만 자신도 긴밀하게 관련되어 있다는 것을 눈치챘다. 이에 따라 자신을 보호하게 되는데 어른들은 이런 태도를 존중해 주어야 한다. 이와 동시에 아이와 대화를 시작해야 한다. 아이가 궁금해하는 것에 대해 말하거나 이미지를 활용해 설명하되, 너무 과감하게 직설적으로 접근하는 것은 자제하라.

가족 간에 지켜야 할 행동 기준

가족 사이에서 어떤 행동이 괜찮고 어떤 행동은 "아니, 그래도 그건 안 돼!"라며 제한해야 할까? 그 경계가 되는 기준을 정할 필요가 있다. 참고할 만한 사례 몇 가지를 소개한다.

- 가족끼리 욕실 안에서는 벗고 있어도 된다. 부엌에서 그렇게 해도 될까?

- 밤에 아이가 벌거벗고 자는 부모 사이에 끼어들게 해도 될까?

- 아이와 함께 목욕이나 샤워하는 것을 좋아하는 부모가 많다. 그런 데 몇 살까지가 좋다고 보는가? 세 살, 일곱 살, 열 살? 언제까지로 한계를 정해야 할까?

- 토마는 세 살인데 엄마의 목욕 가운을 벗겨서 젖을 만지고 아기처럼 빨려고 한다. 그렇게 하도록 내버려 두어야 할까?

- 두 살 반 된 카미유는 아빠와 같이 샤워할 때 아빠의 성기를 만지려고 한다. 만지게 해도 될까?

모든 부모가 각자 마음속에 한계선이 있을 것이다. 보는 것과 만지는 것은 엄연히 다르다. 복도를 그냥 지나가는 것과 과시하는 것도 다르다. 알몸은 단순하고 아름다운 것이다. 그런데 이것을 가족 간에 공유한다면 어떨까? 이 모든 것은 아이의 연령과 상황에 달려 있다. 두 살부터는 어느 정도 조심하는 것이 필요하다. 물론 집 안에서 알몸으로 지내는 것은 개인의 선택에 해당하는 일이다. 하지만 각자의 사생활을 보장하는 것도 균형을 유지하는 훌륭한 요소다.

부모와 아이 사이의 행동 규칙 정하기

두 살에서 여섯 살 사이의 아이들은 이성의 부모를 유혹하는 행동을 하고 동성의 부모에게 질투심과 경쟁심을 느끼기도 한다. 이때 부모는 몇 가지 규칙을 분명하게 정해 주어야 한다.

- 부모의 침대는 부모가 사용하는 것이지, 아이의 것이 아니다.
- 부모와 아이 모두 각자의 몸에 대한 소유권이 있으며 자기 사생활을 존중받을 권리가 있다. 아이가 스스로 할 수 있다면 욕실에서 혼자 씻도록 한다.
- 아이에게 분명히 말해 둔다. "네 몸은 네 것이란다. 네가 아파서 치료를 받아야 할 때 말고는 누구도 네 허락 없이 네 몸을 만질 권리가 없단다".

아빠는 엄마의 사람이고, 엄마는 아빠의 사람이다. 아이는 사랑의 결실이지만, 부부 관계에서는 제외된다. 훗날 아이도 사랑하는 사람을 만날 것이다.

아이에게 신체 구조를 설명해야 할 때

알몸 문제에는 피할 수 없는 성적인 측면이 포함되어 있다.

아이는 천사가 아니다. 프로이트(Sigmund Freud)는 아이들을 '다형도착자(多形倒錯者, 성적 취향이 일정하지 않은 상태를 말하며, 프로이트는 유아 성욕에서만 이 용어를 사용했다_옮긴이)'라고 했다. 부모가 알몸으로 있는 것이 어느 순간에는 아이의 발달을 저해할 수 있다. 이 점을 계속 고민해야 한다. 아이에게는 어른과는 매우 다른 아이만의 성적인 생활과 환상이 있으며 이를 자기만의 방식으로 충족시킨다.

두 살에서 여섯 살 사이에 아이가 이성에 눈을 떴을 때, 부모에게 자식으로서가 아닌 그 이상의 것을 요구할 수 있다. 이때 부모의 벌거벗은 모습을 보면 아이는 자기가 수용할 수 있는 것보다 더 지나친 자극을 받아 혼란스러워한다. 예컨대 사내아이라면 이렇게 생각할 수도 있다. "아빠에 비해서 나는 엄마를 만족시켜 줄 수 있는 것이 없어".

따라서 아이에게는 어른이 아니라 비슷한 또래 다른 아이의 신체 구조를 알려 주어야 한다. 이것이 바로 아이를 존중하는 길이다.

16

성추행에 대비해
어떻게 교육해야 할까요?

아이의 성격이나 환경을 불문하고 모든 어린이는 성추행이나 '잘못된 만남'에 대한 교육을 받고 이를 대비해야 합니다.

부모들이 어렸을 때와 비교해서 세상이 많이 달라졌다. 예전에는 몇 가지 간단한 규칙만으로도 스스로를 보호할 수 있었다. "낯선 사람을 따라가지 마라", "어두워지기 전에 집에 와야 한다", "늦게 오게 되면 미리 알려라" 같은 규칙만 지키면 충분했다. 물론 이 규칙은 여전히 유효하지만, 이제 이것들만으로는 충분치 않은 세상이다. 특히 오늘날에는 아동 성추행에 관한 이야기가 많이 들려온다. 이것이 과거보다 아동 성추행 건수가 늘어났다는 의미라고는 할 수 없다. 그보다는 아이들이 용기를 내어 말하는 일이 많아졌고 아이들의 말이 진지하게 받아들여지고 있다는 것을 뜻한다.

부모들도 알다시피 자녀를 완벽하게 보호하는 것은 불가능해도 그러려고 노력해야 한다. 물론 매우 어려운 일이다. 그래서 아이를 보호하려는 부모들은 곧 두 가지 딜레마에 직면하게 된다. 우선 어떻게 하면 아이를 걱정시키거나 겁먹지 않게 하면서 교육시킬 수 있을까? 또한 아이의 정당한 독립심을 존중하면서도 아이의 안전을 보장할 수 있는 방법은 무엇일까?

다음 사항들을 실천하면 된다.

정확한 정보 제공하기

모든 아이가 다 그렇겠지만, 특히 어린 나이일수록 성추행에 취약하다. 그러나 절대다수의 아이들에게는 아무 일도 일어나지 않으며, 부모가 전전긍긍한다고 아이가 늘 부모의 보호 아래 있을 수도 없다. 그러니 아무것도 모르는 채로 두기보다는 아이에게 실질적인 위험을 알려주는 편이 낫다.

누구나 본능적으로 낯선 사람이나 '이상해 보이는 사람'을 무서워한다. 하지만 실제로 피해를 입거나 위험에 처한 아이들의 경우, 절반 이상이 아는 사람이라서 조심하지 않았다고 한다. 따라서 아이에게 낯선 사람뿐 아니라 주위 사람도 조심하라고 가르쳐야 한다.

예방 교육하기

내성적이고 예의 바르고 신중하고 자신감이 없는 아이들은 엄격하거나 강압적인 태도를 보이는 어른에 맞서 자기 권리를 주장하고 스스로 방어하는 것을 많이 어려워할 수 있다. 따라서 아이에게 어른들 앞에서도 아니라고 생각하는 것에는 분명하게 아니라고 말하고 자기 의견을 주장할 권리가 있다는 점을 가르쳐야 한다.

역설적이지만 과잉보호를 받은 아이일수록 상대적으로 더 취약하다. 스스로 문제를 해결하거나 자신을 보호하는 법을 배우지 못했기 때문이다. 따라서 부모는 아이들이 불안해하더라도 제 나이에 맞게 자립할 수 있도록 이끌어야 한다. 이렇게 차츰 자유를 배워 감으로써 아이는 세상과 맞닥뜨릴 준비를 갖추게 된다.

아이가 어릴 때부터 자기 몸은 오직 자신의 것이라는 사실을 가르쳐 주는 것이 무엇보다도 중요하다. 이것이 자녀가 성추행을 당하지 않도록 도와주는 길이다. 아이의 수치심을 존중하고, 가족 구성원 사이에 분명한 한계를 정하고, 네 살부터는 혼자서 씻는 법을 가르쳐 주는 것도 여기에 해당된다.

효과적으로 경각심 일깨우는 법

아이에게 성추행이라는 개념을 알려 주기란 쉽지 않다. 아이가 전혀 모르던 추잡한 일을 가르쳐 줌으로써 부분적이나마 순수함을 잃게 만드는 일이기 때문이다.

하지만 예방 차원에서 어쩔 수 없이 치러야 할 대가라고 생각하자. 사람들은 잠재적인 위험에 대해 알고 있을 때 경계를 더 철저히 한다. 따라서 이런 식으로 설명해 주어야 한다. "세상에는 이상한 사람들이 좀 있거든. 그런 사람들은 아이들의 몸에서 만지면 안 되는 부분을 만지려고 한단다. 친절해 보이는 사람이 나쁜 짓을 저지르기도 해. 네 몸은 오직 네 것이야. 어느 누구도 네 몸의 감추어진 부분을 만질 권리가 없단다. 아무리 잘 아는 사람이라 해도 마찬가지야".

목표를 설정하여 실습하기

다음에는 구체적인 행동 요령을 가르친다. 아이가 익숙지 않은 상황에 처하거나 위험하다고 느꼈을 때 어떻게 해야 하는지 구체적으로 알고 있어야 한다.

주의 사항은 단순명료할수록 기억에 잘 남는다.

- "어떤 어른이 너한테 비밀을 지키라고 하면 조심하고, 즉시 엄마에게 말해야 한다."
- "모르는 사람은 절대로 따라가서는 안 된단다. 그 사람이 도와 달라고 해도 따라가면 안 돼."
- "싫다고 말하는 것은 버릇없고 나쁜 행동이 아니란다."
- "너 혼자만 있다면 사람들이 많은 곳에 있어야 해."
- "도움이 필요한 경우가 생기면 가까운 가게에 들어가거나, 여러 사람이 있는 곳에 가서 도움을 청하렴. 주위에 사람이 없으면 아무 집이나 가서 초인종을 누르고 도와 달라고 하면 된단다."

아이에게 한시도 눈을 떼지 않는 것은 불가능한 일이다. 따라서 위험에 대비한 실질적인 교육을 하면서 경각심을 불어넣는 것이 최선의 예방책이다.

소리 지르는 연습하기

다양한 연구 결과 공통적으로 확인된 사실이 있다. 아이가 자신을 보호할 수 있는 가장 효과적이고 사실상 유일한 방법은 소리를 지르는 것이다. 아이가 소리를 지르면 위해를 가하려던 사람이 주목을 받게 될까 봐 두려워서 얼른 도망가게 된다. 이 방법은 아이에게도 아주 간단하게 설명할 수 있는 예방법이다.

하지만 모든 아이가 다 과감하게 소리를 지르지는 못한다. 특히 내성적이고 예의 바른 아이일수록 그렇다.

그러므로 소리 지르는 것도 연습해야 한다.

아이가 배에서부터 나오는 소리로 할 수 있는 한 크게 "안 돼!"라고 소리 지르게 연습시킨다. 처음에는 혼자서 소리 지르게 하고, 그런 다음에는 거울을 보면서 하고, 그 후에는 부모 앞에서 하게 해 여러 번 연습을 시킨다. 아이와 산책을 할 때 숲 속이나 들판에서 연습하면 좋지만, 집에서도 연습해야 한다. 물론 이웃집에 폐를 끼치는 것이 미안하겠지만.

이렇게 하면 아이는 필요한 경우에 주저하지 않고 소리를 질러서 도움을 청하고 범인을 몰아낼 수 있다.

아이가 조심하는 법을 잘 이해했는지 확인하기

'만약 그렇다면?' 놀이를 해 본다.

"만약 엄마가 학교 앞에 보이지 않는다면?"

"누군가 둘만의 비밀이라며 뽀뽀하자고 한다면?"

"어떤 어른이 길을 알려 달라면서 자기 차까지 같이 가자고 한다면?" 등의 질문을 해 본다.

'평범한' 포옹과 그 이상의 것을 구별하는 법 알려 주기

- 우선 아이에게 자신 말고는 그 누구도 아이의 몸에서 '수영복으로 가린 부분'을 만질 권리가 없다는 사실을 설명한다. 물론 병원에서 의사나 간호사의 치료를 받는 경우는 예외로 친다.
- 다음에는, 아이에게 비밀을 지키라고 요구하는 사람들을 조심하라고 가르친다. '평범한' 뽀뽀는 숨길 것이 없다고 말해 준다.
- 마지막으로, 아이와 신뢰 관계를 돈독히 쌓는다. 그러면 아이는 '이상한' 일이 있으면 주저하지 않고 부모에게 이야기할 것이다.

17

상처 주는 말을 안 하려면
어떻게 하면 될까요?

"난도질하듯 함부로 지껄이는 자들도 있지만, 지혜로운 사람들의 혀는 아픔을 낫게 한다." — 잠언 12장 18절

아이들은 부모가 하는 말이라면 무엇이든 다 믿고 곧이곧대로 받아들인다. 그러므로 아이들에게 말할 때는 주의해야 하며, 말을 입 밖으로 내기 전에 한 번 더 곱씹어 보는 노력이 필요하다. 어떤 말은 아이가 막 날아오르려는 시기에 발목을 잡으며, 또 어떤 말은 아이의 자존감을 건드린다. 잘못 내뱉은 말은 부모에 대한 아이의 애정과 감수성을 해칠 수도 있다.

아이에게 절대 해서는 안 되는 말

자녀에게 절대로 해서는 안 되는 말이 몇 가지 있다.

"옷을 더럽히면 안 돼!"   엄마의 이런 말은 밖에서 마음껏 뛰어놀거

나 그림을 그리면서 예술가적 또는 탐험가적 자질을 펼치려고 하는 아이의 기를 확실히 꺾는다. 아이에게 더러워지거나 찢어져도 괜찮은 옷을 입히고 이렇게 말하는 편이 아이의 발달에 도움이 된다. "하고 싶은 대로 마음껏 하면서 재미있게 놀다 오렴!"

"왜 지붕 색깔을 빨간색으로 칠하지 않니?" 여러분의 자녀가 창의성과 상상력이 보다 풍부해지기를 바란다면, 아이가 만든 결과물에 대해 논평하거나 참견하는 것을 삼가야 한다. 예술 세계에서는 집이나 배를 표현하는 데 더 좋거나 나쁜 방법이 따로 있지 않다. 그보다는 "집을 정말 잘 그렸구나. 이렇게 멋진 집은 처음 보네!" 하고 찬사를 던진다.

"동생을 미워하면 안 돼!" 아무리 아이라도 여러 감정을 느끼는 건 당연한 일이다. 아이 역시 감정을 자유롭게 표현할 수 있어야 하고 존중해야 한다. 다만 아이가 부정적인 감정을 행동으로 옮겼을 때는 나무라야 한다. 이때도 "동생이 좋지만, 동생 때문에 짜증이 날 때도 있지? 엄마도 잘 알아. 지금 네 마음이 그렇겠지만 다 괜찮아"라고 말해 주는 것이 좋다.

"내가 너라면 ……." 물론 부모의 말이 옳고 부모가 아이보다 더 잘할 수 있는 것은 맞다. 하지만 이런 식으로 말하면서 아이의 행동을 평가하면 아이가 자신감을 잃는다.

"내가 네 나이였을 때는 ……." 여러분은 자녀만 한 나이였을 때 굉장히 훌륭한 어린이였을 것이다. 모든 면에서 여러분의 아이보다 잘했을 것이다. 하지만 그동안 세상은 엄청나게 달라졌고, 여러분의 자녀는 여러분과 다르다. 더구나 이런 말로 대화를 시작하면 아이는 부모의 말에 귀를 닫아 버리고 만다.

주의해야 할 말 : 단정하기, 꼬리표 붙이기

"언니처럼 말을 잘 들을 수는 없니?", "오빠보다 네가 훨씬 착하구나." 형제끼리 비교하는 것은 참담한 결과를 낳는다. 나쁘게 비교하면 자존감에 상처를 주고, 좋게 비교하면 형제간에 질투와 경쟁심을 부추긴다. 아이들 한 명 한 명에게 각자의 모습 그대로를 사랑한다는 사실을 보여 주는 것이 바람직한 부모의 태도다.

"너는 속옷을 벗어 놓고 절대로 챙기지를 않는구나!" 이것은 다른 사람을 책망하며 하는 말이다. '절대로'라는 말은 너무 지나친 표현이다. 그 대신 '지금까지는'이라는 말로 바꾼다면 미래에 대한 가능성을 열어 놓는 셈이 된다. '나 대화법'처럼 일인칭 시점으로 말하는 것도 좋다. "네 속옷이 바닥에 널브러져 있는 걸 보면 엄마는 무척 화가 난단다" 아니면 이보다 절제해서 "빨아야 할 속옷은 빨래 바구니에 넣기로 했잖니"라고 할 수도 있다.

"넌 늘 느려 터졌어!", "너는 산수를 너무 못해." 무슨 일이건 아이에게 꼬리표를 붙이는 것은 금물이다. 아이는 자신에게 붙은 꼬리표를 따르는 경향이 있기 때문이다. 이렇게 되면 아이는 문제 속에 틀어박혀서 달라지려고 노력하지 않는다. 아마 이런 생각을 품을지 모른다. "바꾸려고 애쓸 필요가 뭐 있어? 어차피 나는 못하는 아이잖아?"

주의해야 할 말 : 겁주기, 윽박지르기

"빨리 오지 않으면 나 혼자 가 버릴 거야!"　　어린이집이나 집에서 출발할 때 아이가 나올 생각을 안 하면 부모는 참다못해 으름장을 놓는다. 하지만 아이가 여러분의 말을 믿지 않는다면 그런 말을 해도 아무 소용이 없다. 반대로 아이가 여러분의 말을 믿는다면 부모에게 버림받을지도 모른다는 두려움을 마음속에 품고 지내게 된다.

"한 번만 더 그러면 어떻게 되나 두고 보자."　　말 그대로 어떤 일이 벌어질지 두고 보려고 아이는 다시 할 것이다.

"저녁에 아빠 좀 봐야겠구나."　　아이가 잘못을 했다면 그 자리에서 벌을 주고 화해를 한 다음 잊어야 한다. 게다가 퇴근 후 집에 와서 영문도 모른 채 매를 드는 역할을 하고 싶은 아빠는 없다!

"한 번 경고한다. 기억하고 있을 거야!"　　이렇게 말하면 일단은 문제가 해결된다. 하지만 아이의 긍정적인 부분에 호소하지 않고 보복을 하거나 무언가를 얻기 위해 아이를 겁주고 협박하는 것은 시한폭탄이나 마찬가지다. 그보다는 다음과 같이 말해야 한다. "네가 한 일이 정말 마음에 들지 않는구나. 하지만 널 믿어. 이런 일이 다시 생기지 않게 노력하렴".

주의해야 할 말 : 죄의식에 호소하기

"내가 너를 어떻게 키웠는데!", "왜 엄마 마음을 아프게 하니?"   아이는 부모에게서 독립해 자신만의 경험을 하고 자신의 삶을 살아가야 한다. 아이의 마음속에 쉽사리 지워지지 않을 죄의식을 심는 것은 어떤 경우든 위험한 일이다.

"너 때문에 내가 병이 다 났어!", "너 때문에 내가 못 살아!"   아이는 부모의 말을 믿기 때문에 이런 말을 들으면 감당하기 어려운 불안감과 죄의식을 느낄 수 있다. 그런 심한 말 대신 "너 때문에 피곤하구나!"라고 해도 충분하다. 이렇게 말하면 잠시 조용히 머리를 식히는 시간도 가질 수 있다.

"아빠하고 뽀뽀하자. 안 해 주면 아빠가 슬퍼할 거야."   애정 표현을 할 때 협박이 동반되면 안 된다! 그러면 아이는 부모를 슬프게 하면 안 된다는 생각으로 포옹하게 된다. 아이가 마음 내키는 대로 애정 표현을 하길 바란다면 이런 표현을 삼가라. 아이와 애정을 표현하고 싶은가? 그렇다면 먼저 아이에게 뽀뽀하면 된다.

상처를 주는 말　　화가 나거나 낙담해서 아이에게 던지는 말 한 마디 한 마디가 모두 아이의 마음을 아프게 할 수 있다. 아이를 때리는 것과 비슷할 정도로 말이다. 상처가 되는 말을 던진 사람은 일단 마음이 가라앉으면 그 일을 잊어버리거나 후회한다. 반대로 이런 말을 들은 쪽에서는 상처로 남아 오랫동안 가슴속에 간직한다. 우리는 흔히 아이들이 아직 어리고 순진무구하기 때문에 어른들이 하는 말을 잘 이해하지 못하거나 금방 잊어버릴 거라고 생각한다. 하지만 유년기를 돌아보면 누구든 부모에게서 말로 상처받은 경험을 하나 이상 간직하고 있다. 상처받은 말의 내용은 각자 다 다르겠지만 누구에게나 그 상처는 여전히 고통스럽다.

상처 주는 말을 안 하려면

입 안에서 혀를 일곱 번 굴린 다음 말하라는 지혜로운 어르신들의 말씀이 있다. 아이에게 상처가 될 말을 내뱉고 나서 금세 후회하지 말고, 말하기 전에 숨을 한 번 크게 쉰 다음, 행복과 존중을 담은 말을 하려고 노력하는 것은 어떨까?

18

부모의 권리를 존중받으려면 어떻게 하면 될까요?

오늘날에는 법적으로 아동의 생존·보호·참여·발달에 대한 권리를 인정하고 아동의 인권을 보호하죠. 참 다행입니다! 그런데 어린이들이 너무 많은 권리를 누려서 때때로 부모의 권리를 침해하는 경우도 있지요.

아이가 태어나면 부모는 자신의 시간과 에너지를 아이에게 모두 쏟아붓는다. 심할 경우에는 자기 자신을 잊어버릴 정도로 몰두한다. 혹시라도 참을성이 부족했거나 아이가 필요할 때 옆에 있지 못하면 부모는 죄책감에 시달린다. 그런데 우리는 부모에게도 정당하게 행사할 권리가 있다는 사실을 잊어버리고 있지 않은가? 부모에게 어떤 권리가 있는지 살펴보도록 하자.

부모가 가진 당연한 권리

여러분이 '정상적'이고 '진정한' 부모로서의 권리를 누리면 여러분의 자녀도 그 수혜자가 된다.

결정을 내리고, 지시를 하고, 마땅히 따르게 할 권리　　정당한 부모의 권위에 대해 의구심을 가지는 부모가 너무 많다. 이들은 아이들에게 식탁 예절을 지키라고 요구하거나 잠자는 시간을 정해 주는 것을 망설인다. 하지만 부모의 권위는 전적으로 합당하게 주어진 것이다. 또한 부모에게는 완벽하게 일관성 있고 합리적인 모습만 보이지 않아도 될 권리가 있다. 때로는 '불가피한 상황'이 생기기 때문이다.

실수할 권리　　꼼꼼하고 계획적으로 행동하며 실수를 용납하지 않는 완벽한 부모를 둔 아이는 아마 숨이 막히고 견디기 힘들 것이다. 이 경우 아이는 성장할 의욕을 잃는다. 부모는 아이에게 실수할 권리가 있다. 예컨대 조금 성급하게 아이의 행동을 막는다든지, 아이의 말은 듣지도 않고 화부터 낼 수 있다. 부모가 자신의 실수를 인정한다면 이를 고치면 되는 것이다.

감정을 느끼고 화를 낼 권리　　권위는 냉정함을 잃지 않는다는 조건 아래 존중받을 수 있다. 맞는 말이다. 그러나 부모도 인간이기에 자신의 반응과 감정을 완전히 통제할 수는 없다. 아이들은 끔찍할 만큼 화를 돋우는 존재다. 아이들은 부모가 이성을 잃고 격분하게 만들려면 어디를 건드려야 하는지 본능적으로 알고 있다. 때때로 분노를 느끼고 그런 모습을 보여 주는 것은 다분히 인간적이고 건전한 일이다.

예전의 자기 모습을 유지할 권리   예전만큼 자주는 아니더라도 즐거운 마음으로 미용실에 가고, 백화점 세일 때 쇼핑도 가고, 수영장에도 가는 등 자신만의 시간을 가질 권리가 있다.

개인적으로 꼭 필요한 권리   각자 자신에게 꼭 필요한 권리를 정해서 다른 가족들이 이를 존중하도록 요구하라. 이런 욕구가 충족되지 못하면 욕구불만이 쌓이고 갈등도 생긴다.

하루에 한 번 방해받지 않고 목욕하는 것이 가장 중요한 사람이 있는가 하면, 일주일에 한 번은 평화롭게 영화를 보는 시간을 원하는 사람도 있다. 잠자는 것을 좋아하는 사람은 새벽 3시에 잠이 덜 깬 아이 뒤치다꺼리를 하지 않거나, 일요일 아침에 늘어지게 잠을 자고 싶을 것이다. 정리 정돈을 좋아하는 사람은, 거실은 장난감 가게가 아니라 거실다워야 한다고 요구하거나, 아이가 자기 책상 서랍을 함부로 뒤지지 말라고 요구할 수 있다.

서로 존중해야 할 부부의 권리

연인 사이였던 두 남녀가 부모라는 역할로 옮겨 가기가 늘 쉽지만은 않다. 아이가 태어나기 전부터 부부 사이였건, 아니면 재혼으로 맺은 부부 사이이건, 배려와 시간이 필요하다. 애정을 유지하고 서로 은밀히 통하는 구석이 있으려면 노력을 해야 한다. 이렇듯 부부는 친밀함에 대한 욕구를 결코 간과해서는 안 된다. 따라서 이에 대한 권리를 서로 보장해야 한다.

어떤 사람들은 일주일에 하룻밤 또는 분기별로 주말에 한 번, 일 년에 일주일 동안 아이들 없이 '연인 사이'로 지냄으로써 이 권리를 충족한다. 또 어떤 이들은 아이들을 일찍 재우고 저녁 시간 일부를 자신들만을 위해 보내거나 서로 공유하는 시간을 가질 권리를 누리기도 한다. 물론 침실에서 단둘이 보낼 권리도 빠뜨려서는 안 된다.

아이에게 부모의 권리를 존중받으려면

권리를 요구할 때도 규칙과 마찬가지로 분명해야 한다. "엄마가 전화하고 있을 때는 방해하면 안 된다"라고 말하면 "식사할 때 식탁 위로 팔꿈치를 올리지 말자"라고 할 때처럼 잘 지켜질 수 있다. 다만 진지하고 차분하게 이야기해야 하며, 필요할 때마다 자주 반복해서 일러 주어야 한다.

부모의 권리를 제대로 설명해 주면 아이들은 훨씬 잘 받아들인다. 부모는 각자 자기가 좋아하는 것을 아이에게 이야기하라. "나는 일요일에는 늦잠을 좀 자고 싶어. 정말이야. 그러니까 너희도 소란 피우지 말고 알아서 일어나 시리얼을 먹으면 참 좋겠다." 아이들은 부모가 흡족해하고 기분 좋기를 바라므로 기꺼이 그 책임을 떠맡을 것이다.

아이가 성가시게 이것저것 해 달라고 할 때 한계를 정해 주는 일은 그리 어렵지 않다. 특히 그렇게 하기 전이나 하고 난 후에 친밀하게 아이와 시간을 보내거나 아니면 아이의 노력에 큰 칭찬을 하는 것으로 보상해 주면 좋다. "엄마가 쉬는 동안 조용히 놀아 줘서 정말 고마워. 덕분에 피로가 풀렸단다. 자, 이제 우리 같이 무엇을 해 볼까?"

완벽한 부모가 되려면

좋은 부모가 되고 싶다 하더라도 완벽한 부모가 되려고 애쓸 필요는 없다. 너무 잘하려다가 오히려 일을 그르치기 십상이기 때문이다. 아이를 위해 자신을 희생한다고 해서 아이가 고마워하지도 않으며, 순교자 같은 부모가 될 필요도 없다. 물론 아이가 생기면 삶이 달라지기 마련이다. 우선 자유가 줄어든다. 자신보다는 아이의 욕구를 먼저 충족시켜야 하는 경우가 많아진다. 그렇다고 모든 면에서 언제까지나 그래야 하는 것은 아니다. 과도하게 아이의 욕구를 앞세우다 보면 부모 자신의 성격이 까다로워지고, 아이를 원망하게 되고, 나중에는 고마워할 줄 모른다고 야단치게 될 위험이 있다. 아이는 아이대로 너무 버릇없이 클 것이며, 세상이 자기를 중심으로 돌아간다고 착각할 수도 있다.

제2장

일상생활 속 행동!
성격 만들기

19

아기의 호기심과 욕구를
잘 채워 주려면?

아기는 따뜻한 관심을 받고 귀여움을 받으면 신체, 정서, 지능 측면에서 최상의 건강 상태를 유지합니다. 이렇듯 안도감으로 충만한 아기는 더욱 튼튼하게 자라지요.

아기가 살아남으려면 먹을 것, 온기, 말, 사랑이 있어야 한다. 이것은 누구나 다 아는 사실이다. 아기와 관련해서 최근 발표된 연구 결과를 보면 더 큰 확신을 얻을 수 있다. 이 연구 결과에 따르면, 아기의 지능을 최고로 발달시키려면 정서 발달이 꼭 필요하다고 한다. 부모와의 밀접한 유대 관계가 없으면 지능도 잘 발달하지 않는다는 것이다.

아기의 기본 욕구를 채우는 방법
영아기에 아기의 잠재력을 최고로 일깨우고 능력을 충분히 발달시키려면 기본 욕구가 어느 정도 충족되어야만 한다.

충분한 수면 시간　　　기본적으로 아기에게는 부모의 사랑과 관심이 있어야 하지만, 혼자 있는 시간도 필요하다. 그래야 자기가 가진 내면의 능력을 활용하는 법을 배울 수 있다. 손이 닿는 곳에 아기가 가지고 놀 수 있는 장난감, 동물 인형, 모빌 같은 물건을 준비해 두고 아기가 혼자서 조용히 지낼 시간을 때때로 주는 것이 좋다. 아기에게는 충분한 잠도 필요하다. 수면은 몸을 회복하고 성장하며 학습한 것을 재조직하는 시간이며, 균형을 유지하는 데 필요한 중요한 요소이므로 과소평가해서는 안 된다.

자유롭게 마음껏 탐험할 물건과 공간　　　아기가 지루해하지 않도록 다양한 자극을 많이 제공하는 것이 좋다. 하지만 균형이 중요하다. 과도한 자극을 주지 않도록 주의해야 한다. 아기에게는 자기가 시간을 관리하고, 무언가를 깊이 있게 파고들고, 자기 주변에 있는 모든 자원을 탐험할 기회가 필요하기 때문이다. 지루함도 적당하면 상상력을 발달시키는 자극이 된다.

자신감　　　아기의 자신감은 부모의 신뢰를 바탕으로 자라난다. 어떤 일이 생기더라도 부모의 사랑을 받을 것이며 자기 모습 그대로 인정받는다는 사실을 아기가 알아야 한다. 아기는 부모가 자신에게 만족해하며 자신이 만든 결과물과 행동에 관심을 보이는 것을 좋아한다.

언어　　　언어는 사고를 지원해서 지능의 발현을 돕고 알기 쉽게 이해시켜 주는 역할을 한다. 풍부하고 독창적이고 다정하게 말을 걸면 아기는 언어 발달을 통해 세상에 대한 이미지를 만들고 그 안에서 자기 위치를 발견할 수 있다.

아기의 지능 발달에 영향을 주는 것들

최신 연구 결과에 따르면 아이의 지능 발달은 아이의 정서 발달 및 주변 환경에 가장 큰 영향을 받는 것으로 나타났다. 이 두 가지는 떼려야 뗄 수 없을 만큼 밀접하게 관련되어 있다. 조화롭고 균형 잡힌 생활, 평온하고 호의적인 분위기, 시간이 지나도 변함없는 애정 등이야말로 아이의 지능을 이루는 기본 토대가 된다. 우선 아이는 자신이 안정감 있는 가정 환경과 존중받는 관계 속에 있다는 느낌을 받아야 한다. 또 아기일 때부터 자기가 세상에 영향을 줄 수 있으며 자기보다 큰 사람들, 특히 부모가 자기를 지원하고 도와준다는 것을 확신해야 한다. 이런 확신은 일상의 자신감으로 나타난다. 이 토대가 탄탄한 아이는 적극적으로 세상을 탐구하고 수용하는 활동을 시작한다.

아기를 안아 주어야 하는 이유

우리는 아기를 포용하고 안아 주어야 한다는 사실을 잘 안다. 그런데 최근 일반 상식에서 한 발짝 더 나아간 연구 결과가 나왔다. 부모와 아기의 신체 접촉이 체중 증가와 신체 건강, 두뇌 발달에 직접적으로 도움이 된다는 것이다.

미국에서 실시된 연구 결과에 따르면, 어린 아기를 다정하게 만져 주고 마사지하면 체중이 늘어난다는 사실이 분명히 확인되었다. 《오늘 당신의 아이를 안아주셨나요?》의 저자인 티파니 필드(Tiffany Field)는 이렇게 말한다. "촉각은 '자율 미주신경'이라고 하는 뇌 신경의 지류를 자극한다. 이것은 음식물 흡수를 촉진하는 인슐린 등 여러 호르몬을 분비해 위장의 기능을 활발하게 한다. 또 다른 연구에 따르면, 아기를 애정 어린 손길로 쓰다듬어 주면 아기의 스트레스가 감소하고 면역 저항력이 증가한다고 한다. 이런 결과는 아기의 소변에 포함된 코르티솔 수치로 확인할 수 있다. 마찬가지로, 세심하고 다정한 엄마들이 아이를 총명하게 키울 가능성이 더 큰 것으로 나타났다".

아기는 자기 욕구에 민감하게 반응하여 그 욕구를 만족시켜 줄 수 있는 다정한 사람과 접촉하고 귀여움을 받으면 신체, 정서, 지능 모두 최상의 상태가 된다. 이렇게 하면 아기의 내면이 안정되고 타인에 대한 신뢰가 커져 성장하는 데 도움이 되기 때문이다.

아기 방은 잠재력을 일깨우는 장소

발달이 잘 진행되려면 아기에게 충분한 자극이 필요하다. 아기는 주위를 둘러싼 모든 것에 흥미를 느끼고 이를 즐긴다. 세상을 향한 아기의 호기심은 언제나 활성화되어 있고 두뇌는 쉬지 않고 활동한다.

아기의 방은 아기가 가장 많은 시간을 보내는 곳이다. 때때로 아기는 이곳에서 차분하고 고독한 시간을 보내기도 한다. 이곳은 아기가 사는 세계의 중심이다. 그렇다면 이 방을 아기의 잠재력을 일깨우는 장소로 만들어서 아기가 흥미로운 것들로 둘러싸였다고 느끼게 해 주는 것이 어떨까? 아기의 호기심을 유지하려면 떼었다 붙였다 할 수 있고 교체 가능한 장식품을 다는 것이 좋다.

- 천장, 그중에서도 아기의 침대 위쪽 천장을 알록달록하고 큼지막한 포스터나 연, 커다란 사진 등으로 장식하라.
- 바람에 날리는 가벼운 물건을 방 안에 달아라. 이를테면 풍선, 크리스마스 장식, 종이학, 가벼운 모빌 등이 좋다.
- 아기는 사람의 얼굴을 좋아한다. 잡지에서 사람 얼굴을 오려 아기 침대 옆에 붙여 둔다.
- 유리창에 크리스마스 장식품 같은 것을 붙이거나, 다양한 색상과 무늬의 스티커를 잘라서 붙인다.
- 아기는 움직이는 것이라면 다 좋아한다. 집에 예쁜 물고기를 키우는 어항이 있다면 아기 방에 놓아두어라. 어항은 아기를 차분하게 만드는 효과도 있는 것으로 밝혀졌다.
- 아기가 깨어 있을 때 여러분과 함께 이 방에서 저 방으로 옮겨 다니면서 여러분이 생활하는 모습을 보고 여러분이 하는 말을 듣게 하라. 아기는 이런 것에 흥미를 느낀다.

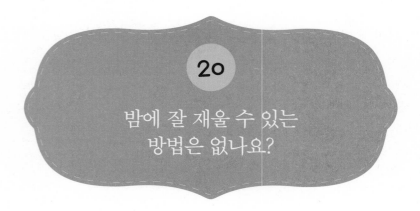

20

**밤에 잘 재울 수 있는
방법은 없나요?**

아이를 재우느라 애먹지 않는 부모는 없을 거예요. 하루 일과에 녹초가 된
부모는 평온한 저녁 시간을 보내고 싶어 하지만, 아이들을 얌전히 잠자리
에 들게 하고 침대 밖으로 나오지 않게 달래는 일은 고역이지요.

아이에게 충분한 잠이 필요한 것은 분명하다. 하지만 밤 11시가 넘
었는데도 잠자리에 들지 않으려고 목이 마르다느니, 굿나잇 뽀뽀를 해
달라느니 졸라 대는 아이를 어떻게 설득할 수 있을까?

먼저 짚고 넘어가야 할 사항이 있다. 아이를 억지로 재울 수는 없다.
따라서 아이를 재우는 것 자체가 목표가 되어서는 안 된다. 그보다는
아이가 침대 또는 자기 방에서 조용히 쉬는 시간을 가지게 하면 훨씬
수월하게 재울 수 있다. 아이는 차분한 환경에 있을 때 잠이 오면 스스
로 잠든다.

잠자리 의식 습관화하기

아이 재우기의 성공 여부는 잠자러 가기 전에 어떻게 했느냐에 달렸다. 우선 아이의 낮잠 자는 시간, 아침에 일어나는 시간, 가족들과 함께 보낸 시간 등을 고려해서 잠자리에 드는 시간을 너무 이르거나 늦지 않은 시각으로 정한다. 일단 습관이 되면 가끔 예외를 두는 것도 가능하다. 이렇게 시간을 정해 놓고, 한 시간 전에 아이에게 미리 알려 준다. "30분 후면 잠자리에 들 준비를 할 거야." 30분이 지나면 "자, 이제 자러 갈 준비하자"라고 하며 잠자리 의식을 시작하고, 곧이어 "10분 후에는 침대에 들어간다!"라고 말한다. 필요한 경우에는 시간이 지나는 것을 숫자로 센다. 시간이 되면 "자, 이제 8시가 되었네. 가서 쉬하고 이 닦고 침대로 가자"라고 한다.

아이들은 원래 갑작스러운 변화를 싫어하므로 이런 식으로 미리 알려주면 금세 익숙해진다.

자러 가기 20분쯤 전에 잠자리에 드는 의식을 시작하는데, 매일 변함없이 진행되도록 한다. 일련의 과정이 예측 가능하게 진행되면 아이는 마음이 차분해져 더 쉽게 잠들 수 있다. 의식을 거행하는 동안 치르는 행사는 가족마다 조금씩 다를 수 있다. 가령 이 닦기, 화장실 가기, 하루 있었던 일을 서로 이야기하기, 이야기책 읽기, 부모와 포옹하기, 침대 옆 탁자에 물 한 컵 갖다 놓기, 데리고 잘 인형 고르기 등이다.

부모와 떨어지는 법 가르치기

마지막으로 아이에게 뽀뽀해 주고, 단호하고 차분한 목소리로 "좋은 꿈 꾸고 내일 아침에 보자"처럼 안심시키는 말을 해 주고는 곁을 떠난다. 그런 다음에는 정말로 위급한 경우가 아니라면 다시 아이 방으로 돌아가지 않는다.

아이가 피곤해서 금세 잠이 들 것 같으면 불을 끈다. 어떤 아이는 야간등이 필요하거나 방문을 살짝 열어 달라고 하는데, 이런 요구 사항은 들어줘도 괜찮다.

만약 아이가 아직 피곤하지 않다고 하면, 아이가 머리맡에 있는 전등을 자유롭게 켜고 끌 수 있게 하고, 책을 주어서 아이 혼자 책을 보게 한다. 아니면 작은 장난감을 주는 것도 좋다.

아이가 "전 졸리지 않아요!"라며 반항하면 다음과 같이 간단히 대답할 수도 있다. "좀 더 있다가 자도 좋아. 하지만 네 방에서 조용히 지내야 한다. 지금부터는 아이들의 시간이 아니라 어른들의 시간이거든. 착하게 말을 잘 들으면 10분 후에 다시 와서 뽀뽀할게".

아이의 잠투정이 심하면

- 이유를 설명하라. "다음 날 좋은 컨디션으로 즐겁게 하루를 시작하려면 누구나 잠을 자야 한단다. 이 시간이 되면 엄마도 피곤하고, 아빠와 조용히 시간을 보내고 싶거든".
- 잠자리에 든 아이가 다시 부모를 찾으면 엄마보다는 아빠가 가 보는 것이 효과적이다. 그리고 아이에게 이렇게 이야기하라. "여기 물 가져왔다. 이번이 마지막이니까, 다시 불러도 소용없다. 엄마도 쉬고 있으니까 불러도 안 오실 거야. 내일 아침에 보자".

- 아이에게 마지막이라고 말했다면 다시 돌아가서는 안 된다. 그러지 못하면 마지막은 영원히 오지 않을지도 모른다.
- 아이가 잠들 때까지 아이 옆에서 같이 자겠다는 생각은 버려라. 자칫 아이의 자립심을 기를 기회를 빼앗고, 오히려 잠드는 것을 힘들어할 수도 있다. 여러분이 아이가 잠잘 때 데리고 자는 인형의 대용물이 될 필요는 없지 않은가.
- 잠자기 전에 필요한 요구 사항을 다 해결하고 일단 잠자리에 들었으면 부모를 다시 찾는 일이 없게 한다. 잠자리 의식을 하는 동안에는 충분히 다정하게 대하되, 그 이후에는 단호한 태도로 약간의 거리감을 느끼게 행동한다. 수백 번 불러도 부모가 다시 보러 올 것 같은 희망이 보이지 않는다면 아이는 포기한다.
- 아이가 부를 때마다 멀리 떨어진 곳에서 "그래, 엄마 여기 있어. 어서 자렴. 내일 아침에 보자" 같은 말을 반복하면 아이를 제풀에 지치게 하는 효과가 있다.
- 우리의 목표는 아이가 이 모든 상황을 좌지우지하며 마음대로 부모를 조종할 수 있다는 인상을 받지 않게 하는 것이다. 그런데 만약 아이가 이런 생각을 하게 된다면, 피상적으로는 만족할지 모르지만 실제로는 큰 불안감을 느끼게 된다. 아이를 위해 좋은 것이 무엇인지 아는 부모가 아이를 근본적으로 안심시킬 수 있다.

아이가 잠들기 싫어하는 이유

침대는 아이들이 가장 가기 싫어하는 곳이다. 침대로 가면 부모나 장난감과 떨어져야 하고, 잠자는 동안 탐구와 탐험을 멈추어야 하며, 귀신이 나올지도 모르는 깜깜한 곳에 혼자 있어야 하기 때문이다. 아이의 심정은 충분히 이해가 간다. 이런 아이의 자립심을 키워 줄 수 있는 것은 오직 자신감과 부모에 대한 신뢰뿐이다. 따라서 엄마와 아빠는 연합 전선을 형성해 확신에 찬 단호한 태도를 보이면서 아이와 떨어지기 전에 다정한 시간을 충분히 보내야 한다. 이것이 바로 잠자리에 드는 의식을 꼭 해야 하는 이유다.

잠자리 교육 할 때 절대 해서는 안 되는 행동
- 부모의 침대에 아이를 재우거나, 아이가 놀다가 지쳐서 거실 소파에서 잠들도록 내버려 두기
- 아이가 떼를 쓰면 다시 일어나도록 허락하거나 여러 가지 요구 사항을 들어주는 것으로 '보상하기'
- 화를 내거나 소리 지르기. 부모가 냉정하고 단호한 태도를 보일수록 아이들은 떼쓰는 것을 빨리 멈춘다.
- 아이가 잠투정을 할 때마다 다른 태도를 보이기
- 아이에게 수면제 먹이기
- 자러 가는 것이 마치 벌을 주는 것인 양 협박하기
- 아이가 얌전하게 잠자리에 들었거나 더 나아지는 모습을 보였는데도 칭찬하지 않기

21

밤에 자다 깨면
어떻게 대처해야 할까요?

아이들에게 밤 시간은 일종의 시련과 같아요. 사랑하는 가족과 떨어져 침대에서 긴 시간 동안 혼자 지내야 한다는 것을 의미하니까요. 게다가 아이들은 잠을 푹 자는 게 왜 좋은지 모르니, 자지 않으려고 떼를 쓰는 것도 무리가 아니지요.

아이들은 대부분 밤에 자다가 깨어 침대에 혼자 있는 것을 싫어한다. 이런 문제는 아이에겐 생활의 일부라고 할 수 있다. 하지만 상습적인 잠투정은 가족의 생활에 막대한 지장을 준다. 따라서 버릇이 되기 전에 신속히 개입해서 대처하는 편이 좋다.

밤에 자다 깨는 버릇이 생기는 이유

생후 18개월 된 레오노르의 사례는 가장 전형적인 경우다. 레오노르는 코감기를 앓다가 코가 막혀서 밤에 깬 적이 몇 번 있었다. 이때마다 엄마는 코를 세척해 주고 약을 몇 방울 떨어뜨리고 안아 준 다음 재웠다. 코감기는 다 나았지만 레오노르는 계속해서 자다가 일어나 엄마를 찾았다. 그동안 밤에 깨어 엄마와 지낸 시간이 달콤했기 때문이다. 게다가 이 시간에는 동생이 자고 있어서 엄마가 자기한테만 신경을 썼다. 즉, 엄마를 독차지할 수 있는 가장 좋은 시간이라는 것을 알게 된 것이다. 얼마 지나지 않아 레오노르가 자다 깨는 횟수가 하룻밤에 네댓 번으로 늘어났다. 그럴 때마다 매번 똑같은 장면이 반복된다. 일어나서 엄마를 부르고, 울고, 소리 지르고, 온 식구를 다 깨운 다음, 부모가 달려와야 조용해진다.

이런 상황에 처한 부모들은 몇 달이 지나면 잠을 제대로 자지 못해 녹초가 되고 만다. 아이가 이렇게 찾는 것을 정상이라고 여기고 피곤함을 무릅쓰면서도 참는 부모가 있는 반면, 기진맥진해서 금세 참지 못하는 부모도 있다. 이들은 아이에게 감기약을 먹이고, 아이를 부모 침대에서 재우는 등 할 만한 일은 다 해 본다. 부모들이 나날이 초췌해지는 것과 달리, 아이들은 밤에 깨어나 소란을 겪었어도 다음 날 대부분 멀쩡하고 생생하고 활기차다.

아이를 즉각 재우는 기적과 같은 비법은 존재하지 않지만 가이드라인 몇 가지는 있다.

아이의 숙면에 도움을 주려면

- 아이가 부모와 떨어져 지내는 시간을 견딜 수 있게 하려면, 낮 시간 동안 아쉬움이 남지 않도록 아이와 충분한 시간을 함께 보내고

사랑을 주어야 한다. 부모의 관심을 충분히 받지 못하고 부모와 교류가 부족했던 아이는 밤에 부모를 '독차지할 수 있을' 때 모자란 애정을 벌충하려고 할 것이다.

- 밤 시간의 문제는 아이 내면의 안정감과 밀접하게 연관이 있는데 이는 낮 동안에 해결할 수 있다. 아이가 정서적으로 자립심이 잘 발달해서 낮에 부모와 떨어져 지내는 시간과 혼자 있는 시간을 잘 관리할 줄 알게 되면 밤에 느끼는 불안감도 잘 다스릴 수 있다.

- 아이가 잠자는 장소로 자기만의 안락한 작은 공간을 가지면 그곳에서 아이는 마음 편히 기분 좋게 잠들 수 있다. 다만 이런 공간이 부모의 침실이 되면 안 된다. 아이의 키에 맞는 작은 사이즈의 침대에서 잠들기 전에 마음을 차분하게 하는 잠자리 의식을 하는 것이 좋다.

아이가 깼을 때 대처하는 법

아이가 깨어나 울면서 부모를 찾는 현장에서 '그 즉시' 어떻게 개입하느냐에 따라 상황을 충분히 진정시킬 수 있다. 이럴 때 몇 가지 좋은 방법이 있다.

- 아이에게 건강상의 문제가 있는 것은 아닌지 빨리 확인한다.

- 아이 등을 토닥이며 차분한 목소리로 아이를 안심시킨다. 그러나 아이를 안아 올리거나 침대에서 나오게 하거나 불을 켜서는 안 된다. 즉, 되도록이면 밤에 잠자는 여건을 계속 유지해야 한다는 뜻이다.

- 아이가 잠자리에서 데리고 자는 인형을 다시 안겨 준다. 이미 끼니를 잘 챙겨 먹은 상태라면 먹을 것은 주지 않는다.
- 1~2분 안에 부드럽지만 단호한 목소리로 간단히 설명한다. "지금은 밤이라서 세상이 모두 잠들었어. 아무 문제 없고 다 괜찮으니까 너도 다시 자면 된단다. 그럼 내일 아침에 보자!"
- 아이가 잠에서 깨도 좋을 것이 하나도 없다고 느끼도록 자극이나 관심을 유발하는 것은 피한다. 또한 자기 때문에 부모가 방해받고 있으며, 부모는 자다가 깨는 것을 싫어한다는 사실을 깨닫도록 해야 한다.

잠자리 교육을 다시 할 때 주의 사항

부모가 지나치게 너그러워서 나쁜 습관이 든 경우도 있지만, 대개의 경우 아이가 자다 말고 깨어나 우는 것은 어딘가 불편하다는 것을 알리기 위한 경고 신호다. 이럴 때 아동심리학자, 심리상담사 등 전문가의 도움을 받으면 아이가 말로 표현하지 못하는 부분도 파악할 수 있다. 예를 들면 아이의 마음속에 감추어진 불안이나 변화에 대한 부적응 같은 것들을 발견할 수 있을 것이다.

또한 차츰차츰 아이에게 잠자리 교육을 해야 한다. 아이를 안심시키고, 밤에 잘 자는 것이 왜 좋은지 등을 잘 설명해 준다. 그런 다음, 아이가 잠에서 깨더라도 혼자서 상황을 수습하고 어른의 도움 없이 다시 잠들 수 있도록 조금씩 가르쳐야 한다. 부모가 뜻을 모아 결단력 있게 행동한다면, 수면 습관 문제는 보통 며칠 안에 해결된다.

아이에게 필요한 수면 시간은 몇 시간일까?

아이에 따라 다르다. 생후 몇 개월 안에도 잠이 많은 아이와 적은 아이가 분간될 정도다. 18개월까지는 잠자는 것이 어느 정도 '선택적'이다. 이 연령대의 아이들 중에는 낮잠을 하루에 두 번 자는 아이가 있는가 하면, 전혀 자지 않는 아이도 있다. 여기에는 여러 이유가 있겠지만, 밤 동안의 수면 시간과 질에 좌우되기도 한다. 두 살에서 여섯 살 사이의 아이들은 밤에 평균 열두 시간을 잔다. 밤잠과 함께 낮잠도 자는데, 처음에는 낮잠을 한 번 자다가 나중에는 낮잠을 자지 않게 된다.

어떤 아이들은 올빼미형이라서 잠자는 시간이 늦다. 반면 아침형 아이들은 세 살이 지나면 아침 6시에 일정하게 기상한다.

아이가 잠을 충분히 자고 있는지 확인하려면 아이를 잘 관찰하라. 아이가 편안한 모습이고, 에너지가 넘치고, 기분이 좋고, 식욕이 왕성하고, 낮에 피곤해하지 않고, 아침에 벌떡 잘 일어난다면 걱정할 필요가 없다. 딱 적당한 시간만큼 잘 자고 있다는 뜻이기 때문이다.

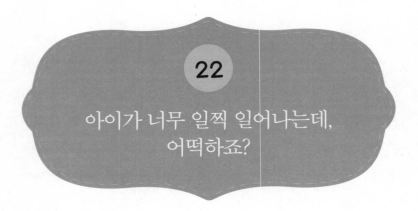

22

아이가 너무 일찍 일어나는데, 어떡하죠?

부모나 아이 모두 좋은 컨디션으로 하루를 시작하면 온종일 즐겁게 지낼 수 있어요. 그런데 아침 7시에 알람을 맞추어 놓았는데 아이 우는 소리에 6시부터 깨게 된다면 얼마나 싫을까요.

겨우 한 시간 잠을 덜 잔 것뿐이지만 그 차이는 엄청나다. 특히나 모처럼 늦잠을 잘 수 있는 주말이라면 더욱 끔찍하다.

아이가 아침 일찍 일어나는 성향일 때 어떻게 해야 주말의 달콤한 늦잠을 누릴 수 있을까?

아이가 충분히 자지 못한 경우 대처법

아이가 일찍 일어났을 때는 두 가지 경우가 있다. 먼저, 상쾌하게 하루를 보낼 수 있을 만큼 충분히 잠을 자지 못한 경우다. 이럴 때는 아이를 더 자게 하거나, 부모의 도움 없이 아이 혼자서 다시 잠드는 법을 가르쳐야 한다. 이 방법은 아이 연령에 따라 다르게 적용해야 하는데, 어떤 경우든 기적을 바라지는 말자. 아주 조금씩 나아질뿐더러 나아지는 데 한계가 있기 때문이다. 그동안 6시에 일어나던 아이를 일주일 만에 8시에 일어나게 할 수는 없다. 6시 30분, 7시 이런 식으로 조금씩 늦추어질 거라고 생각해야 한다.

- 아이가 깨는 것은 방에 빛이 들어오거나 소리가 나는 것을 감지했기 때문인 경우가 많다. 이런 경우에는 빛을 차단할 두꺼운 커튼을 설치하면 간단하게 문제를 해결할 수 있다.

- 아이가 처음 부를 때 서둘러 응답하지 마라. 아이 방으로 가기 전에 10분 정도 기다려 본다. 가끔 아이 혼자 다시 잠들기도 한다. 아이 방에 간다면 마치 한밤중인 양 조용히 속삭이면서, 아직 일어날 시간이 아니니까 지금 일어나면 안 된다고 설명한다.

- 만약 아이가 여러분 방으로 찾아온다면, 아직 일어날 시간이 아니니까 방으로 돌아가라고 딱 잘라 말한다. 부모가 아주 단호하고 확신에 찬 어조로 말하는 것만으로도 충분할 때가 있다. 만약 아이를 여러분의 침대로 받아들이면, 이런 상황이 허구한 날 반복될 것이다. 이 점을 명심해야 한다. 아침 시간이 길어지는 대신 여러분이 치러야 할 대가는 상당히 크다.

- 어느 정도 성장한 아이라면, 예컨대 학교에 지각할까 봐 걱정되어 아이가 깨는 것은 아닌지 확인한다. 만약 그렇다면 아이에게 자명종을 준다.

두 번째는 아이가 충분한 수면을 취한 경우다. 아이가 충분히 잤는지 알아보는 방법은 다음과 같다.

- 아이가 휴일을 포함해 매일 밤 거의 비슷한 시간 동안 잠을 잔다면
- 아이가 상쾌하게 일어난다면
- 아이가 하루 종일 즐겁게 지낸다면
- 아이가 평소에도 항상 다른 아이들보다 적게 잤다면

아이는 잠을 충분히 잔 것이다.

이럴 경우에는, 아이가 적당한 시간이 될 때까지 자기 침대나 방 안에서 놀게 하는 것을 목표로 삼아야 한다. 그렇다고 해서 아이가 아침 10시까지 혼자서 지내리라고 기대해서는 안 된다.

아이 혼자 시간을 보내게 하는 방법

- 커다란 아침 시간용 장난감 주머니를 마련해서 아이가 그 시간에만 가지고 놀 수 있게 한다. 이 주머니는 밤에 여러분이 자러 가면서 아이의 침대에 슬쩍 넣어 준다.
- 장난감을 새로 준비하고 카드 한 세트도 추가한다. 이렇게 하면 아이는 여기에 어느 정도 정신을 뺏긴다.
- CD에 이야기를 녹음해 아이가 혼자서 들을 수 있게 해 준다. 부모의 목소리를 듣는 것은 아이에게는 큰 기쁨이다.
- 조금씩 갉아 먹기는 아이들이 좋아하며 가장 많이 하는 활동 중 하나다. 저녁에 잘 때 아이의 손이 닿는 곳에 과일 주스를 담은 작은

빨대컵과 비스킷 몇 개를 놓아두면 아이가 깼을 때 혼자 찾아 먹을 수 있다.

- 아이가 이미 시간 개념을 갖고 있다면 아이 방에 시계를 걸어 둔다. 아이에게 작은 바늘이 특정한 숫자에 오기 전에 여러분을 깨우면 안 된다고 말해 둔다. 물론 심각한 문제라면 예외로 친다. 그리고 이 숫자에 알아보기 쉽도록 표시를 해 둔다. 여기에 재미를 붙이는 방법으로, 아이가 제대로 잘 해낼 때마다 ×자를 적어서 ×가 다섯 개, 열 개가 모이면 선물을 준다.

위에 제시한 방법 중 그 어떤 것도 당장 마법 같은 효과를 내지는 않지만, 문제가 천천히 해결될 것이다. 아이들은 주로 아침에 일찍 일어나지만, 이 시기의 부모들은 아이가 좀 더 잤으면 하고 바란다. 반면 청소년들은 주로 저녁 늦게까지 잠을 자려 하지 않고, 부모들은 그런 아이가 좀 더 일찍 자고 일찍 일어나기를 바란다.

배고픈 아이를 위해 비상식량 준비하기

흔히 아이가 잠에서 깨는 이유가 배가 고파서라고 생각한다. 하지만 실제로는 아이가 네 끼를 먹기 시작하는 순간부터 특별한 경우를 제외하고는 밤에 젖병이 필요 없다. 다만 아침에 잠에서 깨면 아이는 분명히 배고픔을 느낄 것이다. 전날 저녁 이후 아무것도 먹지 않았기 때문이다. 이때 아이 손이 닿는 곳에 비상식량이 있거나 혹은 아이에게 음식을 가져다주고 다시 자러 가면, 아이는 이것을 먹으며 잠자리에서 좀 더 참고 기다릴 수 있다.

잠자러 가는 시간은 규칙적으로

어떤 부모는 아침에 좀 더 늦게까지 아이를 재우려고 전날 저녁에 아이를 늦게 재우거나 심지어 낮잠을 못 자게 한다. 하지만 이렇게 해서 문제가 해결되는 경우는 극히 드물다. 피곤하다고 해서 아이가 더 자는 것도 아니고 오히려 아이의 신경만 날카롭게 만들 뿐이다. 아이들은 규칙적인 생활을 해야 숙면을 취할 수 있다.

아이가 주중에 어린이집이나 보육 기관에 가야 해서 7시에 일어나는 습관이 이미 몸에 배었다면, 부모가 늦게 재운다고 해서 일요일 아침에 10시까지 잘 리는 없다.

어떤 부모는 요일에 따라 번갈아 당번을 정한다. 2주에 한 번꼴로 주말 당번이 되면 각자 돌아가면서 아침 휴식 시간을 가질 수 있다. 적당한 시간표를 짜는 것은 여러분 몫이다.

아침형 아이를 위한 교육법

만약 여러분의 자녀가 아침형 인간이라면 늦게 일어나게 하기가 쉽지 않을 것이다. 아이의 행동을 인내하고 아이가 자립할 수 있게 해 주는 편이 더 좋다. 아주 어린 아이들에게도 약간의 인내심, 즉 최소한 일주일에 며칠 정도는 참는 법을 가르치는 것도 괜찮다.

23

아이가 소아과에만 가면 우는데, 어떡하죠?

"우리 아이는 병원 근처에만 가도 금방 알아요. 그렇게 자주 갔던 것도 아 닌데, 입구에 다다르면 긴장을 하지요. 그러다 대기실에 들어서자마자 울 기 시작한답니다." — 어느 엄마로부터.

아이들이 의사를 보면 겁을 내는 이유는 낯선 사람일 뿐만 아니라 나 쁜 기억이 떠오르기 때문이다.

아이가 병원만 가면 우는 이유

아이들은 한두 살쯤 되면 소아과나 가정의학과에 여러 번 가게 된다. 어쩌면 병원에 입원하는 경험을 할 수도 있다. 그래서 아이는 병원에 가면 의사 선생님이 귀찮게 하리라는 것을 안다. 목이나 귀, 코에 이상 한 물건을 집어넣질 않나, 갑자기 옷을 벗기기까지 한다. 예방 접종 경 험도 있기 때문에 의사 선생님이 주사를 놓을 수 있다는 것도 안다. 반면 아이가 아직 모르는 사실이 있다. 이런 사소한 괴로움이 모두 자기를 위한 것이며, 최상의 건강을 유지하기 위한 것이라는 사실이다.

몇 달 전만 해도 소아과에 갈 때 얌전하던 아이가 병원을 몇 번 다녀온 후에는 병원 입구에서부터 소리 지르며 울기 시작한다. 드문 경우이긴 하지만 별다른 동요 없이 조용히 병원에 도착하는 아이들도 있다. 하지만 일단 진료실 안에서 다른 아이의 우는 소리가 들려오면 그 즉시 아이의 평화는 깨지고 만다. 어떤 아이들은 조용히 긴장만 하고 있다가 의사 선생님이 다가와서 만지려고 하면 격렬하게 반항한다.

병원에 대한 두려움을 없애는 방법

말로 안심시키고 격려하는 것은 효과가 거의 없다. 의사 선생님에 대한 두려움은 일반적으로 세 살 때까지 지속된다. 이런 두려움은 다른 형태, 즉 주사 맞는 것에 대한 두려움, 피에 대한 두려움 등으로 계속 이어진다. 몇 가지 비법을 알아보자.

아이를 여러분 무릎 위에 앉힌 채 진찰을 받게 하라　　여러분이 진찰 의자에 앉은 다음 아이를 무릎 위에 앉힌다. 필요한 경우 아이의 옷을 여러분이 일부분 벗긴다. 아이를 의사 쪽으로 다가가게 하지 말고, 의사가 아이 가까이 와서 진찰하도록 한다. 만약 아이의 키와 몸무게를 측정해야 한다면 아이 곁에서 손을 잡아 주면서 함께 있도록 한다.

아이의 호기심을 활용하라　　모든 아이는 호기심이 많다. 알고 싶고,

경험해 보고 싶고, 일이 어떻게 돌아가는지 확인하고 싶어 하는 마음이 두려움을 이겨 내기도 한다. 의사 선생님에게 양해를 얻어, 청진기를 만져 보게 하고 입 안을 검사할 때 혀를 눌러 주는 막대도 직접 만져 보게 하자.

도움 될 만한 몇 가지 팁

- 대기실이 조용하고 장난감이 많고 진료 예약 시간을 잘 지키는 병원을 선택한다. 다른 아이들의 울음소리에 점점 더 겁을 먹는 아픈 아이를 무릎에 앉히고 한 시간을 기다려야 하는 것은 정말 끔찍한 일이다.
- 아이에게 의사 선생님이 어떻게 할 것이고 왜 그렇게 하는지 잘 설명한다. 병원에 갈 때 좋아하는 인형을 가져가서, 인형으로 목과 귀 검사, 청진, 몸무게 측정 등을 하는 시범을 보인다.
- 아이가 잠잘 때 안고 자는 인형을 꼭 가져간다. 진료 전후로 아이를 안심시키는 데 필요하다.
- 아이가 어느 정도 크면 병원 놀이 장난감을 주고 여러 기구를 가지고 놀게 한다. 아이가 사람 인형이나 곰돌이 인형을 환자로 삼아 의사 역할을 하면서 자기를 의사와 '동일시'한다면 어느 정도 주도적으로 행동할 수 있게 된 것이다.
- 병원 대기실에서 기다리는 동안 아이가 집중해서 놀 만한 것을 준비해 간다.
- 아이는 비스킷 한두 조각을 먹는 것만으로도 기분이 좋아진다. 진

찰이 끝난 후에 마시는 달콤한 음료수도 마음을 달래 주는 좋은 약이 된다.

- 여러분이 병원이나 병원에서 겪을 일들에 두려움을 느끼더라도 아이 앞에서는 이를 표현하면 안 된다. 질병을 주제로 아이를 겁주는 말도 하지 마라. 가령 이런 말은 삼간다. "외투를 안 입고 나가면 감기 걸릴 거야" 또는 "그걸 먹으면 배가 아파서 병원에 가게 될 거야".

- 아이에게 어떤 문제가 있으며 아이의 병이 무엇이고 어떻게 치료할 계획인지 것인지 의사로부터 자세한 설명을 듣는다. 그런 다음 여러분이 아이에게 간단하고 분명한 말로 잘 설명해 준다.

- 질문할 목록을 준비해서 간다. 집에 있을 때는 의사에게 질문할 것들이 많이 생각나지만, 막상 진찰을 받는 동안에는 우는 아기를 달래느라 정신이 없기 마련이다. 의사 역시 진료에 집중하느라 여유가 없다. 이런 상황에서 보호자는 묻고 싶었던 것의 절반 이상을 잊어버리기 일쑤다. 가장 좋은 방법은 질문거리가 머리에 떠오를 때마다 메모해 두었다가 병원에 갔을 때 의사와 함께 확인하는 것이다.

최악의 경우 주치의 바꾸기

아무리 해도 상황이 나아지지 않는다면 아이가 '이 의사 선생님은 나를 아프게 하는 사람'으로 생각을 완전히 굳힌 것이다. 이런 경우 상황을 회복하기는 매우 어렵다. 아이들의 마음을 여는 노하우는 소아과 의

사마다 다르기 때문에 다른 의사를 만나 보는 것이 좋다.

- 병원 대기실에 아이와 부모가 지내기 좋도록 장난감, 책, 색칠 도구, 화장실 등 필요한 것들이 잘 갖추어진 곳
- 진료 예약이 신속히 이루어지는 곳
- 전화로 상담하더라도 진료 중에 쓸데없이 방해한다는 눈치를 주지 않고 친절하게 응대해 주는 곳
- 아이의 이름이나 의료 기록, 부모를 잘 기억하는 곳
- 토요일이나 저녁 7시 이후에도 진료하는 날이 있고, 학교 방학 기간에 휴진하지 않는 곳
- 상태가 의심스러운 경우 다른 전문의에게도 도움을 받을 줄 아는 곳
- 입원했을 때, 주치의가 아이를 보러 오거나 아이의 치료를 담당하는 팀과 연락하는 곳
- 부모의 말을 경청하고 필요한 설명을 잘하고 안심시킬 줄 아는 곳

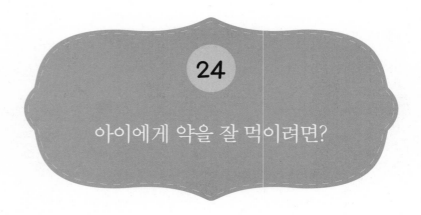

24

아이에게 약을 잘 먹이려면?

시럽, 좌약, 안약, 주사 등 약을 복용하는 일은 유쾌한 경험이 아니에요. 빨리 나으려면 약을 먹어야 하니 기왕이면 아이들이 긍정적으로 인식하도록 해요.

진찰실에서 소란이 일고, 손수건으로 입을 막고, 반항하고, 화내고, 소리 지르는 일이 생기지 않으려면 어떻게 해야 할까?

약 먹기 싫어하는 이유

아이는 여섯 살이나 일곱 살이 될 때까지는 병원에 가거나 주사를 맞고 쓰디쓴 약을 먹는 것이 자기를 위한 일이라는 것을 알지 못한다. 당장 눈앞의 일밖에 내다보지 못하기 때문에, 고약한 맛이 나는 이 시럽을 꿀꺽 삼켜야 하고 코에 넣는 약이 목을 따갑게 할 것이라고만 생각한다.

그래서 약을 복용할 때마다 소란을 피우는데, 때때로 부모나 아이 모두에게 트라우마가 생길 정도로 심각한 양상을 띠기도 한다. 이런 상황까지 가지 않으려면 어떻게 해야 하는지 살펴보자.

약 먹일 때 주의 사항

부모가 어떤 태도를 보이는지가 중요하다. 아이가 약을 거부하리라고는 상상도 하지 않았다는 듯이 부모가 너무나 당연하게 행동한다면, 아이는 약 먹는 것을 양치질과 마찬가지로 자연스러운 하루 일과로 여기게 된다. 요컨대 아이는 저항해 봤자 소용없고 결국에는 약을 먹게 될 것이라고 느끼면 말을 잘 듣는다. 그러므로 이 문제로 아이와 협상하면 안 된다. 아이가 선택할 수 있는 것은 오직 약 먹는 방식뿐이다. 아이가 약을 잘 복용하면 잘했다고 칭찬해 주는 것이 좋다.

약을 잘 먹이는 방법

아이가 어리다면 음식을 시식할 때처럼 약을 먹이는 것이 가장 간단한 방법이다. 아이를 식탁이나 키 높이 의자에 앉힌 다음, 아이와 수다를 떨면서 평소 사용하는 숟가락에 약을 담아 먹이면 된다. 이렇게 하면 치료는 일상생활의 한 부분이며 자기 몸을 존중하는 행위라는 것을 아주 자연스럽게 가르치게 된다.

아이들은 원래 호기심이 많다. 자기가 왜 아픈지, 이 약이 어떤 효과가 있는지 간단하게 설명해 주면 아이들이 좋아한다.

부모가 복잡한 설명만 늘어놓으면서 아이에게 끔찍한 일을 저질러서 미안하다는 태도를 보인다면 아이는 자연스레 반항하게 된다. 이뿐만 아니라 아이 입을 열기 위해 코를 잡는 것 같은 편법 역시 쓰지 마라. 잘못하면 약이 기도로 넘어갈 수 있고, 겁을 주거나 보복한다고 아이가 느낄 수 있기 때문이다.

아이가 약을 잘 먹게 하려면

- 음료수는 아주 차갑게 하면 맛이 덜 느껴진다. 시럽을 냉장 보관했다가 먹이거나 아이가 약을 먹기 전에 얼음을 잠깐 빨게 한다.
- 맛을 희석하려고 시럽이나 물약을 음료수에 섞으려면, 가급적 프룬 주스나 포도 주스처럼 향이 강하고 아이가 익숙하지 않은 과일 주스에 섞는다.
- 숟가락으로 알약을 잘게 부수어 가루약으로 만들어 먹이는 것도 좋다. 아이의 입맛에 따라 잼, 꿀, 으깬 바나나, 딸기 시럽에 가루약을 섞어서 먹일 수도 있다.
- 아이가 심하게 토하는 경우가 아니라면 반드시 좌약을 사용할 필요는 없다. 게다가 좌약이라면 딱 질색인 아이들도 있다. 의사의 처방에 따라 꼭 좌약을 사용해야 한다면, 끝 부분에 바셀린을 바르면 쉽게 밀어 넣을 수 있다.
- 바늘 없는 주사기를 사용하면 액상 약을 손쉽게 아이의 혀 밑으로 넣어 먹일 수 있다. 아이가 누운 상태에서 이렇게 약을 먹이면 도로 뱉어 내지 못한다. 아기라면 공갈젖꼭지에 시럽을 묻히는 방법도 고려해 볼 만하다.

- 귀에 넣는 점적제는 체온과 비슷한 미지근한 온도일 때 거부감이 덜하다. 다만 약병을 전자레인지에 넣고 데우면 내용물이 금세 끓어 버리기 때문에 주의해야 한다. 따라서 약병을 따뜻한 물속에 담그거나, 양손으로 비벼서 따뜻하게 하는 편이 좋다.
- 코나 귀에 넣는 점적제를 비롯한 모든 약은 아이가 만화영화에 집중하고 있을 때 넣거나 먹이는 것이 편하다.
- 가능하다면 어렸을 때부터 아이가 물과 함께 알약을 삼킬 수 있도록 가르친다. 구체적인 방법은, 혀를 앞으로 내밀어 혀 위에 알약을 놓고 물 한 모금과 함께 삼키는 것이다. 어떻게 해야 하는지 아이에게 충분히 시범을 보인 후, 아이가 작은 과자로 연습해 보게 한다. 이렇게 해서 아이가 알약을 삼키는 데 성공하면 일단 큰 짐은 더는 셈이다.

약을 순순히 먹도록 설득하는 법

아이가 자신이 걸린 병과 그 치료법에 대해 잘 알고 있으면 일이 훨씬 수월해진다. "나쁜 바이러스가 몸을 공격하면 우리 몸은 효과적으로 방어하지만, 가끔 힘이 부족할 때도 있어. 그러면 착한 약이 우리를 도와서 우리 몸에 침입한 적을 내쫓는단다"라는 식으로 재미있고 단순하게 설명한다면 아이는 순순히 협조할 것이다. 이렇게 해서 아이가 회복되었을 때 축하와 칭찬을 해 주면 아이는 자기 건강에 대해 책임 의식을 갖게 된다. 아이가 완전히 나아서 결국 병을 이기면 작은 선물을 주겠다고 약속하는 것도 좋다.

아이의 건강을 지키는 요령

여러분은 아이의 건강에 대한 책임이 있다. 부모가 어떤 생각을 가지고 건강 문제에 접근하느냐가 아이의 건강에 결정적인 역할을 하기 때문이다. 따라서 부모는 병든 상태가 아니라 건강한 상태를 기준으로 삼는 태도를 보여야 한다. 이를테면 다음과 같이 한다.

- "모자를 쓰지 않으면 또 감기에 걸릴 거야"라고 하는 것보다는 "너는 건강해서 감기에 잘 걸리지 않겠지만 모자를 쓰는 게 정말 잘 어울리는구나!"라고 한다.
- 아이가 아프더라도 차분하고 긍정적인 태도를 유지한다.
- 조금 아픈 기미가 보인다고 섣불리 약을 먹이지 않는다.
- 부모 자신의 건강에 대해 불평을 늘어놓지 않는다.

25

배변 훈련은
어떻게 하면 좋은가요?

아기일 때는 부모가 하루에도 몇 번씩 기저귀를 갈아 주기 때문에 별다른 문제가 없어요. 그러다가 배변 훈련을 시작하면 종잡을 수 없는 배변 시간 때문에 부모가 지치기 시작하죠. 빨리 배변 문제를 해결하려면 어떻게 해야 할까요?

부모가 배변 훈련을 해야겠다고 마음먹는 이유는 기저귀 갈기에 지친 탓도 있지만, 대개 주변의 또래 아이들이 아기용 변기를 사용하는 것에 자극받았기 때문이다. 그래서 부모는 이제 아이가 어느 정도 컸으니 용변을 참을 수 있으리라 생각한다. 그런데 이런저런 조언을 듣다 보면 쓸데없는 경쟁심과 걱정만 생긴다. 인간도 다른 포유류와 마찬가지로 괄약근이 있기 때문에, 때가 되면 대부분의 아이가 대소변을 가리게 된다. 다만 아이에 따라 상대적으로 일찍 가리거나 쉽게 가리는 경우와 그렇지 못한 경우가 있을 뿐이다. 아이가 대소변을 가리기 시작하는 나이는 다른 영역의 발달과는 무관하다.

배변 훈련을 하기 전에

배변 훈련을 할 때가 되었다 싶으면, 아이에게 어떻게 해야 하는지 설명해 준 다음에 한발 물러서서 이 새로운 학습 과정을 간접적으로 지원해 주면 된다.

아이의 몸은 전적으로 아이의 것이므로 아이의 욕구를 아는 것 또한 아이 자신뿐이다. 따라서 아이의 발달을 주의 깊게 지켜보되, 강요해서는 안 된다. 이 점만 지킨다면 실수하는 일은 없을 것이다. 보통 늦지도 빠르지도 않은 나이인 두 살이 되면 아이는 자연스러운 발달 단계를 밟듯이 자신의 성장 리듬에 따라 어렵지 않게 대소변을 가리게 된다. 아이와 부모가 모두 만족할 만한 결과를 얻는 것이다. 모든 포유류는 괄약근을 사용한다는 사실을 명심하라. 말도 많고 탈도 많은 배변 훈련이지만 이것은 본능적이고 자연스러운 일이라는 사실을 잊지 마라.

우리가 쓸데없이 개입해서 방해하지만 않으면 된다.

미리 알아 두어야 할 사항

배변 문제는 민감한 사안이라서 부모들의 관심이 많은 만큼 아이와 많이 대립하는 사안이기도 하다. 하지만 대소변을 가리려면 먼저 신체, 신경, 지능, 언어의 측면에서 두루 일정한 능력을 갖추어야만 한다. 그래서 생후 18개월이나 24개월 이전에 대소변을 가리는 아이들이 많지 않고 대체로 두 살에서 세 살 사이에 가리게 되는 것이다. 아이가 이 정도로 성숙하기 전에는 스스로 배변을 통제할 수가 없다. 이것은 교육의 문제가 아니라 조건이 갖추어졌느냐 하는 문제다.

만약 아이가 배변 훈련을 시작할 적정한 시기에 이를 때까지 부모가 기다려 준다면, 아이는 단 며칠이나 몇 주 만에 대소변을 가릴 수 있게 된다. 다만 그러려면 언제 아이가 배변 훈련을 할 시기인지, 어떻게 해야 하는지 부모가 알고 있어야 한다. 그래야 실수를 저지르지 않는다.

배변 훈련을 해야 하는 시기

- 자기 몸, 예컨대 신체 각 부위의 이름과 배설 기관의 이름을 알게 되었을 때
- 말을 제법 할 줄 알고 필요한 것을 요구할 수 있을 때
- 자기 몸의 기능을 알게 되어, 언제 배설하는 것인지 알고 기저귀가 더러워지면 갈아 달라고 할 때
- 두세 시간쯤 지나도 기저귀가 젖지 않고, 자고 일어났는데도 기저귀가 뽀송뽀송한 경우가 있을 때
- 부모나 손위 형제, 또래 친구를 따라 하는 것을 좋아할 때
- 부모를 기쁘게 해 주고 싶어서 협조적인 태도를 보이고, 간단한 지시 사항 정도는 따를 수 있을 때
- 신체가 균형 있게 발달해 달리기나 기어오르기를 잘하는 등 몸을 편하게 움직인다고 느껴질 때
- 부모가 자기에게 기대하는 바가 무엇인지 이해할 때
- 기저귀를 벗고 아기용 변기를 사용하기로 동의할 때

이 중에서 마지막 두 가지는 기본적으로 갖추어야 할 조건이다. 아이가 협조적으로 나올 마음이 있고 또 그만큼 준비가 되어 있으면 배변 훈련은 어렵지 않게 진행할 수 있다.

효과적인 배변 훈련 방법

이제 그만 기저귀를 떼어야겠다고 생각하고 아이를 변기에 앉히는 순간이 찾아온다. 다양한 배변 훈련 방법 중 효과가 입증된 몇 가지 비법을 소개한다.

- 아이가 어린이집이나 보육 시설에 다닌다면, 그곳에서도 집에서와 같은 방법으로 동시에 배변 훈련을 시작한다. 이때 되도록이면 같은 표현을 사용하는 것이 좋다.

- 아기용 변기를 살 때 아이가 마음에 드는 모델을 직접 고르게 한다. 그런 다음 아이가 원하는 만큼 변기에 익숙해지도록 한다.

- 일정한 시간마다 아기에게 변기를 사용할 것인지 물어보되, 억지로 변기에 앉으라고 다그치면 절대 안 된다. 또 변기에 앉히는 시간도 5분을 넘지 않아야 한다. 만약 아이가 변기에 앉기는 했지만 아무것도 하지 않았다면? 배변 훈련은 잠시 접어 둔다. 2주 동안 아무 일도 일어나지 않았다면 변기를 치운다. 아마 두세 달 뒤에 다시 꺼내게 될 것이다.

- 마침내 아이가 대소변 가리기에 성공했다면 부모가 얼마나 자랑스럽게 여기는지 표현하고 아이의 성공을 축하한다. 이런 일이 정기적으로 일어나면, 기저귀를 뗀 다음 아이를 데리고 아이 마음에

드는 속옷을 사러 간다.

- 배변 훈련 중에 아이가 '실수'하는 것은 어쩔 수 없는 일이다. 신속히 아이의 옷을 갈아입힌 다음, 여전히 아이를 믿는다고 이야기하면서 안심시키는 것이 부모로서 최선의 태도다. 단, 실수가 너무 잦다면 혹시 시기가 너무 일렀던 것은 아닌지 한 번 더 생각해 보아야 한다.

- 날씨가 따뜻하고 집 안 바닥이 조금 더러워져도 괜찮다면, 아이에게 짧은 반바지만 입히거나 맨엉덩이로 다니게 한다. 그러면 아이가 자기 몸에서 어떤 일이 일어나는지 더욱 쉽게 느낄 수 있어서 빨리 변기로 가서 앉을 수 있다.

배변 훈련 할 때 부모의 잘못된 행동

다음에 소개하는 몇 가지 잘못된 행동만 하지 않는다면 배변 훈련은 잘 진행될 것이고, 아이는 자기 성장 리듬에 따라 아주 자연스럽게 대소변을 가리게 될 것이다.

- 아이가 아직 대소변을 가리지 못할 너무 이른 시기부터 기대를 품어서는 안 된다. 이는 고통스러운 실패를 맛보는 상황으로 아이를 몰아넣는 행위다. 아이는 부모를 기쁘게 해 주고 싶지만, 자기 능력이 거기에 못 미친다고 느끼게 된다. 원래 대소변을 가리는 나이는 정해져 있는 것이 아니라 아이에 따라 다르다. 당사자인 아이 자신만이 그때가 언제인지 알 수 있다.

- 아이에게 강한 압력을 가해, 억지로 변기에 앉히면 안 된다. 이 문

제로 아이와 갈등 상황을 만들지 않는 것이 바람직하다. 대소변을 가리는 문제는 아이의 협조 없이 부모의 힘만으로는 절대로 승리할 수 없는 전쟁이다. 게다가 어른들의 기대가 너무 크다는 것을 아이가 느끼면, 이 상황을 이용해서 주변 사람들을 좌지우지하고 지속적으로 관심을 끌려고 할 수도 있다.

• 아이를 변기 위에 5분 이상 앉혀 두거나, 아이가 변기에 앉은 채 장난감이나 책을 가지고 놀지 않도록 한다. 아이는 배변을 하고 싶을 수도 있고, 하고 싶지 않을 수도 있다. 분명한 것은 화장실은 결코 놀이방이 아니라는 사실이다.

• 이사나 출산처럼 가족에게 큰 변화가 있을 때 배변 훈련을 시작하면 안 된다. 배변 훈련은 아이의 마음을 움직여서 협조를 얻어 내야 하기 때문에, 아이가 정서적으로 차분한 시기에 시작하는 것이 좋다.

• 바지에 멜빵이 달리거나 앞트임에 지퍼 대신 단추가 달린 바지 등 벗기 힘든 옷은 방해가 된다. 입고 벗기 간편한 옷을 입히면 아이 스스로 대소변을 가리는 데 도움이 된다. 마렵다고 느끼면 일사천리로 아이가 해결할 수 있어야 하기 때문이다.

• 아이가 실수했을 때 벌을 주거나, 야단치거나, 조롱해서는 안 된다. 아이는 부모의 반응에 매우 민감해서, 부모가 불만이나 실망감을 드러내거나 참을성 없는 모습을 보이면 금세 의기소침해진다. 마찬가지로 아이가 변기에서 용변에 성공했다 해서 마치 기적이라도 일어난 것처럼 호들갑을 떨 필요도 없다. 이는 아이가 크면 할

수 있는 정상적인 일 그 이상도 이하도 아니다. 이때 아이에게 필요한 것은 그저 격려와 지원뿐이며, 아이가 자라는 것을 보면서 자랑스러워하는 부모의 마음만 전달하면 된다.

엄마의 조급증이 불러오는 문제

오늘날 우리 사회는 어린 나이부터 능력과 경쟁 위주로 흘러가고 있다. 그래서 조숙함을 마치 미덕인 것처럼 여긴다. 물론 우리 할머니 세대에는 천 기저귀를 빠는 것이 워낙 고된 노동이었기에, 가능하면 기저귀를 빨리 떼게 하려고 했다.

하지만 아이러니하게도 예전보다 기저귀가 뽀송뽀송해졌는데도 우리는 남들보다 먼저, 아주 어렸을 때부터 아이가 대소변을 가리기를 바란다. 마치 배변 훈련을 성장의 출발을 알리는 신호로 생각하는 것 같다. 게다가 우리 아이와 월령이 같은 옆집 아이가 벌써 석 달 전부터 변기를 사용한다는 이야기를 들으면 조바심이 앞선다. 여기서 우리가 간과하는 사실이 하나 있다. 대소변 가리는 것에 신경을 쓰지 않는 아이는 그 대신에 다른 것, 다시 말해 신체 능력이 발달하거나 지능 훈련에 몰두한다는 점이다.

26

씻는 것을 좋아하게 하려면
어떻게 하면 될까요?

대부분의 아이에게 목욕 시간은 행복한 시간입니다. 하지만 씻는 것이 질색인 아이들도 있어요. 아이를 씻기는 일이 전쟁을 방불케 하는 경우, 이 시간을 즐거운 시간으로 만드는 방법이 없을까요?

재미있게 하던 놀이를 멈추어야 하고, 옷을 홀딱 벗어서 춥고, 몸이 다 젖고, 비누 때문에 눈이 따가워질 수도 있다. 그래서 어떤 아이들은 씻는 것을 끔찍하게 여긴다. 여러분의 아이가 그런 경우라면, 저녁마다 아이와 싸우지 않는 것부터 시작하라. 하루쯤 씻지 않았다고 하늘이 무너지는 것도 아니다. 또 비누를 쓰지 않더라도 거품 목욕을 하면 아이는 그 안에서 15분간 놀면서 이미 다 씻은 셈이다. 꼭 필요한 게 아니라면 갈등은 피하도록 하자.

놀이처럼 씻게 하는 방법

세심하게 행동하는 것이 좋다. 세 살짜리 토마와 다섯 살 트리스탕의 엄마 로랑스는 식사 전에 아이들이 손을 씻게 하려고 애썼으나 뜻대로 되지 않았다. 억지로 시켜도 아무 소용이 없어서 로랑스는 다른 식으로 문제에 접근하기로 마음먹었다.

- 큰아이한테는 깨끗하게 하면 '보상'을 준다. 가령 아이가 손을 씻고 오면 디저트 먹을 때 아이가 원하는 맛의 요구르트를 고를 수 있게 허락하는 식이다.
- 작은아이에게는 아주 순한 주방 세제를 조금 주고 아이의 장난감이나 컵을 직접 씻게 한다. 그러면 아이는 재미있게 놀이하듯 씻고, 그러는 사이 저절로 손도 깨끗해진다.

소품 활용하는 방법

욕실을 이용할 때도 유연하게 대처하자. 부모가 미리 재미있는 소품을 비치해두고, 씻을 때 활용하면 훨씬 수월하게 씻길 수 있다.

- 아이가 스스로 비누칠을 하게 만들고 싶다면? 아이가 좋아하는 캐릭터를 본뜬 샤워 장갑이나 귀여운 동물이나 과일 모양 스펀지를 이용하면 된다.
- 거북이 모양의 비누나 사과 모양 용기에 들어 있는 액체 비누를 준비해 놓으면 아이는 훨씬 적극적으로 비누를 사용한다. 다만 샴푸나 비누가 눈에 따가우면 안 된다.
- 풍선껌 향이 나는 비누와 갖가지 색깔이 나는 거품 비누 중 아이가

좋아하는 것을 골라 욕조에 넣어 주면 즐거운 목욕 시간이 된다.

자발적으로 씻게 하는 방법

아이들에게는 깨끗해지기 위해 씻는 것이 그렇게 중요한 일이 아니다. 따라서 씻는 시간이 즐겁다면 아이들은 자발적으로 씻으려 할 것이다. 그러려면 적당한 온도의 따뜻한 물과 미끄럼 방지용 욕조 매트, 욕실용 소형 라디에이터가 필요하다. 틀고 잠그기 편한 수도꼭지와 세면대 발판 같은 구체적인 부분까지 세심하게 신경을 써서 아이가 스스로 씻을 수 있게 해 준다면 분명 좋아할 것이다.

아이들이 특히 힘들어하는 부분을 훈련시켜야 한다. 아침에 일어났을 때나 식사 전에 아이와 함께 손 씻고 양치하고 세수를 하자. 부모가 시범을 보이는 것은 의외로 결정적인 영향을 미친다.

습관을 들이는 방법

아주 일찍부터 몸에 밴 일은 반발 없이 자동으로 하게 될 가능성이 크다. 만약 여러분의 여덟 살짜리 큰아이가 태어났을 때부터 목욕하는 습관을 갖고 매일 저녁 목욕하는 것을 즐거움으로 여긴다면, 이 아이가 어느 날 갑자기 목욕하지 않겠다고 할 가능성은 거의 없다. 욕조에서 어떻게 해야 하고 몸 어디 어디를 꼭 씻어야 한다고 가르쳐 주었다면 세 살부터는 아이 혼자서도 욕조에 들어가 씻을 수 있다. 그렇다고 욕실에 세 살짜리 아이만 혼자 남겨 놓고 나와서 집안일을 해도 된다는 말은 아니다. 다섯 살부터는 여러분이 물만 조절해 주면 아이 혼자 샤

워도 할 수 있다.

그렇게 몇 해가 지나면 저녁에 씻는 것 자체가 하나의 규칙이 되어 씻는 일로 더 이상 아웅다웅하지 않을 것이다. 가령 "와, 너한테서 좋은 냄새가 나는데! 몸에서 좋은 냄새가 나니 얼마나 기분이 좋을까!" 같은 코멘트를 해 준다. 그래도 아이가 여전히 씻기 싫어하는가? 그렇다면 잠자기 전에 아이가 좋아하는 TV 프로그램을 보려면 씻은 다음 잠옷으로 갈아입어야만 볼 수 있다고 단호하게 설명하라.

양치질하는 법 가르치기

• 아이에게 음악이 나오는 칫솔과 딸기향 치약, 곰돌이 모양의 양치컵을 주면 이 닦기가 하나의 놀이가 된다.

• 양치하는 시간이 너무 짧은 것 같으면, 스톱워치를 2분으로 맞추어 놓거나 모래시계를 사용한다. 모래시계의 모래가 다 내려왔을 때 칫솔질을 끝내라고 가르치면 된다.

• 아이가 이를 닦은 후에 혀로 치아를 훑게 해서 얼마나 깨끗하고 반짝거리게 되었는지 직접 느끼게 해 준다.

• 아주 어렸을 적부터 다음과 같은 규칙을 정해 철저히 지키게 한다. "이를 닦기 전에는 절대로 잠자리에 들지 않고, 양치한 후에는 잠자기 전에 물 말고는 아무것도 입에 넣지 않는다".

스스로 씻을 수 있게 도와주기

자녀가 이를 닦을 때나 머리를 빗을 때 거울을 볼 수 있을 만큼 키가 자라지 않았거나, 세면대의 수도꼭지에 손이 닿지 않는다면, 아이를 위해 발판을 사 준다. 아니면 커다란 전화번호부 여러 개를 모아 여러분이 직접 발판을 만들어도 된다. 전화번호부를 두꺼운 테이프로 여러 번 둘러서 붙이고 두꺼운 공예 용지나 쓰다 남은 벽지, 방수포 등으로 알록달록하게 포장해 준다.

27

혼자서 옷 입는 법을
어떻게 가르칠까요?

아이에게 옷을 입히려다가 큰소리를 내는 경우가 종종 생기죠. 서두르는
부모와는 달리 아이는 꿈지럭대고, 다른 옷을 입겠다며 떼를 쓰기 때문이
지요. 아이가 빨리 혼자서 옷을 입게 되면 좋으련만.

매일 아침 두 살배기 막상스에게 옷을 입힐 때마다 같은 장면이 연출
된다. 바닥에 데굴데굴 구르고, 몸을 비비 틀고, 한겨울인데도 파란색
반바지만 고집하고, 신발을 숨기는 장난을 하는 것이다. 엄마는 발길
질을 해대는 막상스에게 엉덩이를 때려 준다고 큰 소리로 겁을 주면서
억지로 옷을 입힌다. 마침내 옷은 다 입혔지만 엄마는 벌써 녹초가 됐
다. 엄마나 아이나 온통 짜증을 부리고 화를 내느라 하루의 시작이 엉
망이 됐다.

이제 막상스에게 혼자서 옷 입는 법을 가르쳐야 할 때다. 아이가 스
스로 옷을 입기 시작하면 아이와 대립하고 싸울 거리도 그만큼 줄어든

다. 더군다나 옷 입는 시간이 유쾌하면 아이는 싫다고 거부하는 일 없이 적극적으로 따라 줄 것이다.

옷 입는 시간을 즐겁게 하기

부모는 자녀가 어디까지 혼자서 할 수 있는지 잘 알고 있어야 한다. 그런 다음 아이가 할 줄 모르는 나머지 부분은 스트레스 지수가 높은 아침 시간을 피해 가르쳐 주어야 한다. 아이의 연령에 따라 참고할 만한 기준은 다음과 같다.

- 두 살이면, 조끼나 스웨터를 벗을 수 있고, 단추를 풀어 주면 반바지와 긴 바지를 내릴 수 있다.
- 세 살이면, 골라 준 옷을 혼자서 입을 수 있다.
- 세 살 반이면, 단추를 채울 줄 안다.
- 이후 일 년이 지나면, 신발 끈 묶는 것을 빼고 다 할 수 있다.

아기 때부터 옷을 입고 벗는 시간이 즐겁게 느껴지도록 해 주면 아이가 훨씬 더 쉽게 스스로 하는 법을 익힐 수 있다. 아이의 연령에 따라 옷을 갈아입는 동안 대화를 하거나, 노래를 불러 주거나, 장난감이나 책을 손에 쥐여 주어라. 옷 갈아입기 노래를 직접 만들어 부르거나, 즐거운 동요를 틀어 주어도 좋다. 그러면 아이의 머릿속에 옷을 갈아입는 시간이 고역이 아니라 유쾌한 시간으로 각인될 것이다.

옷 갈아입는 법 가르치기

아이가 수월하게 옷을 갈아입을 수 있도록 입고 벗기 편한, 단순하고 적당한 옷을 골라 주어야 한다. 예를 들어 잘 늘어나는 바지나 치마, 끈 없는 운동화, 찍찍이 신발 같은 것이 좋다. 아이가 이런 종류의 옷을 잘 다루게 되면 이보다 좀 더 복잡한 옷으로 한 단계 높인다.

옷을 입고 벗는 법을 구체적으로 가르친다. 먼저 부모가 시범을 보인 다음, 아이가 간단한 아기 옷을 인형에 입히게 해서 연습시킨다. 시중에 이런 용도로 개발된 인형도 나와 있으니 활용해도 좋다.

아이에게 옷 입는 법을 가르치는 또 다른 방법은 아침에 옷을 입을 때 부모와 같이 입는 것이다. 그러면 부모가 옷의 이름이나 그 옷을 입는 의미를 알려 줄 수도 있고, 아이가 단추를 채우는 것을 도와줄 수도 있다. 또 부모도 같이 옷을 입으니까 시간을 낭비하지 않아도 된다.

아이들의 조그만 손은 서툴 수밖에 없으니 너무 안달하지 말고 아이 솜씨가 늘 때마다 아낌없이 칭찬해 준다.

스스로 옷 입게 하는 방법

아래에 소개하는 요령을 참고하면 부모의 생활이 훨씬 단순해지고 아이들이 빨리 자립할 수 있다.

- 아이가 내일 입을 옷을 전날 저녁에 같이 골라서 바닥에 옷 입는 모양대로 배치해 본다.
- 구두와 운동화의 안쪽 면에 유성펜으로 점을 찍어 표시해 놓는다. 아이가 신발을 신기 전에 두 점이 나란해지도록 신발을 놓게 가르 친다.
- 바지나 티셔츠, 스웨터의 뒤쪽에도 점을 찍어 표시해 두면 '앞뒤를

뒤집어 입는 실수'를 피할 수 있다.

- 아이가 혼자서 옷 입기를 바란다면 부모가 대신 입혀 주지 말아야 한다. 아이의 옷 입는 속도는 부모보다 훨씬 느리므로 일찍 깨워서 옷 입을 시간을 넉넉히 준다. 이때 5분마다 재촉하고 급하게 서두르지 말자. 이렇게 하면 아이는 자기의 속도대로 옷을 입다가 멈추고 시간을 끌려 하거나 스스로 입으려는 노력 자체를 그만두게 된다.

- 아침에 바쁜 시간에는 게임하듯 옷을 입혀 보는 것은 어떨까! "엄마가 단추 하나 채워 주면 네가 그다음 걸 채우고, 엄마가 한쪽 소매에 팔을 넣어 주면 다른 소매에는 네가 넣는 거야".

스스로 하게 기다려 주기

모든 아이에게는 자기 혼자서 하겠다고 고집하는 시기가 찾아온다. 이 시기의 아이는 자기가 먹을 때 부모가 옆에서 숟가락을 건드리면 참지 못한다. 또한 몇 분 동안 끙끙대더라도 부모의 도움 없이 혼자서 운동화를 신고 싶어 한다. 그러므로 이 시기에는 아이가 어떤 난관에 부딪히더라도 부모가 눈을 딱 감고 있어야 한다.

아이가 적극적으로 자립하겠다고 요구하는데 그걸 충족해 주지 않으면 앞으로 아이가 자신감을 형성하는 데 위험 요소가 될 수 있다. 아이는 스스로의 능력을 확인하고 자기가 성장하는 것을 부모로부터 인정받고 싶어 한다. 이를 무시하면 자칫 아이가 혼자서 하겠다는 욕구를 잃을 수도 있다.

스스로 입을 옷 고르게 하기

여러분이 골라 준 옷을 아이가 입지 않겠다고 늘 거부한다면, 매일 갈등 상황을 반복하는 것보다는 꾀를 내는 편이 낫다. 가령 아이에게 자기가 입을 옷을 고를 선택권을 주고 동의를 얻는 식이다. 다만 완전히 자유로운 선택권을 주는 것이 아니라 두 가지 옷 중에서 마음에 드는 것을 하나 고르게 한다. "어떤 바지가 입고 싶니?"가 아니라 "파란색 바지가 좋니, 초록색 바지가 좋니? 네 마음에 드는 걸로 정하렴".

이런 방식은 요구르트 맛을 고를 때나 인형을 고를 때도 활용할 수 있다. "딸기 맛과 파인애플 맛 중 어느 것이 더 좋니?", "누구를 데리고 가면 좋겠니? 토끼 인형, 아니면 곰돌이?"

이렇게 하면 아이는 결정한 사람이 자기라고 굳게 믿고 선택한 일에 반대하지 않게 된다.

단, 이런 꾀가 통하는 것은 잠시뿐이다. 얼마 지나지 않아 아이는 이런 꾀를 넘어설 만큼 영특해지기 때문이다. 그래도 아직 몇 달 정도는 활용할 수 있으니 다행이다!

28

오열성 경련을 일으키면
어떻게 해야 하나요?

"어느 날 아이가 화를 내더니 갑자기 경련을 일으켰어요. 그런 일이 처음 인지라 저희 부부는 너무나 당황했어요. 눈앞에서 아이가 호흡을 멈추고 얼굴이 새파래지면서 기절하는 것을 보니 얼마나 놀랐겠어요. 다행히 금 세 아이의 의식이 돌아왔고 응급 신고를 받고 달려온 의사 선생님도 괜찮 다고 해서 안심할 수 있었지요." — 어느 아빠로부터.

오열성 경련은 몇 초 정도 잠시 의식을 잃는 것을 말한다. 하지만 그 몇 초가 무척 길게 느껴진다. 이는 그리 심한 증상은 아니지만 보는 사 람에게는 심한 충격으로 다가온다. 비록 오열성 경련이 의학적으로는 아무 문제가 되지 않지만 그래도 이상 반응인 것은 분명하므로 여기서 간단히 설명하겠다.

경련이 발생하는 시기와 이유

가장 빈번하게 발생하는 연령대는 생후 18개월에서 24개월 사이지만, 생후 6개월 무렵부터 발생하는 경우도 드물지 않다. 남녀 구별 없이 전체 유아의 5퍼센트가량이 오열성 경련을 일으킨다고 하니 상대적으로 흔히 발생한다고 볼 수 있다. 그렇다면 이 경련은 무엇에 대한 반응일까? 바로 격심한 감정, 당황, 분노, 욕구불만, 자질구레한 사고에 대해 반응하는 것이다.

경련이 일으키는 증세

가장 흔한 형태는 '안색이 파래지는 것'이다. 울음이나 화가 폭발할 경우 아이는 딸꾹질을 시작하면서 호흡을 잃는다. 일시적 호흡 정지가 일어나고 얼굴이 파래지는 청색증을 보인 다음 의식을 잃는다. 경련을 멈추면 호흡은 다시 정상으로 돌아온다. 아이는 잠깐 안색이 하얘지고 기력을 상실한 채 동공은 허공을 바라보면서 축 늘어져 있다. 그런 다음 모든 것이 다시 정상으로 돌아온다.

경련이 반복되는 원인

진짜 오열성 경련이라면 그 원인은 심리적인 데 있다. 의학적으로 봤을 때 오열성 경련은 절대 심각한 문제가 아니며 후유증을 남기는 경우도 없다.

하지만 심리적 측면에서는 이야기가 다르다. 일반적으로 첫 경련은 우연히 발생한다. 아이가 난관에 부딪혔거나 엄청나게 화가 났을 경우에 일어난다. 바로 이때 주변 사람들이 보이는 반응에 따라 이후의 일이 결정된다. 부모가 곧바로 두려워하고 염려하는 모습을 보이면 아이는 이를 놓치지 않는다. 부모의 이 같은 반응이 아이가 오열성 경련을 거듭 일으키게 하는 원인이 되는 것이다.

마음의 준비가 되지 않은 부모가 아이의 이런 모습을 목격한다면 무척 놀라는 것이 당연하다. 어떤 부모들은 경련이 다시 일어날까 봐 아이를 과잉보호하게 되어 그때부터 아이의 요구 사항을 거절하지 못한다. 그 결과 아이는 독재자처럼 행동하면서 자신이 원하는 것을 얻기 위해 부모가 걱정하는 마음을 이용한다.

아이의 경련에 대처하는 방법

발작이 일어났을 때 냉정을 유지하는 것이 중요하다. 즉, 어떤 시점에서 여러분이 겁을 먹었는지 아이가 눈치채지 못하게 하는 것이다.

이때 아이를 바닥에 눕히면 금세 안색을 회복한다. 또는 아이의 얼굴 위로 천천히 숨을 불어서 아이가 다시 숨을 쉬도록 한다. 뭐니 뭐니 해도 가장 좋은 방법은 발작이 일어날 것 같으면, 즉 욕구불만에 따른 엄청난 분노가 느껴지면 바로 방에서 나가는 것이다. 경련은 보는 사람이 없으면 짧게 끝나기 때문이다.

만약 부모가 보기에 증상이 심각하지 않고 아이가 원하는 것을 얻는 데 이를 이용하려 든다면 더 이상 놀랄 필요가 없다. 부모가 냉정을 유지하면 경련도 자연스럽게 멈춘다. 실제로 아이들은 관심을 끌고 싶은 사람과 함께 있을 때, 오열성 경련을 자주 일으킨다.

경련을 일으킨 원인 찾기

오열성 경련은 의학적으로는 아무런 영향도 미치지 않는 정신적, 신체적 반응이다. 그렇다 해도 처음 발작을 일으키면 일단 병원을 찾아 진찰을 받을 필요가 있다. 그래야 발작을 야기한 원인이 무엇인지 파악할 수 있기 때문이다. 경련은 그 자체는 경미한 증상이지만 먹지 않겠다고 고집 부리기, 부모의 수면 방해 같은 다른 문제들과 지속적으로 결부된다. 따라서 상황을 명확하게 정리하기가 힘들어 교육적 측면에서 어려움을 낳을 수 있다.

이때는 한 걸음 뒤로 물러서서 아이가 이런 식으로 관심을 끄는 이유가 무엇인지 생각해 볼 필요가 있다. 혹시 아이 주변에 지나치게 걱정하는 분위기가 팽배한 것은 아닌가? 아이가 부모와 갈등을 빚더라도 부모의 사랑을 의심하지 않을 만큼 서로 신뢰하는 관계인가? 개방적이면서도 단호한 훈육이 이루어지고 있는가? 아니면 부모가 자녀에게 무기력하게 끌려다니는 것은 아닌가? 오열성 경련이 계속 반복될 경우, 이런 점들에 대해 자문해 보는 것이 좋다.

일단 발작이 지나간 다음, 아이에게 훈계하면서 앞으로는 봐주지 않을 것이라고 압박하거나 빈정대면 안 된다. 경련은 아이가 '거짓으로 꾸민' 일이 아니며, '고의로' 의식을 잃는 것도 아니기 때문이다. 실제로 아이는 자기의 '감정 조작' 메커니즘이 어떻게 진행되는지 전혀 모른다.

그렇다고 아이가 독재자처럼 군림하게 내버려 두라는 말은 아니다. 아이가 격한 반응을 보일까 봐 두려운 마음에 쉽사리 아이를 혼내거나 벌을 주지 못하는 부모가 많다. 아이는 부모의 이런 망설임이나 이면에 숨어 있는 죄책감을 금세 감지하고 이를 이용한다. 그 결과 시도 때도 없이 '장난'을 해서 결국 부모를 두 손 두 발 다 들게 만든다.

29

항상 '싫다'고만 하는데
왜 그런 거죠?

와서 씻을래? 싫어요. 밖에 나가서 산책할까? 싫어요. 과자 먹을래? 싫어
요. 말은 그렇게 하지만 아이는 냉큼 과자를 집어 들고 맛있게 먹지요. 귀
여웠던 우리 아이에게 도대체 무슨 일이 생긴 걸까요?

생후 18개월 정도 되면 아이를 양육하면서 겪게 되는 많은 어려움
중 첫 번째 시련이 몇 주 또는 몇 달 동안 찾아온다. 일시적이긴 하지만
고통스러운 시련이므로 인내심과 이해심 그리고 단호함이 두루 필요
하다. 그런데 힘든 시기에 항상 균형 잡힌 태도를 유지하기란 쉬운 일
이 아니다. 아이가 싫다고 했을 때 여러분도 '안 돼'라고 맞불을 놓으면
갈등이 폭발하고 만다. 부모가 참지 못해 신경질적인 반응을 보이면 아
이는 부모를 계속 밀어붙여서 끝끝내 화나게 만든다.
　그러면 어떻게 해야 할까? 무엇보다도 먼저 아이를 이해해야 한다.

왜 '싫다'고 말할까

생후 18개월이 되면 아이는 자아와 정체성에 대해 훨씬 더 분명하게 인식하기 시작한다. 그래서 자기에게도 고유한 의지가 있고 개인적인 의견이 있다는 사실을 사람들에게 알리고 싶어 한다. 반항하는 것은 자기 위치를 확인하고 자기 존재를 서툴게 표현하는 방법이다. 이때는 매사에 '싫다'고 말하지만 언제나 진심으로 거부하는 것은 아니다. 그래서 말로는 거부하면서도 부모가 하라고 하는 일을 자발적으로 하기도 한다. 즉, 이것은 "내가 그렇게 하는 것은 내가 원하기 때문이지, 누가 하라고 시켜서가 아니야. 나도 나만의 의지가 있어"라고 말하는 아이만의 방식인 것이다. 다시 말해, 부모로부터 독립적으로 존재한다는 것을 보여 주는 한 방법이다.

반항적인 행동을 하는 이유

반항기의 두 번째 단계에 접어들면 아이는 말로만 반항하는 단계를 넘어선다. 즉, 행동으로도 반항하기 시작해서 필요하다면 힘으로 맞서기도 한다. 아침 8시, 출근 준비로 바쁜 와중에도 벌거벗은 채 집 안을 뛰어다니는 두 살짜리 아이에게 옷을 입히려고 애먹은 적이 있는가? 그렇다면 이 말이 무슨 의미인지 잘 알 것이다. 필자가 아는 아이 중에 아가트라는 꼬마는 주로 길거리나 슈퍼마켓 같은 공공장소에서 반항심을 폭발시킨다. 이렇듯 아이들은 자기의 고유한 개성을 발휘하고 싶은 욕구가 강하지만, 스스로를 통제할 능력이 없어서 한순간에 분노로 가득 찬 통제 불능의 괴물로 변한다.

여러분이 참고할 만한 방법을 몇 가지 소개한다.

- 매우 어렵겠지만 새로운 개성의 탄생과 표현을 깊이 존중하도록 노력하라. 여러분이 권위적이지 않고 유연한 태도로 나선다면 이 위기는 금세 지나갈 것이다.

- 아이는 확실한 신념을 지닌 단호한 어른을 원한다. 근본적인 사항에 대해서는 타협하지 않는 모습을 보여야 하므로, 반드시 금지해야 하는 것만 제한하는 것이 좋다. 그 밖의 것들에 대해서는 유연한 태도로 아이와 협상하라.

- 공개적인 장소에서 아이의 체면을 깎거나 묵사발로 만들어서는 안 된다. 어떤 경우든 누구도 패자가 되지 않는 해결 방법을 찾아야 한다. 예를 들면 이런 식이다. "그래, 이 막대 사탕을 먹고 싶은 마음은 잘 알겠어. 정말 맛있어 보이는구나. 하지만 나중에 밥 먹고 나서 주도록 할게" 또는 "목욕 때문에 하던 놀이를 그만두고 싶지 않은 모양이구나. 그 마음 이해해. 그럼 알람을 10분 후로 맞춰 놓을 테니까 알람 소리가 나면 오도록 해라".

- 아이가 아주 어린 경우라면 말로 왈가왈부할 필요가 없다. 아이의 손을 부드럽게 잡고 이야기를 나누면서 식탁이나 욕실 등 여러분이 원하는 장소로 아이를 데리고 간다.

왜 '안 돼'라고 말할까

아이가 '안 돼'라는 말을 한다면, 그것은 아이의 귀에 그 말이 무척 자주 들렸다는 뜻이다. 탐험기에 들어서면서 아이는 금지와 거부의 말을 많이 듣게 된다. 이때 어른들이 했던 '안 돼'라는 말은 아이가 하던 일을 멈추게 만드는 힘이 있었다. 바로 그 말을 이번에는 아이가 재생산하는 것이다.

같은 이치로 부모가 긍정적인 표현을 사용하면 자녀도 그것을 모방한다. 따라서 "안 돼, 욕조 밖으로 물을 뿌리지 마"라고 하기보다는 "그렇게 물을 뿌리면 참 재미있기는 하겠지만, 엄마는 물을 다 닦아 내야 하거든. 그러니까 그만 뿌렸으면 좋겠어"라고 한다.

어떤 경우에도 부모는 유연한 자세로 인내심을 가지고 차분하고 결연한 어조로 말해야 한다. 그러다 보면 아마 몇 달 안에 문제가 다 해결될 것이다.

절대적으로 금지할 사항 가르치는 법

반항기에 유난히 힘들게 하는 아이들이 있다. 이럴 경우 부모는 그만 포기하고 싶은 마음이 들기도 한다. 유연한 태도를 보이며 모든 상황이 갈등 관계로 치닫지 않게 하는 것은 분명 훌륭한 일이다. 위기를 넘기면 평화를 얻을 것이다. 그러나 아이들은 부모의 의지에 따라 자기 욕구를 접는 것도 배워야 한다. 특히 아이의 안전이 걸린 문제일 경우가 그렇다. 길을 건널 때 손을 잡아야 한다거나, 전자 기기를 가지고 장난하면 안 된다는 것은 아이의 의견을 물어볼 필요가 없는 문제다.

아이에게 위험하다는 것이 무엇인지 그 개념을 설명해 주고, 위험으로부터 아이를 보호한다는 것이 어떤 의미인지 알려 준다. 그런 다음에는 더 이상 두말할 필요가 없다.

한 어머니의 말에 따르면, 아이를 양육할 때 따르는 금지에는 '작은 금지 사항'과 '큰 금지 사항'이 있다고 한다. '작은' 금지 사항은 협상이 가능한 것을 말한다. 반면 '큰' 금지 사항은 주로 위험해서 금지하는 것들이라, 설혹 아이가 이해하지 못해서 불만을 표현하더라도 그냥 그 자체로 지켜야 한다.

반항아를 대하는 방법

- **'안 돼'라는 말을 너무 자주 사용하지 마라**
  정도가 지나치면 아이는 틈만 나면 이 말을 반복하려 들 것이다. 아이가 말썽을 피우려고 할 때 손뼉을 쳐서 멈추게 하는 것도 좋은 방법이다.

- **구태여 아이의 의견을 묻지 마라**
  두 살짜리 아이에게 목욕하고 싶은지 의견을 물을 필요는 없다. 묻는다면 분명 '싫다'는 답이 돌아올 것이다. 그 대신, 명랑하고 확신에 찬 목소리로 "자, 이제 목욕할 시간이네. 어서 와. 재미있을 거야!"라고 한다.

- **유머 감각을 활용하라**
  아이가 유머나 수준 높은 농담을 좋아한다면? 그런데 그런 아이가 무조건 반항한다면? 반어법으로 이렇게 말해 보기 바란다. "오늘 저녁에는 양치를 못 하게 할 거야. 웃는 것도 절대 금지야."

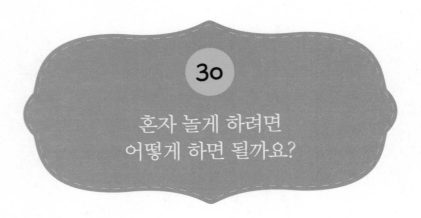

30

혼자 놀게 하려면
어떻게 하면 될까요?

세 살짜리 로망은 옆에서 누가 도와주려고 하면 큰 소리로 단호하게 "나 혼자 할래요"라고 해요. 하지만 말만 그렇지, 여전히 어른들에게 많이 의존하지요. 그래서 로망의 부모는 혼자 하겠다는 아이의 요구에 늘 시달려요. 아이의 자립을 더 유도하고 싶지만, 그러면서도 아이를 밀어내거나 힘들게 하고 싶지는 않은 게 부모의 마음이지요.

영아기 아이들에게는 같이 놀 어른이 필요하다. 하지만 어른과 함께 보내는 시간 외에 자기만의 시간도 필요하다. 특히 꿈꾸고, 만들어 내고, 창작하는 자기만의 시간은 반드시 필요하다.

새로 습득한 능력을 연습하고 자기 것으로 만들려면, 그리고 낮에 경험한 것을 반복하고 의미를 부여하려면 혼자 지내는 시간이 반드시 필요하다. 그러나 부모가 언제나 함께하면서 개입해 주기를 바라는 아이들도 있다. 이런 아이들은 혼자 놀지 못해서 부모를 힘들게 한다.

혼자 놀기 힘들어하는 이유

아이가 부모를 보는 시간이 충분하지 않다고 느낄 때　부모와 함께하는 시간과 같이 노는 시간이 부족하다고 느끼는 아이는 부모가 곁에 있을 때 모든 활동에 부모가 개입해 주기를 바라는 경향이 있다. 사실 '충분하다'라는 말은 정확하게 어느 정도인지 딱 잘라 말하기가 어렵다. 아이마다 욕구가 다 다르기 때문이다. 핵심은 아이가 충분히 사랑받고 관심을 받는다고 느껴야 한다는 것이다. 또한 아이가 필요로 할 때 부모가 항상 옆에 있다는 확신을 줄 수 있어야 한다.

습관 부족　아이가 혼자서 놀 줄 모르는 또 다른 이유는 아이의 생활 방식에 있다. 어린이집 또는 보육 기관과 유치원을 연이어 다닌 아이는 함께 놀아 줄 사람이 항상 옆에 있는 상황에 익숙하다. 또 단체 생활을 할 경우, 모든 활동이 그룹으로 진행되므로 온종일 어른 한 명과 또래 친구들이 함께 놀 수 있는 활동을 한다. 그러면 아이는 집에서도 여럿이 같이 놀기를 바란다.

불안감　힘든 시기를 보내는 아이들은 불안감 때문에 어른이 같이 있어 주기를 바란다. 하지만 아이에 대한 믿음이 있고, 응석을 받아 주지 않아도 아이를 안심시킬 수 있으면 이런 일시적인 상황은 쉽게 지나간다.

혼자 놀게 하는 방법

두 번째로 해야 할 일은 아이가 혼자서 놀게 하는 여러 방법 중에서 적절한 것들을 골라 적용하는 것이다.

- 예를 들어 잠자기 전 시간 등 하루에 한두 번 시간을 정해 놓고, 그 시간만큼은 아이에게만 관심을 쏟으며 함께 놀아 주어라. 이 약속을 규칙적으로 지키면 금세 일상적인 하루 일과로 자리 잡아 아이의 마음을 안정시킬 수 있다. 아이에게 이 시간은 부모와 함께하지 못했던 시간을 보충해 주는 매우 중요한 시간이므로 손꼽아 기다리게 된다.

- 아이가 원할 때 함께 놀아 주지 못할 형편이라면, 사정이 허락할 때까지 아이가 참을 수 있도록 가르쳐라. 이를테면 목욕을 한 다음에 놀기로 약속하거나, 타이머를 사용해서 시간을 정한다. 약속한 시간이 되었을 때 절대로 약속을 어겨서는 안 된다!

- 아이가 퍼즐 같은 장난감을 가지고 와 여러분 곁에서 놀게 하라. 부모가 적극적으로 같이 놀아 주지 않아도 그저 함께 있기만 하면 되는 경우도 많다. 부모가 곁에 있어서 마음이 놓인 아이는 여러분을 방해하지 않고 혼자서 오랫동안 놀 수 있다.

- 마찬가지로 여러분의 일에 방해가 되지 않는 선에서 아이 혼자 놀게 해도 좋다. 예를 들어 여러분이 식사 준비를 하는 동안 아이에게는 싱크대에서 인형을 목욕시켜 보라고 하거나, 여러분이 정원을 가꾸는 동안 아이는 숨겨 놓은 사탕을 찾는 '보물찾기' 놀이를 하게 한다.

아이는 점차 혼자 노는 것을 받아들이는데, 이는 성장하면서 아이의 독립심과 내면의 안정감이 전반적으로 강화된 덕분이다. 따라서 아이와 함께 놀이를 하면서도 가끔은 아이가 혼자 놀 수 있도록 유도하고 격려해야 한다. 그리고 아이가 혼자 놀 경우 아낌없이 칭찬해 준다.

혼자 놀 수 있도록 유도하기

자기만의 공간을 마련해 주어라　아이 방이 따로 없다면 아이가 다른 사람의 시선을 벗어나 편하게 지낼 수 있는 개인적인 공간을 마련해 준다. 이렇게 하면 아이는 뭔가를 생각하거나, 시늉을 하거나, 혼잣말을 하면서 혼자 잘 놀게 된다.

친구를 초대하라　대개 혼자 노는 것이 서툰 아이들은 어린이집이나 학교에서 다른 친구들과 잘 어울려 노는 편이다. 다만 아이들의 분위기가 항상 화기애애한 것은 아니므로 신경 써야 한다.

놀이 재료는 아이 손이 닿는 곳에 놓아두어라　아이가 블록이나 연필, 풀 등 창의성을 키워 주는 물건을 쉽게 사용하도록 근처에 둔다. 또한 장난감을 자유롭게 가지고 놀 수 있게 곳곳에 놓아둔다. 그러면 어른의 허락이나 개입 없이도 아이는 혼자서 언제든 새로운 놀이를 시작할 수 있다.

- 엄마에게 보여 주기 좋은 결과물이 나오는 장난감: 퍼즐, 집짓기 놀이, 색칠하기, 그림 그리기 등
- 모방 놀이나 발명 놀이: 인형 놀이, 소꿉장난, 모형 자동차 놀이 등. 이런 놀이는 오래 하다 보면 가끔씩 부모에게 잠깐 같이 하자고 하는 경우가 있다.
- 모형 집 놀이: 큼지막한 빈 상자 안이나 식탁보가 있는 식탁 아래에 들어가기
- 컴퓨터나 태블릿: 요즘에는 아직 글을 읽지 못하는 아이들을 위한 소프트웨어 중에도 유익한 것이 많아서 아이들이 장시간 혼자 놀 수 있다.
- 주의해야 할 것은 TV다. 아이들은 TV 앞에서 혼자서도 오랫동안 있을 수 있지만, TV는 장난감이 아니다. TV는 수동성을 조장하므로 남용하는 것은 피해야 한다.

31

하지 말라고 하는데도
왜 말을 듣지 않을까요?

"소파 위에서 그만 뛰라고 내가 백 번은 말하지 않았니?" 엄마가 이렇게
소리 지르자 옆에서 듣고 있던 할아버지가 중얼거렸어요. "아흔아홉 번은
쓸데없이 말했군".

아드리앙은 엄마가 씻으러 오라고 불러도 마치 귀머거리처럼 군다.
엄마가 한 번, 두 번, 세 번 불러도 꿈쩍도 않고 하던 놀이에 푹 빠져 있
다. 결국 짜증이 난 엄마는 소리를 지르고, 아이를 억지로 욕실로 데리
고 들어간다. 그런데 어찌 된 일인지 아이는 욕실에서 장난감을 가지고
놀기 시작하자 놀이에 빠져서 욕조 밖으로 나올 생각을 하지 않는다.
생후 18개월에서 네 살 사이의 자녀를 둔 모든 부모처럼 아드리앙의
엄마도 의아해할 뿐이다. "결국 이렇게 할 거면서, 왜 그랬을까요? 엄
마가 짜증을 내리란 걸 잘 알면서 말이에요! 저녁때마다 똑같은 일이
벌어져요. 제가 부를 때 바로 오면 저도 훨씬 부드럽게 대하고 같이 재

미있게 놀 수 있잖아요. 아이 때문에 저녁 시간을 다 망치게 돼요! 어떻게 보면 아이가 이런 상황을 즐기는 것 같아요".

어른 생각과 다르게 움직이는 아이들

자녀의 행동을 이해해 보겠다고 '만약 내가 아이 입장이었다면 어떤 태도를 보였을까' 같은 식으로 생각한다면 자기모순에 빠질 위험이 있다. 왜냐하면 아이들은 우리 어른들과는 다르기 때문이다. 그들은 어른들처럼 움직이지 않는다. 아이들이 행동하는 동기는 어른들과 다르며, 사고방식도 마찬가지다. 어른들은 뭔가를 설명할 때 논리적으로 한다. 그리고 그렇게 논리적으로 설명하는 것이 맞다. 하지만 아이가 논리적으로 생각하려면 아직도 몇 년은 더 있어야 한다. 부모가 두 살밖에 안 된 아이에게 어른처럼 행동하기를 기대한다면 그것만으로도 많은 문제가 생긴다. 두 살 때는 당장의 쾌락을 추구하면서 현재의 순간을 살지, 자기 행동이 가져올 결과까지 생각이 미치지 않기 때문이다.

어느 아빠가 필자에게 이런 말을 들려주었다. "제 아들하고 있으면 도저히 참을 수가 없어요. 위험하니까 전선을 가지고 놀면 안 된다고 열 번도 더 설명했지만 아이는 계속해요. 제 성질을 건드리려고 일부러 그러는 것 같아요. 어떻게 해야 아이가 말을 들을지 모르겠어요." 그러나 아이 입장에서는, 추상적인 위험 따위는 금지된 것을 가지고 노는 즐거움과 비교도 되지 않으며, 또한 그럴 때마다 아빠의 관심을 받는 즐거움에도 비할 바가 못 된다.

아이들의 행동을 유발하는 동기는 몇 가지 안 된다. 아이들 입장에서 생각해 보면 수많은 갈등의 원인을 훨씬 더 수월하게 파악할 수 있다.

아이에게는 부모의 관심이 필요하다　　아이는 부모가 관심을 기울여 주기를 바란다. 또는 부모가 보여 주는 관심의 정도를 가지고 부모의 사랑을 가늠하려고 한다. 그래서 착하게 굴면 혼자 조용히 가만히 있어야 하기 때문에, 시끄럽게 굴거나 말썽을 피우는 쪽을 택한다. 부모의 시선을 끌지 못하니 차라리 야단을 맞는 편이 낫다고 여기는 것이다. 아이에게 중요한 것은 어떤 방법으로든 자기가 상황을 지배하는 것이다. 따라서 아이들은 오로지 부모의 관심을 끌고, 부모가 하던 일을 방해하고, 부모의 화를 돋우기 위해 행동한다. 간단히 말해 그 모든 행동이 부모의 관심을 끌기 위한 것이다. 부모가 다른 일, 가령 독서나 전화 통화로 많이 바쁠수록 이런 경향은 분명하게 나타난다.

혼자 세상의 중심에 있다고 믿는다　　앞에서 언급한 그런 행동은 아이에게 형제나 자매가 있어서 이들도 똑같은 생각으로 같은 행동을 할 때 더욱 분명하게 나타난다. 사실 부모의 시간과 관심은 한정된 까닭에, 가장 강하게 요구하는 아이에게 돌아가기 마련이다. 아이는 부모가 자기에게 관심을 보이길 바라며, 더 나아가 그 관심이 온전히 자기한테만 집중되기를 원한다. 그뿐만 아니라 자기중심적이고, 소유욕이 강하고, 질투심이 많다. 아이는 마음 씀씀이가 그리 좋은 편이 아니다. 아니,

오히려 자기 혼자 모든 것을 차지하고 싶어 한다.

아이는 욕구불만에 대한 감수성이 높다　태어나서 몇 년 동안 아이는 자기의 욕구가 충족되지 않는 경험을 많이 한다. 그래서 점차 욕구불만이 쌓이게 된다. 자기는 멜빵바지를 입고 싶은데 엄마는 파란색 반바지를 입혀 준다. 자전거를 타고 싶은데 자꾸 균형을 잃고 넘어진다. 막대 사탕을 먹고 싶은데 안 된다고 한다. 블록을 잘 맞추려고 하는데 자꾸만 어긋난다. 아빠의 휴대전화로 전화를 하고 싶은데 아빠가 허락하지 않는다. 무엇보다 아이의 지능과 이에 따른 욕구는 아이의 운동 능력, 즉 아이가 할 수 있는 능력보다 앞서 있다. 아이에게는 이것이 가장 화가 나는 부분이다!

어떤 상황일 때 부모 말을 안 들을까

아이는 장난감 소방차나 다른 장난감, 부모가 안아 주는 것 등 원하는 모든 것을 그 즉시 얻고 싶어 한다. 바로 쾌감 원칙(될 수 있는 한 불쾌감을 피하고 쾌감을 추구하려는 무의식적 경향_옮긴이)이 작동하는 것이다. 그러다 보니 욕구와 현실 제약 사이의 간극 때문에 화를 많이 낸다. 그런데 어른이 되고 나서도 바로 이런 이유로 여전히 욕구불만을 느끼는 사람이 많다. 물론 어른들은 마트 바닥에 드러누워서 떼를 쓰지는 않지만 말이다.

형제자매 간의 질투　아이에게 가장 민감한 순간 중 하나는 동생이 태어났을 때다. 아이 입장에서는 우스꽝스럽게 생긴, 인형처럼 작은 친구가 생긴 것은 꽤 좋은 일이다. 하지만 다른 한편으로 부모와 온 가족의 관심과 연민이 동생에게 집중되는 것을 보면 질투와 경쟁심이 생긴다. 이때 부모가 큰아이에게 꾸준히 관심을 기울이는 것을 잊어버린다면 그야말로 난관에 봉착할 수 있다.

정곡을 찌르는 말　　엄마나 아빠의 관심을 100퍼센트 즉각 끌 수 있는 몇 가지 말들이 있다. "이제 아빠가 싫어", "엄마는 동생만 예뻐해" 이런 말을 해서 부모의 관심을 받는 데 성공하면 아이는 이런 말을 반복하거나, 더 나아가 이보다 더 강력한 발언을 하게 된다.

아이의 컨디션이 좋지 않을 때　　아이는 약간 아프거나, 이가 나거나, 열이 있으면 어른들이 바라는 것처럼 상냥하게 행동하지 않는다. 이사, 아이를 돌보는 방법의 변화, 동생의 출생 등 아이의 생활과 관련된 큰 사건이 일어나서 아이의 마음이 불안해지고 안정을 잃은 경우에도 그렇다. 감정 조절은 가장 배우기 힘든 것 중 하나다. 아마 몇 년 이상 시간이 걸릴 것이다. 따라서 '컨디션이 좋지 않은' 아이가 자기 관리를 잘하고 바르고 얌전하게 행동하기를 기대하는 것은 헛된 일이다.

아이가 단순히 피곤한 경우에도 마찬가지다. 피곤한 아이는 차분할 수가 없다. 피로를 이겨 내기 위해 긴장감, 욕구불만, 변덕 지수가 높아져서 신경질을 낸다. 즉 아이가 피곤할수록 지독한 반응이 나온다. 따라서 이런 점을 깨닫고 앞으로 문제가 될 위험이 다분한 상황은 미리 피하는 것이 좋다.

공격성은 대단히 중요한 에너지인데 때때로 신체 공격으로 이어지기도 한다. 이것은 아이들에게 흔히 나타나는 행동이어서, 오히려 공격성을 전혀 보이지 않는 아이가 문제가 있을 가능성이 더 크다. 공격성을 통제하는 법을 배우는 것은 사회화 과정의 중요한 부분이다. 아이가 공격성을 발휘해서 그 대가로 자기가 원하던 것을 얻으면, 이를 효과적인 방법이라고 여겨 공격성이 더욱 발달한다.

아이의 공격적인 행동을 감소시키려면 다음과 같이 한다.

- 일찌감치 감정적으로나 사회적으로 좋은 관계를 맺는다.
- 공격하는 자가 '승자'가 되도록 내버려 두지 말고, 아이에게 공격 이외에도 방법이 있음을 보여 준다.
- 아이에게 공격적인 행동을 하지 않는다.

32

아이가 왜 자꾸
징징거릴까요?

어떤 아이들은 만족스러워하는 법이 결코 없고, 어떤 일에도 찬성하지 않고, 제안을 해도 반항만 하고, 새로운 것은 회피해요. 몇 시간이고 투덜대다가 결국 분위기를 망치고 말지요. 반항하는 아이보다 징징거리는 아이가 더 힘들어요.

네 살배기 티모테의 엄마는 결국 두 손 다 들었다. 아이가 징징대기 시작한 지 벌써 세 시간이 넘었기 때문이다. 발단은 강낭콩 요리 때문이었다. 아마 파스타 종류가 먹고 싶었던 모양이다. 그런 다음에는 낮잠을 자기 싫었는지 엄마가 들어올 때까지 자기 방에서 계속 징징거렸다. 오후에는 산책이 문제였다. 땅바닥에 주저앉더니 한 발짝도 움직이려 들지 않는다. 너무 덥고 다리가 아프다는 것이다.

티모테가 불평을 시작하면 어찌나 사람 진을 빼는지, 엄마는 차라리 아이가 화를 내고 그것으로 깨끗하게 끝내는 편이 좋겠다고 이야기할 정도다. 하지만 엄마의 바람과는 달리 티모테는 자기를 표현하는 방법으로 화 말고 다른 방법을 선택한 모양이다.

징징거리는 다양한 이유

줄곧 투덜대는 아이들은 부모가 아무리 노력해도 절대로 행복해하지 않는다. 아이가 근심 걱정 없이 명랑했으면 하는 것이 부모 마음인데 말이다. 어떻게 하면 이런 아이들이 나아질 수 있을까? 가장 먼저 해야 할 일은 무슨 일이 벌어지고 있는지 파악하는 것이다.

힘든 시기지만 일시적인 경우　　명랑하던 아이가 불만이 많은 아이로 변했다면 아이가 지금 힘든 시간을 보내고 있다는 뜻이다. 이런 아이의 모습은 마치 관심과 동정을 받으려고 애쓰는 아기와 같다. 집에서 혹은 밖에서 무슨 일이 생겼기에 이런 변화가 일어난 것일까? 이 같은 상태가 일시적인 것이라면, 인내심을 가지고 좋은 기분으로 아이를 이해하려고 노력하면서 이 난관을 이겨 내야 한다.

아이의 특징적인 성격일 경우　　이런 면이 아이의 원래 성격인 경우도 있다. 주로 민감한 아이들이 그렇다. 이런 아이들은 쉽게 불안을 느끼기 때문에 틀에 박힌 일상적인 것과 관습, 차분한 것을 좋아하는 반면, 변화나 새로운 것을 싫어한다. 배가 고프고 피곤하면 마음이 불안해지고, 조금만 아파도 동요한다. 이런 아이들은 주위 환경에서 나오는 모든 부정적인 진동을 다 감지한다. 그래서 늘 옆에서 자신을 보호해 주고 안심시켜 줄 어른이 필요하다.

관심을 끌 수 있는 효과적인 방법　　아이가 우는소리를 내는 이유가 관심과 인정을 받기 위해서일 수도 있다. 이것이 바로 약자의 힘이다. 만약 여러분의 자녀가 이런 경우라면, 아이가 매일 가족과 함께 놀이를 하거나 어리광 부리지 않는지 체크해 보기 바란다. 아마 여러분은 자신도 모르게 아이가 투덜거려야 관심을 보이고, 얌전히 있으면 별다른 관심을 주지 않았을 것이다. 또한 아이가 혹시 다른 사람에게 너무 의지하는 습관이 있는지 확인해 보는 것이 좋다. 만약 그렇다면 아이가 스스로 자립할 수 있도록 유도해야 한다. 그러려면 아이가 앞장서서 행동할 때 이를 높이 평가해 주고, 아이가 '다 큰 아이'처럼 행동할 때 여러분이 대견히 여기는 모습도 보여 주어야 한다.

아이의 성격을 고려한 교육　　항상 아이의 성격을 고려해서 양육 방법을 정하는 것이 좋다. 욱하는 성격의 아이나 변덕스러운 아이, 꿈속에서 사는 듯한 아이나 징징거리는 아이를 모두 같은 방식으로 키울 수는 없다. 아이가 칭얼대는 성격이라면 앞으로 자기에게 어떤 일이 일어날 것인지 미리 알려 주는 편이 좋다. 시간표뿐만 아니라 내부 규칙도 마찬가지다. 어떤 것은 허락되고 어떤 것은 허락되지 않는지, 어떤 것은 기대해도 좋고 어떤 것은 기대하면 안 되는지 단순하면서도 일관된 규칙을 정해서 알려 주면 아이는 여기에 맞추어 나간다. 이렇게 기준이 서 있으면 아이는 안정을 회복하고 자기 위치와 균형을 찾을 수 있다. 이 밖에도 아이는 부모가 자기 말을 경청하면서 관심을 보여 주기를 원한다. 이렇게 아이가 하는 말에 귀를 기울이다 보면 아이를 '공략'하여 최상의 것을 얻을 방법도 조금씩 알아낼 수 있다.

징징거리는 아이를 달래는 방법

- 가능하다면 아이의 행동을 그냥 무시하라. 조금도 고려할 필요가 없다. 이렇게 하는 것이 징징거리는 행동을 사라지게 하는 최선의 방법이다. 그랬는데도 아이의 행동이 여전히 참기 어렵다면, 아이를 아이 방으로 보내 잠시 혼자 있게 한다. 아이가 좀 더 부드러워질 때까지 따로 떨어져 있는 것이다. 단, 이때 아이에게 "너는 불평할 권리가 있기 때문에, 이건 벌을 주는 것이 아니야"라고 설명한다. 하지만 부모 역시 아이의 행동을 더는 참지 않을 권리가 있기 때문에 그렇게 한 것이라고 이야기해 준다.
- 유머 실력을 발휘하라. 아이를 웃겼다면 성공한 것이다. 그러나 아이가 화를 낸다면 상황은 더 나빠진 것이다!
- 이 문제를 가지고 아이와 대화를 나누고 조언을 구하라. "엄마한테 문제가 하나 있는데 어떻게 해야 좋을지 모르겠어." 아이는 그 문제의 당사자다. 그러므로 해결 방안을 찾는 데 아이를 참여시키면, 희생자에서 자기 인생의 주체로 위치가 바뀐다.

아이의 성격은 바뀔 수 있다. 이에 대한 책임이 전적으로 아이에게만 있는 것은 아니다. 마찬가지로 투덜거리는 것이 아이만의 잘못은 아니다. 아이가 나아지도록 하려면, 아이의 좋은 면을 부각하고 아이의 있는 모습 그대로를 인정하고 사랑한다는 사실을 보여 주는 것이 중요하다.

아이는 자기가 다른 아이보다 잘생겼고, 착하고, 상냥하고, 사랑스럽다고 생각해야 한다. 그렇게 자신감을 가져야 한다.

아이의 감정을 억누르면 안 되는 이유

그런데 왜 안 된다는 말인가? 여러분의 아들을 강심장을 지닌 아이로 키우고 싶더라도 아들은 울면 안 된다는 생각으로 아이를 키우면 위험하다. 이는 아이에게 자기 느낌과 감정을 표현하기보다 내면에 간직하라고 강요하는 것이다. 이렇게 아이의 감성을 억누르게 하면 아이가 남들은 물론 자기 자신과도 깊이 있는 의사소통을 하지 못하는 경직된 어른으로 클 수 있다.

모든 아이는 여자건 남자건 상관없이 아프거나 슬플 때 울어도 된다. 이때 어른들은 아이들이 자연스럽게 다른 화제로 넘어가게 도와주어야 한다. "그래, 낙심했거나 화가 나서 울고 있구나. 그건 네 마음이야. 네가 원하면 울음을 멈춰도 돼. 실컷 다 울었으면 엄마한테 오렴. 기다리고 있을게. 같이 디저트 준비하자".

투덜이 딱지는 붙이지 않기

"또 투덜거리네! 넌 뭐든 좋다고 하는 법이 없더라!" 이처럼 아이에게 무슨무슨 딱지를 붙이는 말은 절대 금물이다. 그럴수록 아이가 그 딱지를 떼는 것이 더욱 어려워지기 때문이다.

아이를 조롱해서도 안 된다. 특히 공개적인 장소에서 아이를 놀리면 상황이 더 악화될 뿐이다. 친근한 유머 감각을 발휘해서 아이의 태도를 흉내 내는 식으로 농담할 수는 있다. 단, 이때도 아이에게 상처를 주지 않도록 세심한 주의가 필요하다.

가족 중 투덜이가 있으면, 아이도 투덜이

혹시 아이의 태도가 가족으로부터 물려받은 것은 아닌지 솔직하게 자문해 보기 바란다. 가족 중에 아이가 모델로 삼을 만한 '투덜이'가 있는 것은 아닐까? 부모가 명랑하고 활기 넘치면 아이도 그렇게 될 가능성이 크다.

33

공공장소에서 얌전히 있게 하려면
어떻게 가르쳐야 할까요?

"마르탱은 늘 방방거리며 다녀요. 눈을 뜨고 있는 동안에는 쉬지 않고 뛰어다니고 기어 올라가지요. 단 몇 분도 가만히 있기 힘든가 봐요. 꼼짝 않고 앉아 있는 건 벌 받는 것 같대요. 이러다 보니 아이 때문에 저희 부부는 완전히 녹초가 됩니다. 어떻게 하면 아이의 배터리를 빼 버릴 수 있을까 궁리할 정도예요." — 어느 아빠로부터.

아이들 중에는 차분히 앉아 있는 것이 불가능한 성격도 있다. 식사할 때도 바늘방석에 앉아 있는 것처럼 엉덩이를 쉴 새 없이 들썩이면서 밥을 먹는다. 두 살짜리가 이런 행동을 하면 이해하고 참아 줄 만하다. 그러나 다섯 살이나 되었는데도 한 가지 일에 몇 분 이상 집중하지 못한다면, 의아하다 못해 걱정도 된다. 아이는 아이대로 이런 행동 때문에 늘 꾸지람을 듣고 종종 벌도 받아야 하니 억울하다. 유치원이나 학교에서는 수업 시간에는 가만히 앉아 있어야 한다고 강요한다. 결국 부모는 걱정하고, 선생님은 짜증이 나고, 아이는 아이대로 절망하게 된다. 이런 아이를 어떻게 도와줄 수 있을까?

다음은 아이의 연령과 성향에 따라 적절한 훈련법을 소개한 것이니 참고하기 바란다. 다만 아이에 따라 이런 학습을 어려워하는 경우도 있으므로, 부모도 기대치를 낮추어 잡고 점차 변화가 일어나기를 기다려야 한다.

훈련법 : 영아기(네 살 미만)

아이들에게 움직이고 싶은 욕구는 지극히 자연스럽고 중요하다. 그러나 실제 생활에서 이런 욕구가 항상 존중받는 것은 아니다.

앉아 있는 법 배우기   아이들의 경우에는, 앉아 있는 시간을 중요하게 생각하도록 가르치는 것부터 시작해야 한다. 이것을 놀이로 만들면 좋다. 아이를 바닥에 앉힌 다음, "엄마가 숫자를 세는 동안 네가 움직이지 않고 가만히 앉아 있을 수 있는지 보자"라고 한다. 손가락으로 다섯까지 센 후 아이에게 잘했다고 칭찬해 준 다음, 아이가 일어나서 움직이게 내버려 둔다. 같은 방법으로 다시 하는데, 이번에는 숫자를 열까지 센다. 이렇게 아이의 능력에 따라 시간을 점차 늘려 간다. 아이가 항상 성공할 수 있도록 적절한 시간을 정해 주고, 성공하면 부모가 크게 칭찬해 주어야 한다.

스톱워치 놀이   1분 고지를 넘었다면, 숫자를 세는 대신 스톱워치를 사용한다. 아이가 차분히 할 수 있는 놀이를 주고 "3분 동안 조용히 앉아서 놀 수 있는지 보자"라고 한다. 다른 날에는 "네가 세운 기록을 깨뜨릴 수 있는지 볼까?"라고 한다. 이때도 부모는 욕심을 부리지 말고 합리적인 기대만 해야 한다. 목표는 어디까지나 아이가 성공할 수 있는 수준에서 정해야 하기 때문이다.

아이가 일상생활에서 가만히 있기 힘들어하는 경우에도 스톱워치를 활용한다. 가령 식사 시간에 적용하면 좋다. 처음에는 5분이 지나야 자리에서 일어날 수 있다고 하고, 앉아 있는 시간을 점점 늘려 간다. 아이가 임무에 성공하면 항상 칭찬하는 것을 잊지 말고, 작은 상도 준다. 예를 들어 비스킷을 더 주거나 만화영화를 볼 수 있게 한다. 만약 아이가 성공하지 못해도 이렇게 격려의 말을 건넨다. "괜찮아, 다음에 다시 해 보자".

훈련법 : 유아기(네 살 이후)

조각상 놀이　　이 놀이는 아이를 앞에 앉혀 놓고, 여러분의 행동을 따라 조각상처럼 꼼짝 않고 가만히 있게 하는 것이다. 오직 숨만 쉴 수 있다! 1분이 지나고 여러분이 손을 움직이거나 머리를 한쪽으로 기울이기 같은 동작 한 가지를 한 다음, 아이도 동작을 똑같이 따라 하게 하고 다시 정지 상태로 돌아간다. 이 놀이를 하면 움직임에 대한 주의력과 통제력, 집중력이 동시에 발달한다.

기록에 도전하기　　아이에게 스톱워치나 시계를 주고 아이 스스로 얼마 동안 가만히 있을 것인지 시간을 정하게 한다. 예컨대 이런 식이다. "10분 동안 이 퍼즐을 맞출 거예요" 혹은 "쉬지 않고 이 책을 10페이지 읽을 거예요" 이렇게 하면 아이는 자신이 설정한 목표를 달성했다는 사실에 기뻐하면서 내면의 동기가 강화된다.

상상을 통한 이미지 활용하기　　이미지를 활용해서 아이가 가만히 앉아 있게 도와주자. "커다란 붓으로 네 의자 위에 풀을 칠하고 그 위에 앉았다고 생각해 봐" 또는 "초음속 비행기의 조종석에 앉아서 안전벨트를 매고 있다고 상상해 보렴".

유비무환　　아이가 한동안 가만히 앉아 있어야 할 경우, 가령 가족 모임으로 밖에서 식사해야 하거나 대기실에서 기다려야 할 때는 미리 자잘한 놀잇감을 몇 가지 준비한다. 소일거리가 있으면 아이를 차분하게 만드는 것이 훨씬 수월해진다. 물론 그리 오래가지는 않지만.

어떤 아이들은 가만히 한 가지 일에 집중하는 것을 정말 어려워한다. 그럴수록 부모는 분명하면서도 단호한 태도를 보여야 한다. 이때 규칙을 너무 많이 만들지 말고, 아이가 잘 이해하고 납득할 수 있는 선에서 만드는 것이 좋다.

보상 활용하기　　어떤 아이들은 보상받는 것을 좋아한다. "차분하게 놀이를 다 마치면 자전거 타러 나가자." 이런 방법은 처음에는 유용하다. 동기가 부족한 아이에게 동기 부여가 되어 빠른 속도로 발전할 수 있기 때문이다. 그러나 내성이 생기다 보면 나중에는 보상도 무용지물이 되고 만다.

긴장 완화법 배우기　　어떤 경우에는 단순한 긴장 완화만으로 큰 효과를 보기도 한다. 아이가 동요하는 이유는 대개 불안감 때문이다. 따라서 아이가 스스로 긴장 푸는 법을 알면 차분하게 있어야 할 때, 힘든 시간을 보낼 때, 자신감을 회복해야 할 때마다 이를 활용할 수 있다.

(p.373 '68 - 자신감을 심어 주려면 어떻게 해야 할까요?' 참조)

ADHD 아이는 전문가 치료를

주의력결핍 과잉행동장애(ADHD) 증상을 보이는 아이들은 항상 충동적이고, 한시도 가만히 있지 못한다. 또한 과잉 행동을 하고, 한 가지에 주의를 집중하지 못해 지시를 따르거나 차분히 일을 할 수도 없다. 이것은 아이에게 고통을 안겨 주는 일종의 질환이다. 심지어 아이는 스스로를 '방해꾼'이라고 여긴다. ADHD의 원인은 아직 밝혀지지 않았으며 진단을 내리기도 어렵다. 이런 아이를 둔 부모는 금세 지쳐서 녹초가 되고 무기력해진다.

미국 소아과에서는 ADHD를 리탈린 같은 약물을 처방해서 치료하며, 프랑스에서는 주로 심리적·행동적 측면에서 치료한다. 이렇듯 ADHD는 전문적인 치료가 필요한 질환이다.

34

아이는 왜 어두운 것을
무서워하죠?

두 살에서 다섯 살 사이의 아이들은 어두운 것을 무서워합니다. 그렇지 않은 경우는 드물어요. 이런 불안감은 아이들에게 흔히 나타나는 평범한 증상이에요. 그래서 아이는 잠자는 것을 싫어하게 되고, 혼자 있는 것이 무서워 울고, 부모님 침대로 몰래 찾아옵니다.

대개 두 살까지는 아무런 문제도 없다. 밤에 부모가 잘 자라고 뽀뽀를 해 주고 아이 방의 불을 끄고 나가더라도 아이는 아무 불평도 하지 않는다. 그러던 어느 날 아이가 방이나 복도의 불을 켜 놓으라고 하고, 방문을 살짝 열어 두라고 말하기 시작한다. 심지어 어떨 때는 한밤중에 일어나서 자기 침대 위에 웅크리고 앉아 무서움에 몸을 덜덜 떨기도 한다. 이때 아이는 늑대니, 괴물이니, 도둑이니, 나쁜 꿈 이야기도 하지만 어떤 특정한 대상 없이 그냥 무섭다고 하기도 한다.

어둠을 무서워하는 이유와 해결법

이런 증상은 새로운 것을 학습하거나 생활에 큰 변화가 있을 때처럼 아이의 발달 단계에서 전환점을 지날 때 공통적으로 나타난다. 그 원인은 여러 가지다. 아이는 어둠을 무서워하는 이유를 악몽이나 침대 밑에 숨어 있는 괴물, 도둑을 무서워하는 마음 탓으로 돌린다. 세 살 정도 되면 상상력도 풍부해져서 그만큼 걱정도 많아지기 때문이다.

하지만 어둠을 무서워하는 근본적인 이유는 다른 데 있다. 본디 어둠은 기준을 잃게 만든다. 깜깜해지면 아이의 눈에는 자기를 사랑하고 안심시켜 주는 사람들이 더 이상 보이지 않는다. 그뿐만 아니라 익숙한 주위 환경도 볼 수 없다. 그러면 아이는 자기가 머릿속으로 만들고 쌓아 놓은 세상이 사라져 버린 것만 같은 느낌을 받게 된다.

아이들이 어둠을 무서워하는 또 다른 원인은 바로 분리 불안이다. 분리 불안은 네 살이 될 때까지 계속 심하게 나타난다. 누구나 밤이 되면 자기 자신과 다시 마주하게 된다. 따라서 어두운 밤은 자기가 혼자이며 연약하다는 느낌을 가장 강하게 받는 시간이다. 아이는 커 가면서 이런 불안감을 이겨 낼 수 있는 방어력이 발달하고, 여섯 살이 되면 현실의 세계와 상상의 세계를 잘 구별하게 된다. 그러면서 무서운 생각을 멀리하여 어둠을 무서워하는 마음이 줄어든다.

아이가 이런 단계에 이르게 하려면 다음과 같은 세 가지 점에 유의하여 전략을 세워야 한다.

밤에는 조명을 켜 둔다   한밤중에 깼을 때 자기가 어디에 있는지 알 수 있으면 평화롭게 잠을 자는 데 큰 도움이 된다. 자다가 눈을 떴는데 사방이 온통 깜깜하면 아이는 자기가 어디에 있는지 몰라서 불안한 마음에 부모를 부르는 경우가 많다. 그런데 야간등이나 복도에서 들어오는 희미한 빛 덕분에 어느 정도 앞을 볼 수 있다면 아이는 자기 방을 알아보고는 금세 꿈에서 깨어난다. 그러고는 다시 침대에 누워 곰돌이 인형을 안고 잠이 든다. 아이가 기저귀를 뗀 경우라면, 혼자 일어나서 소아용 변기에 앉거나 화장실까지 찾아갈 수도 있다. 그러다가 몇 년이 지나면 완전히 깜깜할 때도 이렇게 행동할 수 있다. 이렇듯 아이 방에 야간등을 켜 두는 방법은 아이의 자립심을 해치는 것이 아니라 오히려 도와준다. 아이가 손전등을 사용할 줄 알면 침대 옆에 하나 두는 것도 좋다. 그러면 아이는 침대에 누워서 자기 방 구석구석을 손전등으로 비추면서 괴물을 물리칠 수도 있다.

밤마다 악몽을 쫓아 버리도록 돕는다　　만약 아이가 악몽을 꾸었거나 무서운 마음에 여러분을 부르면, 먼저 아이 방의 불을 서서히 밝혀 준다. 빛의 밝기를 조절하는 장치를 설치하면 유용하다. 그런 다음, 아이 방과 동물 인형, 평소 사용하는 물건들을 보여 주면서 아이가 알아보고 마음을 놓게 도와준다. 그리고 방 안에는 여러분 말고는 아무도 없다는 것도 확인시킨다. 또한 아이의 귀에 마법의 주문처럼 긍정적인 말을 속삭여 주어 아이가 혼자 있을 때도 스스로 되뇔 수 있게 한다. "괜찮아. 엄마, 아빠가 여기 있어. 아무 일도 없을 거야. 다 안전하니까 괜찮아." 이렇게 해서 아이가 진정하면 다시 잠들기까지 기다리지 말고 바로 방에서 나온다.

낮에는 아이에게 자신감을 심어 주도록 노력한다. 밤에 자다가 생기는 문제는 낮에 해결할 수 있다고 한다. 어떻게 하면 될까?

- 아이가 느끼는 무서움에 대해 아이와 이야기를 나눈다. 이때 절대로 아이를 조롱하거나 놀려서는 안 된다.
- 아이가 어느 정도 컸다면, 아이가 느끼는 무서움을 그림으로 표현하게 한다. 적을 잘 알아야 이길 수 있는 법이다.
- 아이와 눈을 감고 놀거나 눈을 가리고 술래잡기를 하면 밤에 느끼는 감정을 누그러뜨리는 효과가 있다.

아이가 어둠을 극복하게 하는 방법

아이와 대화하기　　아이에게 그 나이 때에는 어둠을 무서워하는 것이 흔한 일이라고 설명한다. 이것은 아이가 크고 있다는 신호다. 아이가 커서 마음이 더욱 단단해지면 이런 무서움은 사라지겠지만, 그때까지는 부모가 옆에서 아이를 안전하게 보호해 주어야 한다.

아이를 안심시키는 방법　　아이가 무섭다고 하면 부모는 이를 극복하겠다는 목표로 대처해야 한다. 그러려면 아이가 무서워한다는 사실에 부모가 지레 겁을 먹어서는 안 되며, 차분하게 무서움에 직면할 수 있다는 것을 아이에게 보여 주어야 한다. 다른 경우와 마찬가지로, 이 문제에서도 아이에게 모범을 보여 주는 것이 가장 효과적이다.

"아빠, 늑대가 무서워요!"　　　이런 말을 들으면 깜짝 놀랄 것이다. 사실 부모들은 아이에게 귀신이나 도깨비 이야기로 겁을 주지 않으려고 일부러 신경을 쓴다. 그래서 아이들에게 무서운 이야기도 거의 읽어 주지 않고, '빨간 모자' 이야기도 신중한 표현을 써 가면서 무척 조심스럽게 들려준다. 그런데 그동안 접해 보지 못한 것이 무섭다는 아이의 말 때문에 당황하게 된다.

요즘 우리 주변에서 늑대를 찾아보기 힘든 것은 사실이지만, 늑대에 대한 공포는 여전히 남아 있다. 또한 마법사가 있다는 것도 분명 '거짓' 이지만, 마법사에 대한 공포심은 '진짜'다!

프로이트의 명언

"이모, 이야기 좀 해 주세요. 어두워서 무서워요."
"네가 날 볼 수 없는데 그게 무슨 소용이 있겠니?"
"괜찮아요. 누가 말을 하면 다시 밝아지니까요."

– 프로이트의 《정신분석에 관한 다섯 번의 강의》에 소개된 대화

35

벌레를 너무 무서워하는데,
어떡하죠?

아이들은 대부분 벌레를 무서워하지요. 그런데 두려움이 심하다면 문제가
될 수도 있어요.

벌레를 좋아하는 사람은 드물다. 거미를 비롯해서 벌레에 대한 혐오
감은 아이들뿐만 아니라 어른들 사이에도 너무나 팽배해서, 그것이 정
상인 것처럼 보일 정도다.

평범한 혐오감에서 출발했다가 심각한 공포심으로까지 발전한다면,
시골에서 살게 되거나 잠깐 산책을 나가거나 휴가를 갔을 때 그곳에서
제대로 지내기가 어려워질 수도 있다.

무서워하기 전에 예방하는 방법

따라서 이런 상황이 벌어지는 것을 피하고 싶다면 먼저 선수를 치는
것이 가장 좋다. 이 경우에도 부모의 반응이 결정적인 역할을 한다.

모범을 보여라　　아이는 부모의 태도를 모델로 삼는 경향이 있다. 여러분이 만약 말벌이 다가왔을 때 기겁해서 도망가거나 거미가 벽을 기어가는 것을 보고 도와 달라고 소리치는 편이라면, 지금부터라도 무서움을 극복하거나 아니면 내색하지 않는 법을 배워야 한다.

아이를 겁주지 마라　　예를 들어 아이가 벌레를 잡았을 때 과도한 반응을 보이거나 너무 호들갑 떨지 않도록 한다. 모든 벌레가 물고, 사람에게 해롭지는 않기 때문이다. 차분히 아이에게 위험한 벌레와 그렇지 않은 것을 구분하는 법을 가르쳐라.

아이를 교육하라　　복잡하면서도 매혹적인 곤충의 세계를 잘 관찰하고 이해하도록 가르친다. 시간을 내서 개미들이 먹이를 운반하는 모습과 거미가 아름답게 거미줄을 치는 모습, 냇물 위를 스치고 날아가는 잠자리를 관찰한다. 아이가 나비의 날갯짓이나 부드러운 애벌레의 모습에서 아름다움을 찾고 감탄할 수 있게 한다.

아이와 함께 책을 읽어라　　책을 통해 곤충이라는 작은 동물에 대한 존중심을 키워 줄 수 있으며, 벌레가 나타났을 때 어떻게 행동해야 하는지도 가르쳐 줄 수 있다. 가령 꿀벌이 가까이 왔을 땐 멀리 갈 때까지 움직이지 말아야 한다든가, 잠자리를 밖으로 내보내려면 종이 위에 살짝 앉혀서 내보내야 한다는 것 등이다. 이런 지식이 거미를 발로 밟아 죽이거나 파리의 날개를 뜯어내는 행동보다야 훨씬 낫지 않은가!

이미 무서워하기 시작했다면

앞서 소개한 예방법만으로는 충분치 않거나, 아이의 마음속에 이미 벌레에 대한 공포가 자리 잡아서 생활에 지장을 받고 있을 수도 있다. 이런 경우라면 다음과 같은 방법을 시도하면 좋다.

아이가 무서워하는 것에 대해 대화하라   이렇게 하면 아이가 정확히 무엇을 무서워하는지 잘 파악할 수 있다. 특별히 어떤 벌레를 무서워하는 것인지, 무는 벌레인지, 나는 벌레인지 알게 된다. 그러면서 이런저런 벌레의 위험성에 대해 아이가 잘못 알고 있는 부분도 고쳐 준다.

익숙하게 만들어라   아이가 두려워하는 벌레와 차분히 접촉하게 만들어서 익숙해지게 한다.

기욤은 지난번 휴가 때 많이 보았던 풍뎅이를 무서워하게 되었다. 그래서 엄마는 아이의 무서움을 덜어 주고자, 우선 아이와 함께 동물사전에서 멋진 풍뎅이 사진을 보면서 풍뎅이에 관한 정보를 알려 주었다. 그런 다음 작은 풍뎅이를 잡아서 투명 플라스틱 상자 안에 넣어 두었다. 풍뎅이에게 이름도 지어 주었다. 처음에는 멀리서 조심스럽게, 그 다음에는 조금씩 가까이서 기욤이 풍뎅이를 관찰하게 했다. "알겠지? 꼬마 풍뎅이는 여기서 나오지 못해. 그래서 손으로 상자를 만질 수 있지. 조금 있다가 싱싱한 풀을 가져다주렴. 하루나 이틀이 지나면 집 뒤편에 있는 풀밭에다 풀어 주자." 다음 날, 기욤은 풀을 가지고 풍뎅이를 건드릴 수 있을 만큼 익숙해졌다.

무서움을 극복하려면 용기가 많이 필요하다. 아이가 벌레를 무던하게 대할 수 있게 되었거나 벌레에 잘 적응한 것처럼 보이면 아이의 발전을 크게 칭찬해 주어라. 숲이나 들로 소풍을 간다면 더할 나위 없이 적합한 보상이 될 것이다.

만약 병적인 공포심을 느낀다면

어떤 아이들은 절대로 안전한 상황인데도 특정한 동물에 대해 통제하기 어려울 정도로 강한 두려움을 느낀다. 이들은 그런 자신의 모습이 바보 같다고 생각하지만, 그 공포심을 어떻게 할 수가 없다. 심지어 실물도 아니고 동물이 나오는 영화나 사진만 봐도 질겁을 한다. 이런 경우를 가리켜 '병적인 공포'라고 한다.

만약 아이를 안심시키고 독려해도 아무 효과가 없다면 심리상담사의 상담을 받아야 한다. 이런 병적인 공포는 드물게 저절로 치유되는 경우도 있지만, 그렇지 않으면 이런 공포심 때문에 아이가 좋아하는 것을 경험하는 데 지장을 받을 수도 있다.

심리상담사는 상담을 통해 이 같은 통제 불가능한 공포의 원인이 무엇인지 파악하려 노력한다. 그리고 아이의 삶에서 이 공포가 어떤 의미를 지니고 있으며 어떤 영향을 미치는지 조사한다. 그런 다음 아이가 공포의 대상과 한 단계씩 차츰차츰 화해하도록 이끌어 준다.

일반적인 무서움은 성숙하는 과정

아이들이 느끼는 무서움 중에는 보편적이면서 동시에 케케묵은 것

도 있다. 예를 들어 뱀이나 천둥번개, 불, 낯선 사람, 어둠, 공백, 버려지
는 것에 대한 공포가 그렇다.

이런 것들을 무서워하는 것은 요즘 우리의 일상과는 거리가 있어 보
인다. 뱀을 보게 되는 일도 드물고, 번개에 맞아 죽는 일도 거의 없다.
하지만 달리 생각해 보면 인간이 안전을 확보하며 발전해 온 것은 과
거에 이런 공포심이 있었기 때문이다. 희한하게도 오늘날에도 이런 공
포를 경험하지 않는 아이는 거의 없다. 그리고 이런 두려움은 아이가
육체적으로나 정신적으로 성숙하면서 줄어들어 대개 어른이 되면 약
간의 흔적으로만 남는다.

제3장

타인과의 관계!
사회성 키우기

36

보육 시설을
어떻게 골라야 할까요?

여러분과 아이에게 어떤 보육 방식이 잘 맞을지 따져보고, 재무 상태, 직업
상의 제약, 집에서 가까운지도 고려해야겠지요.

부모에게 좋은 선택이 아이에게도 좋은 선택이다. 부모에게 좋아야
아이도 안심하고 잘 지낼 수 있다.

따라서 보육 시설을 알아볼 때 가장 먼저 해야 할 일은 여러분이 선
호하는 보육 방식이 무엇인지 아는 것이다.

다음에 소개하는 다양한 보육 방식의 장단점을 살펴보면 선택하는
데 도움이 될 것이다. 그리고 나서 여러분이 사는 동네나 지역, 직장에
이에 해당하는 곳이 있는지 찾기 시작해야 한다.

보육 시설을 선택하기 전에

관념적인 선택이 늘 좋은 선택이 될 수는 없다. 게다가 다른 것보다

절대적으로 좋은 보육 방식이란 존재하지 않는다. 다만 이런저런 이유로 여러분에게 적합하고 편리한 방식이 있을 뿐이다. 이런 식으로 선택하면 여러분도 안심할 수 있고 아이도 행복하게 지낼 수 있다.

출산을 하고 3개월 또는 1년이 지나면 직장에 복귀해야 할 때가 온다. 이 과정에서 안심하고 아기를 맡기려면, 아기가 태어났을 때부터 열심히 조사하고 주위에 조언을 구하고 세심하게 살펴야 한다. 최적의 보육 방식을 물색하는 이 기간에는 스트레스 받을 일이 많으니 상당한 인내심이 필요하다. 그러나 이 힘든 과정이 끝나면 분명 아기를 맡기기 좋은 적절한 곳을 발견할 수 있을 것이다. 아이의 특성에 맞추어 섬세하게 신경을 쓰고 아이의 욕구를 잘 파악하고 아이의 성장 리듬을 존중하는 곳을 찾아야 한다. 또한 아이가 세상의 수많은 발견에 눈을 뜨도록 이끌어 줄 정 많은 사람에게 아이를 맡겨야 한다.

보육 시설 선택할 때 고려 사항

거주지 공공 보육 시설은 주로 대도시에 많은 편이다. 따라서 만약 여러분이 지방 소도시나 촌락에 살고 있다면 가정 어린이집이나 보모를 알아보는 편이 낫다.

근무시간 공공 어린이집이나 가정 어린이집은 개원 시간과 폐원 시간을 엄격하게 지킨다. 그래서 근무 시간에 변동이 많아 개폐원 시간을 맞추기 어려운 부모에게는 맞지 않다. 따라서 여러분이 아침 일찍 일을 시작하거나, 밤늦게까지 일해야 하거나, 야간 근무를 하거나, 배우자와 번갈아 아이를 맡을 수 없는 경우라면 아마도 어린이집은 적합하지 않을 것이다. 그래도 부모의 직업상 제약을 고려해서 비교적 유연한 시간표로 운영되는 다중 돌봄 기관도 있으니 알아보기 바란다.

재무 상태　　이제 가장 기본적인 선택을 해야 한다. 아이를 공공 어린이집에 보낼 것인지, 가정 어린이집에 보낼 것인지, 아니면 집에서 보모의 보살핌을 받게 할 것인지 크게 세 가지 중에서 하나를 선택하면 된다.

제대로 된 규정을 갖춘 상대적으로 규모가 큰 시설에는 자녀를 담당할 보육 교사가 정해져 있지만, 다른 여러 어른들이나 아이들과 함께 생활해야 하며 정해진 규칙을 따라야 한다. 이런 시설이 여러분의 마음에 드는가?

아니면 한 명의 보육 교사가 하루 종일 자녀를 돌보고 다른 아이들은 한두 명밖에 없는 가정 어린이집을 더 선호하는가?

아니면 믿을 만한 사람이 집으로 와서 자녀를 돌보는 것이 낫다고 생각하는가? 이 경우에는 매일 아침 아이를 데리고 왔다 갔다 할 필요가 없다.

이 문제는 전적으로 개인의 취향에 따라 결정되므로 여러분만이 선택할 수 있다.

보육 시설을 선택한 후에

여러분의 아이가 보육 시설에서 행복하게 지낼 것 같고, 다음과 같은 기본 욕구가 충족될 것으로 생각한다면 아이를 위해 좋은 선택을 했다는 확신을 가져도 된다.

- 애정과 사랑, 안정을 얻고 싶은 욕구
- 평온함과 울타리, 삶의 기쁨을 얻고 싶은 욕구
- 발달 및 성장 리듬, 개성, 발견을 존중받고 싶은 욕구
- 인간적인 관계를 낳는 진정한 표현과 교류, 말에 대한 욕구
- 세상과 인생, 타인에 대해 눈뜨고 열린 마음으로 대하고 싶은 욕구
- 아이를 돌보아 주는 사람과 아이의 부모가 화목하게 지내기를 바라는 욕구

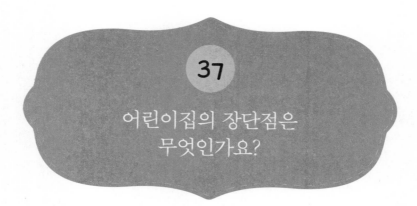

37

어린이집의 장단점은
무엇인가요?

"제 생각에 어린 딸을 맡기기에 가장 안심이 되는 곳은 어린이집이었어요.
제가 알아본 곳은 집에서 조금 떨어져 있기는 하지만 마음을 놓을 수 있어
서 아무 걱정 없이 아이를 맡기고 있답니다." — 어느 엄마로부터.

여러 보육 방식이 각기 어떤 특성을 지니고 있는지 알면, 어떤 시설
이 가장 잘 맞는지 정할 수 있다. 어린이집은 많은 장점을 지녔지만, 모
든 아이와 가족에게 완벽하게 좋은 보육 시설은 아니다.

어린이집의 장점

- 어린이집에서는 평일에 매일매일 아이를 맡아 준다. 몸이 아파서
  아이를 받지 못하는 경우도 없고, 이사를 가지도 않고, 휴가를 가
  지도 않는다.
- 모든 아이에게 평등한 대우와 보살핌을 보장한다.

- 위생, 보건, 영양, 안전 등의 측면에서 아이를 잘 관리한다. 이곳에 근무하는 직원들은 응급 상황에 대비한 교육도 받는다.
- 아이를 보육 교사, 심리상담사 등 전문 교육을 받은 다양한 자질의 선생님들에게 맡길 수 있어서 안심할 수 있다.
- 아이가 일찍부터 다른 아이들과 접촉할 수 있어서 인격 성숙과 사회화에 도움이 된다.
- 공간이 넓고 다양한 놀이를 할 수 있다. 지능 발달과 운동 능력 발달을 자극할 만한 것이 많다. 전체적인 교육 과정은 아이의 균형 잡힌 발달과 점진적인 자립심 수립을 목표로 한다.

어린이집의 단점

- 개폐원 시간이 모든 직장인과 맞아떨어지지는 않는다.
- 공공 어린이집에서는 아이가 크게 소리치고 많이 활동하게 한다. 아이에게는 고단한 하루가 될 수 있다. 그래서 부모가 데리러 왔을 때 아이가 지쳐 있는 경우가 많다.
- 직원이 많고 이들의 근무 시간이 바뀌기 때문에 아이를 안심시킬 수 있는 정서적인 유대를 맺기가 어렵다.
- 개인보다 단체가 우선시된다. 이곳에서는 아이들 각자의 특성과 성장 리듬을 일일이 고려하기 어렵다. 모든 아이는 밥을 먹거나 기저귀를 갈 때 자기 순서를 기다려야 한다. 또한 다른 아이가 소리 지르고 울고 공격하는 것을 받아 주어야 한다.
- 일부 소아과 의사들이 '어린이집 병'이라고 부를 정도로, 세균이나

바이러스 감염이 자주 일어난다. 어린이집에 다니는 아이는 코감기와 목감기에 걸리는 경우가 많은데 보통 경미하게 끝난다. 과거와는 달리 요즘 어린이집에서는 아픈 아이를 거부하지는 않지만, 열이 나는 아이에게 어린이집이 이상적인 곳이라고 할 수는 없다. 어린이집에 다니는 아이의 부모는 아이가 아프면 휴가를 내고 아이를 집에서 보살피거나 효과적인 해결 방안을 마련해야 한다. 따라서 아이가 몸이 약한 편이라면, 공공 어린이집에 보내는 것이 바람직하지 않을 수 있다.

어린이집 유형 : 부모 참여형

이런 유형의 어린이집은 일반 어린이집과 장점이나 단점은 같다.

하지만 지자체에서 운영하는 공공 어린이집보다 규모가 작아 받는 아이 수가 적고 가족적인 분위기다. 이곳에서는 모든 부모가 참여하는 교육 프로젝트를 수행하는 경우가 많다. 또한 어린이집 운영에도 부모가 매주 참여하게 되어 있다. 다른 보육 방식에 견주어 부모가 훨씬 더 많은 시간을 할애해야 하고 직접 동참할 수 있어야 한다.

이 같은 보육 방식을 체험해 본 가족들의 호응은 대체로 아주 좋다.

어린이집 유형 : 직장 내 어린이집

일반적으로 직장 내 어린이집의 시설 수준은 매우 높다. 회사 직원이라면 어린이집에 자녀의 자리가 보장되어 있으며, 부모의 근무 시간에 맞춰 운영 시간도 정해진다. 따라서 병원처럼 야간 근무를 해야 하거나 일반적인 어린이집 운영 시간 이외의 시간에 근무해야 하는 부모들에게 매우 유용하다.

하지만 이런 어린이집의 단점은 부모의 출퇴근 시간만큼 아이도 긴 이동 시간을 감수해야 한다는 것이다. 아이가 침대나 카시트에서 자다가 깨면 쉽게 다시 잠들 수 있겠지만, 버스나 지하철을 타고 가다가 깬다면 어떻게 될까? 또 다른 단점은 부모에게 해당하는 문제다. 만약 직업을 바꾸거나 직장을 옮기게 되면 자동적으로 어린이집에서도 나와야 하기 때문이다.

조부모가 돌볼 때 유의 사항

이 방법이 가능하기만 하다면 무척 편리하고 경제적인 보육 방법이다. 게다가 정서적으로 아이에게 매우 좋다.

단점이라면, 경우에 따라서 아이 엄마와 친정어머니 또는 시어머니와의 관계 때문에 문제가 발생할 수 있다는 것이다. 속으로 갈등하는 관계일 경우, 아이에게는 그리 좋은 경험이 아니다.

주의 사항
- 아이가 혼란을 겪지 않고 절제력을 잃지 않도록 신경 써라.
- 아이를 교육하는 규칙에 부모와 조부모가 모두 동의하라.
- 할머니나 할아버지에게 모든 일을 다 맡기지 마라. 저녁이나 주말이 되면 부모가 아이를 집으로 데리고 오도록 한다. 아이를 목욕시키고 병원에 데리고 가는 등의 일은 부모가 할 일이다.

보모의 장단점은 무엇인가요?

"파블로를 돌보는 보모는 이제 제 친구나 마찬가지예요. 일과가 끝나고 아이를 데리러 가면 같이 커피를 마시면서 수다를 떠는 경우도 많아요. 그럴 때면 파블로가 가장 좋아해요. 떠들썩하게 놀 수 있으니까요!" — 어느 엄마로부터.

아이를 돌보는 보모들은 워낙 개인차가 크기 때문에 뭉뚱그려 일반화해서 말하기는 어렵다. 물론 이 경우에도 장점과 단점은 있다. 우선 지속적인 교육을 받고 있는지, 아이의 특성에 맞는 개별적인 교육 활동이 가능한지 확신할 수 없다는 것이 단점이다. 반면 위에 소개한 사례처럼 여러분과 마음이 맞는 사람을 만난다면 아이를 안심하고 맡길 수 있고, 친구처럼 지내면서 담소를 나눌 수 있다는 장점도 있다.

보모의 장점

- 가족 같은 분위기에서 아이가 지낼 수 있다. 공공 어린이집이 가정에서 파생된 형태라면, 보모의 집은 아이에게 '진짜' 가정이라는 세계를 누리게 해 준다. 이곳에는 어른의 세계와 일상의 물건들이 섞여 있어서, 특별히 '아이'만을 위한 세상에 있을 때보다 내면적으로 성숙해질 수 있고 풍부한 경험을 할 수 있다. 아이는 공원에도 가고, 시장이나 가게도 구경 갈 것이다. 학교가 끝날 때쯤이면 보모의 큰 아이들을 데리러 갈 때 따라가기도 할 것이다. 이렇게 함으로써 아이는 진짜 삶을 배우게 된다.

- 아이가 다양한 연령대의 사람들과 섞일 수 있다. 보모가 보살피는 다른 아이들뿐만 아니라 보모의 자녀들, 함께 사는 가족 구성원들과 같이 지내게 되는 것이다. 그 덕분에 아이는 여러 사람과 다양한 관계를 맺을 수 있으며, 다채로운 모방 활동이 가능하다. 아이들은 손위 아이들과 노는 것이 언제나 즐겁고, 큰 아이들 역시 아이들을 대하면서 많은 것을 배운다.

- 아이 한두 명만 맡아서 보살피는 보모는 아이들을 깊이 있게 파악하고 아이들의 욕구와 생활 리듬을 존중해 줄 수 있다. 아이는 실제로 '엄마와 같은 보살핌'이 많이 필요하고 조용히 지내고 싶을 때도 있다. 공공 어린이집에서라면 이는 불가능하다. 하지만 보모와 함께 지내면 아이의 특성에 맞춰 돌봄을 받고, 지속적이고 다정한 관계가 가능하다. 이는 아이의 정서 발달과 지능 발달에 좋은 자극제가 된다.

- 보모는 어린이집에 비해 아이를 보살피는 시간을 탄력 있게 운영할 수 있다. 가령 부모가 회사에서 중요한 계약을 체결해야 하는 업무가 잡히면 보모와 상의해서 아이를 맡기고 데려오는 시간을 조정할 수 있다. 양쪽이 시간 조정에 합의하고 이렇게 조정된 시간을 잘 지키기만 한다면 아무런 문제가 없다. 어떤 보모는 야간이나 토요일에 근무해야 하는 사람들을 위해 이 시간에도 돌봄 서비스를 한다.

- 아이들은 태어나서 얼마간 병치레가 잦은데, 아이가 이렇게 살짝 아플 때에도 안심하고 맡길 수 있다. 보모가 아이의 상태에 맞게 보살피고, 활동이나 외출도 알맞게 조정하고, 아이가 원하는 대로 푹 쉬게 할 수도 있기 때문이다.

- 아이가 유치원이나 학교에 입학한 후에도 점심시간이나 방과 후에 아이를 돌보아 주는 경우도 있다. 부모 입장에서는 시간을 유연하게 조정할 수 있고, 아이 입장에서는 너무 오랫동안 단체 생활을 하지 않아도 된다. 또한 아이에게 중요한 정서적 유대 관계를 지속할 수 있는 것도 좋다.

보모의 단점

- 아이와 보모 사이의 애착 관계를 잘 받아들이지 못하는 엄마들도 있다. 그런 엄마들은 보모에게 반감을 품거나 질투하거나 경쟁심을 느낀다. 엄마의 마음이 겉으로 표현되지 않더라도, 엄마와 보모 사이에 의견 충돌이 일어나거나 하면 아이는 중간에 끼여 고통스

러운 경험을 하게 된다.

- 보모의 집에서 무슨 일이 일어나는지, 하루 종일 아이가 어떻게 지내는지 부모가 모든 상황을 일일이 파악한 다음 보모를 선택하기란 불가능하다. 따라서 부모는 보모를 신뢰할 수밖에 없는 입장이다. 걱정이 많은 부모들은 간혹 이런 이유로 보모에게 아이를 맡기지 못하기도 한다.

- 같이 지낸 시간의 길고 짧음에 상관없이 보모가 바뀌는 것은 아이에게는 언제나 힘든 경험이다.

- 보모가 있는 공간의 규모나 보유한 장난감의 수량이 적정 수준에 미치지 못하는 경우가 가끔 있다. 그럴 경우 보모의 정서적·교육적 자질이 아이의 발달에 결정적으로 작용한다.

보모를 처음 만났을 때의 인상이 중요하다. 보모와 집 안 환경에 대한 여러분의 첫 느낌대로 판단하라. 그 보모가 이전에 돌보았던 아이들의 부모에게도 물어보고 어떻게 평가하는지 참고하라. 그런 다음 이 모든 점에서 긍정적인 결론이 나오면 망설이지 말고 보모를 선택하면 된다.

보모를 선택할 때 고려 사항

- 아이를 몇 명이나 돌보고 있는가?

- 아이가 낮잠 자는 장소는 어디이며, 노는 곳은 어디인가? 아이를 위한 공간은 어디인가? 아이가 들어가면 안 되는 방은 어디인가?

- 아이가 할 활동에 어떤 것이 있는가? 어떤 놀이가 준비되어 있는가? 아이를 매일 산책시키는가? 근처에 녹지대가 있는가?

- 하루 중 TV 보는 시간은 언제인가?
- 보모의 교육 원칙은 무엇인가? 아이가 밥을 먹지 않으려고 하면 어떻게 하는가? 몇 살부터 배변 훈련을 시작하는가?
- 자녀가 있는가? 있다면 몇 살인가?
- 집에 애완동물을 키우는가?

39

보육 시설에 적응하려면 어떻게 준비해야 할까요?

필요한 사항을 꼼꼼히 챙겨서 알아보더니 드디어 성공했군요. 어린이집에 자리가 나서 아이를 맡길 수 있게 되었네요. 아니면 아주 뛰어난 보모를 찾았군요. 그럼 이제 정서적인 측면에서 가장 어려운 고비가 남았어요. 아침마다 아이와 헤어지는 일이죠.

여러분이 직장에 복귀하는 날짜에 맞추어 아이는 전문 교육을 받은 전문가가 쾌적한 환경에서 돌보아 주기로 결정되었다. 하지만 곧 새로운 걱정거리가 생긴다. "아이가 엄마와 잘 떨어질 수 있을까? 떨어져 지내도 아이는 행복할까?" 시간이 다소 지나고 여러분이 몇 가지 간단한 조언을 잘 따른다면 분명히 그렇게 될 것이다.

몇 살 때 보내는 것이 좋은가

아기가 생후 몇 개월일 때 엄마와 떨어지는지가 중요하다.

- 생후 4개월에서 7개월 정도 된 아기는 여전히 엄마를 자신의 한 부분이라고 여겨서 엄마의 부재에 민감하지만, 엄마가 곁을 떠나도 특별히 걱정하지는 않는다. 이때는 헤어지는 것에 천천히 익숙해지도록 하는 데 주안점을 두어야 한다. 또한 저녁마다 아기와 특별하고도 친밀한 관계를 다시 맺어야 한다.
- 생후 8개월이나 9개월이 되면 아기가 분리 불안을 겪는 시기다. 그래서 엄마가 떨어지려고 하면 엄마를 꼭 붙잡는다. 이 시기에 아기와 떨어질 때에는 특별한 관심을 보이면서 아기를 안심시켜야 한다.
- 생후 12개월이 되면 아기는 저녁이 되면 부모가 데리러 온다는 사실을 안다. 그래서 예전보다 걱정은 줄어들지만 그래도 여전히 헤어지는 것을 싫어하며 울곤 한다.

보내기 전 준비 기간

이별은 준비할 수 있는 것이다. 모유 수유를 하는 경우, 아기를 처음 어린이집이나 보모에게 보내기 전에는 젖을 떼지 않는 것이 바람직하다. 젖과 집, 엄마를 한꺼번에 몽땅 잃는다면 아기에게 너무 가혹한 처사다. 모유 수유를 하다가 분유를 먹기 시작했더라도 한동안은 아침저녁으로 두 번 정도는 모유 수유를 하는 것이 좋다.

엄마와 아기가 처음 떨어져 지내는 경우에는 바로 어린이집에 맡기는 것은 바람직하지 않다. 엄마와 헤어졌던 경험이 있는 아기가 어린이집에 훨씬 쉽게 적응할 수 있다. 어린이집에 가기 전에 종종 한 시간이나 오후 한나절 정도 아기를 할머니나 믿음직한 베이비시터에게 맡겨서 아기가 헤어지고 만나는 일에 익숙해지게 한다.

서서히 적응하는 기간

생후 4개월이나 5개월 된 아기는 새로운 상황을 이해하거나 자기가 느끼는 고뇌를 표현할 방법이 없다. 그렇기 때문에 아기가 새로운 생활에 적응하게 하려면 천천히 조금씩 진행해야 한다. 어린이집이나 보모에 따라 각각 관례적으로 해 온 적응 과정이 있을 테니 미리 설명을 들어라. 일반적으로 적응 기간은 1주일에서 2주일 정도 필요하다. 이 기간에는 아기와 함께 어린이집에 머물면서 아기가 익숙해지게 한다. 그런 다음 처음에는 한 시간 동안, 그 후에는 식사 시간 동안, 이런 식으로 조금씩 시간을 늘려 아기를 혼자 두도록 한다.

엄마와 떨어져 지내기 시작한 초기에는 어린이집에서 짧게 지내도록 한다. 시간이 지나면서 아기는 집과 어린이집이라는 두 가지 생활 테두리 안에서, 그리고 자신을 돌볼 사람들 사이에서 조금씩 적응하게 된다.

아기가 당황하지 않게 하려면

아기가 매일 경험하는 이별을 고통으로 받아들이지 않게 하려면 내면의 안정을 유지하도록 미리 대비해야 한다. 이를 위해서는 세심한 부분에 신경을 써야 한다.

• 아기는 후각에 민감하다. 엄마가 며칠간 사용했던 스카프를 아기

침대에 넣어 주면 아기는 엄마를 떠올린다.

- 아기에게 익숙한 장난감이나 동물 인형을 가지고 가면 아기가 보육 시설과 집을 쉽게 연결할 수 있다.
- 부모가 아침저녁으로 어린이집 선생님과 아기의 일상생활에 대해 상세하게 정보를 교환하면, 앞서 언급했던 보육 시설과 집의 연결 고리가 강화된다.
- 살짝 뽀뽀한 후 시간을 끌지 않고 차분하게 작별 인사를 하는 것도 아기를 안심시킬 수 있는 방법이다. 아기의 불안은 부모의 불안을 그대로 반영하는 경우가 많다는 사실을 잊지 마라!
- 아기들은 대부분 보육 시설에서 행복하게 지낸다. 그러므로 얼마 지나지 않아 여러분의 자녀도 기쁜 마음으로 등원할 것이다. 그러려면 여러분과 아기가 함께 보내는 시간이 온전히 둘만의 값진 시간이 되어야 한다. 집안일이나 직장에서의 걱정거리는 다 잊고 긴장을 푼 다음, 아기와 공유하는 시간을 이용해 아쉬움 없는 사랑을 주고받도록 한다.

아이가 잘 적응하게 하려면

아이가 몇 개월이든 몇 살이든 어린이집에서 잘 지내도록, 어린이집 보육 교사들이 알아 두면 쓸모 있는 사항을 목록으로 만들어 어린이집에 처음 가는 날에 제출한다.

- 잠자는 습관(잠자는 자세, 시간 등)
- 밥 먹는 습관(밥 먹는 시간, 양 등)

- 좋아하는 것, 싫어하는 것, 성격
- 사소한 문제들, 약점, 앓고 있는 병

보육 교사는 틀림없이 이 같은 정보를 반기고 아이가 잘 적응하도록 이를 십분 활용할 것이다.

아이에게 미리 설명해야 하는 이유

아이의 나이에 상관없이 현재 무슨 일이 일어나고 있는지 아이에게 이야기해 준다. 여러 차례 차분하고 분명하게 설명하는 것이 중요하다. 아이 입장에서 최악의 상황은 아무런 사전 설명 없이 어느 날 갑자기 다른 사람의 손에 내맡겨지는 것이다. 아이가 겪어 보지 못한 상황이나 시련에 직면할 때마다 전부 이해하지는 못한다 하더라도 설명을 해 주는 것이 바람직하다. 이를테면 앞으로 아이를 돌보아 줄 보육 교사에 대해 이야기해 주고, 아이가 매일 만나게 될 다른 사람들도 소개해 주고, 어린이집을 방문해서 이곳저곳의 이름을 가르쳐 주도록 한다. 보육 교사와 동행하면서 이런 식으로 어린이집에 대해 설명해 주면 아이는 어린이집을 괜찮은 곳으로 여기게 된다. 그러면서 자기가 세상을 향해 나아갈 수 있고, 가족 이외의 사람과 정서적 유대를 맺을 능력이 있으며, 또 그렇게 해도 된다고 느낀다.

40

베이비시터에게 맡길 때 울지 않게 하려면?

"아들이 생후 2개월이 되었을 때, 아내와 저는 예전처럼 단둘이서만 외출하고 싶어졌어요. 아기를 맡기고 나오기가 쉽지는 않았지만 정말 소중한 시간이었어요!" — 어느 아빠로부터.

아이를 키울 때 갑자기 일이 생겨 베이비시터에게 자녀를 맡겨야 할 때가 있다. 직장 일 때문이건, 부부 동반 모임 때문이건 간혹 그럴 일이 생긴다. 그런데 불시에 이런 상황이 닥쳤을 때 난감해하지 않으려면, 아이를 확실히 믿고 맡길 만한 베이비시터 리스트를 평소에 정기적으로 업데이트해서 관리하는 것이 좋다. 여기서는 베이비시터에게 아이를 맡길 때 아이가 동요하거나 불안을 느끼지 않게 하려면 어떻게 해야 하는지 알아보겠다.

베이비시터 선택할 때 고려 사항

- 아는 사람에게 맡기는 것이 가장 바람직하다. 친구나 이웃의 자녀들 중에서 제법 나이가 많은 아이들이나, 어린이집에서 일하는 아가씨, 같은 아파트에 사는 대학생 등이면 좋다.
- 믿을 만한 사람을 찾으려면 입소문을 활용하는 방법이 좋다. 먼저 '써 본 사람'이 강력히 추천하는 사람이면 대체로 괜찮다. 아이를 둔 이웃에게 수소문해 본다.
- 전혀 모르는 사람을 베이비시터로 써야 한다면, 아이를 맡기기로 한 날보다 며칠 전에 집으로 방문해 달라고 해서 미리 인사를 하고 아이를 어떻게 대하는지 살펴보도록 한다.
- 적당한 사람을 고르려면 베이비시터 경험도 중요하지만 양식 있고 성숙하고 상냥한 사람인지 살펴보아야 한다.
- 가능하면 같은 베이비시터를 계속 부르도록 한다. 매번 새로운 사람과 만나기보다는 익숙한 사람과 지내는 편이 아이에게 낫기 때문이다. 혹시 늘 오던 베이비시터가 시간이 안 될 수도 있으니, 한두 명 정도는 예비로 연락처를 알아 두는 것이 좋다.

베이비시터에게 맡길 때 유의 사항

- 베이비시터용 수첩을 마련해서 항상 전화기 근처에 놓아둔다. 이 수첩에는 베이비시터가 알아 두어야 할 중요한 사항을 빠짐없이 적어 놓는다. 집에서 나가기 직전에 급하게 말하는 것보다는 이렇게 지시 사항을 적어 두는 것이 훨씬 확실하다.

- 젖병, 분유, 기저귀, 크림, 잠옷, 책, 장난감 등 베이비시터에게 필요한 물품을 미리 준비해 둔다.
- 베이비시터에게 약속 시간보다 여유 있게 15분 정도 일찍 와 달라고 부탁해서, 외출하기 전에 서두를 필요 없이 차분하게 필요한 사항을 설명한다.
- 새로운 베이비시터라면 집을 안내해 주고 TV 사용법 등을 설명해 준다.

베이비시터에게 맡기고 외출할 때 유의 사항

- 집 안에 깜짝 선물을 숨겨 놓고 여러분이 나간 다음에만 찾을 수 있게 해 두면 아이는 여러분이 나갈 때 울지 않을 것이다. 다만 베이비시터에게 선물이 있는 곳을 미리 알려 주어야 한다.
- 작은 장난감이나 아이가 좋아하는 캐릭터 인형 같은 물건을 따로 보관했다가 베이비시터가 아이에게 선물로 주게 하면 아이가 베이비시터와 쉽게 친해질 수 있다.
- 아이가 특히 좋아하는 간단한 음식을 준비해 두고 베이비시터와 함께 먹을 수 있게 한다. 사람은 밥을 같이 먹으면 가까워지기 마련이다.
- 잠자리에 들기 전에 새 만화영화를 볼 수 있게 특별히 허락한다.
- 아이가 자고 있거나 등을 돌리고 있을 때 나가면 안 된다. 아이의 나이가 많건 적건 간에 엄마가 저녁 시간에 나갔다가 잠잘 시간에 돌아온다고 설명해 주는 것이 좋다. 여러분이 외출한다는 말에 아

이가 어떤 반응을 보이든, 혹시 울거나 반항하더라도 아이에게 알리지 않고 슬쩍 사라지는 것보다는 훨씬 낫다.

- 자녀가 여러분과 잘 떨어지지 않으려 하는가? 그러면 아이에게 작별 인사를 할 때 '뽀뽀 자국'을 남겨라. 입술에 립스틱을 칠하고 아이 손등에 입술 자국을 남긴다. 아이는 엄마의 입술 자국을 손에 간직하는 것을 재미있게 여기고 좋아한다. 아이의 손목에 엄마가 사용하는 향수를 한 방울 떨어뜨리는 것도 괜찮은 방법이다.

이렇게 하면 조용히 외출할 수 있을 것이다.

외출하면 원래 예정했던 장소로 가도록 하고, 만약 일정에 변경 사항이 생기면 베이비시터에게 미리 알려야 한다. 귀가 시간도 약속한 대로 지켜야 한다.

가끔은 아이와 떨어져 있어야 하는 이유

어떤 부모들은 아이를 베이비시터에게 맡기는 것을 무척 꺼리거나, 불가피하게 맡겨야 하는 경우 죄책감을 느끼기도 한다. 아이들에게는 부모가 필요하고 일관된 보살핌의 손길이 있어야 한다는 이유에서다. 물론 맞는 말이다. 또한 낮에 보육 시설에 맡겨졌던 아이라면 저녁 시간과 주말에 부모와 함께 지내기를 바랄 것이다.

하지만 부모에게도 자녀 이외의 인생이 있고, 친구가 있고, 외출도 할 수 있다는 사실을 아이도 느끼고 알아야 한다. 또 부모가 서로 사랑하며 이 두 사람을 이어 주는 관계가 돈독하다는 것도 느낄 수 있어야 한다. 그러려면 부모가 집 밖에서 친밀한 시간을 가지는 것이 좋다.

베이비시터용 수첩에 꼭 적혀 있어야 할 내용

첫 페이지에 적을 내용

- 아이의 습관
- 아이가 싫어하는 것과 좋아하는 것
- 아이가 좋아하는 놀이
- 잠자리에 들기 전에 하는 일
- 약을 먹어야 하는지 등

다음 페이지에 적을 전화번호

- 엄마, 아빠의 휴대전화 번호
- 주치의 전화번호
- 응급실 전화번호
- 119
- 가까운 이웃의 전화번호

마지막 페이지에 적을 내용

- 외출 장소
- 귀가 예정 시간

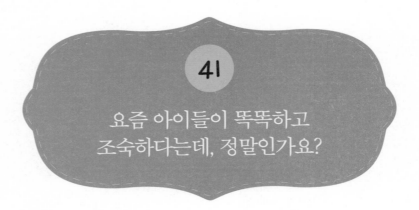

41

요즘 아이들이 똑똑하고
조숙하다는데, 정말인가요?

전문가가 됐든 할머니가 됐든 모든 사람이 말하길, 요즘 아이들은 옛날보
다 똑똑하고 조숙한 것 같다는군요.

사실 아이들이 달라졌다기보다는 아이를 바라보는 사람들의 시선이
변했다고 할 수 있다. 옛날 같았으면 그냥 지나쳤을 세세한 일에도 촉
각을 곤두세우며 아이들의 발달 상태에 많은 관심을 가지게 되었기 때
문이다. 하지만 깊이 들여다보면 상황은 이보다 복잡하다.

원인 : 달라진 주변 환경

주변 사람들과 주위 환경이 아이의 발달에 중요한 영향을 끼친다는
사실을 우리는 잘 알고 있다. 그런데 최근 몇십 년 동안 큰 변화가 일어
났다. 생활 수준이 높아지고 피임이 일반화되면서 여성들은 자녀를 적
게 낳고 있으며, 이렇게 적은 자녀를 돌보는 데 사용하는 재원은 더 많

아졌다. 따라서 물질적, 심리적 조건이 크게 향상해 아이들의 발달에 영향을 주게 된 것이다.

원인 : 달라진 양육 방법

육아·교육 전문가들이 조언하는 내용과 아기를 돌보는 방식도 많이 변했다. 예전 아기들은 포대기에 꽁꽁 싸인 채 요람 안에만 틀어박혀서, 깨어 있는 긴 시간 동안 자극이라고는 오로지 햇빛이 벽에 비쳐 변하는 모습을 보는 것뿐이었다. 하지만 지금은 다르다. 오늘날에는 아기들을 주로 양말과 우주복을 입혀 위에 모빌이 달린 바닥이나 침대에 눕힌다. 덕분에 움직임이 많이 자유로워져서 아기의 운동 능력이 크게 향상했다는 사실은 이론의 여지가 없다.

수많은 놀이와 자극을 받아 '훈련받은' 아기들이 그렇지 않은 아기들보다 신체적 발달이 앞서 있다는 것은 분명한 사실이다. 하지만 뒤처졌던 아기들도 몇 달이 지나면 충분히 따라잡는다.

원인 : 넘쳐 나는 자극적인 요소

이제 아기도 우리가 하는 말을 이해한다는 사실을 알기 때문에 아기가 태어나자마자 대화를 시작한다. 우리의 생각, 감정, 계획을 아기에게 알려 주고 아기의 의견을 묻기도 한다. 그 결과, 전반적으로 오늘날의 아이들이 옛날 아이들보다 말을 잘하고 또 일찍부터 시작한다.

요즘 아기들은 태어나자마자 딸랑이, 모빌, 장난감 등 자극제 역할을 하는 물건들이 주위에 가득하다. 또한 다른 아이들과 어울려 지낼 기회도 많아서 서로서로 배우기도 한다. 어린이집에서는 한 명이 아이디어를 내면 나머지는 이를 따라 한다. 아이들은 서로 관찰하고, 모방하고, 기초를 배운다. 집에서도 모든 부모가 호기심이 중요하다고 생각해서 아이가 마음껏 탐험하고 경험하도록 내버려 두며, 아이가 던지는 "왜?" 라는 질문에 모두 대답해 주려고 애쓴다. 결국 아이를 바라보는 시각이 근본적으로 변했고, 사람들의 교육 태도가 바뀐 것이다.

진짜 더 똑똑한가

요즘 아이들은 옛날 아이들에 견주어 실제로 더 많이 깨달았고 더 조숙해 보인다. 그러나 깨침과 조숙함은 지능의 동의어가 아니다. 기저귀를 차고 요람 안에만 있었던 옛날 아기들도 결국에는 요즘 사람들만큼 똑똑한 남성과 여성으로 성장했다. 이것을 보면 지능은 그렇게 쉽사리 정해지거나 만들어질 수 없다는 것을 알 수 있다.

요즘 아이들은 더 많은 것을 배운다. 특히 TV를 통해 많은 것을 배워서 아주 어린 나이에도 모르는 것이 없다. 그러나 유전학자인 알베르 자카르(Albert Jacquart)는 "과도한 지식이 지식을 죽인다"라고 말했다. 머릿속에 축적된 지식의 양이 아니라 그 지식을 분석하고 조직하는 방법이 더 중요하다. 요즘 아이들은 우리가 그 나이였을 때보다 더 많은 지식을 가지고 있다. 확실히 그렇다. 그러나 지구와 자연에 대한 지식, 인간적·물질적 현실에 대해서는 오히려 아는 것이 더 적다. 또한 아이들이 워낙 영악해져서 눈치가 빠르다. 그렇다면 요즘 아이들이 더 많이 깨달은 것인가? 그렇다. 이는 매일매일 확인할 수 있다. 그러나 이 아이들이 정말로 더 똑똑한 것인지, 또는 앞으로 세상이 더 잘 돌아가게 할 수 있는지는 그 누구도 단언할 수 없다.

아기가 엎드린 채 놀면 좋은 이유

요즘에는 안전상의 이유로, 등을 대고 누워 있던 아기를 뒤집어서 엎드린 자세로 놓아두려 하지 않는다. 하지만 아기가 깨어 있을 때는 이 자세가 훨씬 유리하다. 생후 3개월 정도면 머리를 가눌 수 있게 되어 몇 분 동안 바닥에 엎드린 자세로 있을 수 있다. 그러면서 아기는 자기 주변에 있는 장난감도 보게 된다. 등을 대고 누워 시선을 천장에 고정하고 있을 때는 꿈도 꿀 수 없는 일이다. 아기가 팔뚝으로 몸을 지탱하고 목 근육을 강화시키려면, 아기가 바닥에 엎드려 있을 때

- 아기 머리 바로 위에서 딸랑이를 흔들거나
- 같이 바닥에 엎드려서 아기 얼굴을 마주 보며 이야기하거나
- 아기에게 물건을 내민다.

엎드린 자세를 아주 싫어하는 아기도 간혹 있다. 만약 여러분의 아기가 그렇다면 억지로 시킬 필요는 없다. 조금 시간이 지난 다음 다시 시도해 보거나, 아니면 아기가 혼자 힘으로 몸을 뒤집어 그 자세를 취할 수 있을 때까지 기다리는 것이 낫다.

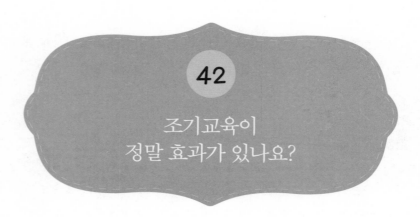

42

조기교육이
정말 효과가 있나요?

부모라면 누구나 자녀를 사랑하고 더 좋은 걸 주고 싶어 하지요. 성공할 수
있도록 최상의 여건을 마련해 주고 싶고, 경쟁이 심한 사회에서 첫 출발을
잘할 수 있게 해 주고 싶지요. 그런데 과연 이것이 아이를 행복하게 하는
일일까요?

아기의 놀라운 학습 능력이 속속 밝혀지면서 부모와 전문가들 사이
에서 이 중요한 시기를 놓치지 말아야 한다는 생각이 대세가 되었다.
자극을 많이 받을수록, 그리고 이런 학습이 조기에 이루어질수록 아이
가 똑똑해지고 앞으로 살아가는 데 든든한 밑천을 얻는다는 것이다.

이를 근거로 일부에서는 아이에게 적용할 조기교육 방법을 시기까
지 정해 가며 부모들에게 권하기도 한다. 이에 따르면, 생후 6개월이
되면 그림책으로 어휘력을 키우고, 한 살이 되면 읽기를 가르치고, 두
살에는 악기와 외국어를 시작하는 식이다. 그러나 이런 방법은 아이의

욕구, 즐거움, 개성을 모두 부정하는 것이다. 단기적이든 장기적이든 그 결과는 기대했던 것과는 다르다. 일부 아이들이 이룬 비범한 성과만이 부각되고, 조기교육이 야기한 폐해는 알려지지 않았을 뿐이다.

우리 아이는 진짜 천재일까

아이들이 모두 천재성을 지니고 태어났다고 설파하는 이론을 들으면 마음이 혹할 수밖에 없다. 어떤 부모인들 이 말을 믿고 한번 시도해보고 싶은 마음이 들지 않겠는가? 특히 학습에 대한 감수성이 예민한 시기가 아주 짧다고 한다면 더욱 마음이 흔들린다. 아주 일찍부터 시작하지 않으면 아이가 뒤처진다는 말에 어느 부모가 갈등하지 않겠는가.

부득이한 이유 때문에 인생의 출발 시기를 놓친 아이는 늦어진 만큼의 차이를 도저히 따라잡을 수 없다는 주장은 본래 심리적인 측면에서 제기된 것이다. 그런데 일부에서 이 논리를 지능에 적용하면서 조기 교육을 정당화하는 데 이용되고 있다.

아기가 태어났을 때는 마치 백지상태와 같다. 태어나서 처음 몇 달, 몇 해 동안 이런 백지상태의 두뇌에 처음으로 학습한 내용이 새겨지고 추억이 남기 때문에 이 시기가 매우 중요하다. 이 첫 단계는 뒤따르는 각 단계와 연결되지만, 그렇다고 모든 것이 이 시기에 확정되는 것은 아니다.

발달은 연속적인 과정이라서 단계마다 그다음 단계에 영향을 주는 것이 사실이지만, 그렇다고 확고부동한 것은 아니다. 그 과정이 상당히 유연하고 오랫동안 해를 거듭하며 전체적인 메커니즘에 '여지'를 남기기 때문이다.

이번 열차를 놓쳤다면 다음 열차를 타면 된다. 몇 달 만에 아이의 능력이 사라지지는 않는다. 변하는 것은 아이의 학습 방식이다. 그냥 두면 세 살 때 알게 될 것을 미리 앞당겨 한 살에 가르치는 것은 아이의 성장 리듬을 존중하지 않는 일일 뿐 아니라, 아이가 한 살 때 살아야 하는 삶을 온전히 누리지 못하게 방해하는 행위다.

모든 단계는 하나하나가 다 중요하다. 인간이라는 건축물이 견고하게 지어지려면, 적기에 만들어진 튼튼한 기초 위에 구조물을 세워야 한다.

강요된 학습은 실효성이 있는가

위베르 몬태너(Hubert Montagner)가 지적했다. "아이를 박식한 원숭이로 만들려고 해서는 안 된다. 아이가 자신의 능력을 발견하고, 또 부모가 이를 발견하게 만드는 것이 중요하다".

최근 몇 년 동안 우리 사회에서는 일찍부터 아이에게 다양한 자극을 제공해 완벽한 아이로 만들어야 한다는 분위기가 조성되었다. 이게 다 아이의 미래를 위한답시고 벌어지는 일들이다. 오늘날 우리가 말하는 '이상적인 어린이'란 배움이 빠르고 부모의 불안을 덜어 줄 수 있는 능력 있고 조숙한 아이다.

조기교육을 받은 덕분에 아이가 효과적으로, 꾸준히 실력 있게 자라서 결국 더 좋은 대학을 가고 행복해진다고 자신있게 말할 수 있다면 얼마나 좋을까. 그러나 이것은 틀린 말이다.

이 문제를 진지하게 연구하는 전문가들은 하나같이 아이에게 과도

한 자극을 주려는 부모들이 냉정을 되찾고 진정할 수 있도록 애쓰고 있다. 말하기나 블록 쌓는 법을 배우는 등 아기의 능력이 제대로 발달하려면 자극이 필요한 것은 맞다. 그러나 이런 자극은 정상적인 보통 가정에서 자란 아이라면 누구나 자연스럽게 받는 자극이다. 어떤 특정한 놀이나 활동이 아이의 학습 능력을 의미심장할 정도로 가속화한 결과, 나중에 대학 입학 시험에서 좋은 성적을 거두게 했다는 확증은 결코 찾을 수 없다.

다른 분야도 마찬가지겠지만 여기서도 과잉은 선을 해치는 적이 될 수 있다. 더 조숙하고 더 재능 있는 아이를 만드는 것과 행복한 아이를 만드는 것은 분명 다르다.

아이의 지능을 발달시키려면

아이에게 애정을 주고, 대화를 나누고, 다양한 방식으로 주위 환경을 풍요롭게 하는 일이야말로 아이의 발달을 돕는 최선의 방법이다.

부모와 아이가 함께하는 자각 훈련이나 간단한 놀이처럼 부모와 아이가 공유할 수 있는 것이라면 모두 아이에게 도움이 되고 자극이 된다. 이런 활동을 하는 이유는 부모와 아이가 함께 공동의 즐거움을 얻고 인생을 발견하게 하려는 것이지, 목표로 정한 성과를 내기 위한 것이 아니다.

최근 발표된 연구 결과에 따르면, 지능 발달은 정서 발달과 아이의 생활환경과 밀접하게 연관되어 있다. 따라서 애정이 우선되어야 이를 바탕으로 아이가 능력을 활짝 꽃피울 수 있다.

예를 들어 아이가 자기 주변 환경을 대상으로 의도적으로 행동하고 논리적으로 기능하는 것은 기본적으로 인과관계를 알고 있기 때문이다. 다시 말해 "내가 이렇게 하면 저런 일이 생길 거야"라고 생각한다. 오랫동안 사람들은 아이가 사물에 대해 의도적인 행동을 하는 것은 생후 5개월 이전에는 불가능하다고 생각했다. 그런데 몇몇 학자들이 의도적인 행동의 시작 시기가 훨씬 빠르다는 사실을 알아냈다. 실제로 아이들은 사물에 대해 행동을 취하기 이전에 사람에 대해 행동을 취한다. "내가 울면 …… 누군가 와 주네." 그렇다면 아이가 엄마, 아빠를 조종하는 일 자체가 인과관계를 배우는 방법이 아닐까?

43

아이들이 왜 같은 속도로
발달하지 않을까요?

엄마들은 이야기를 주고받으면서 아이들을 비교하게 되지요. "뭐라고요? 아이가 생후 15개월이나 되었는데 아직 못 걷는다고요? 우리 아들은 한 살 때 벌써 뛰어다녔어요!" 초조해하지 마세요. 각자 자기 스타일이 있듯 성장 리듬도 다른 법이니까요.

발육 상태가 빠른 아이와 그렇지 않은 아이를 두고 한쪽에서는 걱정하고 다른 한쪽에서는 자랑스러워하는 장면을 흔히 볼 수 있다. 여기에 할머니가 슬쩍 끼어들어 말을 거들기도 한다. "우리 애들은 생후 18개월 때 모두 기저귀를 뗐다우." 이렇듯 어린이집이나 공원에 가면 다른 집 아이들은 어떻게 크고 있는지 보고 들을 기회가 정말 많다.

아이들 발달에 차이가 나는 이유

아이들의 발달에 이렇게 차이가 나는 이유는 여러 가지다.

- 사람들은 모두 서로 다른 유전자를 가지고 있다. 심지어 한 가족, 한 형제라 하더라도 모두 다르다. 그런데 누구는 키가 작고 누구는 갈색 머리인 것은 정상이라고 생각하면서도 걸음마가 조금 늦으면 왜 의연하지 못한 것일까? 그뿐만 아니라 가족마다 문화가 달라서 습득이 빠른 분야가 조금씩 다르다. '지식인' 가정에서 자란 아이는 화술이 부각되는 환경에서 지내기 때문에 또래보다 일찍 말을 시작하는 경향이 있다. 만약 아빠가 화가이거나 엄마가 컴퓨터 전문가라면 아마도 아이는 이와 관련된 분야에서 친구들보다 일찍 재능을 보일 것이다.

- 아이가 새로운 능력을 습득하는 데는 커다란 투자가 필요하다. 만약 아이가 '혼자 일어서는 일'에 집중하고 있다면 '깨끗하게 먹는 일' 따위는 신경 쓰지 않을 것이다. 마찬가지로 만약 세발자전거를 배우는 중이라면, 옷이 더러워지는 것은 개의치 않을 것이다. 모든 아이가 이것을 다 배우겠지만, 익히는 순서는 저마다 다르다.

- 사람들은 학습에 대해서는 최종 결과만을 본다. 그러나 그 결과가 나오려면 내면에서 수개월에 걸친 준비 기간이 있어야 한다. 마치 한동안 알을 품고 있어야 부화하는 것처럼 말이다. 그러니 눈에 보이지 않는 곳에서 이루어지는 이런 작업을 존중하면서 아이들을 믿어 보자. 어떤 아이는 무언가를 알게 되면, 알았다는 사실을 아주 일찌감치 내색한다. 반면 어떤 아이는 완전히 익힌 다음에야 성공 소식을 알린다.

- 아이들은 인간관계, 지능, 운동 능력, 심리 등 모든 영역에서 동시

에 학습이 진행된다. 그렇기 때문에 모든 분야에서 동시에 최고의 능력을 보일 수는 없다. 또한 아이들은 각자 자기만의 방식으로 변화하므로 이들에게 충분한 시간을 주어야 한다. 한 가지 능력을 습득할 때마다 그다음 습득 과정이 시작되기 전에 이 능력을 견고하게 다지고 넘어가야 한다. 건물을 지을 때와 마찬가지로 기초공사가 결정적으로 중요한 역할을 한다.

불안해할 필요 없는 이유

사피아가 생후 10개월부터 걷기 시작했기 때문에 커서 훌륭한 도보 여행가가 된다고 장담할 수 없는 것처럼, 루이가 생후 18개월에 벌써 퍼즐을 맞췄으니까 반드시 건축가가 된다고 할 수도 없다. 남들보다 조금 앞서서 한다고 그 부분에 영재성이 있는 것은 아니며, 남들보다 조금 늦게 한다고 해서 문제가 있는 것도 아니다. 아인슈타인도 네 살이 되어서야 말을 시작했다고 하지 않은가!

일반적으로 다섯 살이나 여섯 살이 되면 모든 아이가 달리기를 하고, 말을 하고, 기저귀를 떼고, 사람을 그릴 줄 알게 된다. 즉, 그때까지 벌어졌던 격차를 모두 따라잡는 것이다.

지금 우리는 경쟁이 치열한 사회에서 살고 있다. 누구든 고속도로 가장자리에 홀로 남겨지지 않으려면 효율적이고 경쟁력 있고 빨라야 한다고 여긴다. 그래서 아이가 조숙해서 남들보다 앞서 나가는 것을 좋은 신호로 받아들인다.

그러나 이는 하나만 알고 둘은 모르는 것과 같다. 아이들 각자의 성장 속도를 존중하는 것이야말로 훗날 아이가 균형 잡힌 사람으로 자라고 결국은 성공할 수 있는 최선의 방법이기 때문이다. 불안감과 패배감의 원천이 되는 이런 압박으로부터 아이들을 보호하는 것은 부모의 몫이다. 아이들이 경쟁에 뛰어들 시간은 앞으로 얼마든지 있다. 지금은 아이들 한 명 한 명이 다 독특한 존재임을 믿고 아이가 마음껏 탐색하며 성장하도록 돕자. 바로 이것이 아이들에게는 풍요로운 자산이 된다.

바람직한 부모의 태도

모든 아이는 서로 다르며, 아이들 사이에 커다란 편차가 존재하는 것은 당연하다. 그래도 혹시나 하는 생각이 든다면 아이가 다니는 소아과에 가서 주치의에게 문의하기 바란다. 거의 대부분 의사는 차분히 기다려 보라는 조언을 할 것이다. 여러분의 자녀는 마치 '결심'이라도 한 것처럼 자기에게 맞는 속도로 어느 날 뚝딱 어제까지 못하던 것을 해낼 것이다. 아이에게 강요하면 쓸데없이 아이 앞을 가로막을 위험이 있다. 아이들의 성장은 점진적으로 이루어지므로 권위적으로 접근해서 해결될 문제가 결코 아니다. 잘못하면 아이가 어린 나이에 벌써부터 자기 때문에 부모가 걱정하고 실망했다고 생각해 상처를 받을 수 있다.

아이의 모든 성장 단계에는 기쁨도 있고 걱정거리도 있다. 이 단계들은 한번 지나면 절대로 되돌아오지 않는다. 그러니 아이의 성장 발달을 지켜보며 있는 그대로 만끽하라!

발달 과정 중 가장 중요한 능력 파악하기

사람들은 언제나 눈에 보이는 똑같은 잣대를 들이대고 판단한다. 즉, 걷기 시작했다, 기저귀를 뗐다, 말을 시작했다 등을 기준으로 삼는다. 그러나 이렇게 밖으로 드러나는 행동은 근본적이고 은밀하게 내면의 발달이 이루어진 결과에 불과하다. 가령 대소변을 가리게 된 것은 아이가 신체적으로 괄약근이 성숙했고, 어른들이 기대하는 바가 무엇인지 이해하게 되었고, 자기 몸속에서 어떤 과정이 일어나고 있는지 인식하게 되었다는 것을 의미한다. 하지만 이 모든 것을 눈으로 직접 볼 수는 없다.

흔히들 간과하지만, 매우 중요한 습득 능력이 몇 가지 있다. 그중에서도 낯선 사람과 유대 관계를 맺는 능력, 잠시 혼자서 놀 수 있는 능력, 몇몇 욕구불만을 참아 낼 줄 아는 능력 등은 우리 생각보다 훨씬 중요하다. 이런 능력들은 걸음마를 하는 것만큼 중요한 능력이지만 상대적으로 과소평가되는 경향이 있다.

'평균적인' 아이(이론상의 아이)와 '정상적인' 아이(실제 아이)를 혼동하면 안된다. 걷기 시작하는 평균 연령이 한 살이라고 해 보자. 사람들은 이를 두고 "평균적인 아이는 한 살에 걷기 시작한다"고 말한다. 그렇다면 생후 9개월이나 16개월에 걷기 시작하는 것도 '정상'이다. 어떤 능력을 습득하는 평균 연령은 평균을 내서 정한 것이다. 다시 말해서 정상적인 아이들의 절반은 그 능력을 더 일찍 습득하고 나머지 절반은 더 늦게 습득한다는 뜻이다.

그러므로 '평균적인 아이'란 존재하지 않는다고 할 수 있다. 이것은 일반화하기 위해 만들어 낸 편의적 개념에 불과하다. 현실에서는 오로지 아이들 하나하나만이 중요할 뿐이다. '정상적인 아이들'이란 우리가 일상에서 만나는 다양하고 개성이 풍부한 아이들이다.

44

태어나서 세 살까지
어떤 장난감이 좋을까요?

해마다 하는 질문이 있지요. "우리 아이가 이제 ○살인데 어떤 장난감을 주어야 할까요?"

연말연시가 되면 어김없이 마트 진열대나 신문 광고 면이 눈길을 사로잡는 장난감들로 도배된다. 부드러운 촉감의 큼지막한 동물 인형, 보드게임, 나날이 스마트해지는 전자 칩이 내장된 장난감 등으로 말이다. 이 중에서 어떤 것의 유혹에 넘어갈까? 어디에 투자할까? 여러분의 선택을 도와줄 가이드라인을 제시한다.

장난감 고를 때 고려 사항

장난감에 표기된 적정 연령대는 범위가 꽤 넓게 잡혀 있기 때문에 신뢰할 수 없다. 또 여러분의 아이보다 위 연령대의 아이들을 위한 장난감을 사용한다고 아이의 발달에 가속이 붙는 것은 아니다. 오히려 아이가 지루해할 수 있다.

장난감 고를 때 가장 중요한 기준은 나이가 아니다. 같은 나이라도 아이마다 발달 수준이 다르기 때문이다. 그렇기 때문에 여러 영역에서 아이의 발달 정도가 어떠한지를 기준으로 삼아야 한다. 가령 아이가 걷기 시작하는가? 간단한 퍼즐을 할 수 있겠는가? 등등을 고려한다.

두 번째 기준은 바로 아이의 관심 분야다. 어떤 아이는 운동을 좋아해서 체력을 소모해야 하는 반면, 어떤 아이는 미니카만 좋아하거나 그림 그리기를 좋아한다.

흥미 있는 장난감이란 아이가 흥미를 보이는 장난감을 뜻하지만, 아직 도전해 보지 않은 측면을 발달시키고 새로운 능력을 계발할 수 있는 장난감도 여기에 해당한다.

연령별로 적합한 장난감

출생 ~ 생후 6개월 이 시기의 아기에게는 많은 자극이 필요 없다. 게다가 쉽게 피로를 느낀다. 아기 방을 수많은 물건으로 가득 채우기보다는 몇 가지 장난감만 두는 것이 더 낫다. 그중에는 딸랑이, 모빌처럼 항상 있는 장난감도 있고, 아기의 흥미와 호기심을 새로 자극하도록 수시로 바꿔 줄 수 있는 장난감도 있다. 세탁이 가능한 천 인형, 거울이 달린 보드북 등은 이 연령대 아기들을 위한 전통적인 장난감이다. 특별히 잡기 쉽고, 씹을 수 있고, 세탁할 수 있는 알록달록하고 소리 나는 딸랑이도 권장할 만하다.

생후 6개월 ~ 12개월　　이 시기의 아기는 끊임없이 잡고, 놓고, 모으고, 던지고, 부딪치고, 입으로 가져가고, 두드리고, 조작한다. 따라서 아기의 마르지 않는 호기심을 채워 주면서도 튼튼한 장난감이 필요하다. 바닥에서 가지고 노는 장난감, 흔들 수 있는 장난감, 알록달록하고 조작하기 쉬운 장난감, 소리가 나거나 움직이는 장난감 등이 좋다.

또한 목욕용 장난감과 공, 동물 인형, 두꺼운 종이나 플라스틱으로 만든 책, 쌓기 놀이 장난감, 끼워 맞추기 장난감이 좋은데, 모두 단순하고 아기의 손 크기에 맞아야 한다. 이 시기에 꼭 마련해야 하는 장난감은 뚜껑에 구멍이 난 상자다. 아기는 이 구멍으로 지치지 않고 상자를 채우고 비우기를 반복할 수 있다. 이 시기의 장난감은 오랫동안 쓸 수 있으니 제법 품질이 괜찮은 것에 투자하라.

생후 12개월 ~ 24개월　　이때는 아이의 두뇌 회전이 활발해져서 탐구하고 실험하고 싶은 욕구가 항상 있다. 아이가 걸어 다니고 양손을 능숙하게 사용할 수 있으므로 당기거나 미는 장난감, 끼워 맞추기 놀이, 집짓기 놀이, 그림 그리기 도구(이 나이에는 크레파스, 화이트보드, 마커가 색연필이나 물감보다 유용하다) 등을 사용하는 다양한 활동도 할 수 있다. 음악이 나오는 장난감을 선택할 때는 아이가 소리를 제대로 낼 수 있는지 확인하고 사야 한다.

이 시기에 아이가 여러분의 휴대전화를 가지고 놀게 하고 싶지 않다면, 장난감 전화기와 큼직한 장난감 트럭을 준비하라. 아이가 아주 많이 가지고 놀 것이니 튼튼한 것으로 선택하는 것이 좋다.

두 살 ~ 세 살 이 시기의 아이들은 상상의 세계에 푹 빠진다. 아이의 창의력은 무궁무진하다! 우주 놀이, 카센터 놀이, 농장 놀이를 할 수 있는 장난감 세트를 사 준다. 여자아이나 남자아이나 아기 인형을 비롯한 여러 인형을 돌보는 것을 좋아해서 여기에 몰입하는 시기다. 단순하고 튼튼할수록 아이가 가지고 놀기에 좋다. 따라서 말하고 잠자고 쉬하는 기능을 가진 인형을 사느라 돈을 낭비할 필요가 없다. 또한 퍼즐, 빙고 게임처럼 규칙 있는 놀이, 그리기·붙이기·반죽하기·장식하기에 필요한 미술 도구 등도 잊지 마라. 이 시기에 필수적인 장난감은 이야기책이다. 그렇다면 전자 게임은 어떨까? 아이의 참여를 유도하는 게임이라면 괜찮지만 서둘러 줄 필요는 없다.

좋은 장난감 고르는 법

여러분이 장난감을 선택할 때 고려하면 도움이 될 요소들이다.

- 튼튼하고, 내구성 있고, 안전해야 한다. 가끔 아이가 집어 던지거나 깔고 앉아도 끄떡없어야 한다.
- 다용도로 사용할 수 있어서, 아이의 발달 수준과 기분에 따라 다양한 방식으로 활용할 수 있는 장난감이 좋다.
- 아이의 흥미를 최소 일 년은 끌 수 있는 것이 좋다.
- 단순한 것이 좋다. 다시 말해서, 아이의 상상력을 대신해 주지 않는 장난감이다. 이런 장난감은 아이를 놀이의 주체로 만들고, 오직 아이를 지원하는 역할만 한다.
- 아동용 장난감에 관한 안전 규정을 준수하는 장난감이어야 한다.

노는 것은 아이 마음대로

아이들은 장난감을 가지고 놀 때 본능적이고, 감각적이고, 기발하고, 효과적인 방식으로 접근한다. 그래서 장난감을 항상 원래의 사용법대로만 가지고 놀지 않는다. 이때 아이가 자기 식대로 장난감을 조작하게 내버려 두고, 아이에게 노는 방식을 가르치려 들지 마라. 아이는 혼자 힘으로 장난감의 다양한 가능성을 탐구하는 법을 배울 것이다.

장난감과 함께 아이가 사용할 수 있게 실제 물건들을 아이 손이 닿는 곳에 둔다. 가령 다음과 같은 것들이다.

- 낡은 전화기
- 신용카드 크기의 낡은 카드로 채워진 지갑
- 빗, 작은 거울, 심 없는 볼펜 등의 '보물'로 가득한 손가방

45

세 살에서 여섯 살까지
어떤 장난감이 좋을까요?

"우리 딸이 산타 할아버지에게 보내는 편지에 백화점 장난감 카탈로그를
베끼다시피 하면서 갖고 싶은 장난감을 죽 적었더군요. 그 많은 것들 중에
서 적절한 것을 선택하려면 어떻게 해야 할까요?" — 어느 엄마로부터.

이 질문의 답은 간단하지 않다. 모든 아이의 발달 정도와 관심 분야
가 같지 않기 때문이다. 게다가 나이에 맞게 딱 떨어지는 것이 아니라
전환기에 접어들었을 경우, 어떤 장난감을 사 주어야 할지 도무지 알
수가 없다. 어떤 장난감은 얼마 지나지 않아 싫증이 나고 또 어떤 장난
감에는 아직 흥미가 없는 상황인 것이다. 아이들은 자기 나름의 속도로
자라지만 의외로 빨리 자라기 때문에, 일 년에 한 번이 아니라 일 년 내
내 아이 주변의 장난감을 교체해 주어야 할지도 모른다.
　그뿐만 아니라 유행과 광고도 장난감 선택에 영향을 주며 우리를 유
혹한다. 그래서 신상품의 유혹에 넘어갈 것이냐 아니면 안전한 가치를

추구할 것이냐 갈등하는 경우도 많다. 여기서는 여러분의 선택에 도움이 될 만한 기준을 제시한다.

아이에게 적합한 장난감

아이의 관심 분야, 상황, 욕구를 고려해 장난감을 고르는 것이 좋다. 아이가 정말 갖고 싶어 하는 장난감이지만 곧 시들해질 것이 분명한 장난감과, 여러분이 아이에게 사 주고 싶은 장난감을 잘 구별해야 한다.

이 시기의 아이들이 주로 몰두하는 일 중 하나는 어른을 모방하는 것이다. 이를 통해 아이들은 자기를 둘러싼 세상을 잘 이해하고 동화될 수 있다. 좋은 장난감은 아이가 오랫동안 가지고 놀 수 있는 것이어야 한다. 따라서 단순하고 쉽게 사용할 수 있어서 아이가 놀이의 주체가 될 수 있고, 아이의 주도적 활동과 상상력을 최대한 지원할 수 있는 장난감이 좋다.

여러 종류의 장난감　　다양한 장난감은 신체 능력, 창의력, 지적 능력, 정서 등 다양하고 서로 보완적인 차원에서 아이의 발달을 자극한다. 조화로운 발달을 이루려면 분야별로 장난감을 골고루 사 주는 것이 바람직하기 때문에 이에 대해 자세히 다루겠다.

운동 능력을 발달시키는 장난감　　이런 장난감은 아이의 몸을 움직이게 하고 평형 감각과 신체와 손의 조작 능력, 여러 동작의 조정 능력을 발달시키는 데 도움을 준다. 아이가 쉬지 않고 움직이며 올라가고 뛰고 달리는 것을 좋아하는 나이라면 아이에게 자신감을 줄 수 있는 운동용 장난감이 필요하다.

운동용 장난감으로는 세발자전거, 자전거, 롤러스케이트, 줄넘기, 연, 여러 종류의 공 등을 꼽을 수 있다. 집에 마당이 있다면 철봉이나 평행봉을 설치해도 좋다. 여름에는 물놀이, 해수욕, 모래 놀이 등이 좋다.

정서 발달에 도움이 되는 장난감　　이 분야의 장난감으로는 단연 동물 인형과 사람 인형을 꼽을 수 있다. 이런 인형 장난감은 아이가 깊고 특별한 유대 관계를 맺을 수 있는 훌륭한 장난감이다. 아기 인형, 마론 인형 등 다양한 인형과 미니어처도 같은 용도로 사용할 수 있다.

변장 놀이, 의사 놀이, 상점 놀이, 소꿉장난과 인형의 집, 자동차나 기차 경주 등 다양한 역할로 어른들을 모방하는 장난감도 정서 발달에 기여한다. 또한 시골, 농장, 목장, 카센터, 병원, 우체국, 학교 등 수천 가지 이야기를 만들어 낼 수 있는 퍼즐이나 블록 조립 장난감도 정서 발달에 효과가 있다.

창의력을 발달시키는 장난감　　창작은 새로운 감정을 즐겁게 경험하고 다루면서 상상의 나래를 활짝 펼쳐서 이전에는 존재하지 않았던 것을 만들어 내는 작업이다. 이를 위해 소위 예술 활동용 장난감이 중요한 역할을 한다. 필자는 점토, 데생과 그림 그리기 놀이, 집짓기 놀이, 여러 가지 재료로 모자이크하기와 구슬, 소금이나 양초 같은 원재료를 권장한다. 악기 종류도 여기에 속한다.

지능 발달에 좋은 장난감　부모들이 특히 좋아하는 교육용 장난감을 말하는 것이 아니다. 그보다는 아이가 직접 테스트하고, 경험하고, 확인하면서 점점 어려운 지적 활동을 수행할 수 있게 하는 장난감을 뜻한다. 가령 퍼즐, 집짓기 놀이, 간단한 기계장치, 도미노 게임이나 컴퓨터 게임을 들 수 있다.

여러 사람이 함께하는 보드게임 등의 실내 게임은 사회성도 길러 준다. 다른 사람들과 함께 게임을 하려면 규칙을 배워야 하기 때문이다.

사회성을 발달시키는 장난감　아이들은 또래 친구들과 무리를 지어 노는 것을 즐긴다. 그래서 여러 명이 하는 실내 놀이, 실외 놀이를 하거나 공처럼 여럿이 함께 놀 수 있는 장난감을 받으면 좋아한다.

이런 놀이는 친구들이나 형제들과 함께 하더라도 마냥 쉽지만은 않다. 규칙을 지켜야 한다는 사실을 아직 완전히 익히지 못했기 때문이다. 따라서 어른이 가끔 개입해서 갈등을 조정하는 역할을 해야 한다.

컴퓨터 게임을 허락해도 될까

요즘 나와 있는 컴퓨터 게임은 대부분 아주 잘 만들어진 것들이다. 이 중에는 아이들을 겨냥한 소프트웨어도 많은데 하나같이 눈길을 사로잡는다. 종류와 가격이 무척 다양하기 때문에 어떤 것을 선택하느냐가 중요하다. 고르기 전에 충분한 시간을 두고 게임을 비교하고, 이미 사용해 본 부모들에게 의견을 구하도록 하라.

다만 컴퓨터 게임이 놀이 시간에서 너무 큰 비중을 차지하지 않도록 주의해야 한다. 대체로 게임에 쉽게 빠지기 때문에, 그냥 놓아두면 아이들은 한 시간 이상 꼼짝도 않고 게임만 할지도 모른다. 아이가 TV보다는 컴퓨터나 태블릿 앞에 있을 때 더 활기차다고 하더라도 모니터는 어디까지나 모니터일 뿐이다. 아이들이 배우고 만들면서 경험할 것들이 수천 가지는 된다. 이런 경험이 모니터 앞에 꼼짝 않고 있는 것보다 훨씬 중요하다.

만약 아들이 인형을 달라고 한다면

전혀 걱정할 필요 없다. 인형을 주면 된다. 남자아이가 사람 인형을 갖고 싶어 하는 이유는 여러 가지가 있다. 먼저, 여자아이들이 인형을 가지고 놀면서 즐거워하는 모습을 많이 보았기 때문일 수 있다. 아니면 엄마나 아빠가 자기 또는 새로 태어난 아기를 데리고 있는 모습을 모방하고 싶은 욕구 때문일 수도 있다. 또는 외동아이라서 친구가 있었으면 해서 그럴 수도 있다.

이때 중요한 것은 여러분의 아들이 스스로 남자라고 느끼게 하는 것이다. 어느 한쪽 성에 맞는 특정한 놀이가 정해져 있는 것은 아니다. 여러분의 아들은 인형을 가지고 놀면서 미래의 자기 역할을 배운다. 요즘 아빠들이 아이를 잘 돌보는 것처럼 말이다. 따라서 아이에게 자기와 같은 남자아이 인형을 주도록 하라. 이는 정당한 욕구 중 하나일 뿐이며 문제 될 소지가 전혀 없다. 아이는 인형을 가지고 오랫동안 놀면서 자신의 상상력을 발휘하게 된다.

자녀에게 자극을 주겠다고 너무 복잡하거나 아이의 나이보다 한참 앞선 장난감을 사면 안 된다. 잘못하면 아이가 실패를 맛보고 스스로 무능력하다고 생각할 위험이 있다. 장난감의 목적은 오로지 즐거움과 놀이지, 학습이 아니다. 그 점을 명심하자. 학습 효과는 그저 부수적으로 따라오는 것일 뿐이다.

46

책은 몇 살 때부터
읽어 주면 좋은가요?

"제 아들 샘과 꼭 붙어 앉아서 책을 같이 보고 있을 때면 이 순간이야말로
절대 행복이라고 느껴져요." — 어느 아빠로부터.

생후 24개월, 12개월, 10개월 …… 아기에게 동화책을 읽어 주거나
같이 그림을 보면서 책장을 넘기기에 너무 이른 나이는 없다.

부모의 무릎 위에 앉아서 부모가 읽어 주는 이야기를 듣는 것이 아이
들에게는 언제나 큰 즐거움이다. 시간이 지나면서 아이는 페이지를 넘
긴다는 개념을 배우고, 두꺼운 종이로 된 책은 혼자서 넘기며 볼 줄도
알고, 여러분이 보여 주는 그림을 알아보기도 한다.

아이들은 책을 정말 좋아하며 책에서 많은 것을 배운다. 책 속의 그
림을 보면서 시력과 주의력을 기르고 세부적인 것을 인식하는 능력이
발달한다. 또한 부모가 읽어 주는 이야기를 들으면서 어휘력과 이해력
도 높아진다. 아이는 이야기를 통해 상상력에 자극을 받아 미지의 세계

에 대한 꿈을 키울 수 있다.

아이의 책장에 마음대로 씹어도 되는 두꺼운 종이나 플라스틱으로 만든 책과 그림책, 천으로 만든 색다른 책 등을 다양하게 꽂아 둔다.

첫 번째 그림책 선택하기

아이가 처음 보는 책이며 자주 보게 될 책이다. 따라서 좋은 그림책은 다음과 같은 조건을 만족해야 한다.

- 각각의 그림은 단 한 가지 구체적인 요소를 보여 주면서 한 번에 한 가지 정보만을 전달해야 한다.
- 그림은 세세한 것까지 정확해야 하며, 선은 스타일을 과도하게 살리지 않은 것이 좋고, 전체적으로 보기 좋아야 한다.
- 밝고 선명하고 알록달록한 스타일이 좋다.
- 그림이 아이를 둘러싼 환경이나 아이의 관심 분야에 속하는 카테고리로 분류되어 있어야 한다. 가령 장난감·옷·젖병 등과 같은 아이의 물건, 가구·음식 같은 집 안에 있는 물건, 동물, 식물 등으로 분류한다.

아이는 혼자서 또는 어른과 함께 그림책을 보는 것을 무척 좋아한다. 책을 보면서 집 안 물건, 젖병이나 숟가락을 찾고, 개나 고양이를 알아보고 새로운 낱말도 배운다.

본격적인 그림책 선택하기

여러 종류의 아동용 그림책을 구입하거나 도서관에서 대출한다. 아이가 책을 좋아하게 만드는 가장 좋은 방법은 아이를 부모의 무릎 위에 앉히거나 품에 안고서 함께 책을 읽는 것이다. 많은 아이들이 부모와 몸을 맞대고 친밀함을 나누는 것을 즐거워한다.

그러다 보면 하루 중 책 보는 시간을 정할 필요가 있다고 느끼게 될 텐데, 주로 밤에 잠자기 전으로 하는 경우가 많다. 하지만 언제라도 괜찮으니, 서로에게 좋은 시간을 선택하면 된다.

아이의 첫 그림책은 글보다 그림이 많은 것이 좋다. 또한 아이들은 반복적인 이야기를 좋아하기 때문에 운율이 느껴지는 문장이 조금씩 변형되면서 계속 나오는 것이 좋다. 내용은 매일 겪는 일상적인 주제가 좋다. 아이가 전체 내용을 완전히 이해하지는 못하더라도, 음악처럼 들리는 이야기에 빠져들고 몇몇 부분은 내용을 파악하기도 한다.

반드시 책에 쓰여 있는 그대로 읽을 필요는 없다. 간혹 아이들이 이해하기 어려운 단어가 등장하는 경우도 있기 때문이다. 이럴 때 여러분이 생각하는 대로 이야기를 들려주고, 손가락으로 그림을 가리키면서 자세히 설명해도 좋다. 어조를 살려 읽으면서 아이의 관심과 집중을 이끌어 내도록 분위기를 조성한다.

혼자 책 보는 시간 주기

아이가 좀 더 자라면 혼자서 책을 보거나 조용히 책장을 넘기는 시간을 준다. 처음에는 아이가 책으로 장난만 치고, 그림도 잠깐만 본다. 그러다가 조금씩 페이지를 정확하게 넘기면서 엄마, 아빠한테서 들었던 이야기가 나오는 장면을 알아보고 이야기의 흐름을 따라가게 된다.

책의 수명이 짧아지는 한이 있더라도 아이가 자기 책을 자유롭게 꺼내 볼 수 있게 하는 것이 좋다. 아이에게는 책을 조심해서 다루어야 한다고 미리 일러 둔다.

만약 여러분의 아이가 책 읽는 것을 좋아하지 않는다면? 아마도 한 자리에 진득하게 앉아 있지 못하기 때문일 수도 있고, 책에 관심이 없기 때문일 수도 있다. 그래서 책은 그냥 물건에 불과하다고 여겨 찢거나 구기고, 심지어 먹으려고도 한다. 그렇다고 크게 걱정할 필요는 없다. 조금 지나면 달라지기 마련이다.

내 아이만의 책 만들기

작은 크기의 바인더와 다양한 색상의 두꺼운 속지, 또는 투명한 속지가 달린 조그만 사진첩을 구입한다. 이것으로 책을 만들 수 있다. 내용을 채워 넣는 것은 여러분의 몫이다. 이렇게 책을 만드는 데 유용한 몇 가지 아이디어를 제시한다.

- 잡지에서 오려 낸 사진과 그림을 붙여서 나만의 그림책을 만든다.
- 아이, 가족, 반려동물의 사진 등을 붙인다. 추억의 앨범에 미처 꽂지 못했던 사진들을 모두 여기에 붙여도 된다.
- 이렇게 사진이나 그림을 붙인 다음, 속지 위로 투명한 플라스틱 스티커 용지를 붙여서 보호해도 좋다.
- '손으로 만지는 책'을 만든다. 속지에 풀을 바른 다음, 그 위에 모래, 쌀, 밀가루, 콩, 여러 가지 천 조각 등을 붙인다. 풀이 다 마르면 바인더에 정리한다. 이렇게 만든 책을 보고 만지면서 아이는 다양

한 촉각을 경험할 수 있다.

상품 카탈로그를 좋아하는 이유

통신판매용 상품 카탈로그는 마음대로 가지고 놀아도 엄마가 야단치지 않아서 아이들이 특히 좋아한다. 카탈로그는 시각적인 즐거움을 제공하며 호기심도 자극한다. 아이들은 카탈로그를 넘기면서 다른 아이들이나 옷, 가구, 익숙한 물건을 찾는 것을 무척 좋아한다. 또한 카탈로그는 촉각과 청각적인 측면에서도 즐거움을 준다. 마음껏 구기고, 뜯고, 찢는 것은 얼마나 즐거운 일인가!

책으로 변신한 크리스마스 카드

크리스마스 카드나 연하장, 색깔 있는 우편엽서, 생일 축하 카드 등 그동안 받았던 여러 종류의 카드를 모은다. 반으로 접힌 카드는 장식이 있는 앞면만 사용한다. 먼저 카드 두 장의 뒷면을 맞붙인다. 바인더에 보관할 속지에 구멍을 내듯 이렇게 붙인 카드의 옆에 구멍을 뚫는다. 구멍에 리본을 넣어서 여러 장의 카드를 묶어 책으로 만든다. 이렇게 완성된 알록달록하고 독창적인 책을 아이가 마음대로 가지고 놀게 한다.

47

두 살인데
어린이집에 보내도 괜찮을까요?

"2년간 육아휴직을 쓴 다음 복직을 해야 했어요. 아이를 곧장 어린이집에 보내는 것이 괜찮은지 모르겠어요." ― 어느 엄마로부터.

아직 보내면 안 되는 아이

세 살이 되기 전에 어린이집에 보내는 것이 과연 아이들에게 좋을까? 다음에 해당하는 아이들은 아직 어린이집에 보낼 정도로 성숙하지 못한 아이들이다.

- 낮에 또는 낮잠 시간에 완전히 대소변을 가리지 못하는 아이
- 아직 말이 어눌해서, 어른이 하는 말을 이해하거나 자기의 욕구를 표현하는 것이 서툰 아이
- 아직 자기 앞가림을 할 줄 모르고, 큰 아이들에 맞서서 자신을 보호할 줄 모르는 아이
- 살뜰한 보살핌을 받고 싶은 욕구가 많은 아이

유치원 선생님들은 열의는 있지만, 아이들 개개인에게 충분히 필요한 만큼 개인적인 관심을 기울일 시간 여유가 없다.

적합한 어린이집 찾기

어린이집에서 두 살 이하의 아이를 맡는 경우가 많아졌다. 대부분의 어린이집은 영아들을 위한 전문적인 여건을 마련해 놓고 있다. 아이들이 자유롭게 놀 수 있는 안전하고 푹신한 방, 각자 자기 인형을 놓아둘 수 있는 개인 침대, 열성적이고 의욕 넘치는 선생님이 있다.

한 반의 정원이 적절하고, 선생님이 인내심과 이해심이 많고 관대하면서도 주의를 기울이는 사람이라면, 아이의 나이에 상관없이 어린이집에서 즐겁게 뛰어놀면서 성장하고 발달할 것이다. 특히 두 살에서 세 살 사이의 아이들이 어린이집에 가면 새로운 세상을 접하여 사회성이 길러지고, 새로운 놀이를 할 기회도 많아진다. 또한 아이들의 언어 능력과 자립심이 크게 발전한다.

아이의 '정신연령'에 맞추기

결국 아이의 나이보다는 발달 정도가 중요하다. 아이가 자립심 있고, 적극적이고, 마음대로 몸을 움직일 줄 알고, 어려움 없이 말을 하고, 부모와 신뢰 관계가 돈독하다면, 처음 며칠 적응 기간이 지나면 큰 문제 없이 어린이집 생활을 해 나갈 것이다. 반면 아이가 아직 충분히 성숙하지 않은 상황에서 어린이집에 다니게 되면 아이들과 선생님과의 사회화 과정을 통해 얻는 것이 거의 없을 가능성도 있다.

아이에게 맞는 해법 찾기

아이에게는 어린이집에서 지내는 하루가 무척 길고 피곤할 수 있다. 그러므로 부모들 각자가 적절한 해결 방법을 생각해 내야 한다. 같은 반 친구 엄마에게 점심시간에 아이를 데리고 와서 같이 점심을 먹여 달라고 부탁할 수도 있고, 오전은 어린이집에서 보내고 오후 시간에만 아이를 돌볼 보모를 구할 수도 있다. 아니면 베이비시터를 구해서 오후 4시 30분에 아이를 유치원에서 데려와 집에서 돌봐도 되고, 직장 상사와 협의해서 2주 동안에는 반나절만 근무하기로 하고 아이를 일찍 데리고 와도 된다.

아이가 어린 나이에 어린이집에 들어갈 경우, 첫해 동안 어린이집 생활의 부담을 조금이라도 덜어 주거나 아이에게 적응 시간을 주기 위해 이렇듯 여러 가지 방법을 고려할 수 있다. 그런데 현실적으로 어떤 방법도 쓸 수 없다면 어떻게 해야 할까? 만약 그렇다면 왜 안 되는 것인지 애정을 가득 담아 아이에게 설명해 주어야 한다. 부모에 대한 믿음이 있고 어린이집에서 환영을 받는다면, 아이는 기나긴 하루하루를 고통스러운 이별의 시간으로 생각하지 않고 적응할 것이다.

장기적으로 보면 좋은 선택

두 살짜리 아이를 새 학기부터 어린이집에 보내기로 결정했다면 죄의식을 느끼지 마라. 그보다는 아이를 미리 충분히 준비시키고 안심시켜야 한다. 그리고 공동 생활을 오래 한 아이일수록 장차 학교생활을 잘할 가능성이 크다는 통계도 있으니 참고하기 바란다.

어떤 아이들은 어린이집에 잘 적응하지 못한다. 만약 여러분의 자녀가 다음과 같은 모습을 보인다면 바로 그런 경우이니 주의해야 한다.

- 배변 훈련이 된 아이가 다시 자다가 오줌을 싸거나 아기 같은 말투로 말을 하는 등 퇴행적 행동을 보인다.
- 혼자만 틀어박혀 있다.
- 하루 종일 선생님에게 매달린다.
- 버림받았다고 느낀다.
- 집에서도 잠을 잘 자지 못한다.
- 저녁이 되면 비정상적으로 피곤해 보인다.
- 반복적으로 습진이 나타나거나 악몽을 꾸거나 감기를 달고 산다.
- 3주도 더 지났지만 여전히 아침마다 울고, 아빠가 어린이집에 데려다줄 때도 운다.
- 선생님이 아이 걱정을 한다.

보내기 전에 꼭 해야 할 준비

사전 준비   어린이집에 들어가기 전에 부모와 아이가 함께 어린이집을 방문해서 세세한 부분까지 둘러보도록 한다. 앞으로 담임이 될 선생님 교실에 가서 아이들이 웃고 놀면서 수업하는 모습을 보여 주어라. 어린이집에 가고 싶어 하지 않던 아이들도 이런 모습을 보면 다른 아이들과 같이 지내고 싶어 한다.

어린이집에서 보내는 시간　　아침 조회, 수업, 점심시간, 수업, 저녁 조회 …… 어린이집의 하루 일과는 이렇게 시간이 나뉘어 있지만, 이 시간을 다 합하면 10시간에서 11시간 정도가 된다. 그래서 적어도 입학 첫해에는 아이가 어린이집에서 지내는 시간이 너무 길지 않도록 단축수업을 하고 집으로 오게 하는 것이 바람직하다. 가령 대학생 베이비시터가 아이를 일찍 데리고 오게 하는 등의 방법을 고려해 본다.

48

아이의 넘치는 호기심에
어떻게 대처해야 할까요?

호기심이 버릇없는 행동이라고들 하는데 정말 그럴까요? 흔히 '단점'이라
고 생각하는 호기심은 사실 커다란 장점이에요!

가브리엘은 서랍 안에 코를 박은 채 뒤적이고, TV를 만지작거리고,
개미가 줄지어 가는 모습을 관찰하고, 엄마의 핸드백을 뒤지고, 휴대전
화도 마음대로 눌러 본다. 여기저기 뭐라고 적혀 있는지 궁금해하고,
구름은 어떻게 해서 생기는지도 묻는다. 어떻게든 설명해 주려던 부모
도 가브리엘의 끝없는 호기심 앞에서는 두 손 두 발 다 들었다!
아이가 선천적으로 타고나는 호기심은 언뜻 '단점'처럼 보이지만, 사
실은 어떻게든 지켜야 하는 훌륭한 장점이다. 호기심이란 배우고, 탐험
하고, 알고자 하는 깊은 욕구인 동시에 성장하고 발전하고 싶어 하는
마음이다.

적극적으로 도와주기

아이들은 놀면서 배우기도 하지만, 어떤 사물에 본능적으로 반응하고 힘을 쓰면서 배우는 부분도 있다. 이처럼 직접적으로 접근하는 태도는 과학적 사고의 바탕이 된다. 그래서 아이들이 '무엇에든 손을 대는' 것이다. 호기심에 이끌려 하는 행동은 지능 발달에 중요하다. 아이가 자기 능력을 발휘할 기회가 다양하고 많을수록 그 능력은 더욱 발달한다. 그러므로 아이가 다양한 물건, 장소, 경험에 물리적으로 접촉하도록 기회를 만들어 주는 것이 중요하다. 예를 들어 아이를 시장이나 부모의 직장에 데리고 가거나, 여러 가지 물건들을 직접 쥐여 주고, 햄스터를 키우거나 상추를 심고, 이국적인 요리를 맛보거나 손전등을 함께 분해해 보는 식이다. 바로 이런 호기심 덕분에 아이는 읽기와 쓰기 외에도 다양한 지식을 배우게 된다.

생후 12개월이 되면서 아이는 호기심에 이끌려 움직이고 주위를 탐험하기 시작한다. 특히 작은 물건, 작은 벌레, 먼지 알갱이 등에 끈질긴 집착을 보인다. 이런 이유로 집 안에 있는 창고나 벽장은 아이의 마음을 쏙 잡아끈다. 그 안에 들어 있는 물건들 목록을 작성할 수 있을 정도로 아이는 창고를 속속들이 뒤지는 것을 좋아한다. 아이는 세 살 정도까지 만지고 싶어 하는 욕구가 아주 강하다. 또 눈뿐만 아니라 손과 입, 냄새로 물건을 파악한다. 이런 아이에게 '만지지 말고 눈으로만 보라'고 하는 것은 아이의 의욕을 꺾는 것이다. 또한 이때부터는 아이의 발견의 장(場)이자 '모험의 나라'가 집과 집 안 물건에만 국한되지 않는다. 놀이터와 숲, 물, 동물로 관심의 범위가 넓어진다. 초등학교 취학 연령쯤 되면 본격적인 모험을 떠날 작정을 한다.

도와주고 장려할 때 유의 사항

부모는 다소 불편한 점이 있더라도 아이가 계속 호기심을 발휘하도록 북돋워 주어야 한다. 물론 그 전에 아이가 생활하는 장소의 안전을 확보해야 한다. 아이가 자신이나 다른 사람, 귀한 물건을 위험에 빠뜨리지 않고 탐험할 수 있도록 말이다. 아이가 호기심을 보이는 동안 계속해서 이런 말을 하는 것은 최악의 교육 방식이다. "안 돼! 그건 만지지 마. 그 책은 내려놓으렴. 그건 안 돼".

물론 그렇다고 아이가 아무것이나 다 만지게 내버려 두라는 뜻은 아니다. 위험해 보이는 행동을 하거나 위험한 장소에 가는 것은 당연히 금지해야 한다. 무엇보다도 전자 기기와 가전제품이 호기심의 대상이 되지 않도록 엄격히 관리해야 한다. 오디오 세트나 개인 서류도 온전히 보존하고 싶다면 아이들이 접근하지 못하게 해야 한다. 이처럼 부모가 금지할 것들을 정한 다음, 아이들에게 분명하고 철저하게 반복해서 알려 주도록 한다. 금지 항목의 수가 적을수록 지키기가 더 쉽다.

만지지 못하는 것에 대한 보상으로 아이의 손이 쉽게 닿는 곳에 자질구레한 물건들을 두고 자주 새로운 것으로 바꿔 주면서 아이가 호기심을 충족하게끔 해야 한다. 바구니 또는 낮은 곳에 있는 서랍에 천 조각, 국자나 뒤집개같이 안전한 부엌 용품, 계란 상자, 열쇠고리, 포장지, 오래된 카탈로그, 빨래집게, 아기용 양말, 고무장갑 같은 것을 넣어 두면 아이가 자유롭게 뒤져 볼 수 있다.

아이들은 늘 새로운 재료를 탐구하고 싶어 해서 흙이나 모래 안에 손을 넣는 것도 좋아한다. 부모 눈에는 더러워 보이는 것들을 특히 더 좋아한다. 따라서 아이가 다소 지저분해지는 것에 너그러워져야 한다. 시간이 더 지나면 아이들은 나무 위로 올라가서 새 둥지를 들여다보고, 빗물 웅덩이에 뛰어들어 물을 튀기고, 풀숲에 누워 개미나 무당벌레를 관찰하고 싶어 한다. 이때 부모는 아이가 자기 관심 분야를 자유롭게 선택하게 놓아두고, 위험하지 않은지 지켜보면 된다.

꼬마 호기심 대장을 위한 나들이(세 살 이상)

- 등대, 교통 박물관 또는 장난감 박물관, 조류 보호지, 목장, 종마 사육장, 소방서, 수족관 등 다양한 곳 방문하기
- 사탕, 재생지, 유리, 향수 등을 만드는 공장, 인쇄소, 신문사, TV 방송국 견학하기
- 작업 모습을 보고 체험할 수 있는 유리 공예가, 도예가, 광주리 공예가, 화가, 양봉가, 제빵사 등을 방문하기
- 동물 콘테스트, 요트 경기, 경마, 카니발 등 관람하기
- 낚시, 노 젓기, 연 날리기, 젖소나 염소 젖 짜기 등 체험하기
- 풍경화 그리기

49

"왜요?"라고 질문할 때
어떻게 대답해야 할까요?

"살려 주세요! '왜요 기계'가 또 작동했어요! 세상을 향한 호기심이니 지능이니 하는 게 중요하긴 하죠. 하지만 하루하루가 점점 더 힘들어요. 우리도 이제는 지쳤다고요!" ― 어느 아빠로부터.

아이는 어느 정도 말을 하게 되면 언어를 사용해서 세상을 발견하고 세상이 어떻게 돌아가는지 배운다. 부모가 지쳐 버릴 때까지 질문을 하면서 말이다. 아이에게 복잡한 개념을 알기 쉽게 설명해야 할 때 어떻게 해야 적당한 표현을 찾을 수 있을까? 아이와 끝없이 질문과 대답을 주고받다가 지쳐 떨어지지 않으려면 어떻게 해야 할까?

질문이 아이의 사고 수준과 내면의 변화를 보여 준다는 점을 상기하면 도움이 될 것이다. 어른들의 대답은 아이의 호기심을 충족시키는 동시에 또 다른 호기심을 불러온다. 활발한 질문과 대답 시간이 아이의 발달과 학습에 도움이 된다.

대답할 때 유의 사항

아이의 질문에 대답이 될 만한 말을 찾기란 쉬운 일이 아니다. 끊임 없이 "왜요?"라고 묻는 이 시기를 슬기롭게 잘 보낼 수 있도록 몇 가지 팁을 준비했다.

- 아이가 아는 단어로 간단하고 구체적으로 대답하라. 대답이 너무 길면 아이는 쉽게 지친다. 대답 수준은 당연히 아이의 발달 정도 에 달렸다. 만약 아이가 좀 더 자세히 알고 싶으면, 아이 스스로 더 설명해 달라고 하거나 같은 내용을 언젠가 다시 물을 것이다.
- 항상 아이에게 지식을 나누어 주어서 행복해하는 모습을 보여라.
- 아이가 모르거나 잘못 알고 있다 해도 절대 놀려서는 안 된다. 아 이가 진지하게 질문하는 것처럼 여러분도 진지한 태도로 답변해 야 한다.
- 모든 질문에 다 대답할 수 있어야 한다고 생각하지 마라. 물론 아 이가 하는 질문에 무조건 모른다고 둘러대서는 안 되지만, 모르겠 으면 "잘 모르겠네"라는 대답도 괜찮다. 엄마, 아빠도 아직 모르는 것이 있다는 사실을 알려 주는 것이 의외로 아이에게 교육적인 효 과를 발휘한다. 부모와 아이가 함께 백과사전을 찾아보거나 답을 알 만한 다른 사람에게 물어보면 좋다.

어린아이의 경우, '질문 기계'가 한번 작동을 시작하면 끝이 없어서 결국 어른이 대답할 수 없을 때까지 질문하는 놀이가 되어 버린다. 이 는 질문을 계속하면 부모의 관심을 끌거나 잠자러 가는 시간을 늦출 수 있다는 사실을 아이가 간파했기 때문이다. 아이는 연속적으로 "왜요?"를 남발하면서 대답은 듣지도 않는다. 결국 말도 안 되는 질문으로 이어져서 말장난으로 끝난다. 이럴 때 여러분은 "그만! 다음 질문은 내일 하자!"라고 말할 권리가 있다.

아이가 자랄수록 깊이 있고 성숙한 질문을 한다. 예를 들면 죽음, 성, 이혼, 신에 대해 질문한다. 여기서 명심해야 할 것이 있다. 어떤 경우에도 거짓말을 해서는 안 된다. 단순한 말로 이야기하되, 사실을 말해야 한다. 이럴 때는 솔직해야 아이가 부모를 신뢰하게 된다.

아이의 민감한 질문에 대한 대답 요령

어떤 질문은 대답하기 곤란한 경우도 있다. 보통 성과 관련된 질문이 그렇다. 부모 입장에서는 나중에 이야기해 주고 싶겠지만, 현실적으로 아이들은 TV를 통해 보거나 유치원에 다니면서 접하게 된다. 만약 아이가 이런 질문을 한다면 대답을 들을 만한 나이가 된 거라고 생각하라. 오히려 아이가 부모에게 물어보는 것을 다행으로 여겨야 한다. 그리고 이런 질문이 불편하다는 사실을 단순하게 이야기하라. 시중에 나온 아동 도서 중에 아이가 이렇게 민감한 질문을 할 때 어떻게 대답해야 하는지 도움을 주는 것들이 있으니 찾아보자.

아이가 호기심을 보이는 것을 기회로 삼아 아이의 이해력이 어떠한지, 상상의 세계에서 어떤 생각을 하는지 파악해 보는 것도 괜찮다. 가끔 대답하기 전에 아이가 무슨 생각을 하는지 알아보자. 가령 이런 식으로 아이의 생각을 물어볼 수 있다. "그럼 너는 어떻게 생각하니? 아기가 어떻게 나올 거라고 생각하지?", "좋아, 그렇게 생각할 수 있어.

하지만 실제로는 상황이 조금 다르단다".

아이 질문에 대답을 잘 하는 방법

아이가 지식이 아닌 믿음에 관한 질문을 할 때는 "내 생각은 이런데, 다른 사람들 생각은 또 다르단다. 네 생각은 어떠니?"처럼 대답하는 것이 중요하다. 이렇게 이야기함으로써 개인의 도덕, 죽음, 존재의 의미 같은 믿음에 관한 문제가 상대적이라는 것을 알려 줄 수 있다. 또 아이를 가족의 문화에 포함시켜 스스로 깊이 생각해 자기 의견을 세우도록 유도할 수 있다. 아이 스스로 답을 찾을 수 있도록 아이의 의견을 존중하면서 여러분의 의견을 전달하는 것이다. 아이가 자라서 사춘기가 되면 이를 깨닫고 여러분에게 고마워할 것이다.

가끔은 "그 문제에는 정답이 없어. 네가 생각하는 답을 찾으면 된단다"라고 진실되고 융통성 있고 단순하게 말하라.

만약 어리석은 대답을 했다면 어떻게 해야 할까? 아이가 한 질문에 대한 답은 되돌릴 수 있다. 가령 할머니의 장례식 때 아이가 "왜 할머니가 저 상자 안에 있어요?"라고 물었는데 여러분이 "할머니는 지금 주무셔. 다시는 깨지 않으실 거야"라고 대답했다면, 이후 아이는 잠자러 갈 때마다 주저하게 될 수도 있다. 이럴 경우 다시 그 질문을 꺼내 제대로 설명하도록 한다. 죽음과 잠은 다르다는 사실을 알려 주면 아이는 마음 편히 잘 수 있다.

만약 답을 모르면 어떻게 해야 할까?　　　언젠가는 아이의 질문에 대답을 못 해서 위신이 떨어지는 날이 오기 마련이다. 하지만 이 일이 오히려 아이가 잘못 알고 있는 것을 바로잡을 기회가 되기도 한다. 그렇다. 부모는 완벽하지 않고, 제일 강하지도 않고, 가장 아름답지도 않으며, 제일 부자도 아니고, 전지전능하지도 않은 존재다! 여러분은 그저 여느 사람들과 다를 바 없는 평범한 부모일 뿐이다. 그래서 실수하고, 모르고, 무기력해질 권리도 있는 것이다.

당신이라면 뭐라고 대답하겠는가?

- "엄마, 비행기는 왜 하늘에서 떨어지지 않나요?"
- "왜 나뭇잎이 빨갛게 변하나요?"
- "왜 저는 남자가 아니라 여자인가요?"
- "왜 파리가 더 이상 움직이지 않나요?"
- "아빠도 고추 있죠?"
- "왜 냉장고 안은 추운가요?"
- "하늘은 왜 파랗죠?"
- "죽으면 어떻게 되나요?"
- "제 장난감 트럭이 왜 고장 났어요?"
- "전화기에 사람이 있는 것도 아닌데 어떻게 소리를 들을 수 있나요?"

50

아이가 말할 때 발음이 틀리면
바로 고쳐 줘야 할까요?

"사탕 먹고 시퍼요!", "노얀 나비(노란 나비) 봤더요?" 두세 살이 되면 아이가 자기만의 말을 만들어 내고 어른들이 이것을 따라 하면서 그 가족만의 어휘가 탄생하지요. 하지만 언젠가는 아이가 말하는 것을 보고 감동하고 인내하는 것만으로는 부족한 날이 오게 됩니다.

부모는 아이가 혀짤배기 소리를 내거나 특정한 소리만 이상하게 발음하는 것을 보고 재미있어 한다. 저러다가 말겠지 하는 생각에 웃으면서 아이의 말투를 흉내 내거나 따라 한다. 하지만 생각과는 달리 문제가 지속되거나 악화되는 경우가 생기기도 한다.

왜 어떤 아이들은 발음을 잘하는데 어떤 아이들은 못하는 것일까? 그럴 때 어떻게 개입해야 할까? 이것은 문제가 어디에 있느냐에 따라 다르다. 상황에 맞는 방법을 살펴봐야 하겠지만, 모든 경우에 다 적용되는 일반적인 조언도 있으니 참고하도록 한다.

'말문이 트이기 시작한 초보' 경우(생후 18개월 ~ 네 살)

- 분명한 목소리로 아이가 아는 단어를 사용하면서, 아이와 밀접하 게 관련된 주제로 자주 대화한다. 아이가 경험한 것에 이름을 붙 이고 코멘트를 한다.
- 시간을 들여서 아이가 하는 말을 경청하고, 비록 알아듣기 어렵더 라도 그 말을 이해하려고 진지하게 노력한다. 예, 아니요로 대답할 수 없는 질문을 던져서 아이가 많이 표현하도록 유도한다.
- 아이에게 규칙적으로 이야기책을 읽어 준다. 언제나 발음을 정확 하게 하고 어감을 살려서 읽는다.
- 아이가 조금이라도 청력에 문제가 있는 건 아닌지 주의해서 살펴 본다. 의심스러울 경우에는 청력 검사를 한다.

세 살에서 네 살가량의 아이들이 발음에 문제가 있을 경우, 부모의 태도도 매우 중요하다.

- 절대로 아이를 놀리거나 아이를 보고 웃으면 안 된다.
- 아이가 말하는 대로 하면 더 잘 알아들으리라는 생각에 아이의 말 투를 따라 하는 경우가 있는데, 그래서는 안 된다. 가령 '젖병' 대 신 '쭈쭈'라고 하지 마라.
- 아이가 낱말을 정확하게 발음할 때까지 반복시키지 마라. 그렇게 하면 아이는 부모가 자신이 말하는 내용보다 말하는 방식을 더 신 경 쓴다고 생각할 수 있다.
- 여러분이 대답할 때 제대로 발음하고 문장을 만들어서 들려준다. 이렇게 하면 아이는 낱말을 제대로 발음하는 법을 저장하게 된다.

다음은 청력이나 신경 계통에 아무 장애가 없는 아이들이 겪을 수 있는 문제에 대해 설명하겠다.

발음 장애가 있을 때

예를 들어 'ㅈ' 발음을 잘 못하거나 'ㄹ' 발음을 생략하는 것 같은 발음 장애는 음성 왜곡이 일관되게 일어나는 경우다. 다섯 살까지는 흔히 나타나는 현상이므로 너무 심한 경우가 아니면 지나치게 걱정할 필요는 없다. 간혹 은근슬쩍 장애가 사라졌다가도 또다시 나타나기도 한다. 하지만 경우에 따라서는 혀의 크기, 엄지손가락 빨기, 치아 기형 등과 같은 해부학적인 이유 때문에 발생하기도 한다.

사실 발음 장애는 크게 심각한 일은 아니다. 치료를 받으면 쉽게 사라진다. 발음 교정 교육을 하는 목적은 적절한 분절운동이 자리 잡게 하는 것이다. 이것은 간단한 말놀이와 점진적인 훈련을 통해 가능하다.

말을 늦게 배운다　아이가 세 살 반이나 네 살이 다 되었는데도 여전히 아기처럼 말하는 경우가 있다. 주로 단어의 마지막 음절을 빼먹고 자음 발음이 거의 부정확해서 이 아이가 하는 말은 도통 알아들을 수가 없다. 하지만 어휘 수준은 정상이다. 아이는 항상 이렇게 말하는 것은 아니지만, 특정한 상황에 처하거나 많이 지쳤을 때 이런 증상이 악화된다.

아이의 말이 늦어지는 이유는 다양하다.

• 아이가 횡설수설 말을 하더라도 가족 모두가 잘 알아들어서 굳이

노력할 필요성을 느끼지 못하기 때문이다.

- 아이가 말하는 것에 부모가 너무 큰 기대를 걸고 있어서 압박을 느낀 나머지 불안감에 시달리기 때문이다.
- 아이가 워낙 적극적이고 활동적이라서 언어에는 거의 관심이 없기 때문이다.
- 아이가 집안의 '막내'라서 가족 모두 아이가 너무 빨리 자라는 것을 원하지 않기 때문이다.

대체로 아이가 학교에 다니게 되면 언어가 필요해지므로 상황이 많이 나아진다. 혹시 장애가 의심된다면, 발음 교정 검사를 해 보라. 아이의 선천적, 후천적 능력을 확인할 수 있고, 발음 교정 교육이 필요한지 아닌지 그 여부를 결정할 수 있다. 발음 교정 교육은 말소리와 말의 속도에 대한 감수성, 각각의 음이 만드는 소리의 인식 등 다양한 측면에서 이루어진다.

언어를 정복하는 일은 기나긴 여정이며 가끔씩 장애물을 만나기도 한다. 아이에게 이런 장애를 극복할 능력이 있는지 의심된다면, 주저하지 말고 전문가를 찾아가 조언을 구하도록 한다. 상담을 하면 대개 마음이 놓여서 시간이 해결해 줄 때까지 차분하게 기다릴 수 있다.

발음 교정 교육을 해야 하는 시기

발음 장애는 아이의 말이 자연스럽게 발전하도록 내버려 두면 저절로 사라지는 경우가 대부분이다. 따라서 너무 일찍 개입할 필요가 없지만, 그렇다고 무작정 기다리기만 한다면 문제를 더 키울 수도 있다.

그래서 일반적으로 네 살 반이나 다섯 살이 되면 검사를 받아 보고, 교정이 필요하다는 결과가 나오면 발음 교정 교육을 시작하라고 권고한다. 이렇게 되면 초등학교 입학 전에 문제를 해결하고 진학할 수 있다. 아이가 말을 자유자재로 구사할 수 있으면 글쓰기를 배울 때도 유리하다는 사실을 명심해야 한다.

다만 발음 장애가 심각하거나 언어 발달이 너무 늦다면, 네 살부터 검사를 받아 보는 편이 나을 수도 있다.

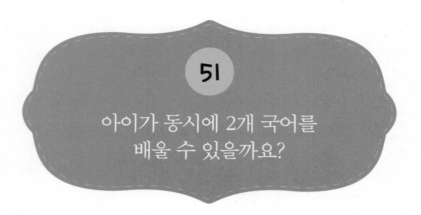

51

아이가 동시에 2개 국어를
배울 수 있을까요?

"저는 프랑스 사람이고 아이들 아빠는 스웨덴 사람이에요. 그래서 저희 부부는 집에서 영어를 쓰기로 했어요. 둘 다 영어를 유창하게 할 수 있고, 또 아이가 스웨덴어를 배우는 것보다는 '유용하다'고 생각했거든요. 하지만 몇 달 만에 그만두었어요. 영어는 누구의 모국어도 아니었기 때문이죠."
― 어느 엄마로부터.

어떤 아이를 두고 2개 국어를 한다고 말하는 것일까? 일반적으로 두 가지 유형으로 나누어 이야기한다. 첫 번째 유형은 태어날 때부터 두 언어를 배운 아이들이고, 두 번째 유형은 살고 있는 나라의 언어가 아닌 다른 언어로 처음 말을 배운 아이들이다.

첫 번째 유형에 해당하는 아이들은 엄마, 아빠의 모국어가 달라서 아기 때부터 각자의 모국어로 아이에게 말을 한 경우다. 두 번째 유형의 아이들은 이민자 가족에서 태어나서 '가정 안에서 쓰는 언어(집에서 가족

286

끼리 사용하는 언어)'와 '가정 밖에서 쓰는 언어(학교나 길에서 쓰는 언어)'가 같지 않은 경우다.

이 두 가지 경우, 아이가 한 가지 언어만 유창하게 구사한다고 할지라도 두 언어를 다 알아들을 수 있으므로 2개 국어를 구사하는 것으로 간주한다.

아이들의 무궁한 가능성

여러 시대를 거치는 동안 여러 지방과 나라에서 많은 아이들이 2개 국어를 사용했으며 지금도 그런 경우가 많다. 아프리카는 식민 지배를 받았던 탓에 부족어 외에도 프랑스어를 할 줄 아는 아이들이 많다. 또한 프랑스에서는 18세기까지 라틴어가 교육용 언어였으며, 프랑스어는 국제 교역어로 쓰였다.

일반적으로 2개 국어를 구사하는 능력은 큰 자산이 된다. 그래서 많은 부모들이 자녀를 2개 국어 병용 학교에 입학시키고 아이가 어릴 때 외국에 체류하려고 하는 것이다. 아이가 어릴수록 외국어를 습득하기 쉽다는 것을 알기 때문이다.

2개 국어를 접하는 아이들 중에는 다른 아이들보다 말을 늦게 배우는 경우가 가끔 있는데, 그래도 결국에는 둘 다 자유자재로 구사할 수 있게 된다. 간혹 어떤 아이들은 초등학교에 처음 입학해서 글쓰기를 시작할 때 어려워하고 혼란스러워하는 경우가 있다. 그럴 때는 아이와 함께 발음 교정 전문가나 심리상담사의 조언을 구하는 것이 바람직하다. 전문가들은 아이에게 각 언어의 역할과 의미를 분명하게 가르쳐 준다.

일반적으로 부모가 아이에게 자신의 모국어로 말하면 더 쉽게 2개 국어를 습득할 수 있다.

2개 국어 중 모국어 지키기

아이들이 2개 국어를 구사할 수 있다는 것은 인생의 큰 자산이 된다. 가정에서 두 언어의 가치를 모두 인정하고, 언어의 배경이 되는 두 문화 중 어느 쪽도 부정하지 않는다면 말이다. 이 경우, 제2의 언어가 보완적 사고의 도구이며 발전의 원천이 된다. 반대로, 문화적 가치를 지닌 기본 언어가 사회적으로 더 힘이 있는 제2의 언어 때문에 인정받지 못한다면, 아이는 혼동과 불안에 빠져 이 두 언어 모두 제대로 발전하지 못할 수 있다.

따라서 아이가 언어 측면에서 조화롭게 발달하고 학교 공부도 실패하지 않기를 바란다면, 모국어의 가치를 인정해 주어야 한다. 이것이야말로 아이의 언어 발달에 근본적인 첫걸음이 된다.

아이가 2개 국어를 사용할 경우 유의 사항

- 두 언어 중 어느 하나가 다른 언어에 비해 우세한 편이 좋다. 그 언어로 어리광도 부리고, 애정도 표현하고, 꿈도 꾼다. 특히 모국어가 그렇다.
- 양쪽 부모의 모국어가 다를 경우, 아이들에게 말할 때는 각자의 모국어를 사용하고, 가족끼리 대화할 때 사용할 공용어를 하나 정해 두는 편이 바람직하다.

- 아이가 이야기할 때 본인이 쓰고 싶은 언어를 고르게 해야 한다.
- 가족들이 사용하는 언어가 '가정 밖에서 사용하는 언어'와 다를 경우, 항상 가족 언어의 가치를 더 높게 두어야 한다. 그래야만 아이가 자기 뿌리가 되는 문화를 버리고 현재 소속된 문화를 선택하는 일이 일어나지 않는다. 반대의 경우 문화적 기반이 약해져 결국 아이의 언어 발달에 영향을 미친다.

52

시간 읽는 법을
어떻게 가르칠까요?

"잠깐만 기다려 주세요!", "기다린 지 벌써 한 시간이나 되었네!" 시곗바늘을 보거나 숫자를 보고 시간을 읽는 것은 아이에게는 참 어려워요.

아이들이 시간을 제대로 이해하려면, 그 전에 많은 것을 경험하고 주위 환경을 충분히 이해할 만큼 성숙해야 한다. 그런 다음에야 점차 초, 분, 시간, 요일, 달 사이에 연속되는 규칙이 존재하며, 이를 잘 관리하는 것이 중요하다는 것을 알게 된다. 그때가 되면 비로소 아이들에게 시간 보는 법을 가르칠 수 있다.

아이들이 생각하는 시간 개념

두 살 이전의 아이들에게는 오직 현재라고 불리는 시간대만 존재한다. 따라서 이들에게는 '어제', '오늘 저녁', '잠시 후' 같은 표현은 아무의미가 없다. 아이는 원하는 것이 있으면 즉시 얻기를 원한다. 두 살에서 세 살 사이에는 '곧'이나 '나중에'라는 개념이 의미를 지니기 시작한다. 그래서 이 시기의 아이들은 과도한 불만 없이 욕구의 충족을 어느 정도 뒤로 미룰 수 있다.

세 살쯤 되면, '어제'와 '내일'이라는 단어가 등장한다. 다만 아이에게 있어서 '내일'은 아직 일어나지 않은 모든 일을 가리키는 것이다. 아이에게 진짜 내일을 뜻하는 말은 '오늘 밤 다음에 오는 날'이나 '새로 해가 뜰 때' 같은 표현이다. 마찬가지로 '어제'는 지나간 것 모두를 말한다. 아이가 느끼는 시간의 흐름은 어른들이 느끼는 것과 다르다. 아이는 지금 당장 이루어지는 일이 아니면 아주 먼 일로 생각하기 때문에 지나간 일들을 모두 하나로 묶어서 '어제'라고 한다. 따라서 아이가 '어제'라고 한다면 이는 진짜 어제부터 '내가 아기였을 때'까지를 통틀어 말하는 것이다.

이러한 개념, 다시 말해 시간에 대한 개념은 천천히 자리 잡는다. 여섯 살에서 일곱 살 정도가 되면, 아이는 연속된 점들이 모여 만들어진 선처럼 개념화된 시간이 무엇인지 분명히 알게 된다. 또한 이 나이의 아이는 한 자리 또는 두 자리 숫자를 읽고 계산할 수 있고, 큰 어려움 없이 시간을 읽을 수도 있다.

시간 개념을 가르치는 방법

이 복잡한 학습의 마지막 단계는 바로 시간 개념을 배우는 것이다. 이는 매우 어렵지만, 다행히 일상생활을 통해 아이가 시간에 대해 갈피를 잡고 파악하도록 도와줄 수 있다.

- 아이가 해야 할 활동을 설명할 때 시간을 나타내는 말과 시간의 맥락을 강조하면서 말하라. "놀이터에 가기 전에, 우린 먼저 빵집에 들를 거야. 그런 다음 간식을 먹을 거란다", "먼저 이를 닦은 다음 잠옷으로 갈아입고, 마지막으로 이야기책을 읽자. 이야기가 기니까 내일 마저 읽어 줄게".

- 아이가 영화를 보거나 이야기를 들으면서 사건의 시간적 흐름을 파악하도록 도와주어라. 이는 아이들이 이해하기 힘든 부분이다. "저 사건은 아이가 학교를 마치고 저녁에 집에 돌아왔을 때 일어난 거야".

- 요일마다 아이가 하는 구체적인 활동을 연결하라. 월요일은 도서관 가는 날, 화요일 저녁은 만화영화 보는 날, 수요일은 할머니 댁에 가는 날 등으로 설명한다. 그런 다음 "우리가 어제 빌렸던 책", "내일 할머니 댁에 가면"이라고 하면서 다시 상기시켜 준다.

- 벽에 커다란 달력을 붙여 놓고 여기에 모든 날짜가 다 적혀 있다고 설명해 주어라. 그런 다음 하루가 지날 때마다 어제 날짜를 지워라. 이렇게 하면서 휴가나 생일까지 며칠이나 남았는지 아이와 함께 날짜를 세어 본다. 또 아이에게 요일이 주 단위와 월 단위로 구성된다는 점을 가르친다.

시간 읽기 학습하기

아이가 숫자를 읽을 줄 알면 시계의 숫자판에 있는 시간도 읽을 수 있다. 다만 시계 읽기는 아이가 초, 분, 시가 어떤 의미인지 구체적으로 이해하고 나서 해야 진정한 의미가 있다.

- 1단계는 아이에게 시간의 길이를 가르쳐 준다. 1초란? '헐!'이라고 한마디 하는 시간이다. 1분은? 초침이 한 바퀴 도는 데 걸리는 시간으로, 살짝 포옹하는 시간 정도 된다. 한 시간은? 커다란 분침이 한 바퀴 도는 데 걸리는 시간으로, 공원을 한 바퀴 산책하는 데 걸리는 시간 정도 된다.

- 스톱워치를 활용하라. "5분으로 알람을 맞추어 놓을게. 알람이 울리면 목욕하러 가는 거다" 또는 "계란 삶는 시간을 3분으로 맞추어 주렴".

- 2단계는 아이의 생활에 의미가 있는 특정한 몇몇 시간에 아이의 관심을 불러일으키는 것이다. 아이에게 시계를 보여 주면서 이렇게 말한다. "지금 8시 반이니까 잠자러 갈 시간이네" 또는 "시곗바늘 두 개가 똑같이 위를 가리키면 12시가 되는데, 그러면 점심 먹으러 와야 한단다".

- 3단계는 말 그대로 학습하는 단계다. 두꺼운 도화지로 커다란 시계를 만들어서, 일반적으로 시계에 적는 숫자 외에 '정오', '15분', '반', '15분 전'으로 표시하거나 '-25', '-20', '-10', '-5'라고 적는다. 아이에게 어떻게 읽는지 원리를 설명해 준 다음, 아이가 편하게 읽을 수 있을 때까지 함께 놀이하듯 연습한다. 처음에는 30분 단위처럼 간단한 시간부터 시작하고, 그런 다음 숫자판에 적혀 있는 것을 모두 연습한다.

시간의 순환, 계절 가르치기

아이에게 사계절의 특징도 가르쳐 준다.

- "아주 춥고 눈이 왔던 때가 기억나? 그때 나무에는 잎이 하나도 없었지. 그런데 지금은 저렇게 많구나. 그러다가 조금 지나 추워지면 나뭇잎이 다시 떨어진단다".
- 딸기의 계절, 수박의 계절, 사과의 계절 등이 있다고 설명한다.
- 사진을 보면서 아이의 옛날 모습과 여러분의 옛날 이야기를 들려준다. 가령 아이의 생일 사진을 함께 보면서 '아기였을 때'의 일화를 들려주는 식이다.
- 아이와 함께 미래의 계획에 대해 이야기한다. "네가 어른이 되면", "다음 크리스마스에는" 이런 식으로 이야기를 나눈다.
- 아이는 시간의 순환 과정을 조금씩 인식하게 되고, 시간 속에서 자신의 위치가 어디인지도 알게 된다.

요즘 아이들의 시간 개념

옛날에는 시계가 값비싼 물건이어서 성인이 되면 선물로 사 주면서 어른의 세계에 발을 들여놓게 된 것을 축하했다. 하지만 오늘날에는 다양한 가격대의 시계가 나와 있고 아이들도 디지털 시계를 많이 가지고 다녀서, 시곗바늘이 있는 시계를 보기 전에 이미 시간을 읽을 줄 알게 되었다. 디지털 시계와 휴대전화 덕분에 오늘날 아이들은 시간과 시각에 대한 개념을 훨씬 일찍 배운다.

53

또래보다 지능이 뛰어난데, 영재일까요?

'영재'로 불리는 아이들은 전체 아동 인구의 약 3퍼센트에 달합니다. 이런 아이들에게는 특별한 관심을 기울여야 하지요.

아이들은 대부분 특별한 재능 한 가지씩은 가지고 있으므로 그 재능이 무엇인지 찾고 부각해야 한다. 그런데 간혹 언어력, 논리력, 학습력, 신체 능력, 창의력 등 거의 모든 영역에서 나이에 비해 크게 앞서는 아이들이 있다. 이런 아이들은 지능지수(IQ)가 특히 높은데, 친구들보다 정신 영역의 발달이 빠르다는 것을 의미한다. 이들은 남들보다 일찍 글을 읽기 시작하고 이해도 빨라서 지능 측면에서 조숙하다.

영재인지 판단하기

아이가 또래보다 뛰어나게 앞서거나 특별히 똑똑해 보이면 많은 부모가 이런 질문을 한다. 실제로 영재성 있는 아이를 가려내어 교육하는 데에는 부모의 역할이 무척 중요하다.

생기가 넘치고, 큰 노력 없이도 잘하고, 기억력이 뛰어나고, 창의적이고, 호기심이 많고, 열성적이고, 집중력이 대단한 아이. 이것이 영재아의 이상적인 모습이다. 영재성 있는 아이들은 다른 아이들과 구별되는 공통적인 특징이 있으며 쉽게 눈에 띈다. 물론 모두가 이런 특징이 다 드러나는 것은 아니다.

- 대개 일찍부터 말을 하기 시작하며 어휘력이 풍부하다.
- 초등학교 입학 전에 읽기를 배웠고 책을 많이, 빨리 읽으며 사전과 백과사전을 무척 좋아한다.
- 모든 일에 호기심을 보여 독창적인 질문을 많이 하고 문제를 해결하는 것을 좋아한다. 또한 대체로 비판적인 의견을 낸다.
- 주의력, 관찰력, 집중력이 뛰어나다.
- 어른이나 자기보다 나이가 많은 사람과 어울리기를 좋아한다.
- 유머 감각이 발달했다.
- 불의에 민감하며, 타인에게 공감할 줄 안다.
- 활기 넘치고, 독립적이고, 혼자서 잘 지내고, 상상력이 풍부하다.
- 놀라운 논리력과 추론 능력이 있다.

영재성의 이면에 도사리는 위험

아이가 정말로 영재성이 있다면 발달 과정에서 반드시 도움을 받아야 한다. 영재아가 자기 모습 그대로 인정받지 못하면 행운처럼 보였던 것이 장애가 될 수도 있기 때문이다. 시인 보들레르가 앨버트로스에 대해 "그 거대한 날개가 나는 데 오히려 방해가 된다"고 했던 것처럼 말이다. 아이가 평균적인 또래 아이들과 다르면 다를수록 행동 장애가 나타날 위험이 더 크다.

조숙하고 영재성 있는 아이들은 또래보다 발달이 빠르고 자기만의 의견이 뚜렷해서 친구를 사귀기 어렵다. 이들의 눈에는 또래의 아이들이 자기보다 한참 어려 보인다. 그나마 말이 통하는 고학년과 어울리려고 하면 아기 취급을 당하기 일쑤다. 그래서 이들은 대개 혼자 놀거나 어른과 함께 지내는 것을 좋아한다.

이들은 교실에서 선생님이 설명하면 단번에 알아듣기 때문에 선생님이 세 번이나 설명을 반복하면 지루함을 참지 못해 소란을 피우거나 다른 사람을 귀찮게 한다. 반대로 자기 모습을 꼭꼭 숨겨 버리기도 한다. 니콜라의 경우가 그랬다. 이 아이는 선생님이 '튀어나온 돌'을 싫어한다는 것을 감지하고 자기 능력을 완전히 감추어 버렸다. 그리고 수업중에 공상에 빠져들어서 결국 일 년을 허비했다.

영재성 있는 아이들은 비록 머리로는 앞서 나가지만 마음은 자기 나이 그대로다. 여덟 살짜리가 아무리 영재성 있고 조숙해서 어른처럼 생각한다 하더라도 아직은 여덟 살짜리 아이인 것이다. 그래서 정서적 욕구 때문에 성숙하지 않은 행동을 할 때도 간혹 있다. 예를 들면 마티유는 벌써 인간의 기원에 관한 추상적인 질문을 하지만, 불안감을 느낄 때면 아직도 엄지손가락을 빤다.

아이가 조숙하고 영재성이 있다고 생각하면 전문가와 상담한 후 심리 검사를 받도록 한다. 아동 심리 상담소나 영재 교육원, 아동 발달 연구소를 운영하는 전문가들은 아동을 검사할 자격을 갖추고 있다. 가장 중요한 검사는 정신 발달 검사(예전에는 IQ 검사)로서, 다양한 기능 영역에서 지능의 성숙도를 측정한다.

이때 인성 검사도 실시해서 아이의 전체적인 성숙도와 정신적 균형 상태를 평가한다. 교육 또는 학습 측면에서 결정을 내리려면, 반드시 지능뿐만 아니라 모든 요인을 고려해야 한다. 이 모든 과정의 목적은 아이의 행복과 자아실현을 도모하는 것임을 잊지 마라.

심리학자는 검사 결과에 따라 부모가 아이를 교육적으로 어떻게 지도해야 하는지 조언해 줄 것이다. 경우에 따라 월반(越班)을 하는 것이 바람직할 때도 있다. 그러면 아이가 수업 진도를 따라가려고 노력하게 되어 학습 동기를 유지할 수 있다. 사실 이런 아이들을 다른 아이들과 섞어 놓아야 할지 아니면 따로 떼어 놓아야 할지에 대해서는 확실한 정답이 없다. 아이가 영재성을 보인다 하더라도 평범한 다른 아이들처럼 그저 아이일 뿐이다. 조숙하고 영재성 있는 아이도 학교에 다닐 권리가 있으며, 다른 아이들과 마찬가지로 자기의 다른 점을 존중받아야 한다.

영재 아이에게 꼭 필요한 과외 활동

보통이 아닌 아이를 키우는 일은 결코 쉽지 않다. 엄청난 인내와 유연함이 요구되는데, 특히 영재성 있는 아이는 대개 까다로우며 상처를 잘 받는 경우가 많다.

아이의 마르지 않는 지적 호기심을 채워 주기 위해 컴퓨터 클럽이나 어린이를 위한 강연, 언어 교육 과정에 등록하는 것도 좋다. 하지만 가장 좋은 방법은 아이가 최고가 되지 못하는 분야, 예컨대 연극, 예술 활동 등을 하면서 또래 친구들과 한데 어울려 지내게 하는 것이다. 그러면 아이의 감수성이 적절한 자양분을 얻는다.

운동을 하는 것도 좋다. 운동을 통해 아이는 지능만으로 모든 일을 해결할 수는 없다는 사실을 깨닫고 우정과 협동, 연대감을 발달시키는 법을 배우게 된다.

제2부

아동기

―

일곱 살부터 열네 살까지

―

제4장

가정교육!
생활 지도하기

54

아프다고 말하는데
학교에 보내야 할까요?

학교에 안 가겠다는 아이가 정말로 컨디션이 나쁜 것인지, 그저 집에서 뒹굴고 싶은 것인지, 아니면 심리적으로 무슨 문제가 있는 것인지 단번에 파악하기란 참 어려워요.

평일 아침 8시는 아이를 둔 가정이라면 가장 바쁜 때다. 라디오에서는 비 때문에 교통 체증이 심하다는 뉴스가 나오고, 우유는 끓어 넘치려 하고, 욕실 앞에는 온 가족이 줄지어 서서 서두르라고 발을 동동 구르고 있다. 이때 들리는 꼬마 레아의 목소리에 하루 일정이 삐걱거리기 시작한다.

"엄마, 나 배 아파." 물론 배뿐만 아니라 목이나 머리 등 어디든 아프다고 할 수 있다. 아이는 주로 확인하기 어려운 부위를 골라서 아프다고 한다. 그럼 어떻게 해야 할까?

원인 파악부터 먼저 하기

아이를 키우면서 위와 같은 상황을 한 번도 경험해 보지 않은 부모가 있을까? 설상가상으로 부모가 시간을 빼기 힘든 날 아이가 아프다고 칭얼댄다. 이런 경우 부모는 아이가 관심을 받고 싶거나 단순히 잠을 더 자고 싶어서 이런 불평을 한다고 생각한다. 부모 역시 어린 시절에 진짜건 가짜건 아픈 것을 핑계 삼아 학교를 빠진 경험이 있지 않은가!

노에는 이번 주에만 벌써 세 번째 학교를 빠졌다. 배가 아프다면서 집에 있으려 하지만, 병원에서는 아무 문제도 없다고 한다. 그렇다 해도 부모 입장에서는 아프다는 아이를 억지로 학교에 보내도 되는지 확신이 들지 않는다. 사실 어떻게 해도 죄책감이 드는 것은 마찬가지다.

아이가 정말로 아픈 것인지, 그냥 집에서 빈둥거리고 싶은 것인지, 아니면 학교에서 문제가 생겨 피하고 싶은 것은 아닌지, 진짜 이유를 알아내는 것이 쉽지만은 않다.

정말 아픈지 살펴보기

집에 있는 편이 나을지 판단하기 전에 아이가 정말 아픈지 증상을 먼저 살펴보아야 한다. 그런데 증상이 확실치 않을 때가 많다. 대체로 애매하거나 확인하기 어렵거나 특이한 경우가 많기 때문이다. 가령 머리는 아픈데 열은 없거나, 배는 아픈데 설사를 하지는 않는 경우 등이 그렇다. 하지만 아이를 집에 데리고 있어야 하는 증상도 있다. 그렇다면 이런 증상을 어떻게 구별할까?

- 설사를 하면 학교에 안 가는 편이 좋다. 이유는 두 가지인데, 본인

이 고통스럽기도 하지만 설사의 원인에 따라서는 전염될 위험도 있기 때문이다.

- 가벼운 감기로 맑은 콧물이 흐르면 휴지를 챙겨 보내면 된다. 하지만 여기에 더해 열이 나거나, 머리 또는 귀가 아프거나, 결막염이 생기거나, 가래 끓는 기침을 한다면 병원에 가야 한다.
- 다른 증상을 동반하지 않고 목만 아프다면 주의 깊게 변화를 주시해야 한다. 간혹 증상이 빨리 진행될 수도 있기 때문이다.
- 일반적으로 가려움과 발진은 크게 심각하지 않고 전염성도 없지만, 만일의 경우에 대비해서 응급 진단이 필요할 수도 있다. 특히 아이가 수두를 앓은 적이 없다면 더욱 그렇다.
- 섭씨 38도 이상의 고열이 있다면 학교에 가는 것보다는 집에서 쉬는 편이 낫다.

학교에 가고 싶지 않은 이유 찾기

간혹 통증에 민감한 아이들이 관심을 끌려고 불평하는 경우가 있다. 하지만 정말 문제가 있는 경우도 있다. 의학적으로 봤을 때 아이의 상태가 학교를 빠질 만큼 나쁘지 않은 데다가, 아이의 평소 품성으로 봐서 애정이나 관심을 받으려고 불평하는 것도 아니다. 그런데도 같은 상황이 반복해서 일어난다면, 그 원인이 무엇인지 찾아야 한다. 아이는 아마도 자기만의 방식으로 어떤 어려움을 호소하는 중일 것이다.

이때 아이가 하는 행동의 원인을 알아보려면 가장 먼저 해야 할 일이 아이와 진지하게 대화하는 것이다.

- 혹시 학교에 가고 싶지 않은 마음을 숨기고 있는 것은 아닐까? 아이의 학교생활에 문제가 있는데 부모가 모르거나 과소평가한 것은 아닐까? 의문이 든다면 학교 선생님을 만나 이야기를 들어 보는 것이 좋을 것이다.
- 아이가 심리적으로 힘든 시기를 보내는 것일 수도 있다. 아이가 자주 배가 아프다고 하면 이것은 다른 일에 대한 불만을 토로하는 것이다. 부모가 자기에게 할애하는 시간이 부족하든가, 앞으로 놀 수 있는 시간이 너무 적다고 생각하는 등 대체로 무언가 너무 많거나 너무 적은 것에 대해 일시적으로 불평하는 것이다.

아이의 고통 정도를 객관적으로 평가하기는 어렵지만 '꾀병'이나 '연기'라고 단정할 수는 없다. 따라서 아픔을 호소하는 목소리에 귀를 기울여서 충분히 알아보고 검토해야 한다.

엄살 피울 때

혹시 아이가 조금만 아파도 심하게 아픈 양 엄살을 피우고 늘 몸 어딘가 아픈 것처럼 행동하는가? 그렇다면 아마도 아이가 아프면 부모의 관심과 사랑이 자기에게 집중된다는 것을 간파한 모양이다. 이는 건강할 때보다 앓는 소리를 낼 때 부모에게 더 사랑받고 관심을 받는다고 느꼈다는 뜻이기도 하다.

이런 경우에는 부모가 태도를 바꾸지 않으면 악순환에서 벗어나기 어렵다. 어떻게 해야 할까?

- 아플 때가 아니라 건강할 때 보상해 주어라.

- 건강 문제에 대해 긍정적이고 역동적인 행동을 취하라.
- 부모 자신이 몸이 아프거나 불편할 때 불평하지 마라.

집안일 돕기, 손으로 직접 무언가를 만들기 등 아이가 다른 방법으로 부모의 사랑과 관심을 끌도록 유도하라.

안 아픈데 학교를 빠지려고 할 때

다른 이유가 있어서 아이가 집 밖으로 나가지 않으려 하는 경우도 있다. 부모가 다투는 모습을 자주 본 파블로는 자기가 집에 없을 때 엄마, 아빠 사이에 무슨 일이 일어날까 봐 걱정되어 집을 비우지 않으려고 한다. 엠마는 남동생이 태어나고 엄마가 출산휴가를 받아 동생과 하루 종일 함께 있는 것을 본 후, 자기도 그렇게 하지 못할 이유가 없다고 생각하고 집에 있으려 한다.

이런 경우 예외적으로 아이와 집에서 하루를 보내는 것도 좋은 방법이다. 그러면 부모는 아이에게 애정을 주고 아이의 말을 들을 수 있어서 좋고, 아이는 그 시간만큼은 부모를 혼자 독차지할 수 있어서 좋다. 프랑스의 정신분석가이자 아동·청소년 심리의 권위자 프랑수아즈 돌토(Françoise Dolto)는 "아이들이 학교를 너무 지겨워하거나 견디기 힘들어한다면 아프지 않더라도 하루 정도는 학교를 빠지게 해도 된다"고 말한다.

55

형제가 싸울 때
부모가 개입해야 할까요?

"저와 누나는 항상 싸워요. 치고받고 싸우기도 해요. 하지만 누나랑 있을 때가 제일 재미있어요. 그래서 주말이나 방학 때 누나가 없으면 너무 심심해요." ― 레오노르, 일곱 살.

화목하고 정이 넘치는 대가족을 꿈꾸었던 부모라면 자녀들의 말다툼과 싸움이 끊이지 않는 것에 실망할 것이다.

다투는 아이들을 보고 있으면 어린 시절의 나쁜 기억이 다시 떠오른다. "그러니까 형제자매란 다 이런 건가요? 크고 작은 소동이 끊이지 않고, 약올리는 말, 치사한 행동, 심지어 모욕에 주먹다짐까지, 이런 것이 형제란 말인가요?" 물론 아니다. 하지만 그렇기도 하다.

아이가 둘 이상이면 이들 사이에는 경쟁심과 질투심이 싹튼다. 반면 상대방의 입장이 되어 서로를 존중하는 법은 천천히 조금씩 배워 간다.

형제간에 자주 싸우는 이유

아이들은 누구나 부모의 사랑을 가장 많이 차지하고 싶어 한다. 형제나 자매가 있다는 것은 자신을 향한 부모의 시간과 사랑, 관심이 줄어든다는 것을 뜻한다. 모든 아이는 부모의 사랑과 관심을 통째로 독차지하고 싶어 하지만, 현실적으로 불가능하기 때문에 최소한 형제자매보다는 사랑을 많이 받고 싶어 하는 것이다.

형제간에는 권력이나 소유에 대한 경쟁심 또한 강하다. 첫째 아이는 자기가 나이가 많고 키도 크고 형이라는 이유로 특권을 누리고 싶어 하고, 또 가끔은 이를 남용하고 싶어 한다. 반면 둘째 아이는 이런 상황이 공평치 않다고 생각해서 자기도 형만큼 강하고 영리하다는 것을 계속 보여 주려고 한다. 이들은 각자 나름대로 비장의 무기도 있다. 주로 둘째는 성가시게 구는 것이고 첫째는 때리는 것인데, 이렇게 주고받다 보면 결국 싸움으로 번진다.

이러한 형제간의 경쟁의식은 관리만 잘 한다면 아이의 성격 형성에 긍정적인 영향을 준다. 경쟁심을 통해 협상과 관용, 역동성을 배울 수 있기 때문이다. 인생에서는 그 누구도 자기 혼자만 '모든 것'을 차지할 수 없는데, 형제간의 경쟁으로 이런 이치를 일찍 깨치게 되는 셈이다. 무엇보다 아무리 형제끼리 경쟁의식이 있다 하더라도 이 때문에 아이들 사이의 애정에 금이 가지는 않는다!

아이들이 싸울 때 부모의 태도

그래도 형제간 싸움이 합당한 범위를 벗어나지 않게 하는 것이 부모의 역할이다. 싸움이 벌어지더라도 아이들이 잘 대처하면서 조금씩 서로 협력하는 자세로 변모할 수 있게 도와주어야 한다. 아이들이 아주 어렸을 때부터 다음과 같이 교육적인 행동을 지속적으로 실천하면 효과를 볼 수 있다.

누구의 편도 들지 마라   어느 한 명이 옳고 다른 한 명이 틀리다고 단정 짓거나, 한 명만 벌을 주는 일은 삼가야 한다. 부모가 이렇게 행동하면 아이는 사랑을 덜 받는다고 느껴 그에 따른 경쟁심만 가중될 뿐이다. 오직 확인된 사실만을 근거로 간단히 말해야 한다. "여기 화난 아이들 둘이 있는데, 마음을 좀 가라앉히게 잠깐 서로 떨어져 있는 편이 좋겠네".

신체적 폭력은 금지하라   하지만 부정적인 감정을 표현하는 것은 허락해야 한다. 또 필요한 경우, 아이들이 이런 감정을 잘 표현할 수 있게 도와준다. 가령 "동생이 퍼즐을 망쳐서 화가 났구나" 하는 식이다. 부모가 자기 고통과 불만을 이해한다고 느끼면 아이는 복수하고 싶은 마음을 극복할 수 있다.

아이들과 함께 문제를 해결하라   단, 다섯 살이나 여섯 살 때까지만 이렇게 한다. 아이들의 푸념에 귀를 기울이고, 각자 자기 의견을 표현할 수 있도록 말하는 순서를 정해 주어라. 서로 의견을 교환하면 각자의 의견에 어떤 장점이 있는지 알 수 있다. 그런 아이들과 함께 모두에게 적합한 해결 방안을 찾아라. 이렇게 꾸준히 하다 보면 오래지 않아 효과가 나타나서, 부모가 없을 때도 아이들끼리 이런 식으로 문제를 해결한다.

몇 가지 행동 규칙을 정해서 설명한 다음 적용하라　"서로 아프게 해서는 안 된다", "빌린 물건은 돌려주어야 한다", "주인이 없을 때 물건을 뒤지면 안 된다" 등 분명한 규칙을 만들어서 막내까지 잘 지키게 해야 한다. 또 화목하게 지내는 데 도움이 되도록 공간을 정돈한다. 구태여 아이들을 붙여 놓아서 끝없는 싸움거리를 제공하는 것보다는 서로 떨어뜨려 놓는 편이 낫다.

부모가 아이들 개개인을 높이 평가한다는 사실을 알려 주어라　아이들 각자가 서로 다른 고유한 존재이고, 여러분이 아이들 각각을 특별히 사랑한다는 점을 알려 주어야 한다. 이 방법은 과자 크기를 정확하게 재거나 선물 개수를 세어서 아이들에게 똑같이 나누어 주는 것보다 효과가 크다.

형제 사이의 연대감과 협력이 얼마나 가치 있는 것인지 강조하라　그러려면 '고자질'하는 아이에게 관심을 주면 안 된다. 형제끼리 고자질과 비난을 하도록 만들어서도 안 된다. 그보다는 단체로 벌을 주거나, 아이들이 힘을 합쳐 해야 하는 '공동의 이익이 걸린 임무'를 준다.

부모의 모범이 최고의 해법이다　　여러분의 자녀가 자기 관리를 잘하고 충동을 다스릴 수 있기를 바라는가? 그렇다면 여러분이 먼저 솔선수범하라. 강한 인상을 주겠다고 소리를 지르는 것은 아무 소용이 없다. 의견이 달라도 차분하게 협상할 수 있다는 것을 아이들에게 몸소 행동으로 보여라.

아이들끼리 주고받는 말을 너무 마음에 두지 마라　　형제나 자매가 싸울 때는 살벌한 말들이 쉽게 오간다.

- "네가 싫어 죽겠어!"
- "다시는 내 인형을 빌려주나 봐라!"
- "절대로 용서하지 않을 테야!"
- "다음에 또 그러면 죽여 버리겠어!"

이런 말들은 다른 사람이 보기에는 너무 과하다 싶지만, 당사자끼리는 금세 잊어버린다. 아이들이 이런 말을 주고받는 것은 이들의 관계가 무척 열정적이고, 또 이런 말을 하더라도 서로의 관계에 결정적인 타격을 주지 않는다는 사실을 알기 때문이다.

부모의 개입이 필요할 때

형제자매 사이의 갈등은 피할 수 없는 것이며 그 자체가 유년기의 한 부분을 차지한다. 아이들은 이런 경험을 바탕으로 다른 사람에게 덤비는 법을 배우기도 한다. 따라서 형제간 싸움에 부모가 반드시 개입해야 하는 것은 아니다. 단, 부모의 개입이 꼭 필요한 때도 있으니 싸움의 상황을 잘 파악해 처신해야 한다.

- 형제간의 다툼 이면에는 부모가 다른 형제에게 화를 내게 하려는 목적이 숨어 있는 경우가 많다. 이런 상황에서 개입한다면 한 아이에게 본의 아니게 득이 되도록 행동하는 셈이 된다.
- 언제나 부모가 개입한다면 아이들이 스스로 갈등을 해결할 방법을 찾는 데 방해가 될 수 있다.
- 그럼에도 아이들이 싸울 때는 주의 깊게 신경을 써야 한다. 싸움이 항상 어느 한쪽이 이겨서 항복을 받고 지배하는 것으로 끝난다면, 이런 메커니즘을 깨뜨리기 위해 부모가 개입해야 한다.

56

형제가 방을
따로 쓰는 게 좋을까요?

새로운 가족이 생기거나 이사를 하면 한정된 생활 공간에서 어떻게 공간을 배분할지 고민이 되지요. 누가 누구와 같은 방을 쓸까? 누가 어느 방을 쓰는 것이 좋을까? 이 질문에 대한 답은 가족의 상황에 따라, 아이들 나이에 따라 달라질 수 있어요.

흔히 아이들이 각자 자기 방을 쓰는 것이 좋다고 생각한다. 그래서 많은 부모가 집을 구입하거나 꾸밀 때 이런 생각을 바탕에 깔고 결정을 내린다. 부모 자신은 거실에서 생활할 각오까지 하면서 말이다. 그런데 각자 방을 쓰게 하는 것이 과연 최선의 선택일까? 그 대답은 여러 가지 요인에 따라 달라진다.

방을 '따로' 쓰는 것이 좋은 이유 네 가지

집에 공간 여유가 있고 다음에 해당하는 경우에는 각자 방을 따로 쓰는 것도 좋다.

아이들의 성별이 다른 경우　아이들이 어릴 때는 문제 될 것이 없다. 하지만 커 가면서 서로 놀이나 관심 분야가 달라지는 것이 일반적이다. 또한 어떤 아이는 크면서 성적 수치심을 알게 되어 이성 형제가 같이 지내는 것이 불편할 수도 있다. 이는 정상적이고 당연한 일이다. 대가족이라면 여자아이들 방과 남자아이들 방으로 나누기도 한다.

나이 차이가 클 경우　이런 경우에도 관심 분야가 크게 다르므로 한 방을 쓰기가 힘들다. 하지만 아주 불가능한 것은 아니다. 나이 차가 큰데 같이 지내려면 손위 아이는 인내심이 많아야 하고 손아래 아이는 남의 물건에 함부로 손대지 않는 법을 배워야 한다.

두 아이 사이에 갈등이 매우 빈번할 경우　부모가 아무리 노력해도 아이들이 계속 경쟁하고 다투는 등 갈등 상황을 벗어나지 못하는 경우가 있다. 끊임없이 싸운다면 각자 자기만의 공간을 가지고 혼자 지내게 하는 것이 더 좋다.

아이들 각자가 요구할 경우　방이 넉넉하고 각자 방을 따로 주지 않을 이유가 없다면 주는 편이 좋다.

아이들이 방을 각자 쓰게 하는 이유 중 하나가 부모의 욕심인 경우가 있다. 부모가 어렸을 때 형제나 자매끼리 한방을 써야 해서 안 좋은 추억이 남아 있을 수도 있다. 그래서 자기 아이들에게는 본인이 꿈에 그리던 것, 즉 자기 방을 마련해 주고 싶은 것이다. 문제는 자신의 이런 꿈이 아이의 꿈이기도 한지, 이런 요구가 아이의 요구인지 생각해 보지 않는다는 점이다.

좀 다투더라도 형제간의 온정을 느끼며 한방에서 같이 지내고 싶은 아이들을 갈라놓는 것은 부모의 욕심일 수도 있다. 아이들은 사춘기가 되기 전에는 혼자 있고 싶어 하지 않는다. 오히려 함께 붙어 있으면서 활력이 넘치는 것을 좋아한다.

집에 아이 수만큼 침실이 넉넉하게 있는가? 그렇다면 그중 방 하나를 공동 놀이방으로 바꾸어 보라.

방을 '같이' 쓰는 것이 좋은 이유 네 가지

한방을 쓰면 장점이 많다. 특히 아이들이 동성이고 나이 차가 크지 않다면 더욱 그렇다.

밤에 귀신을 쫓아내는 데 좋다　　두 살에서 열 살 사이의 아이들은 하나같이 어둠을 무서워한다. 그런데 둘 또는 셋이 같이 있으면 침대 밑에 숨어 있는 괴물들과 벽장 속에 숨어 있는 도둑들을 쫓아낼 때 힘이 곱절로 강해진다!

협상하고 공유하는 법을 배운다　　방이 넓든 좁든 한 공간을 같이 쓰려면 다른 사람에게 자리를 양보해야 한다. 시간이 지나면 아이들은 금세 서로 잘 통하는 끈끈한 사이가 된다. 그러면 둘이 협력해서 장난도 치고 예기치 않은 즐거움도 찾을 것이다.

갖고 놀 수 있는 장난감이 두 배가 된다　　대개 침실은 책과 장난감을 정리해 두는 곳으로도 쓰인다. 따라서 둘이 한방을 쓰면 손 닿는 곳에 있는 장난감이 두 배로 늘어나고 언제나 같이 놀 수 있는 파트너도 생기는 셈이다.

아이들 각자에게 존중심을 가르친다　　한 공간에서 둘이 같이 지내려면 상대방의 개인적인 일, 비밀, 생활 리듬, 소소한 습관을 존중하는 법을 배워야 한다. 때로는 다툼을 통해서라도 배워야 한다. 또한 자기가 어떻게 하면 존중받을 수 있는지도 배우게 된다.

아이들이 같이 방을 쓸 경우에는 편안한 공간으로 느끼도록 꾸민다. 큰아이가 중학생이 되거나 사춘기가 시작되기 전에는 형제와 함께 방을 쓰는 것을 좋아한다. 서로를 존중해 주거나 혹은 자물쇠를 달아 상대방이 접근할 수 없는 자기만의 공간, 즉 자기만의 책상, 선반, 서랍 등이 마련되어 있다면, 여럿이 한방을 쓰면서 행복하게 지내는 경우가 많다. 방에 낮은 칸막이를 쳐서 나누거나 복층 구조로 만들어 공간을 분리할 수도 있다.

이층 침대를 사용할 때, 큰아이에게 위층을 주고 작은아이는 아래층을 주는 것이 일반적이다. 큰아이가 더 잘 움직이고, 밤에 자다가 화장실에 갈 일도 적고, 굴러떨어질 위험도 적기 때문이다. 그러나 작은아이는 이런 처사를 수긍하지 못하고 형이 특권을 누린다고 생각한다. 이럴 때는 어떻게 해야 할까?

- 형제 모두에게 각각 특권과 불리한 점이 있다는 사실을 알려 주고 받아들이도록 도와준다.
- 아이들과 해마다 자리를 바꾸기로 약속한다.
- 작은아이의 침대 주위에 천을 둘러 아늑하게 만들어 준다.

2층 침대의 아래쪽에서 자면 위쪽 침대의 널빤지가 그대로 보여서 전망이 썩 좋지 않다. 이때 위층 침대 아래에 커다란 포스터나 아이가 좋아하는 캐릭터 스티커를 붙이면 어떨까? 누웠을 때 보이는 곳이 예쁘면 아이가 좋아할뿐더러, 위에서 떨어지는 먼지도 막아 주니까 일석이조다.

57

집 안 분위기를 밝게 하려면
어떻게 해야 할까요?

파티라는 건 마음먹기에 달린 거예요. 파티 명분이야 만들어 내면 되지 않
겠어요!

아이들은 파티나 이벤트를 좋아한다. 하지만 일 년에 딱 한 번뿐인
생일, 일 년에 딱 한 번뿐인 크리스마스를 기다리기에는 그 사이의 시
간이 너무나 길게 느껴진다. 이렇듯 아이들이 즐길 만한 축제는 적고,
한참을 기다려야 하는 데다, 준비가 필요하다. 그런데 막상 그날이 되
면 또 너무 빨리 지나가 버려서 다시 내년까지 오랜 기다림이 시작된
다. 긴장과 의무로 가득한 일상생활은 아이들에게 그리 재미있지 않다.
생일이 매일 왔으면 좋겠다는 아이의 마음을 누가 탓할 수 있겠는가?

아이들도 틀에 박힌 일과를 보내다 보면 온종일 피로가 쌓이고, 그러
다 보면 일상생활에서 즐겁게 지내기가 좀처럼 쉽지 않다. 그래서 아이
들은 일상에서 벗어날 수 있는 날인 축제를 좋아하고, 깜짝 선물을 하

는 것도 받는 것도 좋아한다. 작은 선물이나 자기가 직접 그린 그림을 선물하며 삶의 기쁨을 전달하는 아이들을 보면 어른들이 본받아야 할 것 같다. 그렇다면 일상생활을 축제로 만들어 보는 것은 어떨까?

일상을 축제처럼 즐기려면

일상생활을 축제처럼 즐기려면 시간이나 돈, 에너지도 더 필요하겠지만, 무엇보다도 마음가짐이 달라져야 한다. 여러분이 지금 아이들과 어떤 분위기에서 함께 시간을 보내는지가 장차 아이들이 어른이 되었을 때의 삶에 결정적으로 영향을 미친다.

일상 속 작은 축제는 노력보다 창의성이 필요하다. 여러 가지 참신한 방법으로 가족을 깜짝 놀라게 하고 즐거움도 주어서 서로에게 행복을 안겨 줄 수 있다.

- 먹음직스러운 파이를 구웠는가? 그럼 이참에 새로운 계절이 온 것을 기념하거나 고양이의 생일을 축하하는 자리를 마련해 보라.
- 아들을 위해 양말을 샀는가? 무미건조하게 그냥 주지 말고 예쁜 종이로 포장해서 선물하라.
- 아이들이 잠자리에 들 생각을 하지 않는가? 침실 한쪽에 임시로 텐트를 치고 아이들에게 침낭을 주어라.

주중에 이렇게 축제 분위기를 낼 시간이 없다면 주말에 날을 잡으면 된다. 주중에 긴 시간 떨어져 지내다가 일요일에 커다란 침대에서 웃음 꽃을 피우며 수다를 떨고 가족끼리 브런치를 즐기면서 회포를 푸는 다정한 시간을 가지는 것이다.

일상을 축제로 만드는 법

분위기가 가라앉아 있거나 사람들 사이의 관계가 딱딱해졌을 때는 변화 없는 일상에서 벗어나 새로운 것을 시도해 보자. 평소에 투덜대기만 하던 아이도 분위기가 가벼워지면 마음이 풀리기 마련이다.

어렵지 않게 준비할 수 있는 참신한 식사 이벤트를 소개하겠다.

혹시 아이가 밥 먹기 싫다고 버티더니 식탁에 와서는 음식을 끼적거리기만 하는가? 공원으로 음식을 싸 가지고 나가거나, 또는 거실 바닥에 돗자리를 펴 소풍 온 것처럼 하면 아이가 무척 좋아할 것이다.

아니면 독특한 메뉴를 준비하는 것도 좋다. '뒤죽박죽 섞여 있는 식사'를 하면 어떨까? 먼저 식탁 위에 음식을 모두 준비해 두고 각자 원하는 순서대로 담아 먹게 한다. 날씨가 화창한 날에는 해님에게 경의를 표하는 뜻에서 노란색 음식만 차려 본다(옥수수, 달걀, 바나나, 파인애플 등). 비가 오는 날에는 핑크빛 음식을 준비한다(연어, 적양파, 딸기 우유 등).

아이들은 모두 예술가　이런 소규모 가족 이벤트에는 아이들도 다 참여하도록 한다. 누구는 샐러드 접시를 장식하고, 누구는 꽃 장식을 담당하고, 다른 누구는 셰프처럼 냅킨을 접는다.

여기에 예쁜 무늬의 일회용 접시와 냅킨을 사용하면 전체적으로 환한 분위기가 연출된다.

한순간의 자유와 일탈　아이들은 온종일 제약을 받는 시스템 속에서 지낸다. 언제나 착하고, 합리적이고, 조용하고, 말 잘 듣는 아이 노릇을 해야 한다. 이는 감정을 발산하고 장난칠 궁리만 하는 꼬마들에게는 굉장히 무거운 짐이다! 그러니 이벤트 때는 평소에 금지되었던 것을 마음껏 할 수 있는 자유 시간을 준다. 아이들은 분장이나 변장을 무척 좋아하므로 다른 사람이 되어 보는 놀이도 할 수 있다. 이벤트를 하는 동안 아이들에게 엄마 화장품을 쓸 수 있게 허락해서 자기 취향에 따라 분장하게 한다. 엄마, 아빠의 옷장을 개방해 아이들이 어른 옷으로 마음껏 꾸미고 가장할 수 있게 해 주는 것도 좋다.

아이들이 하고 싶어 하는 작은 이벤트

아이들에게 일상 속 이벤트는 평소에는 할 수 없었던 것을 마음껏 할 기회다. 하룻밤 동안에는 무엇이든 다 할 수 있는 것이다. 그리고 다음 날이 되면 다시 금지다. 그렇다면 아이들은 무엇을 하고 싶어 할까?

- 밤 12시까지 잠 안 자고 깨어 있기
- 욕조의 물을 마구 튀기며 놀기
- 부모의 침대에서 팡팡 뛰며 놀기
- 손가락으로 음식 먹기
- 동생과 같이 자기
- 식사할 때 디저트부터 먹기 등등

이렇듯 일상 중에 즐기는 이벤트는 가족이 한자리에 모이는 시간이며, 가족 구성원의 즐거움을 추구하는 시간이다. 무엇보다도 중요한 것은 이렇게 가족을 하나로 뭉치게 하고 마음에 안정을 주는 기쁨의 시간을 통해, 아이들이 인생은 달콤하고 좋은 것이라는 믿음을 가지게 된다는 점이다.

아이와 함께 웃을 일 많이 만들기

요즘 우리는 거의 웃지 않는다. 적어도 예전보다 훨씬 덜 웃는 것은 사실이다. 그런데 웃음이 뇌에서 행복감을 느끼게 해 주는 엔도르핀 분비를 촉진한다는 사실을 아는가? 엔도르핀이 분비되면 마음속 깊은 곳에서 긴장이 풀리고 스트레스 해소는 물론 질병 치유에도 도움이 된다. 세 살 버릇 여든까지 간다는 속담처럼 아이 때 생긴 습관은 앞으로의 인생에 결정적인 영향을 미친다.

그러므로 아이와 함께 웃을 일을 많이 만들자. 이는 교육적으로도 반드시 필요한 일이다!

58

산타 할아버지를 믿는 아이에게
어떻게 이야기할까요?

"사실 저는 산타 할아버지가 없다는 걸 알아요. 사촌 누나가 말해 주었거든요. 하지만 부모님께는 이야기하지 않았어요. 제가 산타가 있다고 믿는 척하니까 좋아하시는 것 같아서요." — 루이, 여섯 살.

크리스마스에 없어서는 안 될 존재, 산타 할아버지. 산타클로스와 루돌프가 끄는 썰매, 선물에 관한 이야기는 아이들을 설레게 한다.

하지만 "너 아직도 산타를 믿어?"라는 말은 썩 기분 좋은 의미가 아니다. 이 말에는 "너 정말 순진하구나. 네가 속은 거야"라는 조롱이 섞여 있기 때문이다. 게다가 아이를 계속 속이는 것은 정당한 일이 아니다.

산타 할아버지에 대한 아이의 믿음 바꾸기

아이들의 부모에 대한 신뢰는 절대적이어서, 비록 좋은 의도라 하더라도 부모가 거짓말을 할 수 있으리라고는 상상도 못 한다. 위에 소개한 사례에서 사촌 누나로부터 산타 할아버지의 진실을 전해 들은 아이는 아마 크게 낙담했을 것이다. 이로써 아이 유년기의 한 부분이 날아가 버리고, 동시에 어른에 대한 믿음의 한 귀퉁이도 떨어져 나갔을지도 모른다. 이런 경우 아이는 자기를 다른 아이들 앞에서 웃음거리로 만든 부모를 원망한다. 다섯 살 정도 되면 친구들 대부분은 더 이상 산타 할아버지를 믿지 않는다. 거리에서 빨간색 산타 복장을 한 아저씨가 돈을 버는 모습을 너무 많이 보았기 때문이다. 또 썰매는 날아다니지 못하고 아파트에는 굴뚝이 없다는 사실도 다 안다. 간단히 말해, 아이들은 이제 현실의 세계, 즉 어른들의 세계에 들어선 것이다.

이러한 이유로 부모는 산타 할아버지에 대한 아이들의 믿음을 조금씩 바꾸어야 한다. 이를 위해 세 가지 차원에서 전략을 세워 보았다.

현실과 상상의 세계 구별하게 하는 법

아이와 TV 드라마를 시청하고 있다면 거기에 등장하는 인물이 실제 생활에는 존재하지 않는다는 사실을 설명해 주어라.

아이에게 이야기책을 읽어 주고 있다면 그 이야기는 만들어 낸 이야기라고 설명하고 작가의 이름을 보여 주어라.

이렇듯 아이가 아이 자신, 부모, 강아지처럼 '실제로' 존재하는 것과 요정, 책 속의 영웅, 백설 공주, 산타클로스처럼 '가짜로' 존재하는 것을 구별할 수 있게 도와야 한다. 아이는 현실과 상상이라는 두 가지 차원의 삶이 있다는 사실을 잘 받아들인다. 물론 언제나 잘 구별하는 것은 아니지만 말이다. 그래도 아이가 이 두 세상이 다르다는 사실을 아는 것 자체가 중요하다.

아이와 함께 길을 가거나 슈퍼마켓에 갔을 때 산타 할아버지를 만난 적이 있는가? 이때 혹시 아이가 왜 이렇게 산타가 많으냐고 물어보지 않는가? 그럴 때는 분명하게 대답하라. 저 사람들은 산타로 변장한 사람인데, 사진이나 장난감을 팔고, 손님을 즐겁게 해 주고, 활기찬 분위기를 띄우려고 여기 있는 것이라고 말이다.

서서히 상상의 세계에서 멀어지게 하는 법

- 처음부터 산타에 대해서 단정적으로 이야기하지 말고 에둘러서 표현하라. "사람들 말이 산타 할아버지는 커다란 순록이 끄는 썰매를 타고 온대. 등에는 커다란 자루를 지고 있다는 거야." 아이가 산타는 어디에 사느냐고 묻는다면 "글쎄, 잘 모르겠는데, 네 생각엔 어디일 것 같니? 그리고 산타의 집은 어떻게 생겼을까?"라고 되묻는다. 이로써 현재의 모습대로 만들어진 상상의 세계, 우리가 지어낸 이야기가 시작된다.

- 아이가 진실을 알게 되는 날, 앞에서 설명한 식으로 표현하면 이미 진실을 알고 있었던 것 같은 느낌이라서 속았다는 기분이 들지는 않을 것이다.

- 아이가 초등학교에 입학하기 한두 해 전부터 서서히 신화적인 이야기에서 멀어지도록 한다. 가령 산타 할아버지가 여전히 집에 찾아올 거라 믿는다면, 친구나 친척들이 각자 선물을 준비해서 아이에게 직접 주게끔 한다.

- 만약 아이가 대놓고 질문을 한다면, 정직하게 대답하되 부드러운 어조로 이야기한다. 비록 아이가 '원래 알고 있던 것'이라 느끼더라도, 또 어른들과 비밀을 공유한다는 데 의미를 두더라도, 크리스마스의 마법을 이루던 한 축을 잃는 것은 슬픈 일이다.

산타 할아버지의 존재를 계속 믿게 하면 안 되는 이유

- 어느 날 아이가 놀라운 특종을 들고 나타난다. "마르탱이 그러는데 산타 할아버지는 없대요!" 이럴 때 "당연히 산타 할아버지는 있지. 엄마가 말했잖니? 아마 마르탱이 관심을 받고 싶어서 그런 말을 했나 보네!"라는 식으로 대답해서는 안 된다.
- 아이가 실망할까 봐 억지로 산타를 믿게 만들면, 나중에 정말로 아이가 실망하게 될 위험이 있다.
- 여섯 살이 지났는데도 아이가 산타가 실제로 존재한다고 믿게 내버려 두면 안 된다. 이성적으로 생각할 줄 아는 나이가 되면 논리력이나 지능에 문제가 있지 않고서는 이런 이야기를 믿지 않는 게 정상이다.

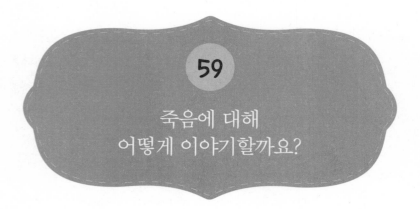

59

죽음에 대해
어떻게 이야기할까요?

집에서 키우던 고양이(혹은 강아지나 햄스터, 금붕어)가 죽었어요. 아이가

실제 죽음을 접하는 것은 이번이 처음인데 어떻게 해야 할까요?

아무리 아이라 하더라도 죽음에 대해 나름대로 알고 있으며 죽음이 인생의 한 부분이라는 사실도 안다. 어렸을 때부터 전쟁놀이를 하다가 "빵! 빵! 넌 죽었어!"라고 하면 바닥에 누워 몇 초 동안 꼼짝도 하지 않는 것을 보면 알 수 있다. 또한 아이는 TV를 통해서도 수많은 죽음을 본다. 아이가 죽음에 대해 전혀 모르고 관심도 없다고 생각하는 것은 부모의 착각이다. 용기 있는 아이라면 먼저 여러분에게 죽음에 관해 몇 가지 질문을 할 것이다.

죽음에 대해 미리 설명하기

반려동물의 수명은 짧다. 동물도 사람처럼 병에 걸리고 사고를 당하고 늙기도 한다. 그래서 아이들은 사랑하는 반려동물을 잃는다는 견디기 힘든 시련을 꽤 자주 겪는다. 이런 이유로 어떤 부모는 반려동물 키우는 것을 처음부터 꺼린다. 이렇듯 아이들이 처음 맞닥뜨리는 죽음이 반려동물의 죽음인 경우가 많은데, 고통스러운 경험이긴 해도 그만큼 아이 교육에 도움이 되는 측면도 있다.

아이와 함께 반려동물의 죽음에 관해 이야기를 나눈 적이 있는가? 아이에게 개나 고양이는 15년 정도 살 수 있고, 햄스터는 2년밖에 살지 못한다는 설명을 미리 해 두는 것이 좋다. 또 집에서 키우던 동물이 나이가 들면 언젠가는 우리 곁을 떠나게 된다는 이야기도 해 주어라. 그러면 아이는 죽음에 대해 알게 되고 금기로 여기지 않을 것이며 실제로 동물이 죽었을 때 크게 상심하거나 비관적으로 생각하지 않을 것이다.

아이와 삶과 죽음에 대한 이야기를 나눌 기회는 얼마든지 있다. 길을 가다가 죽은 곤충을 발견했을 때가 좋은 기회다. 이 곤충은 이제 숨을 쉬지 않고 더 이상 심장도 뛰지 않는다고 이야기하면서, 지구 상에서 영원히 사는 것은 없다고 말해 준다. 이때 아이가 질문을 하면 이해할 수 있을 만큼 자세히 설명하고 아이가 어릴수록 간단히 설명한다.

반려동물이 죽었을 때 죽음에 대해 말하기

반려동물이 머지않아 죽을 것으로 예상된다면, 시간이 얼마 남지 않았다는 사실을 아이에게 알려 주어라. 그리고 작별 인사를 하는 방법과 마지막 순간을 편안하게 해 주는 방법도 말한다. 혹시 안락사를 시켜야 한다면, 아이에게 수의사 선생님이 더 이상 아프지 않고 편하게 죽을 수 있도록 도와주는 거라고 설명한다.

죽음에 대해서는 간단명료하게 말해야 한다. "고양이가 많이 아프더니 죽고 말았어." 가장 사실적인 단어를 사용해서 말하는 것이 중요하다. 모호하게 개가 '떠났다'고 하면 아이가 하염없이 개를 기다릴 수도 있다. 또 '개가 영원히 잠들었다'고 하는 표현도 위험하다. 자칫 잠에 대해 오해해서 수면 장애를 야기할 수 있기 때문이다. 잠이 들면 죽게 될까 봐 겁이 나서 잠을 자지 못하는 아이도 있다.

죽음에 대한 아이의 반응에 대응하기

이런 소식을 들은 후의 반응은 아이의 성격과 나이에 따라 다르다. 아이가 아주 어리다면 아직 죽음에 대한 느낌이 없고 시간 감각도 거의 없어서 대개 온화한 반응을 보인다. 반면 좀 더 큰 아이들, 특히 이미 분리 불안이 나타난 경우라면 무척 격렬한 반응을 나타낸다. 동물과 함께 지낸 기간이 길수록 그 정도가 심하다.

이럴 때 무엇보다도 아이가 느끼는 그대로 반응하게 해 주는 것이 중요하다. 아이가 어떤 태도를 보이건 그에 대해 왈가왈부해서는 안 된다. 아이에게도 슬퍼하거나 슬퍼하지 않을 권리가 있기 때문이다. 어떤 아이는 키우던 동물의 죽음을 자기 삶에 갑자기 들이닥친 변화로 받아들이고 격렬하게 반응한다. 분노나 화를 표출하거나 변덕을 부리고 잠을 잘 자지 못하기도 한다. 이럴 때 부모는 아이가 충분히 슬픔을 표현하고 다시 정상으로 돌아올 때까지 이해심을 가지고 기다려야 한다.

한편 어떤 아이는 죽은 동물을 무척 사랑했는데도 무심한 척 행동한다. 그래서 부모가 아이의 '내면'에서 무슨 일이 일어나는지 눈치채지 못하는 경우도 있다. 아이가 어떻게 행동하든 어른들은 적어도 아이들 앞에서는 동물을 자식처럼 생각하거나, 죽음에 대한 불안감을 아이에게 투영하는 행위를 삼가야 한다.

아이와 함께 애도하기

아이가 반려동물의 죽음을 애도하려면 어느 정도의 시간과 부모의 도움이 필요하다.

- 아이에게 사람이나 동물이 죽더라도 그를 사랑했던 사람들의 마음속에서 계속 살아 있을 것이라고 설명하라.
- 아이와 함께 고양이 사진을 보면서 고양이가 매일 하던 행동이나 습관을 회상하라.
- 아이에게 고양이를 위한 짧은 시나 글을 써 보라고 권하라.
- 아이가 원하면 아이 방에 고양이 사진 액자를 걸어라. 그러면서 계속 고양이에 대한 이야기를 나눈다. "야옹이가 밤이면 네 옆에서 잠자던 것 기억나니?"

사랑하던 동물을 잃는 시련을 겪고 나면 무언가 남는 법이다. 이 사건을 계기로 아이는 자기만 생각하던 것에서 조금 벗어나 인생을 좀 더 넓게 이해하게 되며 한층 성장한다.

죽음으로 인한 불안 잠재우기

소중히 여기던 반려동물이 죽는 것을 본 아이들은 흔히 이런 걱정을 한다. 죽음이 고양이를 앗아 갔다면 다른 것들도 데려갈 수 있지 않을까? 이 가정이 충분히 가능하다는 데 생각이 미치면, 아이는 여러분에게 질문할 것이다. 이때 아이가 마음속에 있는 말을 털어놓도록 유도하고 잘 들은 다음, 아이의 불안을 잠재울 수 있는 말을 해 주어야 한다.

"그런데 왜 야옹이가 죽었어요?"

"나이가 많아서(또는 아파서, 사고를 당해서) 죽었어. 그게 살아가는 이치야. 누구나 언젠가는 죽는단다".

"엄마도요? 저도 그런가요?"

"그럼, 우리 모두 마찬가지야. 하지만 먼 훗날의 이야기지. 아직 우리는 삶을 다 산 게 아니야. 우리에게 남은 인생은 아직 많거든".

이때 아이가 자신의 감정을 표현하도록 도와주는 것이 중요하다. 아이가 이런 감정을 느낀다는 사실을 알면 부모는 놀라거나 걱정하는데, 이럴 경우에는 아이에게 솔직하게 말하고, 불안감을 없애 주고, 안심시켜야 한다. 특히 이런 주제를 다룰 때는 세심하게 대처해야 한다.

새로운 반려동물을 들일 때

어떤 부모는 아이가 죽은 반려동물을 빨리 잊게 하려고 서둘러 다른 동물을 데려오기도 한다. 실제로 새로운 동물을 만나면 아이가 애도하는 시간을 줄이는 데 도움이 될 수 있다. 하지만 서두를 필요는 없다. 시간을 두고 좀 더 기다린 다음 아이와 함께 천천히 새 반려동물을 고르는 편이 낫다. 아이는 새 친구에게 금세 정을 붙이겠지만 그렇다고 새로운 사랑이 예전의 사랑을 마음에서 지워 버리는 것은 아니다.

죽음에 대한 아이들의 생각

• 다섯 살 이전

아이들은 게임에서처럼 죽음도 되돌릴 수 있는 현상이라고 생각한다. 잠이나 여행이 그런 것처럼 떠나갔다가 돌아올 수 있다고 여기는 것이다. 또한 죽은 사람도 생각과 감정이 있지만 움직이지 못할 뿐이라고 생각한다.

• 다섯 살 ~ 아홉 살

이 나이가 되면 아이들은 죽음이 외부에서 강요된 결정적인 사건이라고 생각한다. 그리고 죽은 사람이나 동물은 소멸하는 것이 아니라, 우리가 사는 세상과 비슷한 다른 세상에서 다른 방식으로 존재한다고 믿는다.

60

성적 수치심을 알게 되면
어떻게 가르쳐야 할까요?

언젠가는 아담과 이브가 그랬던 것처럼, 우리 아이도 자신이 벌거벗고 있다는 사실을 깨닫는 날이 올 거예요. 그때가 되면 몸을 가리고 싶고, 다른 사람이 벌거벗은 모습을 보면 불편해지겠지요.

"왜 엄마는 잠옷을 안 입어요?" 살짝 비난하는 듯한 어조로 여섯 살 샤를린이 엄마에게 따진다. 그동안 샤를린은 부모가 옷을 입지 않은 모습을 자주 보았지만, 이제는 그냥 넘어가지 못하겠다는 태도다. 얼마 전부터는 샤를린 혼자 샤워할 때 욕실 문을 꼼꼼히 닫는다.

성을 대하는 아이들의 방식

오늘날 부모들은 집에서 가족끼리 있을 때는 벗고 지내거나 속옷만 입고 돌아다니지만, 몇십 년 전만 해도 상상도 할 수 없는 일이었다. 잡지 표지나 해변에서 벌거벗은 모습을 흔히 보게 되면서, 가정 안에서도 훨씬 자유롭고 자연스럽게 몸을 대하게 되었다. 이렇듯 부모와 아이 사이에 스킨십이 많아지고 맨살을 맞대면서 더 친밀하고 돈독한 애정을 나누게 되었다. 그렇다면 이제 금기와 성적 수치심은 사라진 것일까? 물론 아니다. 알몸이나 노출을 대하는 사람들의 태도는 달라졌지만, 아이들은 예전과 다름없고 사회에는 여전히 위험이 도사리고 있기 때문이다.

부모는 아이들이 몸과 성을 대하는 방식이 어른과는 다르다는 것과, 아이들이 훨씬 상처받기 쉽다는 것을 알아야 한다.

성적 수치심을 느낄 때 유의 사항

- 아기들에게 벌거벗는 것은 큰 즐거움이다. 생후 24개월 전까지는 벗으면 편하고 안락해서 좋아한다. 아이들은 옷을 걸치지 않은 채 집, 풀밭, 숲, 해변 등 어디건 뛰어다니며 흙탕물을 튀기고 노는 것을 즐거워한다. 그 후에는 자신의 몸과 자기가 어떤 성에 속하는지 보여 주며 자부심을 느끼는 시기가 온다. 벌거벗고 돌아다니고, 거울에 비추어 보고, 다른 아이들과 비교하는 것도 좋아한다. 몸에 대해 궁금증이 생기며, 호기심 때문에 어른의 몸을 보거나 만지고 싶어 하기도 한다. 이럴 때 부모가 아닌 어른에게 이런 부탁을 하는 것은 좋지 않다고, 부드럽지만 단호하게 말해야 한다.

- 세 살이나 네 살이 되면 아이들은 성과 부모에 대한 질문이 많아진다. 때때로 엄마, 아빠 사이에 갈등을 유발하려고 하거나 부모 중 한 명을 독차지하려고도 한다. 가령 네 살짜리 카롤은 엄마에게

"난 크면 아빠랑 결혼할 거야"라고 말한다. 이런 아이 앞에서 부모가 벗은 몸을 과도하게 노출하면 혼란을 초래할 수 있다. 언행을 신중하게 해야 하는 시기다.

아이에 따라 시기는 조금씩 다르지만 나이가 들수록 성적 수치심을 느끼게 된다. 이는 지극히 정상적인 발달 단계에 해당한다. 이럴 때 아이를 놀리는 것은 학대하는 것이나 마찬가지다. 이 시기의 아이는 다른 사람이 벗은 모습도 불편하게 느낀다. 그래서 욕실에 들어오기 전에는 꼭 노크를 하라고 요구하기도 한다. 수영장에 가면 개별 탈의실을 쓰겠다고 한다. 이성의 아이들이 자기를 보는 시선이 신경 쓰이기 때문이다. 이런 아이들의 마음은 가족끼리 벗은 모습을 보이기 원치 않는 어른들의 심정과 비슷하다. 그 무엇도 억지로 강요하면 안 된다. 어른이나 아이나 자기 의사를 분명히 밝힐 자유로운 권리가 있다.

몸에 자신감을 갖도록 키우려면

집에서 거리낌 없이 벌거벗고 지내느냐 그러지 않느냐는 개인적 선택의 문제다. 이렇게 지내는 것을 전혀 개의치 않는 가정에서 자란 아이가 어른이 되었을 때 자기 몸에 자신감을 지닐 가능성이 높다. 다음과 같은 세 가지 조건만 충족된다면 알몸 자체는 문제 될 것이 없다.

- 아이가 몸에 대해 질문할 때 어른들이 정직하게 대답해 준다고 느껴야 한다.
- 아이 역시 신체적 사생활을 존중받을 권리가 있다. 세 살부터는 혼자서 씻고 화장실을 사용하도록 가르친다.

• 몸과 관련된 권리와 금지 사항의 한계를 분명히 정해야 한다.

아이가 자기 몸은 오직 자기만의 것이며 자기의 사생활 영역에 속한다는 사실을 명확하게 알아야, 성추행하려는 어른들로부터 스스로를 보호할 수 있다.

성에 대해서 대화를 시작할 시기

성별에 관계없이 모든 아이는 성과 관련된 몸의 역할을 막연하게 알게 되면서 성적 수치심을 느끼기 시작한다. 아이들은 몸 안에 신비함이 숨어 있으며, 한참을 기다려야 답을 얻을 수 있다는 것을 느낌으로 안다. 그래서 본능적으로 스스로를 보호하기 시작한다. 이때 어른들은 이런 아이들의 태도를 존중해 주어야 한다. 아이들과 성에 대해서 대화를 시작해야 하는 때가 바로 이 시기다. 아이가 궁금해하기는 하지만 섣불리 대놓고 접근하지는 못하는 문제들에 대해 부모가 먼저 말해 주거나 책이나 교재 등을 활용해서 풀어 나가야 한다.

61

장을 볼 때 떼쓰지 않게 하려면
어떻게 해야 할까요?

"엄마, 저 아이스크림 사 주세요. 새로 나왔는데 맛있는 거래요. TV에서 봤어요." 엄마를 따라 슈퍼마켓에 온 여덟 살 클라라의 말이네요.

여섯 살짜리 엔조가 카트 위에 앉아서 엄마에게 '작은 구슬을 섞어 먹는 요구르트'를 사 달라고 소리친다. 하지만 클라라가 지목한 아이스크림이나 엔조의 신상품 요구르트는 PB(Private Brand, 판매업자가 소유하고 관리하는 상표_옮긴이) 상품보다 가격이 두 배나 비싸다.

이럴 때 어떻게 해야 할까? 별거 아니니까 아이들이 좋아하는 제품을 사 줄까? 만약 그렇게 결심한다면 돌이킬 수 없는 위험한 상황에 빠질 것이다. 아이가 자랄수록 사 달라고 하는 제품 가격이 올라가기 때문이다. 아니면 가게 한가운데서 아이가 울고불며 소동을 피울 것을 각오하고 안 된다고 딱 잘라 거절할까? 그러다 아이의 즐거움을 빼앗게 되진 않을까? 아니면 원칙을 거론하면서 한바탕 소동을 벌여야 할까?

아이가 TV의 영향으로 이런 요구를 해 올 때 최악의 사태를 막을 수 있는 방법은 무엇일까?

아이의 욕구를 자극하는 것

마케팅 연구 결과에 따르면, 두 살부터 여덟 살 사이 어린이의 약 30퍼센트가 자신이 좋아하는 브랜드를 콕 찍어서 사 달라고 부모에게 강력히 요구한다고 한다. 이 수치는 계속 증가하는 추세인데, 이렇게 어린 소비자들이 요구하는 브랜드는 대개 광고를 많이 하는 브랜드다.

일고여덟 살 정도의 아이들은 광고와 TV 프로그램의 차이를 잘 모른다. 따라서 광고에 상업적 목적이 있다는 것을 간파하지 못한다. 이런 아이들이 스폿 광고에 취약하다는 점을 노리고 광고계에서는 이들을 주요 타깃으로 삼고 있다. 열 살 정도 되면 광고에 깔린 상업적 의도를 인식하기 시작한다.

이럴 때 대부분 부모가 아이에게 양보한다. 아이를 기쁘게 해 주거나 조용히 살고 싶다는 이유에서다.

아이가 원하는 제품의 가격이 평소에 구입하던 제품의 가격과 대략 비슷하다면야 뭐가 문제이겠는가? 하지만 그런 경우는 매우 드물다. 제품의 개발, 출시, 광고에 드는 비용이 어마어마하기 때문에, 공들여 만든 신상품일수록 가격이 비싸다. 아이가 요구하는 대로 장을 보고 나면 지갑 무게가 달라진 것을 느낄 것이다.

아이의 요구를 거절하면서도 아이가 크게 불만을 느끼지 않고, 나쁜 부모가 되지 않는 방법이 무엇인지 알아보자.

- 장을 보러 가기 전에 필요한 물건과 가족이 원하는 것을 냉정하게 따져서 쇼핑 목록을 만들고 이 목록대로 구입해 불필요한 충동구매를 피한다.

- 가게에 도착하면 아이에게 "오늘은 목록에 있는 것 말고는 더 안 살 거란다" 혹은 "간식용 과자 하나만 고르기로 하자"라고 미리 말해 둔다. 다음번에는 안 된다고 하기 위해 한 번은 좋다고 허락하는 것이다. 장을 볼 때마다 아이가 요구르트나 과자, 섬유 유연제 등 물건 하나를 직접 고르게 하는 것도 좋다.

- 아이가 물건을 고르는 재미를 느끼도록 여러분 마음에 드는 것 두 가지 중에서 하나를 선택하게 한다. "과자 하나 골라 줄래? 초콜릿 맛이나 딸기 맛 중에서 어떤 것이 좋겠니?"

- 블라인드 테스트를 한다. 평소에 먹던 시리얼과 아이가 원하는 브랜드의 제품을 놓고 눈을 감은 채 어느 것이 나은지 비교한다.

- 구체적인 욕구나 요구가 충족되지는 않더라도 대화로 어느 정도 풀 수 있다. 안 된다고 딱 잘라 말하기보다는 아이와 차근차근 대화를 나눈다. "그래, 그거 맛있어 보이는구나. 왜 사고 싶어 하는지 알 것 같아. 속은 무슨 색깔일 것 같니? 광고가 기억나니? 오늘은 사야 할 게 많으니까 다음번에 사자." 이렇게 이야기를 나누다 보면 그쪽 코너를 지나가고 아이는 다른 것에 관심을 보일 것이다.

- 아이에게 할 일을 주면 사 달라고 조르는 빈도가 줄어든다. 가령 아이에게 카트에 담긴 물건을 제대로 정리하는 임무를 맡긴다. 아이가 좀 더 크면 물건을 살 때마다 쇼핑 목록에서 항목을 지우게 하거나, 과일 무게를 재서 가격표를 붙여 오게 하거나, 계산기로 물건 가격을 셈하는 임무를 맡긴다.
- 가능하다면 아이가 라벨을 읽을 수 있도록 가르친다. "여기 좀 보렴. 이 요구르트는 다른 것보다 두 배나 더 비싸네. 이걸로 한 묶음을 살까, 아니면 다른 걸로 두 묶음을 살까?"
- 아이가 더 크면 리터나 그램당 가격을 비교하는 법을 가르친다.

광고의 역할 설명하기

아이들은 TV 광고를 보고 특정 제품을 사 달라고 조르는 경우가 대부분이다. 따라서 아이들에게 광고의 본성을 알려 줌으로써 이런 요구를 조금 잠재울 수 있다.

아이들이라고 해도 광고는 짧은 영화와 다르다는 것을 설명하면 알아듣는다. 광고의 목적은 신상품에 대한 정보를 제공하고 구매 행위에 영향을 주는 데 있다. 그래서 광고에서는 사람들이 사고 싶도록 제품을 매력적으로 소개하고 늘 좋은 점만 강조한다. 게다가 뉴스나 다른 프로그램과는 달리 광고는 제품 제조업체로부터 돈을 비싸게 받기 때문에 이는 결국 제품 가격에 반영된다는 것을 설명한다.

62

집안일을 거들게 하려면
어떻게 해야 할까요?

"클레망이 어렸을 때에는 엄마를 자주 도와주었어요. 그런데 초등학생이
되더니 집안일을 하지 않으려고 온갖 핑계를 대더군요. 시험이 코앞이다,
급히 인터넷 검색을 해야 한다, 친구에게 문자를 보내야 한다 하면서요."
— 어느 엄마로부터.

사실 집안일을 열심히 도와주면서 자기 할 일까지 잘하는 아이는 거
의 없다. 그렇다고 잔소리하지 않아도 아이 스스로 자기 몫을 다하리라
기대하지 말라는 뜻은 아니다. 부모가 어떻게 가르치면 좋을까?

정리 정돈 습관 들이기

아침에 이불을 정리하거나 물건을 쓰고 나면 정리하는 것을 습관화
하면 부모가 잔소리하거나 화낼 일도 없을 것이다. 이런 습관을 들이려
면 어렸을 때부터 시작해야 한다. 만 세 살이 되면 부모와 같이 장난감

정리 정돈을 할 수 있다. 그 후에는 아이의 나이와 상황에 따라 참여할 수 있는 일이 달라진다.

아이는 일단 정리하는 것에 익숙해지면 집을 깨끗하게 유지하는 데 자기를 포함한 모두가 참여하는 것이 당연하다고 생각한다. 가족 모두 각자의 물건은 자기가 챙겨야 하고, 집 안 전체가 원활하게 돌아가려면 가족이 모두 책임감을 가져야 한다고 설명해 준다.

합리적으로 집안일 시키기

집에서 해야 할 임무에는 두 종류가 있다. 자기 방 정리하기, 세탁물은 세탁 바구니에 담기 같은 '개인적'인 임무와, 고양이 먹이 주기, 식기세척기에서 그릇 꺼내기, 식탁 차리기 같은 '공동'의 임무다. 이 두 가지 임무에 아이를 동참시키면 자립심을 키우는 것은 물론 다른 사람들을 위해 봉사하는 것도 가르칠 수 있다. 여섯 살부터는 개인적인 임무 두세 가지와 공동의 임무 한 가지를 충분히 책임지고 할 수 있다.

그럼 어느 정도로 집안일을 시키는 것이 합리적일까? 매일 해야 하는 일 한두 가지(침대 정리, 식탁 차리기), 매주 해야 하는 일 한 가지(자기 방 정리하기, 토끼장 청소하기), 매달 해야 하는 일 한 가지(창문 닦기, 세차 돕기) 정도가 적당하다.

아이에 따라서 특정한 임무를 힘들어하는 경우가 있다. 쓰레기통 비우기가 냄새나서 싫을 수 있고, 정리하는 것이 생각대로 되지 않아 의욕이 떨어질 수도 있다. 이럴 경우 아이에게 여러 가지 임무 중에서 원하는 것을 고르게 한다. 다른 가족의 동의를 얻어서 아이 스스로 원하는 일을 골라 참여하게 하는 것이다. "햄스터 우리를 청소할래, 아니면 식탁 차리는 것이 더 좋니?"

집안일 거들게 하는 방법

집안일 거들기가 당연한 것이 되게 하려면 처음에 몇 가지 노력을 해야 한다. 먼저 아이의 동의와 약속을 받아야 한다. 아이가 여럿이라면 냉장고 위에 각자의 임무를 표로 정리해서 붙여 놓는다. 가령 클레망스가 저녁마다 식탁을 차리기로 되어 있는데, 화요일에는 체육 수업이 있어서 밥티스트가 대신한다. 그러면 밥티스트가 미술학원에 가는 요일에는 클레망스가 식탁 치우는 일을 대신하면 된다. 강아지 산책은 둘이서 2주일마다 번갈아 하기로 한다.

부모가 긍정적인 태도를 보이면 좋은 습관이 자리 잡는 데 많은 도움이 된다. 이런 임무가 반복되고 가끔은 보람이 없는 것 같더라도, 그런 것이 정상이며, 없으면 안 되는 일이라고 아이들에게 설명해 준다. 집이 잘 정리되어 있고, 옷이 깔끔하고, 강아지도 있고, 좋은 음식을 먹으면 즐겁지만, 그러기 위해서는 누군가 이런 임무를 꼭 해야 하며 가족 모두가 나눠서 하는 것이다. 인생은 즐거움과 제약, 두 가지가 섞여서 이루어진다.

집안일을 대하는 여러분의 태도가 아이들의 눈에는 본보기가 된다. 여러분은 집안일을 할 때 노래를 흥얼거리며 하는가, 아니면 투덜거리며 하는가?

아이가 한창 게임을 하고 있거나 가장 좋아하는 TV 프로그램을 보고 있는데, 이를 방해하고 가서 빵을 사 오라고 하거나 자기 방 청소를 하라고 한다면 아이가 순순히 부모의 말을 들을 가능성은 거의 없다. 그보다는 아이에게 임무를 수행할 시한을 정해 주고 언제 할지 스스로 선택하게 하는 편이 좋다. "네가 가고 싶을 때 가도록 하렴. 하지만 저녁 식사 때 빵이 꼭 있었으면 좋겠어." 그러면 아이는 책임감을 느끼게 되고, 자기가 해야 할 일을 잊어버리지도 않는다.

"엄마가 네 몸종인 줄 아니?" 여기저기 널린 아이의 물건을 정리하면서 이런 말을 내뱉으면 여러분이 짜증 난다는 것을 표현할 수는 있지만, 상황을 호전시키지 못한다. 그보다는 여러분이 아이에게 바라는 바를 차분히 다시 설명해 주는 것이 낫다. "간식을 다 먹었으니까 그릇을 정리하고 식탁을 행주로 닦아야겠지? 나중이 아니라 지금 말이야".

이때 규칙이 분명하게 정해져 있다면 상이나 벌을 줄 필요는 없다. 논리적으로 뒤따르게 되는 행동의 결과를 받아들이게 하면 된다. "엄마가 부탁한 것을 다 하면 나가서 친구들과 놀아라" 또는 "식기세척기 안의 그릇을 다 꺼내지 않으면 컴퓨터는 사용 금지" 이렇게 하기가 어렵다면, 아이가 했던 약속을 다시 확인해야 한다.

여러분이 생각하기에 이렇게 집안일에 각자 참여하는 것이 정상이라면, 보상을 줄 필요는 없다. 하지만 이해("쉽지 않았을 텐데 잘했구나")와 감사("네가 정리해 주어서 큰 도움이 됐어. 고맙다")는 표현해야 한다.

　　최근에 발표된 조사 결과들을 보면 눈에 띄는 내용이 있다. 바로 여자아이가 남자아이보다 집안일에 더 많이 참여한다는 사실이다. 부모는 남자아이에게 장난감 정리나 침대 정리를 시키면서도 빨래나 식사 준비를 돕게 하지는 않는다.

　　이렇게 무의식중에 나오는 성차별적 행동은 조심해야 한다! 여자아이들이 이를 점차 부당하게 느낄 것이고, 남자아이들에게도 도움이 되지 않는다. 남자아이들도 청년이 되면 엄마 품을 떠날 테니 스스로 집안일을 해결할 줄 알아야 한다. 아들의 미래의 아내가 가사 분담을 요구하리라는 것도 염두에 두어야 한다.

63

부모의 이혼이나 결별을
어떻게 알려야 할까요?

아이들은 부모가 헤어진다는 소식을 접하면 크게 불안해해요. 아이가 사는 세상 전체가 요동을 치는 일이니까요. 아이에게 어떤 식으로 알리느냐가 굉장히 중요해요.

오늘날 기혼자의 3분의 1에서 절반가량이 결혼 생활을 이혼으로 마감한다. 결혼하지 않고 동거하던 커플의 경우, 공식 통계 자료는 없지만 헤어지는 비율이 기혼자보다 훨씬 높은 것이 확실하다.

이렇듯 요즘 세상에 부모의 이혼은 더 이상 예외적인 일도 아니며, 창피한 일도 아니다. 그럼에도 부모가 헤어진다는 것은 아이에게 세상이 무너지는 것 같은 일이다. 특히나 부모가 심하게 다투는 것을 본 적도 없고, 아무런 낌새를 눈치채지 못했을 경우에는 더욱 그렇다.

헤어지기로 결정을 했다면 이 사실을 아이에게 어떻게 이야기하는 것이 좋을까? 도움이 될 만한 조언을 몇 가지 소개한다.

언제 말하는 게 좋을까

헤어지자는 결정을 내리자마자 아이에게 사실을 말해야 한다. 아이가 상처를 받을까 봐 숨기다 보면 아이가 눈치를 채고 궁금해하거나 불안해할 수 있다. 아이가 아무리 어리더라도 아이의 수준에 맞게 쉬운 말로 소식을 알려야 한다.

하늘이 무너져 내릴 것 같은 이 놀라운 소식은 아이에게 앞으로 엄청난 영향을 미칠 수 있다. 하지만 아이가 미리 눈치를 챘거나 어느 정도 이런 결정이 내려질 거라 예상했다면 그 파장은 조금 덜할 것이다.

막상 아이에게 이야기하는 순간, 여러분의 감정이 북받쳐서 적당한 말을 찾지 못할 수도 있다. 따라서 할 말을 미리 준비해 두면 이야기하기가 훨씬 수월할 것이다.

부모가 함께 말해야 할까

엄마와 아빠가 같이 사실을 알려 주는 것이 바람직하다. 부모가 여전히 대화를 나누고, 아이들 문제를 가지고 의견을 같이한다는 것을 안다면 아이들은 안심할 것이다. 이렇게 하면, 부모가 현재 상황을 잘 극복하고 있으며 문제를 해결할 수 있으리라는 것을 아이들이 느낀다.

아이들이 여럿이라면 다 같이 있을 때 이야기한다. 그러면 아이들끼리 연대감을 강화하는 효과가 있다. 만약 아이들이 나이 차이가 있다면, 나이에 맞추어 따로따로 설명하는 것이 좋다.

어떤 식으로 말해야 할까

가능한 한 냉정함을 유지하라. 이 상황에서는 아이를 안심시키는 일이 가장 우선이다. 여러분이 차분한 태도를 보임으로써 아이가 바라는 대로 "내가 사는 세상이 완전히 뒤바뀌었지만 그래도 엄마, 아빠가 상황을 잘 통제하고 있어"라는 메시지를 전달할 수 있다. 지금 말을 하는 대상이 아이라는 점을 명심해야 한다. 쉽고 간결한 말로 이야기하라.

지금은 배우자와 재산 문제를 해결하거나 소송을 시작할 시기가 아니다. 개인적인 비난이나 소송은 다음으로 미루어라. 아이가 여러분이 하려는 말에 수긍하고 새로운 상황을 잘 받아들이게 하려면, 부모 사이가 우호적이지는 않을지라도 최소한 서로를 존중하고 이해하는 사이라는 것을 확인시켜 주어야 한다. 부부 생활이나 여러분이 상대에게 느끼는 감정적인 환멸에 대해 자세히 말하지 마라. 이런 이야기는 아이와 상관없는 내용이다.

무슨 말을 해야 할까

아이와 관련된 것을 중심으로 단순히 사실만 이야기하면 된다. "너도 느꼈겠지만, 엄마와 아빠가 노력했는데도 사이가 좋아지지 않았단다. 그래서 결국 헤어지기로 결정했어. 슬픈 일이지만, 네가 너무 힘들지 않도록 엄마, 아빠가 잘 준비할게".

아이는 자기가 이사해야 하는지, 전학을 가야 하는지, 강아지와 계속 같이 살 수 있는지, 태권도를 계속 배울 수 있는지, 자기 인생은 앞으로 어떻게 변할 것인지 등을 알고 싶어 한다.

변화가 많을수록 아이의 어려움이 클 테니 변하지 않고 그대로 있게 될 부분을 강조해서 이야기하는 편이 좋다.

여러분은 무엇보다 다음 사항을 아이에게 설명하면서 확실히 안심시켜야 한다.

- 아이는 앞으로도 여전히 부모의 자녀이며, 부모의 사랑은 변치 않을 것이다.
- 부모가 헤어지는 것은 결코 아이 때문이 아니며, 이 상황을 되돌리기 위해 아이가 할 수 있는 일은 아무것도 없다.

아이가 보이는 다양한 반응과 그 이유

어떤 아이는 슬프거나 불안한 감정을 표현하고, 어떤 아이는 거칠게 반응하기도 하며, 또 다른 아이는 쉽게 흥분하거나 신랄한 모습을 보인다. 이런 반응은 지극히 정상적인 것이며, 시간이 지나면 아이들은 다시 기운을 회복한다. 그리고 여러분도 마찬가지다.

그런데 어떤 아이는 아무 반응을 보이지 않는 경우도 있다. 겉으로 보면 부모의 이별 소식에 아무 반응도 하지 않는 것 같다. 이런 반응이 나타나는 것에는 다음과 같은 몇 가지 이유가 있다.

- 부모가 헤어지는 것이 어떤 결과를 낳는지 아이가 아직 다 이해하지 못했기 때문이다.
- 아이가 깨닫기까지 시간이 필요하기 때문이다.
- 그러리라 예상하고 있었기 때문이다.
- 그동안 집 안 분위기가 너무 나빠서, 차라리 한숨 돌릴 만한 상황

이라고 여기기 때문이다.

- 자기 내면의 감정을 숨기고 있기 때문이다.

대화 후 부모가 보여야 할 자세

아이가 새로운 상황에 적응할 시간을 주어야 한다. 아이가 어떤 반응을 보이더라도 화를 내면 안 되고, 인내심을 가져야 하며, 아이가 자기 생각과 감정을 표현하고 이야기할 수 있는 분위기를 조성해야 한다.

대화를 하는 동안 부모가 차례로 자신의 입장을 드러냈다면, 그다음에는 아이들에게도 발언권을 주어야 한다. "우리에게 하고 싶은 질문이 있니?" 이때 깜짝 놀랄 만한 질문이 나오기도 하지만 차분하게 대답하도록 노력하라.

일단 아이와 대화가 끝나면 아이가 평소 하던 대로 행동하게 한다. 자기 전에 꼭 양치를 한 다음 침대에 들어가고, 굿나잇 키스를 하자고 엄마, 아빠를 부르는 등 원래 일상으로 돌아가게 하는 것이 아이를 가장 안심시키는 길이다.

64

이혼 가정인데, 아이가 아빠와
살고 싶어 해요. 어떡하죠?

"난 아빠와 살고 싶어!" 다양한 아이들이 있는 만큼 이 말을 표현하는 방법도 가지각색이지요. 그런데 갑자기 이런 말을 들으니 뭐라고 대답해야 할지 모르겠네요.

이 말은 어느 일요일 저녁, 아빠 집에서 지내다 돌아온 열세 살짜리 소라야가 느닷없이 던진 말이다. 한편 열네 살 토마는 엄마나 누나와 다툴 때마다 늘 같은 이야기를 한다. "이제 지겨워, 여기엔 여자밖에 없어. 여기서 벗어나고 싶어".

이혼이나 별거 가정에서 흔히 벌어지는 일이다. 아이들이 아주 어렸을 때 부모가 갈라섰다면 그 당시 판사는 아이의 거주지를 엄마 집으로 정했을 것이다. 그 후 아이들이 자라면서 양쪽 집에서 번갈아 가며 지낸다. 그러다 보면 아이가 이런 말을 할 수도 있다. 섭섭한 마음이 앞서는 이때 엄마는 어떻게 대답하고 행동해야 할까?

아이의 욕구 파악하기

아이도 자기가 그런 요구를 한 진짜 이유가 무엇인지 잘 모를 것이다. 그러므로 아빠와 함께 살고 싶다는 말이 나오면 차분하게 대화를 이끌어 그 바탕에 깔린 이유가 무엇인지 파악해야 한다. 과연 이것이 필요에 의한 욕구인지, 아니면 욕망 때문인지, 혹은 그냥 내뱉은 말인지 생각해 보는 것이다.

엄마 밑에서 자란 청소년기의 남자아이는 아빠와 가까워지고 싶은 욕구를 느낀다. 이 시기 남자아이에게는 어른으로 자라나기 위해 자기와 성인 남자를 동일시하는 과정을 거친다. 소년이 남자가 되려면 아이에게 모델이 되어 줄 남성이 필요한 법이다. 또한 남자아이든 여자아이든 사춘기가 되면 엄마와 거리를 두고 싶어 하고 자립하려는 욕구가 더 커진다.

아이가 이런 말을 하면 엄마는 이유를 알려고 하기보다 먼저 자책하거나 슬픔에 잠겨 '아이를 포기하고 넘겨주어야 하지 않을까' 생각하기 일쑤다. 그러나 부모의 능력에 문제가 있는 것이 아니다. 아이를 어른으로 키우기 위해 엄마와 아빠가 해야 할 일이 따로 있기 때문이다.

환경을 바꾸고 싶어 하는 이유

아이가 삶의 터전을 바꾸고 싶어 한다면 그 이유는 대개 두 가지다.

- 아이가 엄마 집에서 멀어지기를 원하기 때문이다. 엄마와 갈등이 너무 많거나, 규율이 너무 엄하거나 또는 너무 약하거나, 남동생과 맞지 않거나, 엄마가 새로 사귄 남자 친구가 싫거나 등이 원인일

수 있다.

- 아이가 아빠 집과 가까워지기를 원하기 때문이다. 아이는 아빠 집에서 살면 더 좋을 거라 상상한다. 아빠 집에 가면 조용히 지낼 수 있고, 자기 방이 생길 수도 있고, 자기가 좋아하는 배다른 동생과 같이 지낼 수 있고, 즐겁게 살 수 있을 것 같기 때문이다.

모든 이유가 다 흥미롭고 정당하게 들리므로, 아이의 의견을 참고로 해서 모두 만족할 만한 일상생활을 꾸릴 방법을 생각해 내야 한다.

아이가 습관처럼 "이러저러하니까 난 아빠랑 살 거야!"라며 으름장을 놓기도 한다. 엄마와 갈등을 빚거나, 무엇을 요구하거나, 불만이 생길 때마다 이 말을 무기로 어른의 양보를 얻어 내려고 하는 것이다.

이런 태도를 고치려면 부모 양쪽이 공동 전선을 구축해야 한다. 만약 아이가 또다시 협박을 하면 엄마가 이런 식으로 단호하게 대답하는 것이 좋다. "지금은 여기서 지내는 거다. 뭔가 바꾸어야 할 일이 생기면, 너와 상의한 다음에 아빠와 엄마가 결정할 거야. 그러니까 지금은 엄마 말을 들어".

아빠의 상황 고려하기

아이의 정당한 욕구나 욕망에 엄마가 동의했다 하더라도 이것만으로는 충분하지 않다. 다음 사항도 고려해야 한다.

아빠의 동의　아빠가 정기적으로 아이와 만난다고 해도 아직은 아이와 일상생활을 함께할 준비가 안 될 수도 있다. 아이를 키우려면 시간적 여유, 장소, 에너지가 필요한데 이는 그저 사랑이나 호의만으로 해결될 문제가 아니다.

물질적 문제　아빠가 같은 동네에 있는 큰 집에서 살 경우와, 멀리 떨어진 방 두 개짜리 작은 집에서 살 경우, 아빠와 살겠다는 아이의 요구에 대한 답도 다를 수밖에 없다. 일반적으로 다른 도시로 이사하고, 전학 가고, 친구와 헤어지는 등 아이가 겪게 될 변화가 클수록 고민하는 시간을 오래 가져야 한다.

결론적으로 말해서, 만약 아이가 아빠와 살고 싶다고 한다면 굳이 안 될 이유는 없다. 엄마 집과 아빠 집에서 번갈아 가며 지내는 것도 좋은 방법이다. 하지만 어떤 경우에도 경솔하게 생각하고 결정해서는 안 된다. 이런 결정을 내리려면 시간을 두고 깊이 고민해야 하며, 당사자들 모두가 대화를 통해 의견을 모아야 한다.

"아빠와 살겠다"는 아이의 요구는 엄마와 갈등을 겪을 때 많이 등장한다. 그래서 아이는 홧김에 상처가 될 것이 뻔한 말을 한다. 이성적으로는 아빠와 함께 살고 싶다는 아이의 마음을 십분 이해하는 엄마라 해도 막상 이런 말을 들으면 설움이 복받치는 것은 어쩔 수 없다. 그토록 사랑하고 모든 것을 다 바친 아이로부터 거부당하는 느낌은 견디기 힘들다. 게다가 아이가 떠난 텅 빈 집을 생각해도 서럽긴 마찬가지다.

유일한 해결책은 자책하지 말고 자신의 마음속 깊은 곳의 감정을 들여다보는 것이다. 그런 다음 아이에게 이로운 부분과 엄마 자신이 상처받는 부분을 냉철하게 구별해서 생각해야 한다. 이것이 바로 엄마이자 어른으로서 해야 할 몫이다.

65

새 배우자의 아이를 처음에
어떻게 대해야 할까요?

어느 정도 성장한 자녀를 둔 사람을 만나 새로운 인연을 시작하는 일은 녹록지 않아요. 특히 사춘기 아이들은 심성이 그리 너그럽지 않거든요. 말 한마디도 그냥 넘어가질 않아요.

아이들은 부모가 이혼 후에 새로운 배우자를 만나는 것을 달가워하지 않는다. 부모가 재결합할지도 모른다는 희망이 완전히 사라지기 때문이다. 원래의 가족이 다시 모였으면 하는 바람이 산산이 깨져 버리는 형국이니 아이의 심기가 불편할 수밖에 없다.

실망이 큰 아이들에게 새엄마 혹은 새아빠로서 어디까지 기대할 수 있는지 알면 앞으로 닥칠 어려움을 극복하는 데 도움이 된다. 당연히 외교력과 인내심도 발휘해야 한다.

새로운 배우자의 자녀와 가까워지고 서로 호감을 느끼려면 시간을 들여야 하고 노련함도 필요하다. 아이는 여러분을 충분히 지켜보고 테스트한 다음에야 신뢰를 보낼 테니 그 정도는 각오해야 한다.

- 친부모를 대신할 생각은 하지 마라. 여러분은 아이의 엄마나 아빠를 대신하는 행동을 할 필요가 없다. 아이에게는 이미 친엄마 또는 친아빠가 있으니 그것으로 충분하다.

- 아이의 친부모와 경쟁하려 들지도 마라. 사춘기 나이의 아이가 자기 친아빠가 요리를 더 잘한다고 말하거나 친엄마가 티셔츠를 더 잘 다린다고 한다면 유감스럽지만 어쩔 수 없다. 여러분의 원래 모습대로 행동하는 것이 장기적으로 봤을 때 가장 잘 '통하는' 방법이다.

- 금방 친해지려고 너무 무리하지 마라. 우호적이고 개방적인 태도로 아이를 기다리면, 아이는 스스로 준비가 되었을 때 자기에게 맞는 속도로 여러분에게 다가오게 되어 있다.

- 아이의 친부모를 비판하거나 무시하는 듯한 말을 절대로 해서는 안 된다. 그들과 전쟁이나 경쟁을 벌일 생각은 버려라. 만약 아이가 먼저 "우리 아빠는 이것보다 더 맛있게 만들어요!"라고 한다면, 이렇게 대답하라. "그러니? 정말 맛있나 보네. 아빠가 요리를 잘해서 좋겠구나".

아이들과 처음으로 함께 지내게 되었을 때 여러분이 정한 대로 각자의 역할과 위치, 임무를 설명해 준다. 누가 누구의 방에서 자고, 누가 식사 준비와 정리를 담당하고, 하루 일정을 어떻게 정할지 등을 이야기한다. 이 과정에서 각자 자기 의견을 제시할 수 있고, 일단 합의를 이루면 그대로 지키도록 노력한다.

아이가 당신을 좋아하지 않으면

- 아이에게는 여러분을 좋아하지 않아도 될 권리가 있다. 사랑은 명령으로 되는 것이 아니다. 아이가 여러분을 좋아하지 않더라도 부모로부터 사랑과 존중을 받는다는 사실을 알려 주어야 한다. 하루하루 시간이 흐르면 자연히 관계가 만들어지기 마련이므로, 감정적인 측면에서 어떤 압력도 가하면 안 된다.

- 아이가 어느 정도 공격성을 보이고 도발하더라도 과하게 반응하지 말고 받아 주어라. 단, 여러분을 학대하거나 희생을 요구한다면 단호히 거부하라. 여러분은 존중받을 자격이 있는 사람이다. 이때 한계선을 정하기가 어려울 수 있는데, 아이의 친부모이자 당신의 새 배우자와 상의해서 정하면 된다. 여러분을 지원하고 편하게 지낼 수 있게 돕는 것이 바로 그 사람의 몫이다. 여러분은 온화하면서도 확실한 태도를 유지해야 한다.

- 아이가 공격적으로 굴지 않는 대신 여러분과 거리를 두거나 아예 무시하기로 마음먹을 수도 있다. 이것은 아이 나름대로 상황을 타개하려는 하나의 방식이자 권리다. 그러므로 아이를 너무 몰아붙여서는 안 된다.

- 여자아이들은 흔히 친아빠가 새엄마에게 애정을 표현하면 질투를

느낀다. 특히 사춘기인 아이 앞에서는 과도한 애정 표현을 삼가야 한다. 아이 입장에서는 이런 애정 표현이 도발로 느껴져서 상처를 받을 수 있기 때문이다.

인내심을 가지고 꾸준한 모습을 보이도록 하라. 여러분과 좋은 관계를 맺는다고 해가 되지 않는다는 점을 아이에게 이해시키고 친해지려면 시간이 필요하다. 언젠가는 아이도 자기를 사랑하고 진심으로 관심을 보이는 '또 한 명의 부모'가 생겨서 좋다고 생각하게 될 것이다.

아이에게 권위를 세우려면

여러분이 어른으로서 교육적 역할을 하는 것은 지극히 자연스러운 일이다. 그러나 잔소리라면 딱 질색인 사춘기 청소년에게 규율 이야기를 꺼내는 것보다 더 민감한 일은 없다.

- 아무리 권위를 세우려고 해도, 여러분과 아이 사이에 애정과 신뢰를 바탕으로 한 관계가 수립되어 있지 않다면, "당신이 우리 엄마(우리 아빠)는 아니잖아요? 저한테 이런 말을 할 권리는 없으실 텐데요"라는 말을 듣게 될 것이다. 따라서 무엇보다도 좋은 관계를 만드는 데 노력을 기울여야 한다.
- 아이의 친부모이자 여러분의 새 배우자가 구체적인 사항에 분명하게 동의했을 때에만 여러분의 권위를 보여야 한다. 만약 그렇지 않았을 때 아이 문제까지 더해지면 문제가 더욱 꼬인다.
- 아이의 행동에 관해서 예전 친부모가 요구했던 내용과 지금 여러분이 요구하는 바가 다를 수 있다는 점을 염두에 두어야 한다. 이

런 경우라면 아이에게 새 규칙을 확실하게 설명해 주어야 한다.

아이가 친아빠의 새 배우자와 휴가를 떠난다면

엄마 입장에서는 아이가 따로 휴가를 떠나느라 잠시 헤어지는 것도 마음 아픈데, 휴가 기간에 전 남편의 새 배우자와 함께 지낸다고 생각하면 솔직히 심란할 수밖에 없다. 이 시기를 잘 넘기려면 다음 몇 가지 조언을 참고하기 바란다.

- 아이 앞에서 여러분이 느끼는 불만이나 슬픔을 표현하지 마라. 아빠와 함께 휴가를 떠난다는 기쁨에 들뜬 아이의 기분을 망칠 수 있기 때문이다.
- 아이가 이번 휴가에 가게 될 여행지를 주제로 얘기를 나눈다. 여행지에서 아이가 무엇을 하면 좋을지도 알려 주어라.
- 아이의 짐 가방을 챙기면서 집 안에 있던 소소한 물건이나 아이가 좋아하는 간식거리 등을 넣는다.
- 여러분이 아이 생각을 계속할 것이며, 정기적으로 전화도 하겠다고 이야기해 준다.
- 그런 다음 여러분 자신을 위한 스케줄을 짜서 아이와 있었을 때는 할 수 없었던 여가 활동을 마음껏 즐긴다.

66

휴가를 왔는데 아이 혼자
놀려고 해요. 어떡하죠?

모처럼 온 가족이 함께 여행을 떠났어요. 그런데 휴가지에 오니 아이가 금세 어디론가 사라져 버리네요. 아마 여러분의 마음은 걱정과 불만 사이에서 갈팡질팡하고 있을 거예요.

리조트, 캠핑장, 시골 할아버지 댁 등 휴가지가 어디가 되었건, 여행 전에는 모두가 큰 기대를 품고 출발한다. 가족이 다 함께 무언가를 할 수 있으리란 생각 말이다.

휴가지에 도착한 지 사흘이나 지났다. 그런데 애초에 예상했던 것처럼 일이 흘러가지 않는다. 사춘기 아이가 '실종'된 것이다. 더 정확하게 말하자면, 잠깐씩 스쳐 지날 때만 아이의 얼굴을 볼 수 있을 뿐이다. 낮 12시쯤 되면 여러분은 벌써 쇼핑이나 해변을 한 차례 다녀왔는데, 아이는 그제야 부스스한 얼굴로 나타난다. 그러더니 여러분이 바비큐를 준비하는 동안 친구들을 만난다며 훌쩍 나간다. 오후 늦게 어정쩡한 시간에 돌아와서는 냉장고에서 아무거나 꺼내 먹는가 싶더니 또다시 사라진다. 어떻게든 통제하고 설명하려 해도 소용없다. "어디 가니?", "밖에요", "어디 가는데?", "몰라요", "누구랑 같이 가니?", "친구들이랑요", "언제 돌아오니?", "몰라요. 뭘 하느냐에 따라 달라요".

이런 모습을 지켜보는 여러분의 속내는 복잡할 뿐이다. 아이가 휴가를 잘 보내고 있어서 기쁘기도 하지만, 아이가 무엇을 하는지 몰라 걱정스럽기도 하고, 아이를 더 많이 볼 수 없어서 불만이다.

사춘기 아이가 생각하는 휴가

여러분과 마찬가지로 아이들에게도 휴가는 자유를 의미한다. 청소년기의 아이들은 학교생활, 숙제, 식사, 가족 행사, 과외 활동 등으로 일년 내내 제약을 받으며 지낸다. 자유에 대한 열망이 가장 큰 나이에 얼마나 견디기 힘들겠는가? 여러분도 휴가를 가면 식사나 수면 시간을 자유롭게 정하고, 보고 싶은 사람을 보고, '해야 할 일'을 잊고 지내는 것이 좋지 않은가? 아이도 마찬가지다.

단, 여러분과 아이 사이에는 커다란 차이가 있다. 여러분은 주로 휴식을 취하고 가족과 함께 있기를 원하는 반면, 아이는 온갖 종류의 새로운 경험을 하고 싶어 한다. 가능한 한 가족의 시야로부터 멀리 떨어져서 말이다!

청소년기에는 해변이나 수영장에서 부모와 함께 있는 것 자체를 '창피한 일'로 여긴다. 그렇다고 여러분이 싫어하거나 비난할 만한 일을 하는 것도 아니다. 원래 아이들은 또래 친구들과 어느 정도 일탈을 하면서 성장한다. 여러분의 옛 추억을 더듬어 청소년 시절에 떠났던 휴가를 회상해 보기 바란다.

아이가 성장하려면 필연적으로 부모와 소원해지는 과정을 거치게 된다. 따라서 부모는 아이가 커 가는 것을 잘 받아들일 수 있어야 한다. 조금만 더 크면 아이가 친구들끼리 휴가를 떠나는 날이 온다. 지금 저마다 자신의 리듬에 맞게, 원하는 활동을 하면서 따로따로 보내는 휴가는 과도기적 과정인 셈이다.

아이들에겐 부모의 시선에서 벗어나 자유롭게 현실에 부딪혀 보는 것도 필요하다. 이렇게 새로운 것을 시도해 보거나, 자기 주도적으로 생활하거나, 실수도 해 보지 못한다면 어떻게 성장할 수 있겠는가?

휴가지에서 사춘기 자녀와 갈등을 피하는 방법

아이들을 풀어 준다는 것이 모든 의무와 제약을 다 풀어 준다는 의미는 아니다. 부모에게도 자녀가 몇몇 가족 행사에 참여할 것을 요구할 권리가 분명히 있다. 휴가를 시작할 때 가족 모두가 공동의 규칙을 정해서 한 사람도 예외없이 지키도록 하는 것이 좋다. 그래야 나중에라도 갈등이 생기는 것을 피할 수 있다. 부모는 다음과 같은 내용을 자녀에게 요구할 권리가 있다.

- 어디에 있으며 몇 시까지 돌아올 것인지 말하고 지켜야 한다.
- 집안일을 분담해야 한다. 가령 그릇을 정리하거나 빵을 사 오는 등 구체적인 책임을 맡긴다.
- 가족이 다 함께 외출할 때 같이 가도록 한다. 귀찮아하는 아이의

표정을 마주하고 싶지 않다면 평소에 아이가 흥미를 보였던 활동 중 하나를 선택해서 계획을 짜면 된다.

- 점심 식사 또는 저녁 식사에 꼭 참석해야 한다.
- 가족마다 중요하게 여기는 부분이 다르므로, 각자 해야 한다고 생각하는 것을 요구한다. 이렇게 정해진 것 외에는 아이가 자기에게 주어진 자유를 마음껏 누리게 한다. 휴가 동안 아이가 원하는 대로 지내게 해 주면 이듬해에도 가족 휴가에 참여할 것이다.

사춘기 자녀를 둔 부모라면

청소년들에게 여름방학은 친구들을 만나고, 우정을 나누고, 사랑도 경험하는 시기다. 방학 때는 평소에 못했던 것들을 해 볼 수 있다.

하지만 이러한 자유를 누리려면 먼저 진지한 태도로 부모에게 사전에 정보를 알려 주고 부모의 보호를 받아야 한다. 부모가 자녀의 친한 친구를 만나 보고 싶어 하는 것은 지극히 당연한 일이다. 또한 아이의 나이를 고려하여 그에 맞게 담배, 술, 마약, 성 문제 때문에 어떤 위험이 따를 수 있는지 반드시 알려 주어야 한다. 물론 아이는 자기가 부모보다 더 잘 안다고 생각하겠지만 말이다.

67

엉망진창 사춘기 아이의 방,
내버려 두어야 할까요?

아동정신분석가 프랑수아즈 돌토에 따르면, 청소년은 바닷가재와 같다고 해요. 둘 다 허물을 벗고 변하기 때문이지요. 사춘기처럼 민감한 시기에 아이의 방은 바닷가재의 딱딱한 껍데기와 같은 역할을 한대요.

오늘날, 사춘기는 그 기간이 점점 늘어난다. 이 시기의 아이는 어렸을 때 쓰던 껍데기는 이미 잃었으나 아직 어른의 껍데기가 생기지 않은 상태라서 맨몸으로 있는 것과 마찬가지다. 그래서 아이의 마음은 마치 생살을 드러낸 것처럼 약하다.

사춘기 아이에게 방이란

아이가 이런 민감한 시기를 지내려면 자기를 보호해 주고 공격을 받아도 버티게 하는 울타리가 필요하다.

우선 부모가 만들어 주는 '어른의 울타리'에서는 부모와 대화를 나누고 갈등을 겪으면서 기준을 정한다. 또 아이에게는 '은신처의 울타리'도 절대적으로 필요한데, 은신처가 있으면 필요할 때마다 그곳에서 힘을 회복해 점차 마음의 문을 열고 외부 세계의 요구와 마주할 수 있기 때문이다. 이러한 은신처가 바로 아이의 방이다. 그곳은 아이의 감수성이 반영되고, 자기만의 보물을 숨겨 둔 사적인 공간이기도 하다.

사춘기 아이가 자기만의 방을 원하는 이유

사춘기에 접어든 아이들은 모두 자기 방을 갖고 싶어 한다. 이 시기에 아이들은 혼자 지내고 싶은 욕구가 커지기 때문에 가능한 범위 내에서 이런 욕구를 충족시켜야 한다. 이 나이의 아이는 고독과 회의, 새로 생긴 의문을 해소할 장소로서 자기 방이 필요한 것이다. 집에 공간이 부족하다면, 아이가 원래 쓰던 방을 새로 개조하는 것도 좋다. 가령 책장을 칸막이로 삼아 공간을 나누어 주면, 아이는 사적인 공간을 누리면서 다른 사람들의 시선과 침입으로부터 자유로워질 수 있다.

또 사춘기 아이들은 신체적으로나 정서적으로 많은 변화를 겪기 때문에 무척 수줍어하기도 한다. 불과 얼마 전까지만 하더라도 복도에서 홀랑 벗고 뛰어다니던 아이가 이제는 씻거나 옷을 갈아입을 때 문을 꼭꼭 걸어 잠근다. 변화하는 자기 몸과 불안 심리를 감추고 싶기 때문이다. 아이의 사생활에 대한 요구를 존중하지 않으면 반발심과 가족 간에 불화를 야기할 수 있다. 청소년들도 엄연히 비밀을 가질 수 있으며, 부모의 감시망을 벗어날 권리가 있다.

방의 인테리어는 아이 취향대로

부모와 아이가 겪는 첫 번째 갈등은 아이 방을 꾸미는 문제에서 비롯되는 경우가 많다. 예를 들면 아이는 자기 방을 좋아하는 스포츠 스타나 연예인 등의 포스터로 도배하고 싶어 하는데 부모가 반대하는 것이다. 부모 입장에서야 지저분해 보이고 마음에 들지 않겠지만 그 공간은 아이의 것이므로 아이의 취향을 존중해야 한다. 그러려면 아이에게 자기 방을 꾸밀 책임을 온전히 맡기는 것이 좋다. 벽은 아이가 자기만의 세계를 창조할 수 있는 소중한 자아 투영 공간이다. 아이는 벽지 색과 책상, 쿠션, 포스터 등을 직접 골라 장식함으로써 그곳을 진정한 자기 방이자 은신처라고 느낀다. 아이의 취향이 곧 여러분의 취향은 아니지 않은가? 그곳에서 잠자고 생활하는 사람은 여러분이 아니다.

아이 방 출입을 자제해야 하는 이유

아이 방의 정리 상태는 아이와 갈등을 빚는 또 다른 원인이 된다. 청소년기에는 방이 정리되지 않아도 개의치 않고, 오히려 그런 상태를 좋아한다. 교과서가 방 바닥에 탑처럼 쌓여 있고, 옷은 의자 위에 한 무더기 걸쳐 놓고, 침대는 엉망으로 흐트러져 있다. 도저히 눈 뜨고 못 볼 지경이겠지만, 이 또한 반드시 거쳐야 하는 하나의 과정으로 여겨야 한다. 여러분의 교육 방식이나 책임감에 문제가 있는 것이 아니므로, 결론이 나지 않는 논쟁을 해 보았자 소용이 없다. 혹시 아이 방을 보면 가만히 있기가 힘들 정도인가? 그렇다면 꼭 필요한 경우가 아닌 한 아이 방 출입을 자제하라. 그리고 아이가 동의한 가운데, 대청소의 날을 정한다. 이를테면 분기가 끝날 때마다 대청소하기처럼 말이다. 일단 정했으면 대청소의 날이 오기 전까지는 아이를 믿어 주어라. 아이 방에 쳐들어가서 아이 물건을 싹 정리하고 싶은 충동을 이겨 내야 한다.

집안일도 마찬가지다. 아이가 자기만의 공간을 갖고 싶어 하고 그 공간에 대한 책임도 지고 싶어 하는 만큼, 빨랫감을 세탁 바구니에 넣고, 부엌으로 컵을 가져오고, 쓰레기통의 쓰레기를 비우고, 침대 시트를 갈고, 진공청소기를 돌리는 등의 일은 아이가 알아서 해야 한다. 이제는 여러분이 이런 일을 도맡아 해 주지 않는 것이 아이를 위하는 일이며 동시에 교육적인 행동이다.

그리고 아이가 없을 때 방에 들어가는 것은 되도록이면 자제한다. 사춘기 아이의 방이 이중의 보호막 역할을 하려면 부모와 형제자매가 이 공간을 존중해 주어야 한다. 아이 입장에서는 자기가 없을 때 누가 방에 들어오는 것이 참을 수 없는 일이다. 아이가 말하지 않는 것을 알아내려고 아이 방에 들어와서 뒤지는 행동은 절대 금물이다. 부모 입장에서 어디까지나 아이가 걱정되어 한 일이라 정당하다고 생각할지 몰라도, 아이로서는 절대로 받아들일 수 없는 행동이다. 아이는 부모가 자기 편지나 개인적인 글을 읽는 것을 심각한 사생활 침해로 간주한다. 이것은 아이에게는 엄청난 물리적 폭력이 가해진 것과 같다. 그러므로 자기 영역으로 생각하는 아이의 방에 아이가 없을 때 침입하는 것보다 직접 아이와 대화하고 질문하는 편이 언제나 바람직하다.

청소년기 아이들에게 자기 방은 바닷가재의 껍데기와 같은 역할을 하는 안전한 둥지이자 친구들과 자유롭게 지내는 사적인 공간이기도 하다. 아이가 자기 방에서 지내는 것을 좋아한다면, 분명히 친구들을 불러 수다를 떨고, 다음 주에 치를 시험 공부를 하고, 새로 나온 음악이나 소프트웨어에 관한 의견을 나누며 놀고 싶을 것이다. 이렇듯 친구들을 집으로 초대하는 것은 적극적으로 장려할 만하다. 아이가 어디에 있는지도 알 수 있고, 아이 친구들도 만날 수 있기 때문이다. 단, 이 모든 것은 정도의 문제다. 친구들이 제 집인 양 눌러앉아 냉장고 안의 음식을 다 먹어 치운다면, 각자의 집으로 돌려보낼 시간이 된 것이다!

친구들 방문의 또 다른 장점은 이성 친구가 오기로 하면 아이가 방 정리를 시작한다는 것이다.

또한 아이는 자기의 사적인 공간에서 조용히 전화 통화를 하고, SNS에서 실제 친구들이나 가상의 친구들과 접촉할 수 있다. 청소년기에는 경우에 따라 자기 행동이 얼마나 위험한지 모르기 때문에, 아이의 사생활을 존중하는 것과 합당한 감시 사이에 경계선을 정하기가 어렵다. 이럴 경우 아이의 나이와 성숙도, 아이에 대한 여러분의 믿음에 따라 기준을 정하면 된다.

방문을 잠그는 이유

혹시 아이가 방문을 걸어 잠그려고 자물쇠를 달아 달라고 하거나 아니면 적어도 열쇠가 달린 서랍장을 갖고 싶다고 하면 어떻게 해야 할까? 아이가 이런 요구를 하더라도 이를 부모에 대한 모욕이나 불신으로 생각하지 마라. 이것은 아이에게 필요한 욕구이며 아이의 자립심을 상징한다.

아이의 성장을 지켜보는 것은 아이가 부모 품에서 떠나는 모습을 받아들이는 것이다. 그러려면 청소년기에는 아이의 방과 아이가 가꾸는 비밀의 화원을 존중해 주어야만 한다.

제5장

생활윤리!
좋은 습관 들이기

68

자신감을 심어 주려면
어떻게 해야 할까요?

아이는 모든 발달 단계에서 자기 자신과 싸움을 해요. 신체, 정서, 지능 측면에서 난관에 부딪히고 극복해 나가지요. 스스로 해법을 찾으려 하고, 실수도 하고, 다시 시작하고, 그러면서 배우고 교훈을 얻어요. 그렇게 스스로 재정비하여 이전보다 훨씬 독립적이고 강해지지요.

자신감, 즉 자기에 대한 좋은 이미지가 확립되면 이것이 일생의 자산이 되기 때문에, 부모는 어떻게 하면 아이에게 이런 자신감을 심어 줄 수 있을까 고민한다.

자신감 있는 아이는

- 어려운 일이 주어져도 두려워하지 않고 일단 시작한다.
- 모르는 사람들에게도 무서워하지 않고 다가가며, 학교에서 발표하는 것을 주저하지 않는다.

- 자기 미래를 긍정적으로 그리고, 장래에 하고 싶은 것을 구체적으로 말한다.
- 두려움을 느끼더라도 앞으로 나아가기 위해 두려운 감정을 조절할 줄 안다.
- 스스로 선택을 하고, 이 선택을 방어할 줄 아는 자립심을 지녔다.
- 한 번 실패했다고 무너지지 않고 다시 노력하려고 마음먹는다.
- 혼자 있는 것을 두려워하지 않으며, 자기가 사랑받고 있음을 안다.

신생아 때 해 줘야 할 것

아기는 태어나서 처음 몇 달 동안은 전적으로 부모에게 의존한다. 배고프거나 춥거나 안기고 싶으면 부모를 찾는데, 이때 아기의 부름에 응답하고 따뜻하게 안아 주는 것만으로도 아기에게 자기 능력에 대한 자신감을 불어넣을 수 있다. 사람들이 아기의 생체 리듬을 존중해 주면, 아기는 엄마의 배 속에서 느꼈던 포근함과 현재 자기를 둘러싼 세상의 포근함 사이에 연속성을 느낀다. 또한 아기의 하루 일과를 규칙적으로 짜서 실행하고, 아기에게도 앞으로 일어날 일을 설명해 주면 아기가 내적 안정감을 키우는 데 도움이 된다.

한 살 ~ 세 살 때 해 줘야 할 것

자신감 형성에 중요한 두 번째 시기는 한 살에서 세 살 사이의 유아기(幼兒期)다. 이 시기에 욕구불만, 어둠, 벌레, 낯선 사람 등에 대한 두려움, 부모와의 이별 등 다양한 경험을 하게 된다. 당사자인 아이에게도 힘든 시기지만, 부모도 어떻게 행동해야 좋을지 몰라서 어려움을 겪는다. 이럴 때 다음 조언을 참고하기 바란다.

- 아이의 발음이 어색하거나 괴물을 무서워한다고 해서 아이를 놀리면 안 된다.
- 아이가 부모의 사랑을 잃을지도 모른다고 생각하게 하면 안 된다.
- 아이가 어리석은 짓을 했을 때 꼭 안아 주거나 뽀뽀해 주면서 아이가 이를 '고치도록' 방법을 제시해야 한다. 아이가 어떤 경우에도 자기가 사랑받는다고 믿게 하려면 '까다롭게' 굴 때가 최적의 시기이기 때문이다.

또한 이 나이대에 자기 주변을 탐험하러 나서는 과정에서 어려움과 실패, 장애물과 맞닥뜨리게 된다. 이때 아이는 자기가 보잘것없게 여겨져서 부모의 지원을 필요로 하지만, 그렇다고 아이가 해야 할 일을 부모가 대신해서는 안 된다. 아이는 옷을 입으려고 시도하거나 혼자 계단을 오르려고 하는데, 때때로 마음먹은 대로 잘 되지 않아서 괴로워하기도 한다. 이때 부모가 격려해 주면 아이는 다시 한 번 시도한다. 그러다가 결국 혼자 힘으로 해내면 자부심을 느낀다. 이때의 자부심은 어른들이 도와주거나 대신 해 주었을 때보다 훨씬 크다. 따라서 부모가 한 발짝 뒤에서 아이의 의욕과 끈기를 고취하고 격려해 주면, 아이는 혼자서 어려움을 이기고 더욱 강해진다.

네 살 이후에 해 줘야 할 것

네 살부터 다섯 살까지는 질투와 경쟁심으로 불타는 시기다. 이 시기의 아이는 자기가 엄마의 사랑을 받는 유일한 아이가 아니라는 사실과, 담임 선생님에게 여러 학생들 중 하나일 뿐이라는 사실을 받아들이지 못한다. 또한 사람들이 자신보다는 동생을 더 사랑하거나 다른 아이들에게 더 많은 관심을 둔다고 생각하는 경향이 있다.

이럴 때 부모가 다음과 같은 태도를 보이면 아이들에게 도움이 된다.

- 경쟁보다 협력을 유도한다.
- 아이 자신은 세상에 하나뿐인 존재이며 부모에게 언제나 사랑받고 있다는 것을 보여 준다.

여섯 살에서 열한 살 사이의 아이들은 또래 아이들을 접하고 학교를 다니기 시작하는 나이다. 이때 아이들이 스스로 할 수 있다는 자신감을 갖게 하려면 부모의 지지와 격려가 필요하다. 그뿐만 아니라 아이가 자기 의견을 자유롭게 표현할 수 있어야 한다. 이 나이쯤 되면 공부하는 방식, 여가 시간을 보내는 방식, 친구를 사귀는 법에 대해 자기 의견을 내놓을 수 있다. 또한 아이의 생각과 음식, 옷, 음악 등과 같은 취향을 존중하고 아이가 집짓기 놀이, 우편엽서 수집 같은 과제를 스스로 수행하도록 도와주면 책임감을 키울 수 있다. 이제 아이가 부모에게서 조금 멀어져 가도록 내버려 두어야 할 때가 왔다. 아이의 자신감은 아이가 세상에서 발휘하는 능력을 바탕으로 쌓아 올리는 것이다.

아이가 장애물을 만났을 때 이를 극복해 내면 자신감은 더욱 커진다. 따라서 부모가 나서서 자녀 앞을 가로막는 장애물을 없애 주거나 자녀 걱정을 하는 모습을 보이는 것은 바람직하지 않다. 어른이 해야 할 역할은 아이에게 주의를 기울이고 시간을 투자하여 아이를 지지하고 격

려하고 같이 의견을 나누는 것이며, 또 주의 깊고 다정다감하게 아이가
기댈 토대가 되어 주는 것이다.

자신감을 키워 주는 말

- "거짓말하면 너는 나쁜 아이가 되는 거야"라고 하지 말고, "거짓말
  은 정말 어리석은 짓이란다"라고 말한다. 사람이 미운 것이 아니
  라 죄가 미운 법이듯, 아이가 아니라 아이가 한 '행동'을 꾸짖어야
  한다.
- "참 착하구나"라고 할 것이 아니라, "장난감을 폴린느에게 빌려주
  다니 참 착하구나"라고 말한다. 칭찬을 할 때는 칭찬하는 행동을
  구체적으로 꼬집어 말한다.
- "너 정말 못됐구나"라고 하지 말고, "네가 그렇게 소리 지르면 내
  가 견디기 힘들단다"라고 한다. '너'를 비난하기보다는 '나'의 입
  장을 이야기하는 '나 대화법'으로 말한다.
- "그만해, 계속 그러면 다리 다친다!"라고 하는 것보다 "조심해야
  해, 넘어질 수 있어"라고 한다. 누구도 최악의 상황이 닥치리라고
  는 장담할 수 없는 법이다.

69

왜 '미운 일곱 살'이라고 할까요?

"이리 쿵 저리 쿵 좌충우돌하는 시기인 일곱 살. 날마다 하지 말라는 행동
만 콕콕 골라서 하는 통에 매일 소리를 지르지 않고 지나가는 날이 없다니
까요. 왜 '미운 일곱 살'이라고 하는지 알겠어요." ― 어느 엄마로부터.

이제 유아기는 막을 내렸다. 그동안 아이는 마법과 상상의 세계에서
살았던 것이나 다름없다. 아이들의 세계에서는 요정이나 산타 할아버
지, 말하는 강아지나 침대 밑에 있는 유령 등 상상하던 모든 것이 다 현
실이었다.

아이들은 '진짜'와 '가짜'가 섞인 상상 속 이야기를 쉽게 꾸며 냈다.
또한 권위를 가진 부모가 이야기하는 도덕과 선을 그대로 받아들였다.
그리고 가까운 주변 사람들로 이루어진 세계에서 살았다.

일곱 살 아이의 사고력

일곱 살 즈음이 되면 아이들은 훨씬 논리적이고 구체적으로 사고하고, 현실에 직면하게 된다. 또한 '이성'도 형성되어 인과관계의 개념을 이해하고 추론할 줄 안다. "산타 할아버지가 진짜로 있다고 해도, 하룻밤 안에 어떻게 모든 집에 다 갈 수 있는지 이해가 안 돼요!"라고 하거나 "비행기는 엔진이 고장 나면 왜 계속 날지 못해요?"라는 의문을 가진다. 아이는 점점 이성적인 능력이 커진다. 불만이 생겨도 잘 견디고, 시간 개념을 도입하고, 욕구의 충족을 뒤로 미룰 수도 있다. 예컨대 이런 식이다. "일요일에 날씨가 좋으면 아빠와 자전거 타러 갈 거예요", "다음 크리스마스에는 쌍안경을 선물로 받을 거예요" 그뿐만 아니라 자기 생각을 세심하게 표현하고 이에 관해 의견을 나누며 결정을 내리는 과정에 참여하고, 타협을 받아들인다. 이렇게 성장한 아이는 완전한 가족 구성원이 되어 자기 의견을 당당하게 요구하기도 한다.

일곱 살 아이의 감정 관리

일곱 살에서 여덟 살 사이의 아이들은 지적인 측면과 마찬가지로 감성의 측면에서도 학교에서 학습하고 추상화할 준비가 되어 있다. 이들은 모든 것에 관심을 보이고, 시간과 공간의 개념을 쉽게 파악하고, 동시에 호기심의 범위도 확장된다.

또한 이 시기의 아이들은 성찰을 통해 상상력을 완화하는 것처럼 감성적인 측면도 변한다. 예전보다 괴물이나 유령, 혼자 있는 것을 덜 무서워하게 된다. 여전히 어둠에는 민감하지만, 혹시나 웃음거리가 되거나 놀림을 받을까 봐 걱정하는 등 주로 사회적인 면에서 겁을 낸다.

일곱 살 때 배우는 사회성

일곱 살짜리 아이는 이제 가족생활에 필요한 규칙을 완벽하게 숙지하고 있다. 그래서 이것저것 집안일을 잘 도우면서 부모를 기쁘게 해 주려고 한다. 사회생활에 필요한 규칙도 배우기 시작한다. 수줍음이 많은 아이라도 크게 위험하지 않다면 혼자서 길 끝에 있는 빵집에서 빵을 사 오거나 학교에서 집으로 돌아올 수 있다.

이때 아이들에게 몇 가지 집안일, 예를 들어 편지 부치러 우체국 가기, 혼자서 식탁 차리기 등을 맡겨서 책임지게 한다. 부모가 아이를 신뢰하는 모습을 보여 주면 좋다.

철들 나이가 되면 사회적으로도 커다란 변화가 생긴다. 지금까지 아이는 주로 자기중심적인 관계만 맺어 왔다. 그러다 일곱 살이 되면 다른 사람의 입장을 곧바로 고려하지는 못하더라도 자기 자신에 대해서는 인식하게 된다. 즉 자기를 알고, 자기비판을 하고 도덕과 원칙을 지킬 수 있게 된 것이다.

무엇보다 예전에는 없었던, 친구들의 자리가 중요해진 것이 큰 변화다. 그래서 친구들과의 우정이 엄마의 포옹보다 더 중요해진다. 이렇게 아이는 사회에서 책임감 있는 한 명의 개인으로서 자기 위치를 찾아 나간다.

그런데 성장하는 과정에는 고통이 따르기 마련이다. 여전히 어리고, 능숙하지 못하고 밤이면 악몽에 시달리는 아이의 입장에서는 이성적인 사람이 되는 일이 무척 어렵다. 따라서 아이가 조금씩 성장하는 모습을 보일 때 부모가 굳건한 신뢰를 보내고 자주 칭찬하고 긍정적인 평가를 해 주면서 아이를 잘 지지해야 한다.

일곱 살 아이의 성장을 돕는 방법

- 아이가 여전히 인형을 안고 자거나 야간등을 켜 놓고 잔다면, 그렇게 하도록 내버려 두고 절대 놀리지 마라. 언제부터 이런 것 없이 잘 것인지는 전적으로 아이가 결정할 일이다.
- 남자아이와 여자아이를 억지로 같이 놀게 하지 마라. 아이들은 사춘기가 되면 알아서 같이 논다.
- 아직도 아이가 혼자 씻지 못한다면 이제는 혼자 하게 하라. 자기 몸은 자기가 돌보아야 한다.
- 매일 잠시라도 시간을 내어 아이가 현재 관심을 가지고 있는 것과 아이가 걱정하는 문제에 대해 대화를 나누어라.
- 아이가 성장하고 자립하면 여러분과 거리를 두려고 하기 마련이다. 비록 서운하더라도 좋은 일이라고 생각하라.

70

다섯 살이 넘었는데, 아직도 엄지손가락을 빨아요. 어떡하죠?

"처음에는 공갈젖꼭지가 없어도 되니 좋았어요. 자다가 깼을 때도 자기 엄지손가락을 찾아서 물고 잘 잤거든요. 그런데 다섯 살이 되었는데도 계속 그러니 걱정이 되네요." — 어느 엄마로부터.

갓난아기 때부터 엄지손가락을 입에 넣고 살다시피 하는 아이도 있고, 어떤 아이는 주먹이나 손가락 여러 개를 모아서 한꺼번에 빨기도 한다. 어떤 아이는 천이나 인형을 빠는 행동도 같이한다. 이렇듯 손가락 빠는 것에도 아이의 수만큼이나 다양한 스타일이 있다. 문제는 이런 버릇이 쉽게 고착화된다는 것이다.

아이들은 대개 다섯 살이 되기 전에 엄지손가락 빨기를 본능적으로 그만둔다. 하지만 여섯 살, 여덟 살, 열 살이 되었는데도 계속 빠는 아이들은 어떻게 해야 할까? 영구치도 나오기 시작하는데 치열이 고르지 않을까 봐 걱정이다.

우선 치과에 가서 의사의 견해를 듣는 것이 좋다. 아이의 입천장과 치아가 변형될 위험이 없다고 한다면 급하게 서두를 필요는 없다.

하지만 사회적인 측면도 고려해야 한다. 학교에서 놀린다거나, 아이가 손가락을 빨기에는 너무 자랐거나, 아이의 활동에 방해가 된다면 손가락을 그만 빨게 해야 한다. 그런데 그만 빨았으면 하는 사람이 아이 자신인가, 아니면 여러분인가? 만약 아이가 전혀 필요성을 느끼지 못하는데 여러분만 그만 빨기를 원하는 것이라면, 일단 이 문제로 아이를 귀찮게 하고 괴롭히는 것을 포기해야 한다. 그 대신 아이와 이 문제에 대해 대화를 나누고 스스로 준비될 때까지 기다려라. 아이의 동의 없이 여러분의 뜻만으로는 아무것도 할 수 없기 때문이다.

그러나 엄지손가락을 그만 빨게 해야 한다는 전문가의 의견이 있다면, 여러 가지 방법으로 계획을 세워서 실행해야 한다.

그만 빨게 하는 방법

- 가장 중요한 것은 아이의 의지와 주의를 불러일으키는 것이다. 손가락을 그만 빨아야 하는 필요성과 계속 빨았을 때의 위험 등을 설명하면서 아이를 설득하라.
- 아이가 손가락을 빨 때의 모습을 보게 해라. 아이가 거울에 비친 자기 모습을 볼 수 있게 한다. 유아기가 지난 아이가 아직 아기 같은 자기 모습을 보면 충격을 받기도 한다.
- 손가락 빨기를 완전히 그만둘 상징적인 날짜를 함께 정하라. 생일,

크리스마스, 할머니 댁 방문하는 날 등으로 정하면 된다.

- 아이가 엄지손가락을 빼는 장소, 시간, 기간을 사흘 동안 관찰하라. 가능하면 기록까지 하는 것이 좋다.
- 엄지손가락을 빨 기회를 하나씩 제거하라. 예를 들어 식탁에서나 자동차 안 또는 TV 앞에서는 빨지 않기로 한다. 아이가 이 단계를 통과하면 또 다른 기회를 제거한다. 계속 이런 식으로 기회를 줄여 나간다.
- 아이에게 작은 인형이나 말랑말랑한 공처럼 엄지손가락을 대체할 만한 것을 준다. 엄지손가락을 입으로 가져가고 싶을 때 그것을 손으로 꼭 쥐거나 만지작거리면서 마음을 달랠 수 있다.
- 처음 며칠 동안은 아이가 입이 심심하지 않게 사탕이나 껌을 먹는 것을 관대하게 받아 주어라.
- 아이가 그만 빨려고 노력해서 성공하면 크게 축하하고 칭찬하라. 보상 시스템을 마련하는 것도 좋다. 가령 아이가 하루 종일 엄지손가락을 빨지 않은 날에는 달력에 스티커를 붙여서, 열 개가 모이면 조그만 선물을 준다.
- 가장 힘든 단계는 밤에 엄지손가락을 쓰지 못하게 하는 것이다. 하루나 이틀 정도, 아이가 잠들 때까지 같이 누워 손을 잡아 주는 것이 좋다. 아니면 아이에게, 자는 동안 자기도 모르게 엄지손가락을 입으로 가져가지 못하도록 조금 우스꽝스럽게 생긴 장갑을 끼거나 붕대로 엄지손가락을 감자고 제안한다.
- 모든 일에는 부모가 모범을 보이는 것이 가장 효과적이라는 것을

384

명심하라. 만약 여러분이 담배를 끊지 못하고 몰래 계속 피운다면 아이에게 이런 잘못된 버릇을 고치라고 말하기가 어려울 것이다. 혹시 실제로 이런 상황이라면 아이와 부모가 함께 버릇을 고칠 좋은 기회로 삼으면 된다.

엄지손가락 빨기 방지용 벙어리장갑 만들기

① 부드러운 천을 두 겹으로 접고 그 위에 아이의 손을 놓는다.

② 손 크기보다 조금 넉넉하게 벙어리장갑 모양을 그리고, 그린 선을 따라 잘라 낸 다음 테두리를 바느질한다.

③ 장갑의 엄지손가락 표면을 찍찍이처럼 까칠까칠한 천으로 덮는다.

④ 손목 가장자리에 고무줄이나 끈을 넣어 조일 수 있게 만든다.

※ 더 간단한 방법으로는, 며칠 동안 밤마다 아이의 손을 목욕용 장갑에 넣고 손목을 리본이나 머리 묶는 고무줄로 조이면, 임시방편으로 쓸 수 있다.

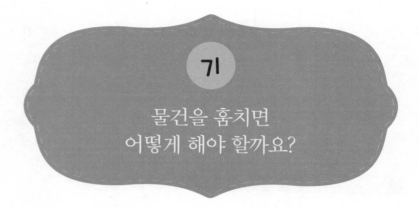

71

물건을 훔치면
어떻게 해야 할까요?

도둑질은 모든 사람의 소유권을 존중하도록 정한 법을 어기는, 정직하지
못한 행동이지요. 정직은 학습해서 배워야 하는 것이랍니다.

슈퍼마켓에서 계산대에 서서 기다리는 동안 아이가 막대 사탕을 사
달라고 졸랐다. 분명히 안 된다고 했는데, 10분이 지난 지금 아이 손에
그 막대 사탕이 쥐어져 있는 것이 아닌가! 엄마라면 누구나 한 번쯤 이
런 일을 겪어 보았을 것이다. 혹은 세탁기에 빨랫감을 넣다가 한 번도
본 적 없는 미니카를 발견한 경우도 있을 것이다.

어린 시절에 물건을 훔치는 것은 예사로운 일이다. 부모 중에도 유년
기나 청소년기에 물건을 슬쩍했던 경험이 있을 텐데, 그런 경험이 있다
고 모두 범죄자가 되지는 않았다. 하지만 사소한 도둑질이라 해도 부모
입장에서는 걱정이 되기 마련이다. 부모는 자녀가 자기 것이 아닌 물건
을 슬쩍했다는 사실을 아는 것만으로도 아이의 미래가 걱정되어 화가

386

나고 불안에 사로잡힌다. 또 탐나는 물건을 훔치는 일이 어린 시절에 흔하다고 해서 이 문제를 그냥 내버려 두어도 되는 것은 아니다. 자, 그 렇다면 어떻게 해야 할까?

세 살 이전 아이가 물건을 훔치는 이유

도둑질에 관해 가르치려면 아이가 적어도 자기가 무슨 일을 한 것인 지는 알고 있어야 한다. 이러한 인지 능력은 세 살에서 여섯 살 사이에 형성된다. 그러니까 그 전까지는 소유권의 개념이 확립되지 않은 만큼 도둑질이라기보다는 '슬쩍 가져간 것'이라고 해야겠다. 아이는 마음에 드는 것을 갖고 싶을 때 그대로 가져가면서, 그런 행동이 다른 사람에 게 어떤 결과를 가져올지 걱정하지 않는다. 자기를 세상의 중심으로 생 각하며 자신의 '영역', 즉 자기가 인지하는 범위에 속하는 것을 모두 자 기 것으로 여기기 때문이다. 그 후 부모의 태도에 따라 아이는 점차 그 것이 '나쁜 일'이고, 원하는 것이 있을 때는 달라고 물어보아야 한다는 것을 배우게 된다.

만약 아이가 그런 행동을 했을 때는 먼저 아이의 행동을 이해하려고 노력하는 것이 중요하다. 아이가 그런 행동을 하는 데는 몇 가지 동기 가 있다.

실리를 위한 도둑질　돈이 없어서 사지 못했거나 부모가 사 주지 않 은 것을 무척 갖고 싶은 경우다. 가게에서 슬쩍하거나 엄마의 지갑에서 돈을 가져간다.

관대해지기 위한 도둑질　　다른 사람에게 선물로 주려고 훔치는 경우도 있다. 엄마를 기쁘게 해 드리려는 마음이거나 친구들의 환심을 사기 위한 것일 수 있다. 어떤 아이는 매일 아침 유치원에 갈 때마다 주머니에 사탕을 한가득 가져가야 한다고 생각하기도 한다.

친구들에 대한 열등감　　이 경우 자기를 부각시킬 만한 물건, 예컨대 장난감, 옷, 액세서리 등을 훔친다. 또 친구들에게 '기죽지 않으려고' 물건을 훔치기도 하다.

심리적 요인　　원한이나 욕구불만, 몰이해 같은 심리적 요인이 원인일 수 있다. 이렇듯 도둑질은 일종의 복수이자 정서적 결핍을 메우려는 행위이거나, 어떤 문제에 관심을 끌려는 단순한 욕구가 드러난 결과일 수 있다.

사전에 예방하는 방법

이런 행동을 하지 않도록 예방하는 방법에는 세 가지가 있다.

- 아이에게 소유권의 의미를 가르치고, 마음대로 사용해도 되는 아이의 물건, 가족 또는 학급이 공동으로 소유하는 물건, 다른 사람의 물건을 각각 구별할 수 있게 한다. 아이에게 용돈을 주면 물건을 가지려 할 때 돈을 지불해야 한다는 사실을 배우게 되고, 욕구를 어느 정도는 스스로 충족할 수도 있다.
- 아이에게 정직을 가르친다. '도둑질은 나쁜 것'이며 허락 없이 남

의 물건을 가져가면 안 된다는 것을 분명하게 설명해 준다. 또한 "다른 사람이 네 물건을 가져가면 뭐라고 하겠니?"라고 질문해서 아이가 스스로 생각하도록 유도한다.

- 부모가 자녀에게 정직함의 모범을 보인다.

여섯 살이 넘은 아이가 물건을 훔쳤을 때

아이가 여섯 살이 넘었다면 부모로서 아이에게 다소 화를 내도 된다. 그러면서도 냉정하고 분명하게 "자기 물건이 아닌데 주인의 허락 없이 가져가는 건 정직하지 않은 행동이야. 어른이 그런 행동을 하면 감옥에 간단다"라고 설명해야 한다.

거의 모든 아이가 '시험 삼아' 적어도 한 번쯤은 물건을 훔친다. 이런 행동이 예외적인 것이라면 아이의 인생에 별 영향을 미치지 않는다. 부모가 단호하고 주의 깊게 행동하면 금세 바로잡힌다.

그리고 아이의 행동을 이해하기 위해 질문한다.

- 집, 학교, 친구 집, 가게 중 주로 어떤 환경에서 도둑질하는가?
- 아이가 훔친 물건이 아이가 갖고 싶은 물건인가, 아니면 필요한 물건인가?
- 우발적인 사건인가, 아니면 이미 해 본 적 있는 행동인가?
- 그런 행동을 한 이유를 아이는 어떻게 설명하는가?

물건을 훔친 아이에게 가르쳐야 할 행동

일단 물건을 '빌리게' 된 상황과 배경에 대해 아이와 진솔하게 이야기를 나눈다. 정황을 파악했으면, 잘못된 것을 바로잡기 위해 어떻게 할 생각인지 아이에게 묻는다.

만약 이 질문에 아이 스스로 답을 말하지 못한다면, 아이가 훔쳐 온 물건을 돌려주고 사과하도록 만들어야 한다. 물건을 도둑맞은 사람과 다시 대면하는 일은 아이는 물론이고 부모에게도 힘들고 무척 불편하겠지만, 이 과정이야말로 진정으로 교육 효과가 있는 것이다. 유아기의 아이는 부모가 동행하여 대신 사과한다. 하지만 아이 혼자서도 가능하다면 부모는 뒤에 물러서 있고 아이가 스스로 해결하게 한다.

아이가 돈을 뺏기고 있다면

최근 많은 아이가 돈을 빼앗기고 있다. 이들은 해코지당할까 봐 장난감이나 옷 등 자기가 가진 것을 준다. 이런 상황을 부모나 선생님에게 알리지 못하는 것도 협박을 받기 때문이다.

좀 더 나이가 들면, 덩치가 큰 아이들 혹은 건장한 여러 명이 위협을 가해서 억지로 도둑질을 하게 되는 경우도 많다. 가령 부모의 지갑에서 돈을 훔쳐서 힘센 아이들에게 갖다 바치는 식이다. 이때도 역시 무서워서 이 사실을 누구에게도 말하지 못한다.

만약 여러분의 자녀가 이런 갈취의 희생자인 것 같다는 의심이 들면, 주저하지 말고 학교에 알리도록 한다.

72

자꾸 거짓말을 하는데
어떻게 해야 할까요?

"제가 똑똑히 봤는데도 제 눈을 똑바로 쳐다보면서 자기가 한 일이 아니라고 딱 잡아떼더군요. 어찌나 당황스럽던지 할 말을 잃었습니다." — 어느 아빠로부터.

아이가 거짓말을 하거나 확실한 증거가 있는데도 아니라고 고집을 부리면 화가 머리끝까지 치밀기 마련이다. 처음에는 모욕적인 느낌이 들다가 점차 걱정이 앞선다. 우리 아이가 거짓말쟁이란 말인가? 아니면 자기가 한 행동의 결과에 떳떳하게 맞서지 못하는 겁쟁이인가?

먼저 아이 이해하기

먼저, 아이는 실제와 허구를 구별하기가 어렵다는 사실을 이해하라. 아이가 이 차이를 이해하려면 적어도 몇 년이 더 지나야 한다. 아이들은 자신의 욕망을 '현실'이라고 생각한다. 그래서 자신이 지어낸 거짓말을 계속 되풀이하고 우기면 그것이 진실이 될 수 있다고 믿는다.

네 살짜리 아이가 손이며 얼굴에 온통 초콜릿을 묻힌 채 엄마를 똑바로 보면서 "아니요, 저는 초콜릿은 건드리지도 않았어요"라고 한다면 화가 나면서도 재미있기도 하다. 하지만 열 살짜리가 그렇게 말한다면 어처구니없고 짜증스럽기만 할 것이다! 이처럼 진실에 관한 문제도 아이의 나이에 맞게 접근해야 한다.

연령별로 아이가 보는 진실

네 살까지 이 시기에는 부모를 기쁘게 하고 싶다는 욕망이 아이의 행동을 지배한다. 부모를 기쁘게 하는 것이 곧 선이요, 부모를 화나게 하는 것이 곧 악이다. 만약 용감한 꼬마가 엄마 말을 듣지 않고 높은 미끄럼틀을 탔다고 사실대로 말한다면 엄마는 만족스러워하지 않을 것이다. 따라서 아이 생각에 가장 자연스러워 보이는 해결 방법인 거짓말을 하는 것이다. 아이가 아니라고 부인하는 것은 엄마를 우습게 여겨서가 아니다. 부모가 기대하는 대로, 부모 마음에 들 만한 대답을 하는 것이 아이의 목적이었기 때문이다.

여섯 살까지 아직 실제 사실과 허구를 구별하는 것을 어려워할 수 있다. 그래서 이야기나 TV 방송 속에서 진짜와 진짜가 아닌 것을 잘 분간하지 못한다. 이 시기에 거짓말을 하는 것은 부모도 마찬가지다. 어른들은 아이에게 산타 할아버지가 마치 실제 인물인 양 이야기하고, 아이는 순진한 얼굴로 부모에게 자기가 리모컨을 건드리지 않았다고 우긴다.

　따라서 아이에게 화를 내기보다는 아이와 같은 경험을 하면서 진짜와 그 나머지를 구별할 수 있도록 도와주는 것이 좋다. 예를 들어 할머니를 잡아먹는 늑대나 침대 밑에 숨어 있는 유령은 가짜지만, 저녁 식사하러 오시는 할아버지는 진짜고, 동생을 때리면 아픈 것도 진짜라고 설명한다.

　철들 나이가 되면　　이제 아이는 자신이 거짓말하는 것을 잘 알며, 거짓말을 하면 대개 마음이 불편해진다. 하지만 아이가 거짓말을 할 수밖에 없는 이유는 분명히 있다. 주로 체벌이나 꾸지람을 피하고 싶어서다. 아이는 여전히 증거가 있는데도 딱 잡아떼거나 다른 사람 탓을 한다. 특히 강아지처럼 자신을 변호할 수 없는 대상을 핑계로 삼는다. 온화하고 이해심 많은 부모 밑에서 자란 아이도 거짓말하는 경우가 많을 정도로 워낙 흔한 일이다. 열 살이나 열한 살이 되면 분별력이 생겨서 다른 사람이 자기에게 거짓말하는 것을 참지 못하는데, 그러면서도 자기는 여전히 거짓말을 하는 경우가 많다.

계속 거짓말할 때 대처하는 방법

　거짓말을 부추기지 마라　　부모가 잔뜩 화난 상태에서 아이에게 잘못을 추궁하면 거짓말을 하게 된다. "이래도 네가 유리잔을 깨뜨리지 않았다는 거니?" 부모가 이렇게 나오면 정직한 성품의 아이라도 일단 아니라고 둘러대면서 이 상황을 모면하려 할 것이다.

여러분의 판단이 확실한지 확인하라　　거짓말을 비난하기 전에, 그것의 사실 여부를 확인해 보아야 한다. 아이 입장에서는 자기가 진실을 말했는데도 믿어 주지 않는 것보다 더 비참한 일은 없다.

질문하지 마라　　그보다는 잘못된 점과 여러분이 느낀 것을 이야기하라. "유리잔이 또 하나 깨져서 엄마가 참 난처하네. 그런데 우리 집 강아지가 쓰레기통 안에 유리 조각을 감췄을 것 같지는 않구나".

아이가 부인하면 무시하되, 몰아붙이지는 마라　　증거와 논리를 들이대며 아이를 코너로 몰지 마라. 우리의 목적은 아이에게 용기를 불어넣는 것이지, 아이에게 무거운 죄책감을 주려는 것이 아니다.

아이가 빠져나갈 구멍을 남겨라　　"이 일에 대한 우리 두 사람의 생각이 같지 않구나. 그럼 다음에 다시 이야기하자." 또는 이렇게 말하는 것도 좋다. "엄마한테 말로 하기 힘들면, 편지로 써서 줄 수 있겠니? 그렇게 해 준다면 엄마는 네가 무척 자랑스러울 거야".

과도하게 벌주지 마라　　자꾸 엄하게 벌을 주면 아이가 벌을 피하려고 자기가 한 일을 부인하게 된다. 아이는 미숙하지만, 무엇이든 잘하고 싶고 어른들을 도와주고 싶은 마음도 있다. 혹시 아이가 무언가를 망가뜨렸다면 일부러 그러지는 않았을 것이다. 이때 아이를 혼내기보다는 망가진 물건을 고칠 방법을 아이와 함께 찾아본다.

거짓말하는 진짜 이유 파악하기

아이가 거짓말하는 것은 주로 야단맞을까 봐 겁이 나서지만, 그 밖에 다른 이유도 있다.

질투가 거짓말을 부추길 수 있다. 친구만큼 멋져 보이고 싶고, 형보다 사랑받고 싶은 경우다. 수치심도 마찬가지다. 사실대로 말할 경우 자기 이미지가 나빠지는 것을 용납할 수 없기 때문이다.

결국 아이가 필요로 하는 것은 사랑받고 인정받는다는 느낌이다. 그러므로 마구 다그쳐서 아이를 코너로 몰거나 억지로 털어놓게 하면 오히려 거짓말을 조장할 우려가 있다.

십대 아이가 거짓말하는 이유

딱 잡아떼거나 거짓말을 하는 청소년은 대체로 이런 문제가 있다.

- 옳건 그르건 간에 너무 엄격하고, 자녀의 말을 듣지 않고, 자녀의 욕망과 동기를 이해하지 못하는 부모 앞에서 그렇게 행동한다.
- 억압받거나 자유를 박탈당할까 봐 두려운 마음에 거짓말을 한다.
- 부모의 개입이나 관심이 미치지 못하는 곳에 자기 사생활을 꾸릴 방법을 찾고 있기에 그렇게 행동한다. 이 경우 거짓말은 자기를 보호하는 방식의 하나다.

거짓말을 안 하게 하려면

먼저 부모는 언제나 아이 앞에서 정직한 모습을 보여 모범이 되어야 한다. 아이는 자기가 가장 사랑하고 우러러보는 사람, 즉 부모를 보고 따라 한다는 사실을 잊어서는 안 된다. 만약 부모가 요금을 할인받으려는 욕심에 아이의 나이를 속이거나, 교통 신호를 위반했는데도 벌금을 면하려고 잡아떼는 것을 본다면, 아이는 거짓말을 하면 큰 이득이 생기거나 골칫거리를 피할 수 있다고 생각할 것이다. 그래서 아이도 그런 경우가 생기면 거짓말을 하게 될 것이다!

그렇다면 더 이상 아이가 거짓말하지 않게 하려면 부모가 구체적으로 어떤 태도를 보여야 할까?

- 어떻게든 아이의 자백을 이끌어 내려 하지 말고 아이를 풀어 주는 아량을 보여야 한다.
- 용서하고 잊어버릴 줄 알아야 한다.
- 행동보다는 그런 행동을 한 동기를 기준으로 해서 판단해야 한다.
- 무엇보다 아이를 신뢰해야 한다. 부모가 아이를 믿는 모습을 보이면 아이는 자기가 저지른 간 큰 행동에 가책을 느낀다.

73

낙관적인 아이로 키우려면
어떻게 가르치면 될까요?

세상을 밝고 희망적으로 보면 내면이 단단해지고 미래에 대한 자신감도 생기죠. 아이들 마음속에 낙관주의를 키워 줄 이유는 무척 많아요.

성품이 낙관적인 아이는 크고 작은 어려움에 부딪혀도 <u>스스로</u> 상황을 수습하고 희망의 끈을 붙잡는다. 이런 아이는 자신의 역량과 발전 가능성, 인생을 멋지게 건설하는 능력을 믿는다. 또한 기회를 잡을 줄 알고 스스로 행동의 동기를 부여하기도 한다.

천성적으로 낙관적인 아이도 있지만, 그렇지 않은 아이도 부모의 격려와 칭찬에 따라 낙천적인 기질과 자신감을 키울 수 있다.

대체로 영유아기의 아이들은 낙관적이다. 18개월이나 세 살 무렵에는 모든 것, 특히 자기 자신에 대해 회의적인 모습이라고는 찾아볼 수 없다. 이 시기의 아이들은 자신감 넘치고 어떤 모험도 불사할 준비가 되어 있으며 뭐든 하고 싶은 마음, 특히 혼자서 하고 싶은 마음이 굴뚝 같다. 이때 "넌 할 수 있어!"라며 격려해 주면 마법과도 같은 효과를 발휘해 계속 긍정적인 정신 상태를 유지한다.

하지만 아이는 자라면서 좌절과 실패를 경험하며 점차 낙관적인 성향을 잃고 쉽사리 낙담에 빠진다. 그럴 때 부모의 역할이 중요하다.

낙관적인 아이로 키우는 방법

- 삶에 변화가 생겼을 때 아이가 이를 긍정적으로 받아들이게 격려하고 도와준다. 휴가지, 학급, 친구, 계획, 목적지 등이 바뀌면 새로운 것을 발견할 기회가 그만큼 많아진다. 새로운 경험을 하다 보면 놓쳤거나 잃은 것을 쉽게 잊을 수 있다. 낙관적인 사람은 어려운 상황에서도 다시 일어설 줄 알고, 불안에 떨기보다 적응하려고 노력한다.

- 아이는 또래 친구와 비교하면서 괴로워하는 경우가 많다. 스스로를 남보다 '못하다'고, 즉 키가 작고, 귀여움도 덜 받고, 재능도 없다고 생각하는 것이다. 이런 아이에게는 남이 아니라 자기 자신과 비교하라고 조언하라. 남들과 비교하면서 주눅 들기보다는 자신이 이루어 낸 발전을 확인하는 편이 훨씬 더 긍정적이다.

- 아이가 살면서 만나게 되는 장애물과 역경을 문제라고 생각하기보다는 대응해야 할 단순한 사건이라고 생각하도록 가르쳐라. 인생에는 긍정적인 면도 있고 부정적인 면도 있지만, 우리가 중요하다고 생각하는 쪽으로 힘이 실리게 되어 있다.

낙천적이고 자신감 있는 아이로 키우고 싶은 부모라면 무엇보다도 자신의 태도가 어떠한지 돌아봐야 할 것이다. 부모는 어려움과 시련에 부딪히더라도 자신감을 잃지 않는 모습을 보여야 하고, 한잠 잘 자고 나면 툴툴 털고 일어날 수 있다는 것도 보여야 한다. 평소에 "괜찮아", "하늘이 무너져도 솟아날 구멍은 있어", "내일은 더 좋아질 거야" 같은 말을 자주 하면, 자녀 역시 그런 태도를 저절로 배울 것이다.

아이가 부정적인 말을 할 때

- "난 튜브가 없으면 수영을 못해. 물에 빠질 거야."
- "누나한테는 다 괜찮다고 하면서, 왜 나만 야단치세요?"
- "점심시간에 아무도 나랑 놀려고 하지 않아요!"
- "난 절대로 롤러스케이트를 못 탈 것 같아."
- "비가 오네. 내 생일 파티는 망했어!"
- "난 항상 운이 없어. 게임에서 늘 못 이겨."
- "난 반에서 제일 작아. 존재감이 없어."
- "난 어떻게 해도 궁지에서 벗어나지 못할 거야."
- "다 소용없을걸. 절대로 내 부탁을 안 들어줄 거야."
- "너무 늦었어. 다 끝났어!"

낙관적인 아이로 키우는 부모의 말

- "일 년 동안 네가 얼마나 잘해 왔는지 보렴!"
- "벌써 이렇게 많은 걸 배웠잖니? 이번 것도 잘 배울 수 있을 거야."
- "내일은 오늘과는 다른 날이야. 다 가능할 거야."

- "넌 능력이 충분해. 그 일은 네가 마음먹기에 달렸어."
- "그건 잠깐 지나가는 일이야. 금방 벗어날 수 있어. 지금은 앞만 바라보며 나가자."
- "괜찮아, 다음번에는 더 잘할 수 있을 거야."
- "그런데 좀 다르게 생각해 보면 어떨까?"
- "그래, 이게 너한테 문제가 된다고 하자. 그럼 어떡해야 할까?"
- "넌 아주 훌륭한 사람이야. 난 네가 할 수 있다고 믿어."

74

긴장 푸는 법을
어떻게 가르칠까요?

스트레스는 어른들만 받는 것이 아니에요. 아이들도 많은 불안과 긴장에 시달려요. 아이들이 스트레스 상황에서 자신을 보호하고 잘 대처하도록 가르친다면 살아가는 데 도움이 될 거예요.

때때로 아이들은 학교나 가정에서 힘든 일을 겪고, 불안한 상황에 처하기도 한다. 아이의 긴장을 풀도록 도와주려면 어떻게 해야 할까?

걱정이 많은 아이의 기질을 자극하는 사건이 생겼을 때 아이가 잘 대처하게 하려면 긴장을 푸는 방법을 가르쳐야 한다. 효과가 입증된 몇 가지 간단한 긴장 완화법을 알아보자.

긴장 완화법 : 심호흡하기

호흡법은 긴장 완화의 기본이다　　아이가 등을 대고 누워 눈을 감고 한쪽 손을 배 위에 올려놓도록 한다. 숨을 들이마시고 내쉴 때 배가 올라갔다 내려갔다 하는 것을 느끼는 것부터 시작한다. "손바닥 아래로 배가 풍선처럼 부풀었다가 줄어드는 것이 느껴지지? 바로 그렇게 숨을 쉬어야 한단다".

그런 다음, 여러분이 세는 박자에 따라 숨을 쉬라고 한다. "내가 하나, 둘을 세는 동안 숨을 들이쉬고, 셋, 넷을 세면 숨을 내쉬는 거다. 그런 다음 다시 들이쉬고 내쉬면 돼." 아이가 이 호흡법을 잘 습득하면 앉은 자세에서 다시 해 보고, 그런 다음 일어서서 눈을 뜨고 해 본다.

호흡법을 익혔으면, 긴장되거나 화가 날 때마다 그렇게 해 보라고 설명한다. 처음에는 부모가 옆에서 필요해 보일 때마다 이 호흡법을 하라고 상기시켜야 한다. 나중에는 아이 스스로 이 방법을 활용하게 된다.

긴장 완화법 : 근육 이완하기

긴장을 완화하기 위한 다음 단계는 근육 이완하기다. 역시 점진적으로 시행해야 하는데 몇 초 동안 근육을 수축했다가 한 번에 풀어 주는 식으로 두 차례 연속해서 한다.

"이제 오른쪽 팔을 풀어 줄 거야. 그러려면 나한테 알통을 보여 줄 때처럼 힘을 줘 봐. 좋아. 열까지 셀 동안 그대로 있어. 그런 다음 힘을 다 빼면 돼. 잘했어. 한 번 더 하고 왼쪽 팔로 넘어가자".

"이번에는 오른쪽 다리야. 오른쪽 다리를 땅에서 들고 힘을 주어서 쇳덩이처럼 딱딱하게 만들어 봐. 내가 열을 셀 때까지 그대로 있는 거다." 열까지 센 다음 힘을 빼라고 하고, 한 번 더 한 다음, 왼쪽 다리로 넘어간다.

그다음에는 등과 배에 있는 근육을 이완하고 마지막으로 얼굴 근육을 하고 끝낸다. "이마와 볼, 입, 목에 있는 작은 근육을 모두 수축하면서 얼굴을 완전히 찡그려 봐. 좋았어. 내가 숫자를 세는 동안 그대로 있어. 이제 힘을 풀어"

이렇게 이완이 되면 배 위에 손을 얹고 차분하게 호흡하면서 잠시 휴식을 취하게 한다.

긴장 완화법 : 상상 속 여행하기

아이가 완전히 긴장이 풀리면 상상 속의 장소, 즉 자기만의 비밀의 화원으로 떠나 보라고 제안한다. 새하얀 모래와 태양과 야자수가 있는 해변이 펼쳐지면 아이는 거기에 누워서 파도가 밀려와 발끝을 간질이는 것을 느낀다. 또는 산으로 둘러싸인 예쁜 호수 위 카누에 누워 있는 상상도 할 수 있는데, 그 아래로 물결이 움직이는 것도 느낄 수 있다. 아이가 가장 마음이 편하고 긴장이 완전히 풀리는 기분 좋은 곳을 상상하도록 도와주어라. 그곳은 나쁜 것은 아무것도 쫓아올 수 없는 안전한 장소다.

이렇게 아이만의 낙원을 상상할 때 그곳의 냄새, 색깔, 소리, 같이 있는 사람 등 세세한 부분까지 자세히 상상하는 것이 중요하다. 장소의 모습이 구체적일수록 도움이 되기 때문이다. 그러면 아이는 힘든 일상에서 벗어나고 싶은 마음이 들 때마다, 자기가 만든 비밀의 낙원으로 몸을 피해 그곳에서 긴장을 풀고 행복을 만끽할 수 있을 것이다.

긴장 완화는 규칙적으로 실시해야 효과가 있다. 아이가 스트레스를 받는 환경에 처했거나 걱정이 많고 긴장을 잘 하는 성격이라면 하루 중 시간을 정해 매일 아이와 함께 긴장을 푸는 연습을 한다. 몇 주 동안 같이 하다 보면 아이가 꽤 잘하게 될 것이다. 이 단계까지 오면 부모가 없을 때 혼자서 '미니 긴장 완화' 시간을 가져도 된다고 알려 주어라. 아이는 5분도 채 되지 않아 혼자 힘으로 긴장을 풀면서 안정감과 자신감이 차오르는 느낌을 받을 것이다.

75

친환경적인 생활을 하게 하려면
어떻게 해야 할까요?

"제 딸이 어린이 신문을 구독하는데, 어느 날 '지구를 구하기 위해 할 수 있는 행동'에 관한 기사를 읽었나 봐요. 그러더니 여러 겹으로 포장된 과자는 먹지 않겠다고 하고, 정원에서 퇴비를 만들어 사용하고 빗물을 모으는 저장 탱크를 만들자고 하네요." — 어느 아빠로부터.

현재 지구는 고장 났다. 인간 활동이 지구의 미래에 미치는 영향이나 환경 오염, 천연자원 고갈 문제 등은 더 이상 모른 체할 수 없는 상황이다. 우리 인간이 개인적으로, 단체로, 국가 차원에서 저지른 행동이 이런 문제들을 일으키고 있다. 따라서 지구를 구하려면 바로 지금 우리가 할 수 있는 행동부터 시작해야 한다.

여섯 살에서 열세 살 사이의 어린이는 환경 문제에 대한 감수성이 매우 높다. 아이는 자기 행동과 그 행동에 따른 결과를 충분히 인식할 만큼 컸고, 열의와 이상으로 가득 차 있다. 따라서 아이들에게 환경 관련

정보를 제공하고, 책임 의식을 일깨우고, 환경을 생각하는 습관을 가지도록 장려하는 일은 매우 중요하다. 어렸을 때부터 실천하면 분명히 나중에 커서도 계속 해 나갈 것이다.

실천 : 집에서 할 수 있는 일

집은 아이가 가장 많은 시간을 보내는 곳인 만큼 환경 보존 활동을 가장 효율적으로 실천할 만한 장소다. 일상에서 사소한 일 몇 가지를 실천하는 것만으로도 효과를 볼 수 있다.

- 욕조에 물을 받아서 목욕하기보다는 샤워를 한다. 물의 사용량이 3분의 1로 줄고 온수 공급에 쓰이는 에너지도 적게 든다.
- 쓸데없이 물을 흘려보내지 않는다. 양치할 때, 손에 비누칠을 할 때, 작은 그릇을 헹굴 때는 수돗물을 잠근다.
- 방을 나설 때마다 전등을 끄는 습관을 기른다.
- 제철에 나는 과일과 채소를 먹고 자연식품에 맛을 들인다. 토마토가 울퉁불퉁하고, 당근이 삐뚜름하고, 사과에 흠집이 있더라도 자연에서 자란 것이 몸에 좋고 지구에게도 좋다.
- 쓰레기를 분리 배출하고 재활용한다. 장을 보러 갈 때는 꼭 장바구니를 가져간다.

이런 활동이 지구가 구멍이 뚫려 신음하지 않도록 보호하기 위한 것임을 아이에게 이해시키기가 쉽지는 않지만 보람을 느낄 것이다.

실천 : 학교에서 할 수 있는 일

학교는 아이가 일상생활을 하는 또 하나의 장소다. 그런데 환경을 지키기 위해 하는 행동이 친구들과 너무 달라 눈에 띈다면 실천하기 어려울 수 있다. 그럴 때는 혼자만 튀지 않게 실천할 수 있는 방법을 알려주자. 아이가 숲을 좋아하는가? 아이의 책과 노트가 모두 나무를 베어서 만든 것이라고 설명하라. 분명 아이는 종이를 함부로 버리지 않을 것이고, 종이의 양면을 다 사용하려 할 것이다.

아이가 마음만 먹으면 혼자서 할 만한 일도 꽤 있다. 학교나 축구장에 갈 때 차를 타고 가자고 조르지 않고 걸어가거나 자전거를 타고 가는 식이다.

실천 : 거리에서 할 수 있는 일

거리와 공원을 산책하는 시간은 아이에게 어떻게 친환경적으로 행동해야 하는지 설명할 좋은 기회다. 지구를 지키는 일은 가까이 있는 환경을 돌보는 데서 시작된다. 즉, 씹던 껌을 땅에 뱉지 말고, 다 마신 음료수 캔이나 과자 봉지를 아무 데나 버리지 않는 식이다. 강아지를 산책시킬 때 배설물을 꼭 치우고, 소음을 내지 않는 것도 중요하다. 요컨대 타인과 환경에 해가 되는 모든 종류의 '무례한 행동'을 삼가는 것이다.

여기서 무례한 행동은 다른 사람을 화나게 하는 그런 문제가 아니다. 시민으로서 책임 의식이 있느냐 없느냐의 문제라는 것을 아이가 잘 이해하도록 설명해야 한다.

도시에 사는 아이들은 자연에 대한 지식이 부족한 경우가 많다. 이럴 때는 다음과 같이 설명해 주면 된다.

- 꽃이나 식물을 꺾지 말아야 하고 뿌리도 뽑으면 안 된다. 식물이 다시 자라지 못하기 때문이다.
- 동물을 귀찮게 하거나 동물의 서식지를 파괴하면 안 된다.
- 자연을 더럽히면 안 되며, 쓰레기는 모두 수거해야 한다.
- "모든 사람이 너처럼 행동한다면 자연과 지구가 어떻게 될까?" 아이에게 질문하고 깊이 생각해 보게 한다. 아이의 행동은 수십억 명이 하는 행동 중 하나일 뿐이지만, 그 하나하나가 모이면 지구에 영향을 미친다는 것을 설명한다.
- 아이에게 모범을 보인다. 부모는 아이의 모델이니 부모가 먼저 실천하는 모습을 보여라!

76

스스로 잘 씻게 하려면
어떻게 해야 할까요?

혹시 여러분의 아들이 열 살에서 열세 살 사이인가요? 그렇다면 매우 씻기
싫어할 연령대에 접어들었네요.

자르지 않은 긴 손톱, 씻지 않아 꼬질꼬질한 귀, 더러운 발가락 …….
이 연령대의 남자아이들은 지저분한 걸 스스로 알면서도 어찌나 씻지
않으려고 버티는지, 일부 전문가들은 아이들이 성장하면서 반드시 거
쳐야 하는 단계가 아닐까 하는 의구심을 가질 정도다.

성장하면서 누구나 거치는 단계

확실히 남자아이보다는 여자아이가 이 시기를 빨리 벗어난다. 몇 가
지 단계를 거치며 점점 나아진다.

- 아이는 열 살이 되면 외모에 신경을 쓰기 시작한다. 외출 전에 머
  리를 빗고, 치아를 깨끗하게 유지하고, 손톱을 자를 필요성을 느

긴다. 하지만 아이 혼자서 청결과 위생을 유지하게 하려면 여전히 아이를 들들 볶아야 한다. 몇 년 전만 해도 아이는 욕조 안에서 한 없이 장난을 치며 목욕을 즐겼다. 그러던 것이 이제는 목욕을 귀 찮은 일, 시간 낭비로 느낀다. 아이는 이제 후다닥 끝낼 수 있는 샤 워를 더 좋아한다.

- 아이들은 열한 살이나 열두 살 정도가 되면 씻어야 한다는 사실을 잘 알고, 손톱이나 발이 더러우면 창피해한다. 여자아이들은 향기로운 샤워 젤이나 부드러운 목욕 수건, 바닐라 향의 수분 로션 같은 '부속품'을 중요하게 취급하기 시작한다. 하지만 남자아이들과 마찬가지로 욕실로 보내려면 가끔은 등을 떠밀어야 한다. 남자아이나 여자아이나 부모가 말하지 않으면 귀나 손톱, 손을 씻는 것을 자주 잊어버린다.

- 열세 살이나 열네 살이 되면 상황이 급변한다. 다른 사람들에게 잘 보이고 싶은데, 그러려면 깔끔해야 하기 때문이다. 여자아이들은 이제 알아서 잘 챙긴다. 일부 남자아이는 여전히 반항하지만, 그래도 거울 앞에서 많은 시간을 보내며 삐져나온 앞머리를 정리하거나 눈에 거슬리는 여드름을 가리려고 애쓴다.

드디어 아이와의 전쟁이 끝났다. 그럼 어떤 이유로 아이가 이런 행동을 하는지 살펴보자.

씻기를 거부하는 이유

- 이것은 존재감을 드러내는 방식이라고 할 수 있다. 아이는 부모에

게 반대하고 대립하면서 독립심을 키운다. 그래서 엄마가 청결에 예민하고, 지저분하면 참지 못한다는 사실을 깨달으면서 반항도 시작되는 것이다. 이런 행동은 아이가 자립하려고 하는 일종의 의도적인 도발 행위다.

- 영아기 때의 갈등이 청소년기에 다시 나타나는 것이다. 기저귀를 차고 행복하게 지내던 아이에게 기저귀를 떼고 대소변을 가리는 법을 가르치는 동안 여러분은 아이를 귀찮게 하고 하기 싫은 일을 억지로 시켰다. 아이는 이제 와서 이것을 무의식적으로 표현하면서 '지저분하게' 지내는 즐거움을 다시 누리는 것이다.

또 하나의 이유는 사춘기 아이들이 신체적 변화라는 큰 문제를 겪는다는 점이다. 이 시기의 아이들은 자기 몸이 하루하루 달라지는 것을 받아들이기 어려워한다. 자기도 낯설게 느끼는 몸을 가꾸는 것이 왠지 어색한 것이다.

스스로 몸을 돌보고 가꾸게 하려면

- 아이와 갈등을 빚는 것은 더 큰 반항만 불러일으킬 뿐이다. 아이가 사춘기에 이르러 이성 친구에 관심이 생기기 전까지는 부모가 잔소리를 해 봤자 별 효과가 없다.
- 그러나 자기 전에 양치해야 한다거나 식사 전에 손을 씻어야 한다는 것은 강제적으로 규칙을 정할 필요가 있다.
- 행동이 말보다 더 효과적인 법이다. 부모가 먼저 자신의 몸에 관심을 기울이고 돌보면서 즐거움을 느끼는 모습을 보여야 한다.

- 무엇보다도 사춘기 아이들은 부모가 자기의 사생활을 존중해 주기를 바란다. 따라서 아이가 자기 방이나 욕실에 있을 때 노크도 없이 불쑥 들어가는 일은 그만두어라.
- 아이의 용모를 칭찬하고 아이가 자기를 가꾸는 데 기울이는 노력을 높이 평가하라.

아이가 자기 몸에 다시 익숙해지면 그때부터는 스스로 자기 몸을 관리할 것이다.

잘 안 씻는 아이를 씻게 하려면

- 아이가 혼자 머리를 감고, 손톱 밑과 귓등을 씻도록 일러 준 다음, 스스로 알아서 해결하도록 내버려 두어라. 필요한 경우에는 일주일에 한 번 정도 잘하고 있는지 확인한다.
- 한동안은 이틀에 한 번은 제대로 씻고 그 사이에는 간략하게 씻는 것으로 타협점을 정하라.
- 머리 감는 날을 정해 놓고 그날이 되면 아이에게 알려 주어라. 아이의 마음에 드는 목욕 용품('남성용' 샤워 젤, 향이 좋은 비누 등)을 사 주어 즐거운 목욕 시간이 되도록 수준을 높여라.
- 아이가 좋아하는 TV 프로그램이 할 시간이거나 한창 게임에 빠져 있다면 씻으라고 닦달하지 마라.

77

자꾸 말대꾸하고 대드는데, 어떻게 해야 할까요?

"더 이상 제 딸이 아닌 것 같아요. 전에는 착하고 유쾌한 아이였는데 몇 달 사이에 변덕스럽고 까다롭고 신경질적으로 변해 버렸어요. 아이의 톡톡대는 말투를 도저히 참을 수가 없어요." — 어느 엄마로부터.

아이가 열 살이나 열두 살 정도가 되면 갑자기 행동이 달라지는 경우가 흔하다. 이때 아이는 꼬박꼬박 '말대꾸'를 한다. 부모가 아이의 뜻에 반대하거나 요구를 들어주지 않으면 노골적으로 무례하게 굴고 모욕을 주기도 한다. 또 대놓고 대들기도 하고 상스러운 말도 서슴지 않는다. 물론 아이가 '사춘기 직전'이 되면 몇 가지 변화가 있을 것이라 부모도 예상은 하지만, 그래도 말할 때나 행동할 때 보면 정말로 심하다 싶어 속이 터진다.

아이는 이렇게 무례한 태도를 보임으로써 자기 정체성을 표현하는 것이다. 이것은 두 살짜리 아이가 매사에 싫다고 하고, 반대에 부딪히면 화를 내던 것과 비슷하다. 이때 아이는 거부하는 행동을 통해 자기는 다르다는 것을 보여 주고자 했다. 아이는 정서적으로 자립하고 싶은 욕망을 드러내면서 10년 전과 같은 방식으로 공격적인 도발을 하고 있는 것이다. 아이는 엄마를 비난함으로써 엄마 없이 잘 지낼 수 있다는 것을 표현한다(물론 이것은 시기상조다). 이제 곧 청소년이 될 텐데 아이는 벌써부터 엄마로부터 멀어져야 한다고 막연하게나마 예감한다. 하지만 아직은 서투르고, 자기가 진정으로 무엇을 느끼는지도 잘 몰라서 도발적인 행동을 하나의 언어라도 되는 것처럼 사용한다. 그러면 이와 같은 무례한 언행은 어떤 역할을 하는 것일까?

- 무례한 행동을 함으로써 그동안 받았던 교육에서 벗어나려는 것이다. 폭력적인 언어를 사용하면서 자기가 배웠던 것과 정반대로 행동하고, 해방감을 느낀다. 즉, 예전에 강요받았던 것을 부정함으로써 자기 존재감을 드러낸다.

- 아이에게 금기시된 상스러운 말들을 마구 내뱉는다. 이런 뜻이나 마찬가지다. "나는 이런 험한 말도 할 수 있어. 이제부터 내가 원하는 대로 말할 거야. 더 이상 당신이 나 대신 결정할 수는 없어. 각자 자기에게 맞는 표현 방법이 있는 거니까 간섭하지 마".

- 무례한 언행 때문에 아이와 부모 사이에 갑자기 거리감이 생긴다. 이 시기에는 이렇게 생긴 정서적 거리를 어떻게 관리하느냐가 큰

관건이다. 아이들의 태도는 대단히 모순적이다. 독립을 원하면서도 안정을 필요로 한다. 그래서 무례한 청소년들이 오히려 더 의존적인 경우가 많다.

- 청소년들은 어른과 대립함으로써 자기 위치를 찾으려고 노력한다. 특히 엄마와 다정하고 가까운 관계를 유지하는 것이 독립하는 과정에 방해가 된다고 생각하기도 한다. 무례한 언행은 아이를 괴롭히는 온갖 복잡한 감정을 막아 내는 성벽인 동시에 아이의 정체성을 발달시키는 방법 중 하나다.

무례한 태도를 보일 때 대처하는 방법

- 대체로 아이가 진짜로 하고 싶은 말과 실제로 하는 말은 다르다. 아이는 자기가 진정으로 원하는 것이 무엇인지도 잘 모르고, 어른 앞에서 자기 입장을 옹호할 마땅한 논거와 표현을 찾지도 못한다. 그래서 쉽게 취할 수 있는 무례한 언행이 나오는 것이다. 물론 힘든 일이겠지만, 이 시기에 부모는 아이가 성장했고, 현재 받고 있는 교육에 동의하지 않으며, 더 많은 자유와 책임을 원한다는 등 무례한 표현 이면에 담긴 내용을 새겨들어야 한다.
- 아이에게 발언권을 주고 아이가 하는 말을 경청하면서 열린 마음으로 대화를 나누면 아이가 무례한 행동으로 자기를 표출하는 것을 예방할 수 있다.
- 부모는 아이가 무례한 행동을 보일 때 내면에서 일어나는 일을 빨리 간파해야 한다. 그래야 너무 심각하지 않게 이 상황에 대처할

수 있다. 이럴 때는 유머로 맞받아치는 것이 좋은데, 다 같이 웃을
수 있다면 더 좋다.

- 아이의 험한 말을 못 들은 척한다. 대화를 짧게 끝내고 자리를 뜨
  는 것이 권위적인 태도를 보이는 것보다 낫다.

- 부모에게는 자녀로부터 부당하게 대우받는 것을 거부하고 규칙을
  다시 일러 줄 권리가 있다. 소란이 가신 다음 앞서 일어난 일을 냉
  정하게 다시 짚어 보고 적절한 반응을 표현하는 방법이 유용하다.
  가령 아빠가 이런 말을 해 주는 것이 좋다. "네 엄마에게 그런 식
  으로 말하지 않았으면 좋겠구나. 엄마를 하나도 존중하지 않는 것
  처럼 들리거든. 아빠는 다른 건 몰라도 그건 용납할 수 없는 일이
  라고 생각해".

- 부모 노릇을 한다는 것은 모범을 보인다는 것이다. 그러니 말할 때
  조심해야 한다. 이 시기의 아이는 어른들처럼 말하면 어른이 된다
  고 믿기 때문에 어른들이 사용하는 표현을 따라 하는 경향이 있다.

- 아이가 이렇게 행동할수록 시간을 할애하고 경계를 늦추지 않고
  세심하게 대해야 한다. 간혹 공격적일 수 있는 아이의 비판과 비
  난, 문제 제기에 충격을 받아 우울해하거나 맞대응하지 말고 그냥
  받아 주어라. 이것 역시 교육이다.

- 이 문제를 가지고 다른 사람과 이야기를 나누어라. 또래 아이를 둔
  부모들과 이런 문제를 같이 나눈다면 덜 외롭게 느껴질 것이다.
  청소년이라면 누구나 이런 시기를 통과의례처럼 겪는다. 따라서
  이 시기를 지난 아이를 둔 부모의 경험담을 듣고 나면 마음이 훨

씬 가벼워져서 이 문제를 거리를 두고 바라볼 수 있게 된다.

형제간 말싸움이 격해질 때

무례한 행동과 언어폭력이 형제와 자매 사이에서 일어나는 경우도 많다. 이때 싸움이 커지고 상처를 주는 말들이 오갈 수도 있다. 그럴 때에도 부모는 개입하지 말고 아이들끼리 문제를 해결하도록 내버려 두어야 한다. 혹시 개입한다면 어느 한쪽의 편도 들지 말고 각자의 입장을 들은 다음, 상대를 이해해 보라고 강조하는 것이 중요하다.

78

사춘기 때 좋은 관계를 유지하려면 어떻게 해야 할까요?

지금까지는 우리 사이에 아무런 문제도 없었어요. 늘 편안한 분위기는 아니었어도 꾸준히 대화를 나누었지요. 그런데 갑자기 아이가 자기만의 세계로 들어가 버렸어요. 아이와 관계의 끈을 이어 가야 하는데 어떻게 해야 좋을지 모르겠어요.

청소년기는 자기 능력과 생각을 펼치고, 다양한 의견을 나누고, 미래에 대해 꿈꾸고 이야기해야 하는 시기다. 그러나 오늘날 청소년의 하루는 학교생활과 과외 활동, 공부, 미디어, 친구, 컴퓨터, 게임, SNS 등으로 꽉 채워져 있다.

부모는 부모대로 일과에 지쳐 피곤한 데다, 기껏 대화를 하려고 해도 아이는 들은 척도 않거나 대들기만 한다. 그래서 부모는 사춘기 아이가 도발적으로 행동하거나 갑자기 말수가 줄면 어찌해야 할지 도통 갈피를 잡지 못한다.

도발 행동을 하거나 말수가 주는 이유

• 사춘기는 역설의 시기다. 이 시기의 아이는 부모와 가까이하고 싶은 마음이 들수록 부모에게서 거리를 두려 한다. 정서적 자립의 대가다. 아이는 자기와 대화하고 싶어 하는 부모의 마음을 침입으로 간주하고 이를 참지 못한다. 그래서 "엄마는 이해 못 해!"라는 말을 던지며 자기를 보호한다. 반면 이런 태도에 화가 난 부모는 자신만큼 자녀를 이해할 사람은 없다고 굳게 믿고 나름대로 해결하려 한다.

• 사춘기 아이는 부모와 관심사가 다른 까닭에 서로 교류할수록 불화와 긴장이 조성된다. 부모는 아이의 학교, 장래, 공부 등 부모다운 걱정을 하는 반면, 아이는 실존적인 문제, 예컨대 삶의 의미는 무엇인가? 실업자가 널린 마당에 공부가 무슨 소용인가? 이성 친구를 사귀려면 어떻게 해야 하나? 등을 고민한다. 인생에 대해 고민할 때, 해답을 제시해 줄 가장 좋은 위치에 있는 사람이 꼭 부모인 것만은 아니다.

• 아이들은 청소년기부터 친구들과 이야기하는 것을 더 좋아한다. 아이들끼리는 서로 잘 통하기 때문에 전화기를 붙잡고 몇 시간이고 이야기하면서 서로에게서 위안을 얻는다.

사춘기 아이와 대화하는 법

• 부모가 자기를 섣불리 판단하거나 거부하지 않는다는 사실을 경험을 통해 알고 있다면, 대화가 필요하다고 느낄 때 아이 스스로 다가와서 이야기를 나눌 것이다. 이때 부모는 인내심을 가지고 기

다리다가 대화가 시작되려고 하면 기꺼이 들을 준비가 되어 있음을 보여 주어야 한다. 또한 머리를 맞대고 차분히 이야기를 나눌 시간을 마련하고 대화하기 좋은 환경을 만들어야 한다.

- 대화할 때 부모가 짜증 내지 말고 아이의 말을 경청해야 한다. 또 아이의 질문에 급하게 대답하기보다는 되물을 줄 알아야 한다. 이때 부모가 실제로 느낀 것을 솔직히 이야기할 필요가 있다. "늦을 것 같으면 미리 알려 줄 수 있었잖아"라고 하기보다는 "네가 늦게 들어오면 걱정이 많이 된단다"라고 이야기하는 것이 더 낫다.
- 청소년기 역시 부모가 아이를 교육하고 길잡이가 되어 줄 시기다. 이때 부모와 아이의 시각이 다른 것은 지극히 정상적이다. 자연히 불화와 갈등이 표출되기 마련인데, 이때는 토론을 통해 공동 해결책을 마련할 수 있다. '친구 같은 부모'가 되는 것보다는 부모로서의 위치를 지키되 아이의 삶에 과도하게 개입하지 않는 것이 좋다. 부모가 아이와 친구 같은 관계를 유지하면 아이가 하나의 인격체로 성장하는 데 거의 도움이 되지 않는다.

반항기 모드일 때 대하는 법

아이가 자기 방에 틀어박혀 나오지 않고, 묻는 말에 네, 아니요로만 대답하는 반항 모드로 들어갔다면 어떻게 해야 할까? 이럴 경우 당분간은 대화가 불가능하다는 점을 인정해야 한다. 억지로 소통을 시도했다가는 아이의 거부감만 더 커질 뿐이다.

이런 침묵을 감내하는 일은 주변 사람들에게 고역이다. 하지만 이는 사춘기 아이가 자기 자신의 성장과 객관화, 정서적 거리감을 보여 줄 유일한 방법일 수도 있다.

반드시 다 말로 해야만 통하는 것은 아니다. 언어 말고도 행동이나 태도로도 의사소통할 수 있다. 함께 맛있는 식사를 하거나, 영화를 보거나, 아이에게 다정한 미소를 보내자. 아이가 마음의 문을 닫아걸어서 관계가 나빠지면 부모 역할을 하기가 더욱 힘들어진다. 이런 상황에서도 상처를 받지 않고 여느 때처럼 지내면서 아이를 사랑하는 모습을 보여야 한다.

모순적인 태도를 취할 때 대하는 법

청소년기의 아이는 자기 입장을 설명하려는 노력도 없이 그냥 한마디만 해도 상대가 알아주기를 바란다. 특히 어려운 상황에 처했을 때 더욱 그렇다. 그러면서도 아이는 자기에게 무슨 일이 일어나는지 부모가 알 수 있고, 때로는 자기보다 부모가 자신을 더 잘 이해할 수 있다는 생각을 도저히 용납하지 못한다. 요컨대 아이가 하는 요구는 불분명하고 모순적이며, 아이의 반응도 부당하다.

부모 역할이 어려운 것은 언제나 인내심과 차분함이 요구되기 때문이다. 그래서 때에 따라서는 믿을 만한 다른 어른에게 아이의 이야기를 들어 달라고 부탁하는 것이 나은 경우도 있다.

79

콤플렉스 때문에
수영복을 입지 않아요. 어떡하죠?

저기 거울 속에서 억지 미소를 짓고 있는 아이가 누구지? 나랑 하나도 안
닮았어. 이런 모습을 보면 사람들이 이렇게 말할 거야. "세상에, 쟤 좀 봐,
완전히 이상해졌어!" 아, 이런 꼴을 보일 순 없어.

성적 수치심을 느끼기 시작하면서 아이의 몸에 변화가 찾아온다. 이
러한 변화는 오래전부터 준비된 것이지만 정작 변화가 일어나는 것은
한순간이다. 청소년 시기에는 자기 몸이 변하는 과정에서 자기가 할 수
있는 일이 아무것도 없고 몸이 자기 것이 아닌 것 같아서 부정적인 신
체 이미지를 품기 쉽다.

신체 변화가 여자아이에게 미치는 영향

성적 수치심도, 신체 변화도 호르몬이 분비된 결과다. 여드름이 나고,
키가 쑥쑥 자라고, 몸무게도 부쩍 늘어 간다. 털도 나기 시작했지만 가

리느라 바쁘다. 가슴은 너무 작기도 하고, 너무 크기도 하고, 양쪽 모양이 다른 경우도 있다. 자기 몸이 이렇듯 이상하고 보잘것없는데, 어떻게 이런 몸이 마음에 들겠는가! 여성 혹은 남성으로서 성장하기란 참 쉽지 않다.

이렇듯 더 이상 자기를 알아보지 못하게 되므로 자신의 모습에서 용납하기 어려운 결함을 쉽게 발견한다. 그래서 청소년들은 어른들보다 자기 신체에 만족하는 경우가 드물다. 남자아이들보다 여자아이들이 이런 스트레스를 강하게 받는다. 여자아이들은 TV에 나오는 여배우나 모델과 스스로를 비교하면서 이런 점은 어떻고 저런 점은 어떻기 때문에 도저히 내세울 만한 게 없다는 결론을 내린다.

청소년기의 여자아이들은 '자신에게 불만이 많아서' 내면적으로 불편한 감정을 가지게 된다. 그래서 자기 몸이 다른 사람 시선에 노출되는 것을 꺼린다. 본인 스스로도 받아들이지 못하는 몸을 다른 사람이 쳐다보는 것을 견딜 수 없기 때문이다.

수영복을 입지 않으려 한다면

온 가족이 수영장이 딸린 캠핑장이나 바닷가로 바캉스를 왔는데, 열네 살짜리 딸아이가 긴 바지와 티셔츠만 입겠다고 고집을 부린다. 최대한 양보해서 찜통같이 더운 날에는 반바지를 입기로 한다. 단, 조건이 있다. 카메라를 들고 가까이 다가오지 않기.

이럴 때는 어떻게 해야 할까? 그 나이 때 여러분이 어땠는지 기억을 더듬어 보아라.

일단, 무엇보다도 아이를 놀려서는 안 된다. 부모가 아이를 존중하고 이해하는 태도를 보인다면 아이가 훨씬 마음을 놓을 것이다.

아이가 수영복을 입지 않겠다고 하면 억지로 강요하지 마라. 그리고 다른 사람들에게도 아이를 그냥 놓아두라고 상냥하게 부탁한다.

콤플렉스를 극복하게 도와주는 방법

이 문제도 아이와 대화를 나누는 것이 중요하다.

어떤 아이들은 몸 전체가 마음에 들지 않아 속상하고 늘 기분이 좋지 않다. 또 어떤 아이들은 신체의 일부가 못마땅해 신경 쓰이고, 가리고만 싶다. 아이가 자기 가슴이 너무 작다고 생각하는가, 아니면 너무 크다고 생각하는가? 엉덩이가 너무 펑퍼짐하다고 생각하는가? 다리가 굵다고 생각하는가? 피부가 너무 하얗다고 또는 까맣다고 생각하는가? 아이가 고민하는 원인이 무엇인지 알고, 함께 진지하게 들여다보는 것이 중요하다.

부모는 아이에게 너 자신만의 매력이 있다고 설명해 아이를 안심시키고, 이와 동시에 아이의 감정을 헤아려 해결책을 제안해야 한다. 이렇게 말해 주는 것이 좋겠다. "그래, 네 가슴이 마음에 들지 않는 게로구나. 알겠어. 하지만 넌 다리가 환상적이잖아. 배꼽까지 내려오는 귀여운 카디건을 걸치면 끝내줄 거야" 또는 "엉덩이만 살짝 가려 주는 치마를 입으면 어떻겠니?"

여자들끼리 쇼핑을 가는 것도 좋은 방법이다. 아이가 보기에도 자기에게 잘 어울리는 수영복을 사 줌으로써 문제를 해결할 수 있다.

하지만 진정으로 아이의 마음이 편안해지고 자신감을 회복할 힘은 다른 사람들에게서 나온다. 아이가 친구들 모임에서 행복하게 지내고, 친구들에게 인정받고, 남자아이들이 예쁘게 봐 준다면, 친구들이 "자, 우리 수영하러 가자!"라고 할 때 따라가지 않을 이유가 없다.

콤플렉스를 극복하기가 힘들다면

어떻게 해도 잘 안 된다면, 남은 방법은 공감과 인내다.

여러분은 넓은 아량으로 아이가 햇볕에 몸을 드러내면 안 되는 '납득 가능한' 이유를 찾도록 도와주어야 한다. 이때 햇볕 알레르기나 과민함 등을 예로 들 수 있는데, 이런 이유가 있으면 아이가 고집스럽게 티셔츠를 입고 물속에 들어가는 것까지도 정당화될 수 있다. 이렇게 간단하고 그럴듯한 이유가 있으면 아이는 다른 사람의 시선에 노출되는 것을 덜 불편해할 것이다.

어차피 이런 고비는 한때뿐이고 곧 지나간다. 청소년기의 여자아이가 자신의 새로운 몸에 익숙해지고 이를 귀하게 여길 때까지 다독여 주는 것은 인내력 싸움이다. 아마 내년 여름이 되면 아이가 먼저 수영장을 활보하며 선탠로션을 발라 달라고 할지도 모른다.

운동 권장하기

무언가 문제가 있는 것처럼 무기력한 몸을 몇 시간이고 마뜩잖게 관찰하는 것보다는 운동을 하는 편이 낫다. 몸을 활발하게 움직이면 기분이 한결 나아지기 마련이다. 자기 몸에 불만이 많은 여자아이라면 바캉스를 기회 삼아 몸을 움직이게 만들어라. 아마 문제 해결에 도움이 될 것이다. 하지만 이것은 말만큼 쉬운 일은 아니다. 청소년기쯤 되면 휴양지에 있는 어린이용 프로그램을 이용할 나이가 지났을 테니 말이다. 그 대신 스쿠버다이빙 강습이나 승마, 비치발리볼 같은 활동에 참여할 수 있지 않을까?

남자아이들의 신체 변화

남자아이들도 사춘기 초반에는 여자아이들과 비슷한 감정을 겪는다. 이들도 털이 나지 않은 가슴이나 자기가 보기에 빈약한 몸을 감추려 든다. 이 경우에도 같은 조언을 할 수 있다. 아이를 존중하고, 자립심을 갖도록 독려하며 친구들 그룹에 들어가게 하고, 스포츠 활동을 권유한다. 아이의 체격이 좋아지고 다른 사람의 시선에도 당당할 만큼 자신감이 생기려면 시간이 필요하다.

80

청소년기에 서로 신뢰하는 관계가 되려면 어떻게 해야 할까요?

청소년기 아이가 갈등을 통해 일차적으로 추구하는 것은 대결이에요. 대립한 채로 지내지 않으려면 아이 스스로 가늠할 수 있도록 부모가 기준을 제시해 주어야 해요. 이때 부모나 아이나 자기 의견을 분명히 밝혀야 하지요.

청소년기 아이와 교육적인 대화와 교류를 할 때 무언가 결과를 얻고자 한다면, 반드시 피해야 하는 암초가 두 가지 있다. 첫 번째는 토론으로 시작했다가 결국에는 싸움으로 끝나는 것이고, 두 번째는 아이 마음을 달랠 요량으로 너무 쉽게 양보하는 것이다.

청소년기 때 대화하고 의견을 교환하려면 아이에게나 쓰는 방법으로는 어림없다. 청소년기 때 자립심을 가지게 하려면, 권위적이었던 관계를 점차 대등한 관계로 바꾸어야 한다. 그러면 아이에게는 더 큰 책임이 부여되고 자기가 한 일의 결과를 받아들여야 한다. '계약'은 이 과정에서 아이에게 도움을 주기 위해 고안된 것이다.

이것은 아이가 별생각 없이 내뱉은 약속을 지키게 만드는 단순하고도 효과적인 기법이다. 이 기법은 4단계로 이루어진다.

계약 1단계 : 논의하기

여러분이 보기에 아이에게 문제점이 있으면 이를 함께 논의하자고 제안하라. 가령 "내 생각에는 네가 집안일에 잘 참여하지 않는 것 같구나" 또는 "요즘 숙제보다 인터넷 하는 시간이 더 많더구나. 분명히 성적에 지장이 있을 텐데"라고 말문을 연다.

최대한 중립성과 객관성을 유지하고 사실에 의거해서 여러분이 느끼는 바를 표현한다. "두 주 전부터 한 번도 식기세척기 안의 그릇을 정리하거나 세탁기 안의 빨래를 꺼내서 정리하지 않더구나." 이때 말에 조금이라도 가시가 있어서는 안 되며 공격적인 표현은 피해야 한다. "어쩜 애가 손 하나 까딱 않니?", "엄마가 네 몸종인 줄 알아?" 같은 식으로 말해서는 안 된다.

그런 다음에는 아이가 편하게 자기 의사를 표현할 기회를 주어야 한다. 아이가 부모 말에 즉시 동의한다면 그것이 오히려 놀랄 일이다. 아이가 주장하는 논리와 변명을 주의 깊게 경청하라.

계약 2단계 : 해결책 찾기

양쪽 모두가 동의할 때까지 함께 해결책을 찾아야 한다. 즉, 아이와 계약을 체결하도록 한다. 그러려면 양측이 협상해야 하며, 어느 쪽도 자신이 원하는 바를 모두 얻을 수는 없다. 이를테면 날마다 잠자기 전에 아이가 쓰레기통을 비우기로 하거나, 목표로 한 점수를 받으면 일주일에 한 번은 여자(또는 남자) 친구와 저녁에 외출할 수 있다는 등의 합의를 이끌어 낼 수 있다.

계약 3단계 : 세부 사항 합의하기

세부 사항과 실행 방법에 합의하는 것도 중요하다. "내 방을 정리하도록 노력할게요", "컴퓨터 쓰는 시간을 줄일게요"와 같은 합의는 효과가 없다. 계약은 구체적이고도 명시적이어야 한다. 해야 하는 것, 하는 시간, 하는 방식 등을 조목조목 정해야 한다. 예를 들어 "매일 저녁 7시 이전에 적어도 15분 이상 강아지 산책시키는 일을 네가 담당하기로 한다"라고 정하는 식이다.

계약 4단계 : 합의에 따르기

이제 여러분이 할 일은 필요한 경우에 아이가 계약을 지키도록 독려하는 것밖에 없다. 이때 평가나 비판은 금물이며, 차분하게 아이를 존중하는 태도를 보여야 한다. 아이의 선의를 의심하거나 계약 내용을 시도 때도 없이 되풀이하며 압박해서도 안 된다.

만약 아이가 잠자기 전에 쓰레기통 치우는 일을 하기로 했다면, 단순한 말 한마디로 아이의 임무를 환기시키면 된다. "쓰레기", "뭔가 잊은 것 없니?", "네 계약은?" 이보다 나은 방법은 손가락이나 턱으로 쓰레기통을 살짝 가리키는 것이다. 아이가 어떤 식으로 대답하거나 반발하더라도 부모는 차분하고, 간결하고, 우호적으로 자신의 입장을 유지해야 한다. 비평이 적을수록 일은 잘 진행된다.

청소년기 아이는 자기가 한 계약을 지키는 일을 최우선시하지 않는다. 그러므로 아이가 맡은 임무를 제대로 수행하도록 독려하는 일은 부모의 몫이다. 부모의 신뢰를 받은 아이가 계약을 지키려고 자기 의지와 책임감을 총동원하는 모습을 본다면 여러분은 아마 놀랄 것이다.

청소년기에 대응하는 방식

청소년기에는 공격적인 감정을 빈번하게 표현한다. 부모가 이에 대응하는 방식에 따라 아이와 갈등이 악화되거나 진정된다. 이때 부모의 임무는 존중하는 자세로 적절하게 의견을 표명하는 방법을 자녀에게 가르치는 것이다. 이뿐만이 아니다. 부모 스스로 자신의 긴장된 감정을 관리하는 모습을 보여 줌으로써 자녀에게 모범이 되어야 한다.

청소년기에는 거듭해서 비판을 받으면 자기가 희생자라도 된 듯 일부러 극단적인 태도를 보인다. "무슨 일이든 내가 하는 일에는 다 반대잖아요. 또 내가 하는 말은 무조건 바보 같다고 생각하고 ……." 이때 부모가 취해야 할 적절한 태도는 부정보다 긍정을 더욱 강조하는 것이다. 되도록이면 가치 판단이나 비판, 처벌은 지양해야 한다.

81

자신감 있는 청소년이 되게
돕고 싶은데, 어떻게 하죠?

"제 아들은 중요한 일을 앞두었을 때 '난 바보야!'라는 말을 자주 해요. 이런 식으로 말해서 나쁜 결과가 나오더라도 제가 혼내거나 화내지 않게 하려는 거죠." — 어느 엄마로부터.

빅토르는 시험을 앞두면 언제나 자신감이 뚝 떨어진다. 보나마나 시험을 망칠 거라는 게 입버릇이었다. 그러더니 중학생이 되면서 성적이 떨어지고 있다. 어렸을 때도 글을 배우는 것이 너무 힘들다고 말하던 아이였다. 그래서 빅토르의 부모는 어떻게 하면 아이에게 자신감을 불어넣을 수 있는지 고민한다. 반면 이제 열 살이 된 여동생 쥘리에트는 오빠와 성적이 비슷하지만 시험을 보는 것을 무서워하지도, 자기 자신을 의심하지도 않는다.

자신감을 가지려면 무엇보다도 자기 자신을 제대로 평가해야 한다. 이것은 이기주의나 허풍과는 무관하다. 자기의 장점과 단점이 무엇인지 알고 이를 받아들이면, 쓸데없는 걱정 때문에 발목 잡히는 일 없이 앞으로 나아갈 수 있다.

그렇다면 아이를 어떻게 도와주어야 할까? 이럴 때는 자신감이 있는 아이들이 어떻게 하는지 관찰한 다음, 우리 아이도 그들과 같은 길을 가도록 격려하면 된다.

외모에 만족하도록 자신감 갖게 하기

'외모에 만족'한다는 것은 아름다움과는 상관없는 개념이다. 이것은 자기 자신에 대한 태도를 말하며, 각자 받아 온 교육에 크게 좌우된다.

아이는 유아기 때부터 위생과 보건에 관련된 행동을 습득한다. 자신감 있는 아이는 자기 몸을 존중하고 한계점을 안다. 이런 아이는 도전하는 것을 좋아하고 자기 능력을 끝까지 발휘하는 것을 즐긴다. 또한 자신을 스스로 돌보고 연습한다.

부모는 아이가 외적으로나 내적으로 자신감을 느끼게 하는 데 핵심 역할을 한다. 아이의 옷차림이나 머리 모양을 칭찬하고, 잘 어울리는 옷을 사 주고, 매력적이라고 이야기해 주고, 처음 여드름이 났을 때도 대수롭지 않게 대한다. 그뿐만 아니라 아이가 스스로 정상적이고 건강한 몸과 마음을 지녔다고 느끼게 해야 한다. 그러려면 아이의 신체 메커니즘도 모두 정상이라고 설명해야 하는데, 이때 금기와 성적 수치심을 자극할 만한 말은 피하고 간단하게 이야기한다.

부모가 자신의 몸을 돌보고, 담배를 피우지 않고, 과음하지 않고, 아플 때는 치료를 받되 과도하게 약에 의존하지 않고, 운동을 열심히 하는 모습 등을 보이면, 그 자체로 자녀에게 좋은 모범이 된다.

자신을 믿도록 자신감 갖게 하기

자기를 믿으려면 올바르게 평가할 수 있어야 한다. 그리고 자기의 장점을 알게 되는 것은 바로 경험을 통해서다.

- 자기에 대한 믿음이 있는 아이는 다른 사람을 닮으려 애쓰지 않으며, 어떻게 해서든 혼자만 부각되려고 하지도 않는다. 이 점을 가르친다면 아이는 자기 능력의 핵심이 자기의 내면에 있다는 사실을 점차 깨닫게 될 것이다.
- 아이가 자기에 대한 믿음을 가지려면 두려움이나 비판, 질책 때문에 행동하도록 가르쳐서는 안 된다. 여러분의 자녀가 정직하고 책임감 있게 행동하기를 바란다면, 아이가 실수나 잘못, 미숙함, 나쁜 점수를 사실대로 말할 때 절대로 벌을 주어서는 안 된다.
- 만약 아이가 "그건 제 잘못이 아니에요!"라고 한다면 이렇게 대답하자. "이건 잘잘못의 문제가 아니란다. 그래도 이 일에 대한 책임은 너한테 있어. 하지만 괜찮아. 정말 그럴 생각은 아니었잖니. 누구나 실수를 하잖아. 그러니까 기죽을 필요는 없어. 어떻게 하면 일을 잘 수습할 수 있을지 같이 생각해 보자꾸나." 이런 건설적인 태도를 통해 아이는 겁먹지 않고 자기를 믿는 법을 배운다.

스스로 선택하도록 자신감 갖게 하기

자신감 있는 아이는 자기 문제를 결정할 때 다른 사람에게 의존하지 않는다. 앞으로 나아갈 때도 다른 사람의 승낙을 구하지 않는다. 이런 아이로 키우려면 나이에 맞게 적절히 선택할 기회를 주어야 한다.

부모가 의견을 제시하는 것 자체는 괜찮지만, 아이에게 지나친 영향을 끼치거나 구속할 수 있으므로 아주 중요한 문제에 대해서는 가급적 말을 아껴야 한다.

먼저 아이와 대화를 나눈 다음 아이의 나이에 걸맞은 친구, 학습 계획, 간식, 발표 주제, 이번 여름에 휴양지에서 참여할 청소년용 프로그램, 옷차림 등을 스스로 선택하게 한다. "내가 너라면 딱히 그걸 고르지는 않을 거야. 하지만 너한테 잘 맞는다고 생각하면 나도 좋아. 네가 충분히 생각한 결과라면 나는 네 선택을 지지한다".

아이가 직접 경험하도록 격려하고 거기서 결과를 얻게 하라. 아이의 뒤에서 어떻게 행동하라고 지시하거나 '궁지에 빠지지 않게' 미리 구해 주지 마라. 그래야 아이가 자기 행동을 선택하고 그 결과에 책임지는 법을 배운다.

스스로 선택한 결과를 받아들이게 하기

아이가 '양식 있는' 선택을 하고 그 선택의 결과를 받아들이려면 다양한 가능성과 그에 따른 결과가 무엇인지 알아야 한다.

자녀가 읽던 책을 마저 읽고 자겠다고 한다면? 좋다. 단 이튿날 피곤하다 해도 평소와 같은 시간에 깨울 거라고 말해 준다. 딸이 복싱을 배우고 싶어 하는데 여러분은 발레 수업을 듣게 하고 싶다면? 좋다. 대신 딱 일 년만 하기로 한다. 아이가 수업을 들어야 하는 이유를 분명히 알고 자기 의지로 선택한다면 억지로 듣는 아이보다 훨씬 더 노력할 것이다.

이렇듯 아이가 자기 모습에 만족하고, 자기 능력을 잘 알고, 행동의 동기를 발견하면 아이의 내면에는 자신감이 발달한다. 그러면 아이는 위험하지도 않은데 괜히 무서워하거나 걱정하거나 불행해할 필요가 없다는 점을 알게 될 것이다.

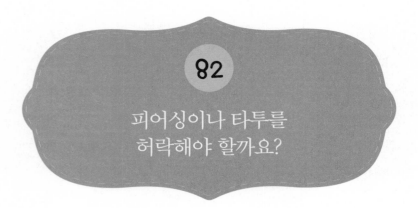

82

피어싱이나 타투를
허락해야 할까요?

"열네 살짜리 딸이 엉덩이에 장미 타투를 하게 해 달라고 졸라대요. 나중에 후회할지도 모르는데요. 어떻게 하지요?" — 어느 엄마로부터.

'몸에 자국을 남기는 문제'를 둘러싼 갈등은 꽤 자주 일어난다. 이런 질문을 많이 받는다. "아들이 열여섯 살인데요, 눈썹에 피어싱을 하고 싶어 해요. 제가 보기엔 흉측하기만 한데도요. 어떻게 하면 아이를 설득할 수 있을까요?"

피어싱을 하고 싶어 하는 이유

대부분의 부모는 어떤 모양으로 어느 부위에 하건 타투나 피어싱을 말리고 싶어 한다. 하지만 특정 신체 부위에 다양한 '자국'을 남기는 행위는 유행을 넘어 일반화되고 있다. "내 친구들은 모두 배꼽에 피어싱을 했단 말이에요!" 아이는 고집도 부려 보고 토라지기도 하면서 부모의 마음을 흔들려고 애쓴다. 그러다 결국 최후의 논리를 동원한다. "어쨌건 내 몸이잖아요. 그러니까 내가 하고 싶은 대로 할 거예요. 결과는 내가 다 감당할게요".

청소년들은 타투나 피어싱을 다른 사람들과 구별되고 한 집단에 소속되었다는 징표로 여긴다. 여자아이나 남자아이나 이것은 매력의 표시이자 개성의 표현, 부모 세대로부터 자립하겠다는 의지를 보여 주는 방식이다. 마치 타투가 인생에 대한 영향력을 상징하기라도 하듯 아이들은 자기에 만족하고 자신감을 느낀다.

아이를 논리적으로 설득하는 법

자녀가 타투와 피어싱을 하는 것을 받아들이느냐 마느냐는 부모의 가치관에 달렸다. 단, 한번 결정을 내리면 다시 되돌릴 수 없기에 미래와 연결된 문제이기도 하다. 대개 부모들은 아이들보다 멀리 내다보고 장기적인 전망을 한다. 그래서 아이가 이런 결정을 하고 그 결과를 받아들이려면 좀 더 성숙해지거나 성인이 될 때까지 기다리는 것이 좋다고 생각한다. 이들이 내세우는 논리도 매우 타당하다. 즉, 10년이 지나 유행이 바뀌고 아이가 어른이 되어 직장을 구할 때가 되면 후회할 수도 있다는 것이다.

이 경우 가장 먼저 해야 할 일은 서로 의견을 교환하고 토론하는 것이다. 이렇게 하려는 아이의 동기는 무엇일까? 나중에 어떤 결과가 생길지 고려하고 있을까? 단기적으로 봤을 때, 타투나 피어싱 시술을 하면 고통이 따르고 주의할 점도 많다. 즉, 감염 위험도 있고, 위생 관리도 엄격해야 하고, 당분간 햇빛에 노출시키면 안 되고, 수영장에도 갈수 없다. 장기적으로 보면 특이한 겉모습 때문에 사회적으로 부정적인 평가를 받을 위험이 있다.

이때 부모는 자신의 견해를 분명하게 밝혀야 한다. "네가 하고 싶어한다는 것은 이해하지만, 나는 이런 일을 좋아하지 않는단다. 이 점을 말해 두고 싶구나".

동의하거나 타협하거나 반대하는 법

어떤 결단을 내리는가는 부모의 신념과 아이의 요구, 부모의 승인 여부에 따라 결정된다. 최종적으로 세 가지 가능성이 있다.

- 자녀가 합리적인 논리로 설득하여 부모가 동의하는 경우다. 아이가 원하는 피어싱이나 타투가 도드라지는 것이 아닐 때, 부모가 보기에 아이 스스로 이런 결정을 내릴 나이가 되었을 때가 이에 해당된다. "피어싱을 꼭 하고 싶다면 해도 좋아. 하지만 알아 두렴. 엄마는 이게 좋은 생각이 아니라고 생각해." 이 경우 위생 문제가 발생할 수 있으니 시술 부위를 잘 관리해야 한다.
- 피어싱하는 부위나 타투의 크기에 관해 타협점을 찾는 경우로, 가령 이런 것이다. "좋아, 하지만 옷을 입으면 보이지 않는 위치여야 해." 또는 유예 기간을 정해 두는 것이다. "이것은 상당히 오래 영향을 미치는 일이란다. 그러니까 조금 더 생각해야 한다고 봐. 여섯 달이 지나고도 네 마음이 변함없다면 그때 허락해 줄게".
- 여러 이유 때문에 부모가 안 된다고 반대하는 경우다. 이 경우, 부

모의 신념을 분명하게 밝혀야 한다. "나는 평생토록 네 몸을 변하게 하는 일은 다 반대야. 이런 결정을 하기에 너는 아직 어려. 내가 보기에 너무 위험한 것 같아. 네가 정말로 하고 싶어 한다는 건 알아. 그래서 미안해. 네가 열여덟 살이 되면 그때는 네가 결정하렴. 하지만 지금은 안 돼." 아이가 원하는 부위가 눈에 잘 띄고 다시 되돌릴 수 없다면 부모의 이런 입장은 정당하다. 단, 아이의 거센 반항을 감수해야 한다. 사춘기 자녀의 의견에 반대하는 것은 절대 즐거운 일이 아니지만, 심각하고 돌이킬 수 없는 실수를 하지 않도록 아이를 보호하려면 가끔 이런 불쾌한 일도 감당해야 한다.

83

아이가 운동을 좋아하게 하려면 어떻게 해야 할까요?

청소년 대부분은 자기가 뚱뚱하다고 생각해요. TV와 잡지에 나오는 연예인과 패션의 영향 때문이지요. 아이들은 체중을 더 줄이고 싶어 안달하지만 아이들의 체형은 지극히 정상이에요. 다만 정말 살이 찐 아이가 일부 있는데 이런 아이들에게는 도움이 필요하지요.

타니아는 열두 살, 5학년이다. 이 아이는 몇 달 전부터 혼자서 다니고, 외출도 꺼리고, 학교 체육 시간에는 수업을 빠지려고 기를 쓴다. 무슨 이유일까? 자기가 뚱뚱하고 못났다고 생각하기 때문이다. 남자아이들은 그런 타니아를 놀리기까지 했다.

열 살인 밥티스트는 몇 달 전부터 반 아이들로부터 뚱뚱하다고 놀림을 받고 있다. 이 아이에게 수영 시간은 고문과 같다.

다이어트를 해야만 하는 이유

뚱뚱한 아이 중에 자기 외모에 만족하는 아이는 드물다. 친구들에게 종종 놀림을 당하기도 한다. 이 때문에 자존감과 자신감이 떨어져서 더 괴로워하는 경우가 많다. 그 어느 때보다도 자신감이 필요한 나이인데도 말이다.

지금 과체중이라고 평생 그러리란 법은 없다. 아동기와 청소년기의 과체중은 섭취하는 음식의 질, 양과 직접적인 상관관계가 있다. 그리고 신체 활동 여부와 TV나 컴퓨터 앞에서 보내는 시간과도 분명히 관계가 있다. 따라서 치료법은 간단하다. TV 시청을 최소한으로 줄이고, 균형 잡힌 식사를 하며 간식을 끊는 것이다. 여기에 신체 활동을 최대한으로 늘리는 것이다.

최근 과체중 아동의 수가 크게 증가하고 있다. 현재 아동 열 명 중 한 명이 과체중이라고 한다(2013년 기준, 한국은 초등학생 다섯 명 중 한 명꼴_옮긴이). 반면 패션이나 연예계에서는 극도로 마른 체형을 요구하고, 환영한다. 과체중 아이들의 시련은 이뿐만이 아니다. 이들에게는 체육 시간이 가장 고역인데, 열등감 때문에 온갖 핑계를 둘러대서 체육 수업을 빠지려 한다. 그러다 보니 문제가 더 악화된다.

모두가 패션계의 기준에 맞는 몸매를 만들 필요는 없다. 하지만 과체중은 건강에도 좋지 않으므로 이런 아이들에게 신체 활동이 필수라는 것을 알려 주어야 한다. 그렇다면 어떻게 해야 아이들이 몸을 움직이게 할 수 있을까?

생활 습관 바꾸도록 도와주기

과체중은 대개 나쁜 생활 습관 때문에 생긴다. 따라서 가장 먼저 해야 할 일은 아이의 생활 습관을 바꾸도록 격려하는 것이다. 몸을 움직이면 건강해질 뿐만 아니라 그 시간 동안 TV도 보지 않고 먹지도 않으니 일석이조다.

- 다만 아이가 놀림받을 것이 뻔한 운동 종목을 억지로 시켜서는 안 된다. 운동복을 입었을 때 우스꽝스러워 보이는 종목이나, 날씬하고 빠른 친구들과 경쟁해야 하는 운동은 피해야 한다.
- 과체중이 큰 핸디캡이 되지 않는 종목을 고르도록 도와준다. 이를 테면 탁구, 스키, 자전거 등이 좋다. 보디빌딩이나 유도처럼 체중이 나가는 것이 유리한 운동도 있다.
- 아이가 아주 어리다면 부모가 직접 훈련시켜도 된다. 아이가 도전할 만한 목표를 던져 주면서 하면 좋다. "이 길 끝까지 달릴 수 있겠니?", "자, 달려. 내가 널 잡아 볼게!"
- 아이가 콤플렉스가 너무 심해서 여럿이 하는 운동은 다 싫다고 하면, 고정식 자전거 같은 개인적인 운동부터 시작하도록 권한다.

스포츠로 스트레스 풀게 하기

가족 단위 운동을 하면 청소년기의 공격성을 해소하고 가족간 갈등을 예방할 수 있다. "탁구 할까?", "좋아요!" 탁구를 하는 아이의 모습을 잘 관찰하면 아이는 공을 받아넘기며 단순히 운동만 하는 것이 아니라 이를 통해 자기 감정도 해소하고 있음을 알 수 있다.

스포츠를 통해 아이의 스트레스를 풀 수 있고 공격성이 수그러드는 효과도 있다. 부모와 아이가 서로 이해하는 것이 어려워지는 이 시기에, 운동으로 의사소통하고 공동의 즐거움을 누린다는 것은 매우 소중한 일이다.

청소년기에는 급격한 신체적, 정신적 변화로 인해 외적 긴장뿐만 아니라 내적 긴장도 겪는다. 이때 규칙적으로 운동을 하면 달라진 자기 몸을 대하는 태도에 변화가 온다. 흔히 질풍노도의 시기라고 하는 청소년기에는 자기 모습을 보며 불안감을 느끼기 마련이다. 남자아이들은 근육이 부족하다고 생각하고, 여자아이들은 날씬하지 않다고 생각한다. 하지만 운동을 하면 불만스러웠던 몸을 통해 기쁨을 느낄 수 있어서 자기 모습에 더 만족하게 된다. 청소년은 노력하고, 심취하고, 더러워지고, 마음껏 움직이는 동안 잠시나마 고통을 잊고 삶의 기쁨을 느낀다.

다른 사람과 함께 운동하기

가족이 함께 운동하는 것에 별 매력을 느끼지 못하는 청소년에게는 다른 대안이 있다. 현재 운동을 통해 체중 관리를 하려는 사람들이 모인 사이트나 앱이 많이 나와 있으므로, 컴퓨터나 태블릿, 스마트폰으로 인터넷에 접속해 사용하면 된다. 다른 사람과 함께, 또는 경쟁하며 더 재미있게 운동을 시작할 수 있는 '최신' 방법이다.

제6장

학교생활!
적응하게 돕기

84

학교생활에 잘 적응하게 하려면 어떻게 도와야 할까요?

"딸아이가 초등학교에 입학하던 날 함께 학교에 갔는데 아이보다 제가 더 안절부절못했던 것 같아요. 예전 초등학교 시절의 기억이 떠올라 다시 돌아가고 싶었거든요." — 어느 엄마로부터.

드디어 아이가 초등학교에 입학한다. 여러분도 초등학교 학부모라는 고된 길에 들어선다. 자녀의 학교생활을 성공으로 이끄는 데에는 아이와 가장 가까운 여러분의 역할이 중요하다. 이를 위해서는 다음 세 가지에 신경을 써야 한다.

돕기 : 학교 정보 얻기

아이가 부모도 학교와 학교생활에 관심이 많고 관련이 있다고 느끼게 해야 한다. 이 무렵의 아이는 부모에게 학교 이야기를 그다지 들려주지 않으므로 부모가 학교 소식을 찾아 들어야 한다. 그러려면 학부모

모임에 가급적 자주 참석해서 학급 생활과 교육 계획에 관한 정보를 얻어야 한다. 또한 교사와 정기적으로 상담해서 아이의 상황을 파악하고 아무 문제가 없는지 확인한다(이 경우 분기별 1~2회면 충분할 것이다). 학교와 학급 생활을 알고 싶다면 정기적으로 책과 공책, 알림장을 보면서 거기에 적힌 코멘트를 세심하게 읽는다.

시간 여유가 있다면, 학급 전체가 견학이나 소풍을 갈 때 동행하겠다고 제안하라. 이는 교사와 친분을 쌓고, 학급 분위기를 느끼고, 아이 친구들을 알 수 있는 좋은 기회다. 아이 역시 좋아할 것이다.

돕기 : 공부에 재미 느끼게 하기

아이와 함께 수업과 관련된 내용을 생활 속에서 찾아봄으로써 '배운다는 것은 정말 즐겁구나!'라고 생각하게 만들자.

- 혹시 모르는 단어가 나왔는가? 아이와 함께 사전을 펴고 찾아보자. 자동차 여행 중인가? 지금 지나치는 곳의 지명과 운율이 맞는 단어 찾기 놀이를 하거나 다 함께 이야기를 지어내는 놀이를 하라. 시골길을 산책 중인가? 아이와 함께 식물이나 곤충을 관찰하면서 아이가 호기심과 열정을 키우도록 자극하라.

- 학교 수업 진도를 따라가라. "나폴레옹에 대해 배우고 있구나? 그럼 일요일에 박물관에 가자", "요즘 자연과학 시간에 뭘 배우니? 혈액 순환? 정말 재미있겠네. 그런데 엄마가 옛날에 배운 걸 거의 잊어버린 것 같은데, 조금 설명해 줄 수 있겠니?"

만약 자녀가 공룡이나 체스처럼 특정 분야에 재능을 보이거나 관심이 많다면, 아이가 그 분야를 더 깊이 공부하도록 도와준다. 다만 한 분야에 빠져서 다른 공부는 소홀히 하지 않도록 신경 쓴다.

돕기 : 규칙적인 생활 하기

공부 잘하고 성적이 좋은 아이들은 규칙적인 생활을 하고 잠을 잘 잔다. 이런 아이들은 긴장을 풀면서 노는 시간을 가지는데, 이런 시간은 부모가 확보해 주어야 한다. 너무 빡빡한 스케줄은 금물이다. 아이에게 충분한 수면 시간을 마련하는 것도 필수다.

집에서도 학교생활과 관련해서 좋은 습관을 정착시켜야 한다. 하루 시간표를 짤 때 긴장을 풀고 쉬는 시간, 숙제하는 시간, 배운 것을 엄마나 아빠에게 이야기하는 시간을 넣어야 한다. 또한 아이의 물건을 정리할 선반을 따로 마련해 주고, 학습 분위기를 조성하는 공간도 마련한다. 아이는 준비물과 책가방을 스스로 챙기는 습관을 들인다.

이런 규칙들이 초등학교 1학년에게는 너무 엄격하다고 생각할 수도 있지만, 이를 잘 적용하면 서로 시간을 절약하고 신경이 날카로워질 일도 거의 없어진다.

성적보다 노력 응원하기

자신감 있는 아이가 성공하는 법이다. 그러려면 아이가 부모의 응원을 받는다고 느껴야 한다. 아이가 좋은 점수를 받아 왔는가? 칭찬을 아끼지 말고 기쁨과 자부심을 충분히 표현하라. 아이가 나쁜 점수를 받아 왔는가? 그래도 다음과 같이 긍정적으로 반응하라. "그렇지만 네가 어떤 부분을 잘 모르는지 알게 되었잖아? 그 부분을 다시 공부해 보자!"
또 아이의 노력을 응원하고 앞으로 발전할 수 있도록 격려하라. 다음번
에 점수가 향상되었다면, 향상된 정도가 미미하더라도 크게 칭찬해 주
도록 한다.

85

발표를 잘하게 하려면
어떻게 도와야 할까요?

어른뿐만 아니라 아이들 중에도 무대 공포증이 있는 경우가 있어요. 하지만 아이일 때 고치기 쉬워요.

조에는 초등학교 2학년이다. 학교생활을 잘하고 전 과목 점수도 좋다. 특히 쓰기 과목을 잘한다. 그런데 작년 담임 선생님은 일 년 내내 조에의 목소리를 거의 듣지 못했다. 조에는 유치원 때부터 그랬다. 친구들에게 말할 때는 귓속말로 하고, 선생님이 질문을 하면 얼굴이 빨개지면서 어찌할 바를 몰라 입을 다물었다. 사람들은 조에가 수줍음이 많다고 한다.

필립도 같은 문제를 안고 있는데 벌써 중학교 2학년이다. 부모도 이제 걱정하기 시작했다. 필립은 수업 내용을 잘 이해하지만, 이름이 불려 친구들 앞에서 발표를 할 때면 완전히 공황 상태에 빠진다. 심장 박동이 빨라지고, 말문이 막히고, 머릿속은 텅 비고, 입도 뻥긋할 수 없게 되는 것이다. 결국 나쁜 점수를 받고 만다.

이렇듯 무대 공포증이 있는 아이는 길을 묻지도 못하고, 당연히 받아야 할 것도 요구하지 못한다. 학급에서도 질문하지 못하고 선생님한테서 인정받지도 못한다. 이런 아이의 공황장애를 극복하도록 도와주면 앞으로 많은 걱정거리를 피할 수 있다.

발표를 잘 못하는 이유 찾기

적을 알면 이길 수 있는 법이다. 아이가 무서워하는 것이 정확하게 무엇인가? 실수할까 봐, 놀림받을까 봐, 바보처럼 보일까 봐 겁내는 것인가? 소리 내어 읽는 것도 무서워하는가? 점수가 걸린 경우에 더 겁을 먹는가? 청중이 누구건 두려워하는가? 그렇게 겁내는 것이 실수 때문인가? 모든 분야의 최고 전문가들도 실수를 하므로, 아이에게 이런 사례를 보여 주어야 한다.

아이에게 실수의 가치, 즉 실수로 인해 발전할 수 있다는 사실을 보여 준다. "이것 보렴. 네가 수학에서 이런 실수를 해서 다행이지, 그렇지 않았다면 네가 10미터와 10분의 1미터를 혼동한다는 걸 모르고 넘어갈 뻔했어. 자, 한 번 더 설명해 줄 테니 앞으로는 실수하지 말자".

발표를 잘하도록 돕기

능력이 있으면 긴장을 극복하는 데 큰 도움이 된다는 것을 명심하라. 그러려면 학습 내용을 잘 이해해야 한다. 완벽하게 알고 있으면 이를 발표하는 것이 덜 두렵다. 그다음에는 발표 능력이 필요하다. 프레젠테

이션 방법을 알려 주는 서적을 보면 실용적인 연습 방법을 찾을 수 있는데, 이것이 큰 도움이 될 것이다. 발표 잘하는 사람이 되겠다는 목표를 세우거나 놀이로 만들어 집에서 연습하면 좋다.

- 아이가 사람들 앞에서 발표하도록 기회가 있을 때마다 독려하라.
- 얼마 전에 읽은 책의 줄거리를 이모에게 들려주라고 제안한다.
- 가족 앞에서도 자리에서 일어나 발표하게 한다.
- 아이와 함께 시를 읽는다.
- 연기 학원에 등록한다.

천천히 조금씩 진도를 나가야 하고, 아이가 할 수 있는 것 이상으로 억지로 시켜서는 안 된다는 것을 유념하자.

긴장 푸는 법 가르치기

말을 또박또박하게 하려면 우선 호흡을 잘 조절해야 한다. 그런데 불안감을 느끼면 호흡이 빨라져 조절하기가 어렵다. 이때 긴장 해소법이 큰 도움이 된다. 아랫배로 천천히 깊게 호흡하는 법과 근육을 이완하는 법을 훈련한 아이들은 호흡 조절을 잘해서 말도 잘하게 된다(p.401, '74-긴장 푸는 법을 어떻게 가르칠까요?' 참조).

수줍음 많은 아이도 발표하게 만들기

요즘 학교에서 아이들은 우호적으로 지내지만은 않는다. 경쟁과 대립의 분위기 속에서 지내다 보면 자기가 유능해 보이지 않을까 봐 걱정하는 아이들도 있다. 그래서 차라리 입을 열지 않는 편을 택하기도 한다.

수줍어하는 아이들을 도와주는 가장 좋은 방법은, 아이가 가정에서 발표에 대한 압박감 없이 가족들의 환영과 응원을 느끼며 말하는 기회를 자주 갖는 것이다. 가족들이 아이의 말을 경청하고 관심을 기울이면서 격려해 주면 도움이 된다. 이렇게 해서 용기를 얻은 아이는 학교생활에 조금씩 즐거운 마음으로 적극 참여하게 될 것이다.

발표를 잘하는 법

- 시작할 때 발표 순서를 소개하고 이를 머릿속에 잘 기억한다. 다음 장(章)으로 넘어갈 때마다 분명하게 밝힌다.
- 청중의 눈을 바라보며 말한다.
- 호흡을 조절하고 침착한 태도를 유지한다. 점점 말이 빨라지지 않게 신경 쓴다.
- 에피소드나 구체적인 사례, 유머를 활용해 청중이 집중하도록 유도한다.
- 가능하다면 어떤 사안을 언급하는 동시에, 또는 목차와 함께 키워드를 칠판에 적는다.
- 경청해 준 사람들에게 감사하는 말로 마무리한다.

86

과학적 사고를 발달시키려면
어떻게 해야 할까요?

아이에게는 본능적으로 '왜?', '어떻게?'라는 의문을 느끼고 그 답을 찾고
자 하는 열정이 있어요. 이처럼 발견하고 싶고, 알고 싶어 하는 마음이 학
업을 마칠 때까지 유지되려면 계속 장려해야 해요.

카멜은 흙투성이가 된 채 낙엽 더미 속에 사촌 동생과 함께 누워 있
다. 이들은 나무 밑동에 붙어 있는 민달팽이를 관찰하느라 여념이 없
다. "이 녀석에게 집을 만들어 주어도 될까요? 풀도 덮어 줄 거예요. 이
름은 뭐라고 할까요? 엄마, 작은 상자 하나만 주세요".
　주변 세상에 호기심을 품고, 관찰과 실험을 통해 새로운 지식을 쌓는
것, 이것이 바로 아이들이 하는 일이다. 우리는 아이가 앞으로도 이런
활동을 계속하도록 독려해야 한다. 이런 호기심을 통해 논리적 사고력
과 추론 능력, 주의력이 발달한다.

어른들은 아이가 탐구하도록 격려하고, 일상의 세세한 부분에서 발견하는 경이로움의 의미와 열정을 공유하는 매우 중요한 역할을 한다.

아이가 질문을 멈추면 어른이 이어받아 질문을 계속하면서 사고력과 창의력, 탐구심을 자극해야 한다.

- 와, 하늘 좀 봐, 구름 모양이 재미있는걸! 무슨 모양 같니?
- 이 시냇물에 댐을 만들면 어떻게 될까?
- 저기 비행기가 날아가네. 비행기는 어떻게 날까?
- 이 잎사귀를 현미경으로 보면 어떻게 보일까?
- 풍선을 분 다음에 손을 놓으면 어떻게 될까?

남자아이건 여자아이건, 시골에 살건 도시에 살건, 다섯 살이건 열 살이건, 이 같은 질문에 아무 대답도 하지 않는 아이는 거의 없다.

일상생활에서 탐구하게 하는 법

간단한 아이디어로 일상생활 중에 '과학' 실험을 할 수 있다.

- 아이가 흥미를 느낄 만한 분야를 탐구 대상으로 삼는다. 아직 아이에게는 목욕을 테마로 하는 것이 좋다. 여러 가지 용기로 물을 옮겨 담으면서 부피에 대해 생각해 보고, 비눗방울이나 거품을 어떻게 만드는지도 설명할 수 있다. 아이가 살짝 베여서 다쳤을 때는 치료를 해 주면서 소독에 대해 설명하고 나중에 상처가 아무는 과정도 함께 관찰한다. 부모가 실내에서 화초를 재배하는 것을 좋아한다면, 아이에게도 씨앗을 사 주어 씨를 뿌리고 싹을 틔우고 꽃

을 피워 자기만의 식물을 가꾸어 보게 한다.

- 아이와 함께 요리를 하면 여러 가지 개념에 대해 이야기를 나눌 수 있다. 열기와 냉기가 음식에 미치는 영향, 불의 역할, 여러 식품군, 다양한 맛에 대해 공부할 수 있다. 초등학생 이상의 아이들과 요리할 때는 식이요법의 개념을 다루고 무게와 계량을 이용한 놀이를 한다. 저울과 눈금 있는 컵을 주고 무게와 부피를 재 보라고 하면 열심히 하지 않을 아이가 어디 있겠는가.

- "이건 어떻게 움직이는 거예요?", "이건 어떻게 만들어요?" 이 두 질문에는 할 수만 있다면 어떤 것이라도 다 분해하고 조립하고 싶다는 호기심이 바탕에 깔려 있다. 아이가 아직 어리다면 빨대컵이나 리모콘을, 아이가 제법 크다면 라디오나 안 쓰는 휴대전화를 해체하게 한다.

- 어린이라면 누구나 동물의 세계에 관심이 많다. 아이들에게 동물과 그 서식지와 습성을 자세히 관찰하고 존중하도록 가르쳐라. 이를 통해 인내심과 주의력이 발달한다. 다만 아이들이 동물에 대해 공포를 느끼게 해서는 안 된다.

보물 상자 만들어 주기

자녀와 함께 보물 상자나 선반을 만들어서 아이의 물건을 소장하는 개인 박물관으로 만든다. 여기에 조개껍데기, 조약돌, 풍뎅이, 해바라기 씨, 컴퓨터 칩, 나비 날개, 조각을 새긴 나무토막, 말린 꽃 등 저마다 존재 이유가 있고 자기만의 스토리가 있는 물건을 보관한다. 버려야 할 물건을 이곳에 집어넣지 않도록 주의하고, 특히 쓰레기를 아이의 보물 상자에 버려서는 안 된다.

'이건 어떻게 움직일까?' 놀이하기

자녀와 함께 줄을 섰을 때나, 대기실에서 기다리는 중이거나, 교통 체증으로 길 한가운데 멈춰 선 경우에 아이와 함께 "이건 어떻게 움직일까?" 놀이를 하라.

일상적으로 사용하는 물건 중에서 조금 복잡한 것(TV, 초인종, 냉장고, 자동차)을 하나 고른 다음, 아이가 이 물건은 어떻게 작동하는지 상상해 보게 한다. 그런 다음 아이가 기발한 아이디어를 생각해 내도록 유도하면서 창의력을 훈련시킨다. 도중에 설명이 앞뒤가 안 맞거나 생각이 막혀도 뒤로 물러서지 말아야 한다. 중요한 것은 상상력을 자극하고 최대한 모든 측면을 고려해서 논리적 과정을 거치게 하는 것이다.

이런 태도를 기르면 아이는 모든 것이 가능한 마법의 세계에서 사실에 기초한 현실의 세계로 옮겨 가게 된다. 현실 세계에는 정보도 있고 진정한 발견의 기쁨도 맛볼 수 있다. 그러면 아이는 진정한 과학자와 같은 방식으로 인생을 대하게 된다.

87

글쓰기 능력을 향상시키려면
어떻게 해야 할까요?

글을 잘 쓰는 것은 어른들에게도 어려운 일이지요. 더욱이 깊이 생각하고
정리해서 글로 표현하기란 어린이들에게는 매우 힘든 작업이에요.

선생님이 지시를 내린다. "시골길 산책을 주제로 글을 쓰세요." 아이
들은 무슨 이야기를 쓸지 찾아야 하고, 머리에 떠오른 생각을 정리하
고, 어떤 형식으로 구성할지 정하고, 생각을 글로 옮길 적당한 단어를
찾고, 마지막으로 맞춤법에 신경을 써야 한다. 그런데 때때로 이 마지
막 단계를 등한시한다.

책과 문자 많이 접하기

눈으로 단어를 볼 때마다 마치 사진을 찍듯 단어의 정확한 모양을 뇌
에 '새기게' 된다. 이렇게 기억 속에 새겨진 흔적은 아이가 같은 단어를
다시 접할 때마다 진하게 새겨진다. 한 단어를 쓸 때 어떤 낱자들을 조

합해야 할지 망설여지면 우리는 머릿속에 남아 있는 사진과 비슷한 단어를 찾게 된다.

따라서 아이가 문자 텍스트를 많이 접할 필요가 있다. 그러려면 책을 읽고 도서관에 가는 것도 방법이지만, 일상생활에서도 꾸준히 접해야 한다. 예를 들면 TV 프로그램에서 어린이 방송 찾기, 과자 만드는 레시피 읽기, 표지판 읽으며 길 찾기 등을 할 수 있다.

글쓰는 재미 만들어 주기

아이가 나가서 놀려고 하는가? 나가는 목적이 무엇이고 몇 시에 돌아올 것인지 간단하게 적어 달라고 하라. 혹은 나가서 무엇을 할지 적어 달라고 하라. 여러분이 장을 보러 나갈 계획인가? 아이에게 사야 할 물건 목록을 받아 적게 하라.

이는 글쓰기의 중요성을 깨닫고 글 쓰는 연습을 할 좋은 기회이므로 어떤 것을 적든 상관없다. 아이가 커 갈수록 적을 만한 것이 많아진다. 어떤 아이는 자신의 활동과 생각을 일기에 적는 것을 좋아한다. 이럴 때 작은 자물쇠가 달린 일기장을 선물하면 아이는 여기에 비밀 이야기를 쓸 수 있다. 어떤 아이는 편지를 주고받는 것을 좋아한다. 이런 아이에게는 인터넷 계정을 만들어 주어 이메일을 활용하게 한다. 자판을 잘 다루는 요즘 아이들에게는 동기 부여가 되는 방법이다.

아이가 편지나 시를 썼을 때 틀린 부분을 발견하면 고쳐 주고 싶은 마음이 들겠지만 꾹 참아야 한다. 아이가 쓴 글이 맞춤법이 틀리고 문장 구조가 엉망이면 그냥 넘어가기 어려울 것이다. 그래도 참아야 한다. 지적하고 고쳐 주면 아이는 여러분이 글의 내용보다는 글을 쓰는 방식에 더 관심이 있다고 생각하게 된다. 그러면 앞으로 글을 쓰지 않으려 할 것이고, 부모에게 보여 주려고 하지도 않을 것이다. 글은 쓰면서 배우는 것이다.

단어 자체에 흥미 갖게 하는 법

맞춤법을 공부하는 것은 아이가 단어 자체에 흥미를 갖게 하려는 것이며 꼭 필요한 단계다.

- 아이의 나이에 적합하고 찾아보기 편리한 사전을 선물하라. 아이가 사전을 쉽게 사용할 수 있는지 확인한다. 아이가 어떤 단어의 뜻이나 철자를 모를 때마다 사전을 찾아보도록 독려한다. 여러분이 직접 모범을 보이면 훨씬 쉽게 따라 할 것이다.
- 아이가 모니터를 보는 것에 더 익숙하다면 컴퓨터로 온라인 사전이나 백과사전을 찾아보게 하라. 여기서는 단어의 맞춤법뿐만 아니라 역사와 의미도 쉽게 찾을 수 있다.
- 학교에서 배우는 국어 수업과 연계해서 아이가 문법의 규칙과 예외를 완벽하게 알고 있는지 확인하라. 필요하다면 규칙에 음악을 입혀서 노래로 만들고 정기적으로 반복해서 들려준다. 이 방법은 기억이 잘 떠오르게 하는 좋은 기억법이다.
- 새로운 단어를 하루에 하나씩 가르쳐라. 단어를 적어서 냉장고에 붙이고 매일 반복해서 알려 주고 일요일마다 단어 목록 전체를 확인한다.

받아쓰기 연습하는 법

받아쓰기는 가끔 따분할 때도 있지만 글쓰기를 배울 때 정말로 유용하다. 받아쓰기를 효과적으로 하려면 짧은 시간이라도 매일 해야 한다. 아무 작품이나 골라서 아무 데나 펼쳐 읽어 주고 받아쓰게 하면 된다.

- 연습이 목적이므로 텍스트에 있는 단어를 바꾸어 읽어도 된다.
- 쉬운 부분부터 시작해야 아이가 성취감도 느끼고 재미를 붙인다.
- 텍스트가 어렵다면 읽어 주기 전에 아이가 먼저 읽어 보게 한다. 이 연습을 하는 목적이 아이를 평가하는 것이 아니라 실력 향상에 있다는 사실을 잊지 말자.
- 반드시 다시 읽게 하고, 아이 스스로 틀린 부분을 고치게 한다.

글쓰는 능력을 향상시키려면 시간을 들여 꾸준히 노력해야 하지만, 일단 제대로 습득하면 한평생 자산이 된다.

난독증이 있을 경우

혹시 아이가 글을 깨치는 데 시간이 걸리고, 책을 읽을 때 어려워하거나 안절부절못한다면, 주저하지 말고 전문가를 찾아가라. 읽고 쓰는 데 어려움이 있다면 학교 공부에 지장을 받거나 철자 습득 장애가 올 수 있으므로 전문가의 지도를 받으면서 치료해야 한다. 난독증이 있는 아이는 자존감을 잃기 쉬우므로 조기 진단과 적절한 치료가 중요하다.

88

창의력을 발달시키려면
어떻게 해야 할까요?

모든 아이가 피카소나 모차르트가 될 수는 없어요. 어떤 미래가 기다리고 있을지 모르지만, 창의력이 풍부한 아이의 인생은 분명 풍요로울 거예요.

아이들은 모두 창의적이며 상상력이 풍부하다. 어떤 아이는 환상적인 이야기를 잘 만들어 내고 어떤 아이는 그림을 잘 그린다. 도화지나 종이는 물론이고, 아빠가 읽는 신문, 벽에도 그린다. 또 어떤 아이는 게임을 할 때 규칙을 늘 새롭게 바꿔서 하고, 노래를 부를 때는 가사를 바꾼다. 이러던 아이들이 이상하게도 초등학교에 입학해서 '진지한' 학습을 할 나이가 되면, 핏속에 끓어오르던 창의적인 재능이 대부분 고갈되는 것 같다. 이를 보는 부모는 혼란스럽기만 하다.

그렇다면 어릴 때 풍부했던 창의력이 메말라 버리는 이유가 무엇일까? 부모가 아이들을 격려하는 일을 소홀히 했기 때문일까? 창의력이 풍부한 아이를 만들려면 역시 부모의 역할이 중요하다.

아이에게 재료를 제공한다　　아이들은 아무것도 없는 상태에서도 머릿속으로 창작할 수 있지만, 그래도 자기 마음대로 쓸 '재료'가 있다면 영감을 받을 수 있다. 예를 들자면 연습장, 모든 종류의 연필, 분필, 가위와 풀(아이가 사용할 때는 도움이 필요하다), 대야, 스펀지, 헌 옷, 소꿉장난 도구, 빈 상자, 광고 우편물, 카탈로그, 오래된 신문 등이다. 화창한 여름에는 모래, 물놀이 장난감, 물, 텐트, 비치 타월 등도 좋다.

아이에게 완전한 자유를 준다　　아이가 창의력을 발휘하려면 완전히 자유로운 상태에서 길을 찾도록 해야 한다. 이때 색칠 공부책보다는 백지를 주는 것이 낫다. 예시에 나온 대로 선 밖으로 삐져나오지 않게 색을 칠하는 작업은 전혀 창의적이지 않을뿐더러 금세 질려 버린다. 무언가를 만들어 내는 아이는 지루한 줄 모른다. 또한 부모는 아이가 자기 주도적으로 활동하게 하고, 아이의 요청이 있을 때만 개입해야 하는데, 이때도 과도하게 방향을 잡아 주지 않도록 주의한다. 아이가 도와 달라고 부를 때만 의견을 제시해야 하며, 아이가 그림을 다 마치도록 강요해서도 안 된다.

아이가 마음껏 어지럽히도록 한다　　이 말은 아이가 창의력을 핑계로 집 안에 장난감을 어질러 놓고 어떤 규칙도 지키지 않고 정리를 하지 않아도 된다는 뜻이 아니다. 하지만 모든 물건이 언제나 제자리에 있어야 하고, 주변이나 자기 몸을 더럽힐까 봐 매 순간 질서와 청결을 유지하는 데 신경 써야 한다면, 노는 재미를 느낄 수 없고 창작도 불가능하다. 겁이 나서 못 하게 하는 것보다는 난장판이 될 것을 미리 각오하고 대비하는 편이 낫다. 커다란 비닐 앞치마, 테이블에 깔 신문지, 닦아 낼 수 있는 커다란 보드, 걸레 등을 준비한다.

창의력에 자신감 심어 주는 법

비판보다는 칭찬을　아이가 창의력에 자신감을 갖길 바란다면 격려를 아끼지 말아야 한다. 식탁 위에 풀 자국이 남았다고 지적하거나 아직 읽지 않은 신문을 잘랐다고 핀잔을 주기 전에, 집 안 곳곳에 물감 칠이 묻어서 보기 싫다고 하기 전에, 아이의 작품에 감탄하고 칭찬해야 한다. 아이가 만든 결과물에서 좋은 점과 창의적인 부분을 찾아 부각할 줄 알아야 한다. 아이가 예술가가 될 가능성을 결코 과소평가해서는 안 된다!

예술 작품 수집가가 되라　아이가 만든 연필꽂이나 조개껍데기 목걸이, 그림 더미가 서랍 속에 아무렇게나 섞여 있다가 심한 경우 쓰레기통에 처박히는 상황이라면, 아이의 작품을 진심으로 높이 평가하는 것만으로는 충분치 못하다. 자녀의 창의적 재능을 발달시키려면 몇 년 동안 아이의 열성적인 작품 수집가가 될 생각을 해야 한다. 거실의 한쪽 벽면과 선반 하나를 아이의 그림으로 채우는 것은 기본이며, 그중 몇몇 작품은 액자로 만들어 자랑스럽게 벽에 걸어 둔다. 아이가 창의력을 발휘하는 원동력 중 하나가 바로 칭찬과 인정을 받는 것이라는 사실을 명심해야 한다.

서너 살 때까지 아이들은 주로 모방을 통해 배운다. 따라서 부모가 자유롭게 창의력과 상상력을 표현하는 사람이라면, 아이 또한 창의력과 상상력이 풍부할 가능성이 크다. 부모가 창의력을 발휘하는 방법에는 여러 가지가 있다. 요리책에 나온 요리법을 바탕으로 완전히 새롭게 만들어 보기, 거실 가구의 위치를 바꾸기, 동화책을 읽어 주기보다 직접 이야기를 지어 아이에게 들려주기, 나무의 아름다움에 경탄하기, 독특한 실내복 입기 등이 가능하다. 이 밖에도 아이가 작품을 완벽하게 완성하도록 테크닉을 알려 줄 수도 있는데, 이때도 아이가 어른이 바라는 대로 하도록 또는 어른이 하는 방식을 따르도록 고집해서는 안 된다.

아이와 함께 이야기를 만들거나 엉뚱한 놀이를 하는 시간도 있어야 하고, 잠시 생각을 멈춘 아이에게 다시 상상력을 발휘하도록 살짝 아이디어를 주는 시간도 있어야 하며, 아이가 창작과 발명에 완전히 집중해 있을 때 가만히 놓아두는 시간도 있어야 한다.

창의적 소질 키우기

아이가 훌륭한 예술 작품을 접하게 하는 것도 창의적 소질을 키우는 한 방법이다. 집에서 아이와 함께 클래식부터 록음악까지 다양한 음악을 감상하고, TV로 방영되는 공연을 시청하거나 여러 화풍의 그림이 실린 서적을 뒤적여 본다. 그뿐만 아니라 아주 어린 나이부터 미술관이

나 전시회에 자주 가는 것도 효과적이다. 찾아보면 어린이를 위해 특별히 기획된 공간이나 특별 관람 기회도 많다. 이때 반드시 지켜야 할 것이 있다. 아이가 지치거나 지루해하면 강요하지 말고 즉시 관람을 멈춰야 한다.

89

예의범절은
어떻게 가르쳐야 할까요?

"같은 말을 백 번도 더 반복해야 겨우 말을 들어요. 아이에게 예의범절을 가르치는 일은 모래알로 병을 채우는 일처럼 꾸준한 인내가 필요하다고 하신 저희 어머니 말씀이 생각나네요!" — 어느 아빠로부터.

예의범절 중에서 가장 먼저 배우는 것이 "어른에게 '고맙습니다' 해야지", "손으로 먹지 말고 포크를 사용해", "선생님께 '안녕히 계세요' 해야지" 같은 말이다. 그다음에는 "식탁 위에 팔꿈치를 올리지 마라", "기침할 때는 손으로 입을 가려야 해", "다른 사람이 말할 때 중간에 끼어들면 안 돼" 등을 배운다.

어떤 예법은 사라져 가기도 하지만, 그래도 핵심적인 예의범절은 변하지 않는다. 따라서 아이들에게 이런 예절을 전수하려고 노력하는 것은 잘못이 아니다. 하지만 예의를 가르치고 몸에 배게 하기란 정말 어려운 일이다. 왜 아이들은 공룡의 이름이나 수학 공식은 곧잘 기억하면서 가장 기초적인 예의범절은 계속 잊어버리는 것일까? 아주 어렸을 적부터 귀에 못이 박히도록 들었으면서도 말이다.

예의 바른 아이로 키우려면

예의범절은 영아기 때부터 배우기 시작하지만 청소년기가 될 때까지도 계속 배워야 한다. 부모는 예의범절의 씨앗을 심고 매일 물을 주며 가꾸지만 결과를 보는 것은 먼 훗날의 일이다.

어떤 규칙들은 몸에 배어 저절로 지켜지기도 하지만(문을 열고 들어간 후 뒷사람을 위해 문을 잡아 줄 때), 지켜지지 않는 것도 많다. 어떤 규칙은 아이가 자라서 스스로 그 규칙의 사회적 필요성을 느꼈을 때에야 따르기 시작한다. 그러므로 부모 입장에서는 대단한 인내심이 필요하다. 사실 아이가 예의를 배울 만큼 자라지 않았는데도 이를 기대하는 것은 부질 없는 일이다. 그렇다고 포기해서는 안 된다. 오랜 시간 공을 들이면 언젠가는 이런 말을 들을 날이 올 것이다. "정말 예의 바른 아이네요. 잘 키우셔서 좋겠어요".

예의범절을 가르치는 이유

예의범절 학습도 다른 모든 경우와 마찬가지로 동기 부여가 관건이다. 부모 입장에서는 사회에서 처신을 잘하고 다른 사람을 존중하면 좋은 인간관계를 맺을 수 있기에 가르치는 것이다. 그렇다면 아이에게는 어떤 동기가 있을까? 아주 어린 아이는 부모를 기쁘게 해 주고 싶은 마음에 '……주세요'라는 말을 붙여 자기가 원하는 것을 얻는다. 반면에 큰 아이들이라면 이런 노력을 할 필요성을 느끼지 않으며, 이런 규칙들이 위선적이고 불필요하다고까지 생각한다. 하지만 부모가 아니면 아이에게 예의를 가르쳐 줄 사람이 없다.

예의범절 가르칠 때 유의 사항

현실적인 기대를 하라 아이의 나이와 발달 정도를 고려하여 지킬 수 있는 예의의 기준을 잡아야 한다. 그렇다고 아이의 능력을 과소평가해서도 안 된다. 아이는 여섯 살이 되면 전화 통화를 할 때 자기를 소개하는 법을 배우고, 식탁에서 일어날 때 허락을 구할 줄 안다.

아이도 때와 장소에 따라 행동을 더 조심해야 하는 경우가 있다는 것을 금세 파악한다.

기초를 튼튼히 하라 세 살이 채 안 된 아이에게는 네 가지 마법의 표현(안녕하세요, 안녕히 계세요, 죄송합니다, 고맙습니다)을 가르쳐서 존중과 배려의 기초를 다지도록 한다.

사실 이 나이에는 다른 사람은 안중에도 없다. 따라서 예의범절의 첫 번째 원칙은 아이에게 타인의 존재를 가르쳐 주는 것이다. 이때 한 번에 한 가지 규칙을 가르치는 것이 효과적이다. 부모 생각에 '고맙습니다'가 급선무인 것 같으면 그렇게 말하는 습관이 몸에 밸 때까지 그 인사말에만 집중하고 나머지 예의는 잠시 미루도록 한다.

세 살에서 열두 살까지 유치원과 학교에 입학하면서 상스러운 말을 하는 시기가 시작된다. 아이가 처음 "똥 덩어리!" 같은 말을 사용하면 웃어넘기고 말지만, 이것이 계속되면 재미로만 여길 수 없다.

아이는 집 밖에서 해서는 안 되는 말이 있다는 것을 금방 깨닫게 된다. 해를 거듭할수록 친구들의 영향이 커지면서 아이는 무리의 규칙을 따르는 경향을 보인다. 그렇더라도 집에서 중요한 규칙은 계속 지키게 해야 한다. 부모는 아이에게 예의범절이 중요하다고 설명하면서 아이가 예의 바른 모습을 보일 때마다 칭찬해 주어야 한다.

규칙은 단순하고 명료할수록, 긍정적인 용어로 항상 일관되게 표현하고, 그리고 필요할 때마다 계속 반복 학습을 할수록 잘 지켜진다.

가장 효과적으로 가르치는 방법

예의를 가르칠 때도 모범을 보이는 것만큼 효과적인 방법은 없다. 아이는 알게 모르게 자기가 가장 좋아하는 어른, 즉 부모의 행동을 모델로 삼는다. 따라서 부모가 자신의 습관을 비판적이고 객관적인 시각으로 보아야 한다. 부모 스스로 '좋은 매너'를 보이지 않는다면 아이에게 아무리 강조해도 효과가 없다.

아이는 사람들이 자기를 정중하게 대하고 환대하는지, 의견을 나눌 때 자기 관점을 존중해 주는지 촉각을 곤두세운다. 또한 부모가 자기뿐만 아니라 친구들, 친척들, 가게 점원들에게도 예의를 잘 지키는지, '죄송합니다'와 '고맙습니다'라는 인사를 철저하게 잘하는지도 주의 깊게 본다. 그러다가 아이 자신이 행동을 보일 차례가 오면 그동안 보고 배운 사회 규범을 무의식적으로 적용하는 것이다.

대부분의 부모는 간단한 규칙인데도 아이가 계속해서 지키지 못하는 것을 보며 우리 아이가 혹시 귀가 어두운 것이 아닐까, 머리가 나쁜 것은 아닐까, 부모를 골탕 먹이려고 일부러 그러는 것은 아닐까 하는 의구심을 가진다.

하지만 여섯 살 정도의 아이들에게는 예의가 중요하지 않다. "목말라요", "쉬할래요", "잠자기 싫어요"처럼 즉시 쓸 만한 말들과는 달리 예의를 차리는 말들은 좋은 점을 찾을 수 없기 때문이다.

하지만 아이가 자란 다음에 예의를 가르친 노력의 결실을 보려면 어렸을 때부터 꾸준히 아이에게 예의 바른 태도를 요구하고, 부모가 바라는 모습이 어떤 것인지 깨우쳐 줄 필요가 있다.

90

다른 집에 가면 착하게 굴면서
왜 집에서는 안 될까요?

그동안 아이를 교육한 성과가 어떤지 확인하고 싶으세요? 며칠 동안 아이를 이모네 집에 보내 보세요.

나중에 친지들이 아이를 칭찬하는 말을 들으면 부모는 놀랄 것이다. 아이가 자발적으로 식사 준비를 도왔다, 음식을 가리지 않고 다 잘 먹었다, 아침에 일어나서는 침대 정리를 했다 ……. 집에서는 부모의 성화에 못 이겨 마지못해 꿈지럭대던 아이가 말이다.

이는 필요한 상황이 되면 부모가 그동안 반복해서 가르친 것을 아이가 적용하고 제대로 행동할 수 있다는 말이니 얼마나 다행인가! 가르쳐도 소용없는 게 아닌지 부모가 걱정했던 것과는 다르게 교육 효과가 있다는 것이 증명된 셈이다.

집에서 배운 대로 행동하지 않는 이유

아이가 집을 관용이 넘치고 따뜻한 곳으로 여기기 때문이다. 집에서는 마음 편히 있어도 되고, 노력의 고삐를 늦추어도 되며, 무조건적으로 사랑받고 인정받는다고 생각하기 때문이다. 어른들도 마찬가지다. '내 집'에 있으면 외부의 시선에서 벗어나 편하게 행동할 수 있고 잠시나마 노력과 긴장을 잊고 지내지 않는가?

아이 입장에서는 '예의 바르다'라는 말이 아직은 습관이 아니라 무거운 구속으로 느껴질 수 있다. 그래서 집 밖에서 칭찬을 받고 싶거나 부모를 빛나게 해 주고 싶을 때만 그렇게 행동하는 것이다.

집에서도 배운 대로 행동하게 하려면

- 아이가 다른 집에 자주 가도록 권장하라. 그러면 그동안 배운 '훌륭한 예절 교육'을 실습할 수 있어 빠른 시간 안에 습관으로 자리 잡게 된다.
- 아이의 친구들을 집에 자주 초대하라. 행실이 바른 친구들이 자녀에게 좋은 본보기가 될 수 있다.
- 가끔 저녁 식사를 할 때나 일요일 점심때, 집에서 '멋진 레스토랑에서 식사하기', '공주와 함께 궁전에서 식사하기' 놀이를 하라. 옷도 멋지게 차려입고, 식기도 요리용과 디저트용까지 제대로 갖추어서 준비하고, 대화할 때도 상대의 말을 중간에 끊지 않도록 조심하는 등 예의를 차리고 식사한다. 메뉴도 신경 써서 준비하고, 가족 모두에게 아주 멋지고 세련된 장소에서 식사하는 것처럼 행

동하자고 당부한다.

- 예의범절이 가져다주는 좋은 점을 일상생활의 예를 들어 아이에게 구체적으로 설명하라. 예의 바르게 행동했을 때 구체적으로 어떤 장점이 있는지 이해시킨다. 가령 옆집 할머니께 예의 바르게 행동했을 때 용돈을 받았던 것을 상기시킨다.

- 아이가 긴장을 풀고 편하게 있고 싶은 마음은 이해하지만 집에서나 밖에서나 최소한의 예의는 지켜야 하며, 이는 타협의 대상이 아니라는 점을 아이에게 잘 설명하라. 최소한의 예의에 해당하는 것이 무엇인지 분명하게 알려 주고 이것이 잘 지켜지는지 세심하게 살핀다.

- 요구 사항을 탄력적으로 조정하라. 아이 방과 같은 사적인 공간과 모두가 사용하는 공용 공간은 다르다. 일곱 살짜리가 자기 방의 책상을 정리하지 않는 것은 괜찮지만, 거실에 옷이 널브러져 있거나 부엌 식탁에 먹다 남은 간식을 내버려 두는 것은 받아들일 수 없는 행동이다.

- 모범을 보여라. 아이들은 말보다 행동에 더 민감하다. 아이들은 항상 부모의 행동을 모델로 삼는 경향이 있으므로, 부모 자신이 주위 사람들에게 예의 바르고 정중하고 친절하게 대하라. 시간이 흐르면 아이도 여러분을 따라 하게 된다.

- 결과를 보기까지 너무 오래 기다려야 한다고 생각하는가? 그럼 아이에게 작은 친절을 베풀어 달라고 넌지시 이른다. "아빠한테 사과 주스 한 잔 가져다줄래?", "막대 사탕을 먹을 때는 다른 사람들

에게도 한 번 권하렴", "엄마한테 예쁜 그림을 그려 주면 정말 좋
아할 거야".

아이 친구 칭찬하기

아이가 놀러 갔던 집에서 아이가 착하고 교육을 잘 받았다는 칭찬을
들으면 안심이 되고 기쁠 것이다. 그렇다면 다른 집 아이가 여러분의
집에 왔을 때도 마찬가지로 그 아이의 부모에게 칭찬하는 것을 잊지
마라. 아마 그 집 부모도 여러분과 같은 걱정을 하다가 여러분의 말을
듣고 마음을 놓을 것이다.

여섯 살 무렵에 할 수 있는 일

- 일요일에 혼자 조용히 일어나 TV를 켜고 만화영화를 보면서 부모가 일어나기를 기다리기
- 혼자 옷 입기
- 시리얼을 그릇에 담아 우유를 부어 먹기
- 자기가 입었던 옷과 양말을 매일 빨래 바구니에 넣기
- 침대 정리하기
- 전화를 받을 때 자기소개를 하면서 친절하게 대답하기
- 30분 정도 집에 혼자 있기
- 어른들이 이야기하고 있을 때 끼어들어 방해하지 않기
- '안녕하세요, 안녕히 계세요, 죄송합니다, 고맙습니다'라고 인사하기
- 집안일 거들기(아이가 여럿이라면 순서를 정해 준다. 한 명이 월수금 당번이면 다른 한 명은 화목토 당번이고, 일요일에는 각자 알아서 하는 것으로 정한다)

열두 살 이하의 아이가 최소한 해야 하는 일

- 자기가 입었던 옷을 매일 빨래 바구니에 넣기, 침대 정리하기, 자기 방 정리하기
- 자기소개를 하면서 친절하게 전화 받기
- 이야기하는 사람들을 방해하지 않기
- '안녕하세요, 안녕히 계세요, 죄송합니다, 고맙습니다'라고 인사하기
- 집안일 거들기(아이가 여럿이라면 순서를 정해 준다)

91

청소년기에는 '좋은 매너'를
기대하지 않는 게 나을까요?

좋은 매너라고 하면 조금 고리타분하게 들릴지도 몰라요. 아이가 식탁에서 버릇없이 굴고 삐딱하게 앉아 있는 것이 그렇게 문제가 되느냐고요? 저는 그냥 넘어갈 수 없는 일이라 생각해요. 청소년기 소년의 귀에는 부모의 지적이 한낱 잔소리로 들릴지라도 말이에요.

청소년기 자녀가 예의에 어긋나는 행동을 하면 부모는 아무것도 보지도 듣지도 않은 것처럼 시치미를 떼고 그냥 '내버려 두는 것'이 더 낫다고 생각하는 경우가 많다. 하지만 장기적으로 보면 절대 좋은 생각이 아니다. 예의 바른 행동은 다른 사람들에게만 좋은 것이 아니라 자기 자신에게도 중요하기 때문이다.

아이에게 기본적인 예의범절을 가르치는 것은 부모가 해야 할 중요한 임무 중 하나다.

청소년기에 예의범절이 더욱 중요한 이유

영아기에는 귀여워 보이던 행동도 유아기에는 눈에 거슬리기 시작하더니 초등학교 고학년쯤 되면 도저히 참지 못할 지경으로 바뀐다. 아이가 청소년기에 접어들면 그나마 해 오던 기본적인 인사조차도 하지 않고, 이런 규칙에서 벗어나려고 한다. 공교롭게도 기성 질서에 반기를 드는 바로 이 시기에 예의범절이 아이의 평가에 결정적인 영향을 미친다.

청소년기 아이가 똑바로 행동할 줄 모르거나 반항하면서 그렇게 하지 않는다면 아이는 그 대가를 톡톡히 맛볼 것이다. 일상생활을 하면서 예의 바른 것을 중요하게 여기고 이를 기준으로 사람을 판단하는 어른들을 많이 접하게 되기 때문이다. 예를 들면 아이를 평가하는 교사, 아이가 연수를 받게 될 기관의 전문가, 친구의 부모 등이 바로 그렇다.

다른 면에서 모두 동등하다고 한다면, 단정하고 예의 바른 아이일수록 좋은 평가를 받을 가능성이 더 높다. 예의는 좋은 인간관계와 인성을 보여 주는 척도가 되기 때문이다.

반드시 지키도록 해야 하는 기본 예의

모두 다 아는 기본적인 예의는 반드시 지키게 한다. 그런 다음에는 각 가정의 우선순위에 따라 교육하면 된다.

- 전화 예절: 전화를 받을 때 자발적으로 자기소개를 하고, '반가운' 목소리로 응대한 다음, 메시지를 전달하거나 전달받기. 친구 집에 전화해서 친구의 부모가 전화를 받았을 때 "벤 바꿔 주세요"라는

식으로 인사도 없이 다짜고짜 친구를 찾지 않기

- 다소 '구식'이 되어 버렸지만 지하철에서 노약자에게 자리 양보하기, 뒷사람을 위해 문을 잡아 주기, 전화 대신 감사 편지를 보내기, 혼자서 먼저 먹지 않고 모두에게 음식이 제공될 때까지 기다리기 등을 아이가 지키도록 교육하기
- 요구하는 것이 아니라 부탁하는 식으로 말하기, 즉 "나한테 줘"라고 하기보다는 "부탁인데, 그렇게 해 주겠니?"라고 하기, 불평하기보다는 자신의 감정을 말하기
- 입장을 바꾸어 나 자신이 존중받고 싶은 것처럼 다른 사람에게 존중을 표현하기

때와 장소에 따라 가려 말하기

예의 바르게 말하는 것은 중요한 예의범절 중 하나다. 사춘기 자녀를 둔 부모는 자녀가 친구들과 나누는 대화를 듣다가 상스럽고 험악하기 짝이 없는 단어를 쓰는 것에 깜짝 놀라는 경우가 많다. 하지만 아이가 친구들끼리 쓰는 말과 어른들이 쓰는 말을 때와 장소에 따라 가려서 할 줄 안다면 이것이 반드시 심각한 문제라고 할 수는 없다. 이럴 때는 다음 두 가지를 강조해야 한다.

- 아이가 부모나 가족이 아닌 어른들과 이야기할 때는 어른들이 사용하는 어법과 예절을 갖추어 말할 수 있어야 한다.
- 사용하는 단어만큼 말투도 중요하다. 청소년은 말투와 억양에서 부정적인 느낌이 얼마나 잘 드러나는지 깨닫지 못한다. 이럴 때

아이에게 "네가 말하는 건 악쓰는 것처럼 들린다"라고 비난조로 말하기보다 "네가 기분이 나쁜 것은 잘 알겠는데, 공손한 말투로 이야기했으면 좋겠어"라고 한다.

평소에도 예의를 지키게 하려면

아이 나이에 상관없이 어떤 경우에도 예의범절을 지키게 하려면 다음과 같은 두 가지를 보완하는 것이 필요하다.

- 중요한 사항은 필요할 때마다, 다시 말해 아주 빈번하게 상기시킨다. 모든 습관이 그렇듯이 좋은 습관도 자리를 잡으려면 일관성이 필요하다. 부모의 요구가 합리적이고 꾸준하면 반드시 좋은 결과가 뒤따른다.

- 아이에게 모범을 보인다. 몇 년간 아이가 부모의 가르침과는 정반대로 행동하더라도, 아이는 주위에서 보는 것을 매일매일 머리에 저장한다. 그렇기에 부모는 자신이 바라는 아이의 모습처럼 행동해야 한다. 가령 아이 방에 들어갈 때는 불쑥 들어가지 말고, 노크를 하며 "잠깐 방해해도 될까?"라고 한다.

가족 외에도 아이에게 모범이 될 사람은 많다. 아이의 친구가 놀러 와서 저녁을 먹고 갔다면, "네 친구 참 상냥하고 예의 바른 것 같구나. 또 초대하고 싶을 때 언제든 초대하렴"이라고 말한다. 그러면 아이는 자기도 다른 집에 가면 마찬가지로 평가를 받을 수 있다는 사실을 알아챈다.

　여자아이들의 말을 들어 보면, 요즘 남자아이들이 대체로 신사적이지 않다는 불평이 많다. 예전 남자들과는 달리, 여자아이들에게 칭찬을 하거나 꽃을 선물하거나 문을 잡아 주거나 먼저 지나가도록 길을 양보하는 행동을 하지 않기 때문이다. 양성평등의 시대가 되었고 데이트할 때 계산서를 공동 부담한다고 해서, 여성에게 정중하고 예의 바르게 대할 필요가 없다는 뜻은 아니다. 평등하더라도 똑같아질 수는 없는 것이다. 이성에게 예의 바르게 행동하도록 가르치는 것도 훌륭한 교육이다.

92

용돈 관리법을
어떻게 가르쳐야 할까요?

광고, 잡지, 유행은 어린이와 청소년의 소비 욕구를 자극해요. 이런 상황에서 아이에게 용돈을 주는 것은 무척 교육적인 행동이지요. 이렇게 함으로써 돈을 관리하고 욕구와 욕망을 구별하도록 가르치고, 아이에게 책임감을 키워 줄 수도 있거든요.

용돈을 언제, 얼마나, 어떻게 주느냐 하는 문제는 부모들의 고민거리 중 하나다. 많은 아이들이 부모한테서 용돈을 받고 있다. 하지만 모든 부모가 같은 교육관을 가지고 용돈을 주는 것은 아니다.

정기적으로 용돈을 줘야 하는 이유

열한 살 노에미는 용돈을 받지 않는다. 노에미의 엄마는 말한다. "아이에게는 용돈이 필요 없어요. 원하는 것은 제가 다 사 주거든요." 하지만 이처럼 부모가 아이의 물건을 직접 사 주는 것이 아이의 수동성과 의존성을 키운다. 자기가 쓸 수 있는 돈으로 물건을 사는 행동에는 선택하고 결정하고 포기하는 작업이 다 들어 있다. 또 주목할 점은 아이들이 부모보다 돈을 훨씬 더 절약한다는 사실이다.

열두 살 자비에는 외출할 때 10유로, 크리스마스에 50유로 등 상황에 따라 용돈을 받는다. 또한 점수에 따라 받기도 하는데, 20점 만점 중 15점에서 1점씩 높아질 때마다 1유로씩 받는다. 자비에는 새로운 롤러스케이트를 사는 것을 목표로 이렇게 받은 돈을 저축하고 있다.

열 살 사라와 열다섯 살 앙투안의 부모는, 공부란 아이들이 자기 자신을 위해 하는 것이라고 생각한다. 그래서 좋은 성적이 보상을 받을 만한 일이 아니라고 여긴다. 그 대신 아이들이 여덟 살이 되었을 때부터 정기적으로 용돈을 지급하고 있다. 사라는 한 달에 15유로를 받는데 이 돈은 일상적인 지출로만 사용된다. 앙투안은 30유로를 받아서 친구들과 외출할 때나 음반을 구입할 때 등 '일상적인 지출 이상의 비용'까지 모두 부담한다.

용돈을 주는 목적

돈 문제는 이제 금기시되는 주제가 아니다. 그래도 여전히 부모로서는 자녀와 합의점을 찾기 어려운 문제이기도 하다. 하지만 가장 염두에 두어야 할 점은 용돈은 무엇보다도 교육적 가치가 있어야 한다는 사실이다. 용돈의 목적은 아이에게 돈을 관리하고 아끼고 선택하고 지출하는 법을 가르치는 데 있다.

아이에게 돈을 준다는 것은 아이를 믿으며, 아이가 점차 부모의 권위에서 탈피해 독립하게 해 준다는 의미다. 이것이야말로 모든 교육이 추구하는 목표가 아닐까?

용돈 줄 때 유의 사항

- 성적 또는 심부름에 대한 보상으로 돈을 주면 계획적으로 돈을 쓸 수 없다. 용돈은 정기적으로 아무 대가 없이 지급되어 자유롭게 사용할 수 있는 적은 금액의 돈을 말한다. 그렇다고 해서 용돈 이외에 별도로 돈을 받는 것을 금지하는 것은 아니다.

- 언제부터 시작해야 할까? 아이가 셈을 할 줄 알고 화폐의 가치를 알기 시작하는 여덟 살부터 열 살 사이에 용돈을 주기 시작한다. 처음에는 한 주가 시작될 때 주고, 아이가 돈을 관리할 줄 아는 모습을 보이면 매월 초에 주도록 한다.

- 자기 돈을 사용하고, 물건의 가치를 알고, 절약하고 고르는 법을 아이에게 가르치는 일은 반드시 필요하지만 '시행착오'가 따르기 마련이다. 돈의 의미는 차츰차츰 알게 되는 것이다. 아이가 스티커를 사느라 한 달 용돈을 한 번에 다 써 버리고 바로 후회하더라도 교육적 가치가 있다.

- 용돈의 액수는 각 가정에서 아이의 나이, 필요, 사용할 곳에 따라 정하면 된다. 금액이 너무 적으면 아이가 자립하는 데 방해가 되며, 너무 많으면 아이에게 돈의 가치를 속이는 일이 된다.

93

승패를 인정하게 하려면
어떻게 가르쳐야 할까요?

운동 경기나 게임을 하면 승패가 정해지기 마련입니다. 정당한 결과라면 져서 분하더라도 결과를 받아들이는 것이 좋아요.

게임에 깊이 빠져드는 아이들 중에는 지는 것이 싫어서 결과에 승복하지 못하는 경우가 있다. 열한 살 플로랑은 탁구 초보다. 하지만 형에게 지는 것을 참지 못해서, 지고 나면 형이 반칙을 했다고 거칠게 비난한다. 일곱 살 자드는 자기가 일등을 하지 못하면 게임기를 바닥에 던져 버린다.

한두 번이면 몰라도 번번이 이런 반응을 보이는 아이들과 게임을 하고 싶은 사람은 없을 것이다.

'스포츠 정신' 가르치기

아이가 패배를 인정하지 않더라도 너그럽게 봐주거나, 아이에게 이런 시련이 닥치지 않도록 무조건 이기게 하는 것, 이런 해결 방법은 아이가 앞으로 세상을 헤쳐 나가는 데 전혀 도움이 되지 않는다. 게임과 마찬가지로 인생에서도 결과에 대한 확신 없이 위험을 감수해야만 하기 때문이다.

실패를 인정하고 이를 발판으로 삼아 발전하는 것이야말로 최후의 승자들이 지니는 자세다. 게임은 인생을 가르치는 학교와 같다. 결과를 확신하지 못한 채 경기에 임한 다음, 졌을 때 무너지지 않고 이겼을 때도 상대를 짓밟지 않는 것이 바로 '스포츠 정신'이다. 아이에게 바로 이것을 길러 주어야 한다. 다만 스포츠 정신은 본능적으로 생기는 것이 아니며, 아홉 살이나 열 살 또는 그 이상이 될 때까지도 기르기 어려울 수 있다.

대체로 자신감이 있고 자기 가치가 경기 결과에 좌우되지 않는다는 사실을 아는 아이일수록 페어플레이어가 된다. 아이가 패배를 받아들이기 힘들어하면 다음과 같은 의문을 가져 보는 것도 도움이 된다. "경기 자체를 떠나서 무엇이 아이의 마음에 걸리는가? 아이가 어떤 점을 문제로 삼는 걸까?"

영유아기 때부터 가르치는 법

영아기 아이라면 함께 도미노처럼 운이 좌우하는 게임을 한다. 이때 일부러 아이가 이기게 하는 것보다는 게임을 하는 동안 예의 바르고 제대로 된 반응이란 어떤 것인지 보여 주도록 한다. "우와, 정말 잘하는구나, 네가 이겼어!", "3 대 1, 할 말이 없구나! 내일 한 판 더 하자. 내일은 내가 복수할 거야", "이번에는 내가 이겼지만, 너도 정말 잘했어. 내가 또 이길 수 있을지 모르겠는걸?"

유아기 아이에게는 경기나 게임이 끝났을 때 결과에 승복하는 표현을 가르쳐 줄 수 있다. "브라보, 정말 잘했어", "정말 센데. 널 이기려면 내가 연습을 열심히 해야겠구나!"

부모의 자세가 정말 중요하다.

'스포츠 경기'로 모범 보이기

아이가 실패로부터 교훈을 배우고("이번에 연습이 부족했거나 충분히 주의하지 않았어" 또는 "운이 없었어. 다음에는 더 잘할 거야"), 상황을 심각하지 않게 받아들이고, 뒤로 물러서서 객관적으로 바라볼 수 있게("이건 그냥 게임일 뿐이야. 이기려고 하는 게 아니라 즐기려고 하는 거잖아") 가르치는 것이 중요하다.

이 경우에도 모범을 보이는 것이 가장 효과가 있다. 부모가 패배를 순순히 받아들이고 지더라도 미소를 잃지 않는다면, 자녀도 그런 모습을 금방 모방한다. 그런데 아이들이 본보기로 삼을 만한 것이 또 있다. TV에서 중계되는 스포츠 경기나 게임에서 진 사람들의 태도를 아이가 주의 깊게 관찰하게 하라. 가령 테니스 선수가 경기 후에 승자와 악수하면서 승리를 축하해 주는 모습이나, 유도 선수들이 경기 후 서로 마주 보고 인사하는 장면을 보면서 아이와 이야기를 나누고 선수들의 예의 바른 행동을 칭찬하고 강조한다.

이렇게 노력하다 보면 문제점을 빨리 해결할 수 있다. 혹시 아이가 게임을 하는 동안 계속해서 카드를 집어 던지거나 뾰로통해 있다면 아이와 더 이상 놀아 주지 마라. 반면 아이가 스포츠맨답게 점수에 상관 없이 신사적으로 행동하면 크게 칭찬해 주어야 한다.

실수의 가치 가르치기

패배를 인정하지 않는 아이는 대부분 이것 외에도 여러 문제를 가지고 있다. 이런 아이는 대개 실수를 용납하지 않는다. 이럴 경우 여러분은 부모로서 여러분의 양육 태도를 돌아볼 필요가 있다. 혹시 아이에게 너무 엄격한 것은 아닌가? 아이의 나이를 고려하지 않고 기대 수준이 너무 높은 것은 아닌가? 학교에서 받아 온 점수가 낮으면 어떤 반응을 보였는가? 아이의 삶에 여유를 주고 아이가 진짜 중요한 것에 집중하도록 도와주는 것이 바로 부모의 역할이다.

컴퓨터 게임과 현실 게임의 차이

아이들은 모니터 앞에서 혼자 게임을 할 때는 실패나 실수를 해도 완전히 다르게 행동한다. 여기에는 다음과 같은 이유가 있다.

- 난이도를 선택해 자신의 수준에 맞는 것을 고를 수 있기 때문이다. 현재 레벨에서 성공해야 다음 레벨로 올라갈 수 있다.
- 원하는 만큼 다시 시작할 수 있고, 뒤로 돌아가는 것도 가능한 경우가 많으며 실수의 결과는 벌칙을 한 번 받으면 그만이기 때문이다.
- 혼자서 하거나 기계를 상대로 게임을 하기 때문이다. 따라서 어려운 상황에 처하더라도 자기 실력을 탓하거나 운을 탓할 수밖에 없다. 짜증은 나겠지만 공격할 이유는 없는 것이다. 자기 자신을 상

대로 싸우고, 자기 자신에게 도전한다. 온라인 게임을 하더라도 '다른 사람'은 상대적으로 추상적인 존재로만 인식된다.

- 다른 사람 앞에서 질 때 느끼는 굴욕감이나 수치심이 없으며 상대의 반칙을 의심할 필요도 없다.

이 모든 요인을 살펴보면 모니터 앞에서 '패자'가 되는 것이 훨씬 쉽다. 이제 이것을 실제 상황으로 옮길 차례다. 현실에서 게임에 임하는 상대방 역시 자기와 마찬가지로 이기고 싶은 마음으로 맞붙는 것이라고 설명한다.

94

부당한 피해를 당했을 때 어떻게 가르쳐야 할까요?

"이건 불공평해요, 전 아무 짓도 안 했다고요." 옆자리 아이가 딸의 시험 답안을 그대로 베꼈다는 이유로 딸아이까지 빵점 처리되자 제 딸이 분개했어요. 저는 아이를 어떻게 진정시켜야 할지, 어떻게 설명해야 할지 막막했어요." ― 어느 아빠로부터.

아이들은 어렸을 때부터 불의를 느끼기 시작한다. 네 살이 되면서부터는 자기가 적게 받았다고 느끼거나 자기 권리를 존중받지 못했을 때 반발심을 품는다.

아이의 기질에 따라 잘못된 것을 올바르게 '바로잡고' 싶은 마음이 들기 마련이므로 불의를 느끼는 것이 정말로 큰 마음의 고통이 되기도 한다. 이럴 때 아이의 나이를 고려해 도와주고 적절한 태도를 취해야 한다.

유아기 때 불의를 느끼는 경우

이 시기의 아이는 질투심이나 경쟁심과 함께 불의를 느끼는 경우가 많다. 큰형은 맏아들이라서 가장 많이 가져도 되고, 막내는 가장 어리기 때문에 야단을 맞지 않는다. 특히 정의라고 하면 모든 사람이 똑같이 가지는 것, 또는 내가 다른 사람들보다 조금 더 가지는 것이라고 생각하기 때문에 이런 상황을 참기가 무척 힘들다.

이럴 경우 부모의 역할은 아이와 대화하는 것이다. 아이가 거리를 두고 상황을 바라보게 하고, 좀 더 넓은 관점으로 상황을 재배치해서 설명해 주면 도움이 된다. "네 동생한테 새 외투가 생긴 건 맞아. 하지만 작년에는 너한테 새 외투를 사 주었잖니. 올해 보니 네 동생의 외투가 너무 작아졌더구나." 그리고 다음과 같이 자문해 보도록 한다. "혹시 우리가 아이들 중 제일 떼를 많이 쓰고 많이 우는 아이를 편애하는 경향이 있나? 혹시 어떤 아이한테는 더 엄격하고, 어떤 아이하고는 더 많은 시간을 보내는 건 아닌가?"

형제간에 공평하다고 느끼게 하려면

"부모님이 나를 덜 사랑하면 어떻게 하지?" 이런 생각이 들면 아이는 불안해진다. 이럴 때 아이를 도와주려면 아이의 자존감을 높여 주어야 한다. 또한 아이가 어떻게 하느냐에 상관없이 무조건 있는 그대로의 모습대로 부모의 사랑을 받는다는 것을 확실히 보여 주어야 한다.

부모는 아이들을 똑같이 대해서 모두를 만족시키겠다는 생각의 함정에 빠져서는 안 된다. 이 함정에 빠지면 아이들 각자와 함께 보낸 시간, 각자에게 준 선물의 개수, 각자에게 잘라 준 파이의 크기를 일일이, 늘 계산해야 한다.

그보다는 필요할 때마다 아이들 사이에 차이가 나는 이유를 설명해 주는 것이 좋다. 이때 차이가 나는 이유가 분명해야 한다. 이것은 모두가 규칙을 알고 있는 상태에서 나이, 성별, 성공 여부에 따라 각자에게 특혜가 주어지는 경우를 말한다. 가령 형제 모두 매년 생일 때마다 한 달 용돈이 3유로씩 올라간다는 사실을 안다면, 손위 형제보다 자기 것이 적어도 부당하다고 느끼지 않을 것이다.

학교에서 불의를 느꼈을 때

이제 아이가 부당함을 느끼는 무대가 학교로 옮겨 간다. 잘못한 사람이 자수하지 않아서 단체로 벌을 받거나, 지각 때문에 점수가 2점 깎이는 경험을 하면서 아이의 마음에는 반발심이 싹튼다.

이럴 때 부모가 어떤 자세를 취하느냐가 중요하다. 여기서 부모의 역할은 아이와 함께 깊이 생각해서 아이가 자기 의견을 표현하게 하고, 다른 사람의 관점을 이해하도록 돕는 것이다. 팔은 안으로 굽는 법이지만, 여러분은 부모로서 교사의 권위도 세워 주어야 한다. 이렇게 아이와 의견을 나누는 동안 아이에게 사회적 규범을 상기시키고, 이를 지켜야 할 필요성을 다시 설명해 준다.

그런데 만약 교사가 실제로 불공평한 경우가 잦다면? 이럴 경우에는 아이가 어떻게 대처하는 것이 좋은지 알 수 있게 이끌어 주어야 한다. 자기 권리를 보호하기 위해 나서는 것은 위험을 감수하는 행동이며 용기가 필요하다. 아이가 아주 어리다면 부모가 나서서 개입하는 것이 좋다. 그러면 아이는 부모가 자기를 지켜 준다는 사실을 알게 된다. 아이가 조금 더 크면, 신뢰 관계가 중요하므로 부모가 아이의 주장을 지지해 주어야 한다.

불의를 느끼고 흥분한 청소년 달래기

아이가 열 살이나 열두 살이 되고 그다음에 청소년기에 들어가면, 아이는 두 가지 새로운 영역에서 부당함을 느낀다. 첫 번째 영역은 고전적인 것이다. "쥘리에트의 엄마는 밤에 TV 보는 걸 허락한다고요. 우리 집만 못 보게 하는 건 공평하지 않아요." 아이는 친구들과 비교하면서 자기 권리를 주장할 근거를 찾는다. 이런 경우에도 부모와 아이가 솔직하게 함께 생각을 나누고, 엄마(아빠)로서 왜 그렇게 했는지 이유를 분명하게 설명해야 한다. "나는 이러저러한 이유 때문에 밤에 일찍 자라고 하는 거야. 하지만 네 말에 동의하는 부분도 있어".

두 번째 영역은 사회적 불의에 관한 것이다. 청소년기에는 세상살이와 사회의 참모습을 발견하게 된다. 그러면서 자기 자신이나 타인의 무력함에, 또는 가진 자와 못 가진 자가 있다는 사실에 저항감을 느끼게 된다. 이럴 때 "그래, 세상은 다 그런 거야"라며 어쩔 수 없다는 식으로 한계선을 그으면 안 된다. 아이가 제기하는 논쟁을 받아들이는 것이 아이를 도와주는 길이다. 아이의 관대함과 격분이 감정적인 수준에만 머문다면 고통스럽겠지만, 이것이 실천적 행동으로 이어진다면 유용할 것이다.

불의에 대처하는 법 가르치기

아이들과 청소년들은 우리를 둘러싼 비참한 현실과 빈곤, 차별, 질병 같은 수많은 '불의'에 관심이 많다. 이런 아이들에게 말과 반항심만으로는 충분치 않다는 사실을 알려 주어야 한다. 세상을 더욱 아름답게 만들기 위해 저마다 자기 처지에 맞게 행동할 수 있다. 각자 약간의 시간과 돈을 바쳐도 되고, 원하는 것을 이루기 위해 공부하라고 격려하거나, 정의를 위해 노력하는 단체에 가입하라고 권유해도 된다.

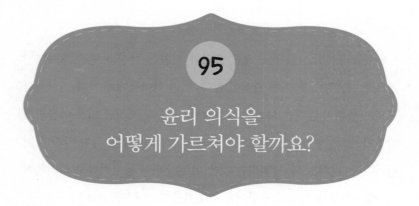

95

윤리 의식을
어떻게 가르쳐야 할까요?

공동의 가치를 상실한 세상에서 윤리를 논한다면 엉뚱하게 들릴지도 몰라요. 하지만 윤리를 가르치는 일은 힘들어도 반드시 필요하지요.

열 살 아드리앙은 성적표 점수를 위조했다. 열네 살 라파엘은 스웨터를 훔치다가 경찰에 붙잡혔다. 막내아들은 운동장에서 싸움질을 했다. 이게 일주일 사이에 한 가족에게서 일어난 일이다.

윤리 의식을 가르칠 시기

사람들은 저마다 개인의 믿음과 사회적·정신적 또는 철학적 윤리 의식을 가지고 있는데, 이것은 부모들이 지녔던 믿음이나 윤리와 부합할 수도 있고 그렇지 않을 수도 있다. 이를 다시 우리 아이에게 전수하면, 아이가 사회에 참여하고 인생의 의미를 찾는 데 도움이 된다. 하지만 청소년기에 시작하면 너무 늦는다. 윤리 교육은 긴 호흡이 필요한 작업이라서 어렸을 때부터 시작해야 한다.

잘못을 솔직히 고백하게 하려면

도덕심이란 선과 악을 판별하여 선을 행하는 내면의 능력을 말한다. 여기서 선은 올바름, 착함뿐 아니라 자존감, 타인에 대한 존중까지도 포함한다. 도덕심은 수많은 사회적·문화적 요인이 작용해 만들어지지만, 핵심적인 것은 부모의 태도에 달렸다. 여러 상황에서 부모가 보이는 행동과 견해가 자녀에게 깊은 영향을 미치는 것이다. 자녀가 자기 잘못을 솔직하게 고백하는 아이가 되었으면 하는가? 그렇다면 여러분이 먼저 자신의 잘못을 인정할 수 있다는 것을 보여야 한다.

- 아주 어린 아이들은 자기가 세상의 중심이라고 믿는다. 당연히 도덕심이 없다. 그러다가 좀 더 크면 칭찬과 비난에 민감해진다. 두 살 미만 아이들의 유일한 관심은 부모를 기쁘게 하는 것이어서 부모가 칭찬하는 것이 곧 선이 된다.
- 두 살이 되면 아이들은 반항하고 화도 잘 내지만 '악의'로 그러는 것이 아니다. 이들은 단지 자기 존재감을 드러내려는 것뿐이다. 부모가 안전이나 교육의 이유를 들어 한계를 정해 주면 아이들이 차분해지는 데 도움이 된다.
- 세 살이 되면 규칙을 받아들이고 기본 윤리 의식이 자리 잡는다.
- 일곱 살은 되어야 다른 사람의 입장을 생각할 수 있다. 이 시기에는 불의를 느끼고, 자기 신념을 형성하기 시작한다.
- 청소년기는 주로 개인적인 윤리 의식을 찾는다. 또한 자유와 존중

에 대해 나름의 예리한 관점을 갖게 되며, 어느 정도 시행착오도 겪고 도발적인 행동도 하게 된다.

- 아직 몇 년이 더 지나야 매사에 거리를 둘 줄 알고 포용력이 생긴다. 청소년기에는 윤리적인 행동이 필요하다는 것을 조금씩 이해하게 된다.

부모가 가져야 할 윤리 지침

부모의 윤리 지침은 아이가 자기 길을 닦아 가는 데 기준점이 된다.

- 아이에게는 부모가 단호하고 일관된 태도를 보이는 것이 중요하다. 월요일에 금지했던 것을 특별한 이유 없이 화요일에 허락해서는 안 된다. 또한 부모는 하면서 아이만 못 하게 해서는 안 된다. 아이들 앞에서 지하철에 무임승차하면서 어떻게 아이에게 학교 교칙을 지키라고 할 수 있겠는가?
- 아이가 아주 어릴 때부터 생명의 법칙을 지키도록 가르친다. "내일 컨디션이 좋으려면 잠을 잘 자야 한단다", "동물을 괴롭히면 죽을 수도 있단다", "네 살은 일곱 살만큼 힘이 세지 않단다".
- 아이에게 규칙의 의미를 설명해 주면 이를 준수하는 법을 더욱 쉽게 배울 수 있다. 규칙을 공식화해서 알려 주고, 사례를 들고, 핵심 개념을 설명하면 아이가 기억하는 데 도움이 된다.

타인을 존중하도록 가르치려면

아이가 자기 의견을 존중받을 권리가 있다는 사실을 절대로 간과해서는 안 된다.

아이의 도덕심을 발달시키는 데는 관심과 애정, 유머가 도움이 된다. 반면 위협과 체벌은 큰 도움이 되지 못한다.

아이는 부모가 자기를 신뢰하는 것을 느끼면 스스로 그런 신뢰를 받을 만한 사람이 되고 싶어 한다. 아이가 언젠가 타인을 존중하는 자기만의 가치 체계를 갖추게 하려면, 부모는 아이가 상상하고 창조하고 만들어 내는 모든 것을 진심으로 존중하고 지원해야 한다.

윤리 의식을 가르치는 질문들

"만약 모든 사람이 이렇게 한다면 어떻게 될 것 같니?"

"다른 사람이 너에게 이렇게 한다면 너는 어떤 생각을 할 것 같니?"

필요할 때마다 위와 같은 간단한 질문을 던지고 아이가 충분히 생각한 후 의견을 말할 때까지 반복하라. 이런 질문은 아이가 곰곰이 생각하고 또 자기 행동에 일정한 거리를 두고 생각할 기회를 준다. 이 간단해 보이는 질문 속에 보편적인 윤리의 기본 핵심이 숨어 있다.

96

항상 논쟁하려 드는데
어떻게 해야 할까요?

오늘날처럼 가정에 민주주의가 자리 잡은 것은 역사상 유례가 없었던 일이에요. 그런데 민주적인 가정에는 필연적인 결함이 있네요. 아이들이 부모의 규칙과 요구에 늘 설명을 요구하게 된 것이죠.

열한 살 된 리자는 방학에 친구들과 함께 놀러 다녀도 된다는 허락을 받았다. 리자의 부모는 "늦어도 일곱 시까지는 집에 와"라고 분명히 당부했다. 그런데 리자는 매일 집을 나설 때마다 이 귀가 시간을 문제로 삼는다. "다른 친구들은 여덟 시가 되어서야 집에 가는데, 저만 일찍 나온다고요." 리자는 매일 저녁 귀가 때마다 몇 분씩 늦게 들어왔고, 그러면서 논쟁이 다시 시작된다.

집이 법정으로 변하는 원인

20년 전부터 교육계에서는 부모들에게 권위적인 방법으로 자녀를 복종시키거나 복종을 요구해서는 안 된다고 말해 왔다. 따라서 부모는 아이의 동의를 얻기 위해 아이의 이성에 호소하면서 설명해야 했다. 그러자 아이들은 이 방식으로 어떤 이점을 얻을 수 있는지 재빨리 간파했다. 즉, 부모의 인내심을 바탕으로 협상에서 우위를 점하는 법을 배웠고, 부모가 자녀의 토론 실력에 말문이 막히는 경우가 흔해졌다. 바야흐로 아이들이 부모와 동등하게 결정권자의 위치에 올라선 것이다.

부모들은 제한을 가하려 할 때마다 아이가 반항하면서 토론으로 끌어들이는 느낌을 받는다. 부모는 뭐든지 척척 대답하며 항변하는 꼬마 법률가를 상대하면서 고역을 겪는다. 게다가 집이라는 법정에서는 가장 사소한 타협도 모두 판례가 되어 남는다.

아이가 고집을 부리며 논쟁을 이어 갈 경우

아주 어릴 때부터 부모의 요구를 매번 문제 삼는 아이도 있다. 아이는 부모가 안 된다고 했던 사탕이나 만화영화를 끈질기게 요구한다. 이런 아이는 고집을 부리면 원하는 결과를 얻을 수 있음을 경험을 통해 안다. 아이는 어른을 '지치게' 해서 우위에 서는 습성이 있다. 나이가 들어도 이런 행동이 계속되고 더 악화되지 않으려면, 양보하지 말고 신속하게 종지부를 찍는 것이 좋다.

- 요구한 것이나 협상이 끝난 것은 분명하고도 단호하게 알려라.
- 규칙이 정해졌거나 요구를 했으면 불평을 해도 못 들은 셈 쳐라.
- 확고하고 차분한 목소리를 유지하라. 짜증을 내거나 화를 참지 못해 일을 크게 만들지 마라.

그것은 여러분이 말한 "안 돼"가 정말로 대답이 안 되었기 때문이다. 아이는 모든 것이 논의 대상이 된다는 것을 알게 되었다. 아이가 철이 들면서 협상은 더욱 힘들어진다. 여러분의 자녀가 결국 자기 요구가 관철되리란 것을 안다면, 아이는 같은 내용을 다양한 방식으로 몇 번이고 계속 요구할 것이다. 속이거나, 화를 내거나, 애처로운 모습을 하면서 여러분을 약 올리고 자극하는 방식을 쓸 것이다.

유일한 해법은 여러분이 하는 말에 정말로 의미를 담고 이를 아이에게 설득하는 것이다.

"엄마, 아이스크림 하나 먹어도 돼?"라고 아이가 물으면, "밥맛이 없어질 거라고 생각하지 않니?"보다는 "안 돼, 삼십 분 후에 점심 먹어야 하거든"이라고 말하는 편이 더 효과적이다. 또는 "잠자러 갈 시간이 되지 않았니?"라기보다는 "이제 아홉 시야. 잠자러 가자!"가 더 효과가 있다. 만약 아이가 항의한다면 "잠자러 가자고 했지? 이 말은 정말로 잠자러 가자는 말이란다"라고 한다.

아이와 협상할 때 유의 사항

여러분이 결정한 것이 분명할수록 이를 지키기가 수월해진다. 따라서 아이와 관련된 결정을 내릴 때 다음과 같은 사항을 미리 염두에 두는 것이 좋다.

- 협상의 대상이 될 수 없는 결정: 여기에는 안전상의 이유로 금지된 것(성냥으로 장난치지 않기, 혼자서 믹서를 사용하지 않기)과 여러분이 중요

하게 생각하는 사항(잠자는 시간 지키기, 놀기 전에 숙제 먼저 하기 등)이 포함된다.

- 협상 후 타협점을 찾을 수 있는 결정: 이 경우, 각자 조금씩 양보하여 주거니 받거니 하면 합의에 도달할 수 있다. "슈앙네 집에 가서 노는 것은 찬성이야. 하지만 네 방을 정리한 다음이야".

- 포기할 생각이 있는 결정: 부모라고 모든 전선에 나설 수는 없는 법이다. 아이들의 요구 사항 중에는 바람직한 방향으로 자립하려는 것도 있으므로, 부모는 아이의 나이에 맞게 허락해 주어야 한다. 아이가 자기 삶에 관련된 선택권을 행사하게 하면 아이의 책임 의식을 고취하고 부모의 신뢰를 보여 주는 셈이 된다.

가정에서 토론 문화가 잘 정착되려면

그렇다고 해서 무조건 아이와 논쟁하지 않고 피하거나 묵살하지는 마라. 토론하고, 논거를 제시하여 주장하고, 설득할 줄 아는 능력은 현재 사회에서 매우 중요하며 교육의 한 부분을 차지한다.

자기 관점을 다른 사람과 나누고 논의하는 것은 민주주의를 배우는 방식 중 하나다. 모든 일을 논쟁거리로 삼는 아이 때문에 어른의 권위가 바닥에 떨어질까 봐 걱정되겠지만, 그만큼 욕망과 의견을 제대로 표현하는 것을 중요하게 생각하고 장려해야 한다. 가정 안에서 토론 문화가 잘 정착되려면, 어른들이 훈계를 하지 않으면서 아이의 말을 경청하고, 자신의 신념을 옹호하되 아이의 의견을 완전히 무시하지 않아야 한다. 이는 아이가 청소년기에 접어들기 전에 반드시 준비해야 할 부분이다.

'안 돼'라고 말하기 전에

부모는 간혹 아이의 집요한 주장에도 굴하지 않고 무엇을 요구하거나 거부하는 말을 해 버린다. 반대로 아이의 계속되는 요구에 지쳐 오래 생각하지 않고 승낙하기도 한다. 아이의 주장에 나름의 의미와 일관성이 있다면 "안 돼"라는 말을 쉽게 해서는 안 된다. 부모는 자신의 대답이 적합한지 충분히 시간을 들여 꼼꼼히 확인해야 한다. 결정하고 나서 분명하게 말했다면, 새로운 요인이 생기지 않는 한 더 이상 말을 바꿔서는 안 된다.

아이가 친구 엄마와 자주 비교하면

"솔베그는 밤에 TV를 봐도 된대요. 엄마가 허락했대요.", "루카의 엄마는 휴대전화를 사 주셨대요." 이렇듯 아이는 걸핏하면 친구들의 예를 들어서 압박을 가한다. 아이에게는 대개 다른 친구들의 상황이 더 좋아 보이기 마련이다. 이럴 때일수록 여러분은 자신의 생각과 방법을 굳게 믿고, 여러분의 입장을 명확히 밝혀야 한다. "난 솔베그 엄마가 아니란다. 우리 집에서는 열 살 먹은 어린이가 주중에 TV를 보지 않아. 그렇게 정했잖아."

97

분명히 실수할 텐데,
그냥 두어야 할까요?

청소년기에는 현실에 부딪혀 실수를 하고 그 책임을 지는 것이 자립심을 키우는 가장 효과적인 방법이에요. 아이의 보호자인 부모 입장에서는 실수할 것을 알면서도 옆에서 지켜보기가 쉽지만은 않죠.

열세 살 그레구아르는 컴퓨터 게임을 무척 좋아해서 밤늦게까지 게임을 하다가 잠자리에 든다. 그래서 아침마다 엄마가 억지로 침대에서 끌어내야 한다. 1교시 수업을 빼먹고 지각하면 엄마는 일장 연설을 하고 지각 사유서를 써서 학교로 보낸다. 하지만 이런 일이 자꾸 반복되자 엄마는 작전을 바꾸기로 결심한다. 그레구아르가 자명종 시계를 맞춰 놓고 스스로 알아서 일어나도록 한 것이다. 그렇게 해서 지각하면 아이가 스스로 책임을 감당하게 했다. 학교에서 경고장을 받게 된 그레구아르는 결국 스스로 취침 시간을 조정하기 시작했다.

실수를 통해 성장하게 하려면

실수는 학습과 성장을 이루는 한 부분이다. 하지만 이 사실을 청소년에게 납득시키기란 어렵다. 아이는 실수 또는 실패를 하면 욕구불만을 느끼거나 실망은 하지만 자기 체면을 신경 쓰지는 않는다. 하지만 청소년은 다르다. 이들은 조그만 실수에도 자신을 하찮다고 느끼고 다른 사람들 눈에 우습게 보일 것이라 생각한다. 실패할 위험을 감수하느니 차라리 아예 시도도 하지 않는다.

실수의 순기능을 부모에게 납득시키는 것 역시 어렵다. 흔히 부모는 아이가 어려움을 감수하는 것보다는 이를 피하게 해 주고 싶어 한다. 자녀가 막다른 골목으로 들어가거나 위험을 감수하는 모습을 보면서도 개입하지 않으려면 부모가 대범해져야 한다.

이렇듯 자기 뜻에 따라 선택하고 실수도 하는 것은 청소년기의 심리 발달에 매우 중요하다. 비록 자기 자신이나 부모를 불편하게 만들 수도 있지만, 이렇게 해야 아이는 성장해서 어른이 될 수 있다. 아이가 어떤 힘든 일도 겪지 않도록 완벽하게 차단하는 것은 불가능하다. 또 그렇게 하면 아이에게 인생을 가르쳐 줄 수도 없다.

아이가 실수를 인정한 후 부모가 취해야 할 행동

어떻게 하면 청소년에게 '실수는 인간적인 것'이며, 지극히 정상적이며 전혀 창피하지 않은 일이고, 가장 훌륭한 교훈이라는 사실을 납득시킬 수 있을까? 가장 좋은 방법은 본보기를 보이는 것이다.

사춘기 자녀에게 부모의 실수담을 들려주는 것도 괜찮은 방법이다.

가령 세금을 납부하는 것을 잊어버려서 벌금을 내게 되었다는 에피소드 같은 것이 좋다. 이때 여러분이 어떤 반응을 보이느냐가 아이에게는 교훈으로 남는다.

그렇다면 이럴 때 부모가 보여야 할 바람직한 자세는?

- 실수에 대해 자신이 책임져야 하는 부분을 인정한다. '다른 사람' 잘못도 아니고 '운이 없는' 것도 아니다. "내 잘못이야. 내가 잊어버렸거든", "내가 깊이 생각하지 못했어", "내가 잘못 행동했어".
- 누군가에게 손해를 입혔으면 사과한다.
- 고칠 수 있는 것은 고친다.
- 실수에서 교훈을 찾는다. 이것은 아주 훌륭한 교육 방법이다.

실수에 따른 결과 보여주기

물론 여러분은 딸이나 아들에게 이미 경고를 했을 것이다. 그게 부모의 의무이기 때문이다. "전화 요금이 정액을 넘으면 그 초과액은 네가 지불해야 한다. 조심해라. 수다 떨 때는 시간이 빨리 가기 마련이야." 그런 다음 "내가 보기에 전화를 많이 하는 것 같구나. 네 요금이 지금 어느 정도 나오는지 알고 있니?"라고 한다. 하지만 정말로 초과 요금 고지서가 도착했을 때 여러분이 이미 경고했다는 사실을 신랄하게 강조할 필요는 없다.

교훈은 한 번에 한 가지씩 얻으면 된다. 아이가 인생을 배우기를 원한다면 부모가 과도하게 개입해서는 안 된다. 부모가 자식 일에 나서지 않고 참으려면 대범해야 한다. "내가 말했잖니!", "내가 미리 경고했지!", "내 말을 듣기만 했어도!" 같은 종류의 말은 피하라. 이런 표현은 정작 중요한 메시지를 약하게 만들 뿐이다. 게다가 공격의 화살이 여러분을 겨냥할 수도 있다. 이런 식의 빈정대는 말투와 함께 말이다. "맞아요. 엄마는 모르는 게 없어요. 언제나 엄마 말이 맞죠!"

이보다는 결과를 보고 아이 스스로 느끼도록 내버려 두는 것이 좋다. 실제로 초과 요금을 용돈에서 지불해야 하면 아이는 전화 통화를 줄여 나갈 것이다. 단, 마음이 약해진 여러분이 대신 지불한다면 이는 요원한 일이 되어 버린다.

결과를 감당케 할 때 유의 사항

아이를 여러분이 원하는 대로 이끌려고, 자기가 저지른 일에 대해 죄의식을 느끼게 해서는 안 된다. 죄의식이 행동의 동력이 되는 것은 결코 바람직하지 않다. 그보다는 아이가 자기 행동에서 결과를 도출하고 감정을 표현하도록 도와주는 편이 낫다. 아이가 화가 났는가? 자신을 바보 같다고 여기는가? 실망했는가? 좋다. 그러면 아이와 함께 실수의 원인을 파악하라. 그런 다음 아이가 고칠 수 있는 부분은 고치고, 결과를 감당하고, 교훈을 얻을 수 있게 하라.

아이가 친구에게 수학 숙제를 보여 주어서 둘 다 빵점 처리되었는가? 아이가 친구 집에서 몰래 술을 마셨다가 만취해서 여러분이 데리러 갔는가? 아이가 이 모든 행동의 결과를 감당하게 하되, 아이의 기를 꺾거나 모욕을 주면 안 된다. '이중고(二重苦)'를 겪게 해서는 안 된다는 말이다. 아이가 학교에서 이미 벌을 받았다면, 같은 일로 또다시 집에서 벌을 줄 필요는 없잖은가.

청소년기 자녀가 실수를 하면 존중과 이해심을 가지고 대해야 한다. 아이는 인생을 배워 가는 중이며, 그 길은 결코 쉽지 않다.

아이를 과잉보호한다면

만약 사춘기 자녀가 실수를 하거나 위험에 처할까 봐 두려워 부모가 아이를 과잉보호한다면, 또 아이 대신 부모가 모든 것을 다 결정한다면, 호기심 많고 용감무쌍했던 어린이를 겁쟁이 청소년으로 만들 위험이 있다.

과잉보호를 받던 젊은이가 어느 날 보호막이 없어지고 혼자서 인생의 도전에 직면했을 때 약간의 불운이나 역경을 겪으면 그대로 무너져 버릴 위험이 있다. 아니면 부모에게 반항심을 품고서 과도한 위험을 무릅쓰면서까지 자기 능력을 보여 주려 할 수 있다. 그러면 아이는 성장하고 자립하는 것이 아니라 반항하고 대립하느라 에너지를 다 써 버리고 만다.

98

열심히 하던 예체능 활동을
그만두겠다고 한다면?

테니스나 피아노, 탭댄스처럼 많은 연습과 지속적인 노력이 뒤따라야 하는 분야는 경우에 따라서는 실망스러운 결과가 나올 수도 있어요. 그런데 아이가 중학교에 입학하면서 새로운 관심 분야가 생겨 배우던 것들을 그만두고 싶어 한다면 뭐라고 말해야 하나요?

학기 초에는 열성적이거나 적어도 재미있게 활동하던 아이가 얼마 지나지 않아 그만두고 싶어 한다. 부모 입장에서는 아이가 계속 하도록 고집해야 할지 아니면 포기해야 할지 판단이 서지 않는다.

그만두고 싶어 하는 이유 알기

과도한 피로 때문? 어떤 활동을 하든 학교 수업과 숙제 시간 외에 시간을 더 들여야 한다. 학교 공부로 인한 긴장에 새로운 것을 배우고 익히는 노력, 대회나 오디션을 치르는 긴장까지 더해지면 활동하면서 느끼던 기쁨 대신 스트레스와 싫증, 피로가 쌓인다. 이럴 때 아이들은 예체능 활동을 그만두고 싶어 한다.

강사와 문제가 있어서?　　어떤 강사를 선택하느냐가 매우 중요하다. 아이가 강사를 좋아하고 강사가 열심히 가르치면 잘 안 맞는 강사에게 배울 때보다 더 꾸준히 활동할 가능성이 크다. 수업에 참관해서 분위기를 파악하고 강사와 상담도 해 보자.

활동 자체가 마음에 들지 않아서?　　기타를 배우던 아이가 클라리넷으로 바꾸고 싶어 한다. 또 배구를 하던 아이가 갑자기 탁구를 좋아하게 되기도 한다. 아이가 그만두려고 하는 활동과 새로 시작하려는 활동을 모두 다 잘 알아보고 이런 결정을 내린다면 안 될 것도 없다. 정식으로 시작하기 전에 시험 삼아 몇 차례 수업을 받아 보는 것도 괜찮다.

그만두지 않게 하려면

만약 피곤한 것이 문제라면, 한 달 정도 활동을 연기하거나 잠정 중단하는 것이 좋다. 아이는 휴식하고, 공상에 빠지고, 컴퓨터를 하고, 친구들을 만날 자유 시간이 필요하다. 학습 시간처럼 '계획된' 시간과 자유 시간이 균형을 이루지 않는다면 아이는 생활 리듬을 유지하기가 어려워진다.

또한 아이에게는 부모의 후원이 필요하다는 사실을 잊지 말아야 한다. 아이가 댄스 수업이나 기타 수업을 듣는가? 든든한 관중이 되어 아이가 발전해 가는 모습에 감탄과 칭찬을 아끼지 마라. 아이가 핸드볼 시합에 나가는가? 가서 열렬히 아이를 응원하라.

앞으로 꾸준히 하게 하려면

일단 마음을 먹고 시작했다면 순간적인 감정이나 어려움 때문에 포기해서는 안 된다. 이럴 때 아이를 격려하되 등록 기간을 상기시켜 주는 것이 부모가 해야 할 역할이다. 일 년간 등록했다면 빠지지 않고 꾸준히 활동하는 것도 의미 있는 일이긴 하지만, 아이의 나이에 따라 기간은 조정해야 한다.

아이가 일관성 있게 생각하고 계획을 세우도록 돕는 것도 부모 몫이다. 청소년 중에는 노력의 의미를 모르는 경우도 있다. 사실 이것은 유년기에 훈련해야 하는 것이다. 쉽고 빠른 성공이 강조되는 사회에서 아이들에게 세 번 수강하는 것만으로 태권도 검은 띠를 딸 수 없고 피아노를 두 달 배운다고 피아니스트가 될 수 없다는 사실을 납득시키는 것은 어려운 일이다. 이 쉽지 않은 임무 역시 부모가 해야 할 일이다.

마지막 결정하기 전에

이상의 모든 사항을 평가하고 고려한 다음에는 결정을 내려야 한다. 누구나 실수할 수 있고 누구나 지칠 수 있다. 모든 것은 판단의 문제다. 즐겁지 않은 예체능 활동이라면 지속할 이유가 없는 것이 아닐까?

아이가 하던 예체능 활동을 그만두어야 할지 결정하기 전에 반드시 따져 봐야 할 근본적인 문제가 있다. "피아노나 축구를 배우는 것이 아이의 꿈을 위한 것인가, 아니면 부모의 꿈을 이루기 위한 것인가?"

많은 아이들이 부모를 기쁘게 하려고 이런 수업을 듣는다. 그 부모 중에는 같은 활동을 경험했던 부모도 있지만 대다수는 그런 활동을 해 볼 기회가 전혀 없었던 부모들이다. 만약 그렇다면 대부분의 경우 부모가 아이를 대신해서 꿈을 꾼 셈이다. 하지만 현실 속의 아이는 우리가 꿈꾸던 아이와는 다를 수밖에 없다. 현실 속의 아이는 다른 욕망과 다른 취향을 바랄 수도 있기 때문이다. 간혹 부모가 크게 실망하더라도 아이의 욕망과 취향을 존중해야 한다.

99

학교, 선생님, 친구 등
모두 지긋지긋해한다면?

누구나 그렇듯 중학생도 살면서 인생의 기복을 겪지요. 민감한 나이인 만큼, 처져 있는 상태가 지속된다면 문제가 될 수 있어요.

열세 살 다미앵의 학교 성적이 곤두박질치고 있다. 몇 주 전부터는 원래 좋아하던 과목도 재미가 없어진 모양이다. 전학 간 새로운 중학교가 처음에는 마음에 들었지만 몇 달 지나지 않아 다시 시들해졌다. 매일 저녁 아이는 기분이 안 좋아 보인다. 숙제를 하는 것은 고역이 되었다. 무슨 문제라도 있는 것일까? 전부 다 문제다! 선생님은 재미없고, 학교 수업은 지루하고, 동급생들은 모두 시시하다. 다미앵은 외톨이가 되어 동기와 의욕을 잃었다. 이렇듯 아이가 자기 미래에 전혀 도움이 안 되게 행동하는 것을 지켜보는 부모는 걱정이 태산이다. 그렇다면 어떻게 대응해야 할까? 아이가 이 어려운 고비를 넘기도록 도와주려면 어떻게 해야 할까?

아이와 대화할 때 유의 사항

대화는 아이의 머릿속에 무엇이 들어 있는지 이해할 유일한 방법이다. 하지만 사춘기 아이와 대화하기란 쉽지 않다. 자기 세계에 틀어박히거나 단음절로 대답하는 경향이 많기 때문이다. '왜'라고 시작하는 질문에 아이는 늘 '몰라요'라고 답한다. 아이는 어른과 대화하고 싶어 하면서도 자기 내면세계가 침범당할까 봐 두려워한다. 사춘기 아이가 자기 생각을 표현하도록 도우려면 아래와 같은 조언을 참고한다.

- 부모는 대화를 제안하기만 하고, 언제 할 것인지는 아이가 결정한다. 반드시 아이가 원할 때 대화한다.
- 가장 좋은 대화 태도는 조용히 듣기만 하거나 가능한 한 중립적으로 되묻는 것이다. "아, 그래?", "무슨 말을 하고 싶니?", "무엇 때문에 그렇게 말한 거니?"
- 판단이나 비판, 충고는 하지 않는다. 괜히 아이의 말문을 막게 되고 "하지만 그건 불가능해요", "엄마는 아무것도 몰라요", "네, 하지만 ……"과 같은 반응을 불러올 뿐이다.

청소년들은 대개 토론을 지겨워한다. 토론뿐이 아니다. 선생님이나 가족, 친구 등 모든 것이 다 지겹다. 이들은 부모도 지긋지긋하게 여긴다. 이들에게는 세상 모든 것이 마음에 안 들고, 관대하게 받아 줄 만한 것이 아무것도 없다.

원인이 된 사소한 계기부터 찾기

이런 반감은 무엇을 의미할까? 여러 측면에서 그 답을 찾을 수 있다.

- 이런 행동이 언제 시작되었는가? 대체로 행동을 촉발하는 계기가 있다. 나쁜 점수를 한 번 받았거나, 신통치 못한 점수를 거듭 받은 것이 이유가 될 수 있다. 수업 시간에 요구되는 실력을 갖추지 못하자 스스로에게 실망하고 열등감을 느끼게 된 것이다. 이때 아이는 자기 능력이나 공부를 문제 삼기보다 그 책임을 바깥으로 돌리는 경향이 있다. 이럴 경우 교사와 상담해서 도움을 받는 것이 좋다.

- 아이가 실망한 것인가? 중학교 생활에 대한 아이들의 기대치는 높다. 자기가 선택한 특별 활동, 이성 친구 ……. 하지만 이와 달리 현실은 무미건조하다. 공부해야 할 과목도 많고 시간표도 꽉 차서, 하루하루 생활하는 것이 때로는 버겁다.

- 청소년기에는 남녀 모두 학교 교육보다는 '진짜 생활'을 더 중요하게 여긴다. 그렇기에 아이가 공부에서 멀어지게 된 원인을 학교 밖에서 찾아야 하는 경우가 많다. 사생활, 즉 친구 문제나 가정 문제 때문에 아이가 안정을 잃은 것은 아닌지 짚어 봐야 한다.

이럴 때 기분 풀어 주는 방법

이렇게 모든 것을 거부하는 태도는 일시적인 실망감과 피로가 원인인 경우가 많다. 아이가 부정적인 행동과 사고에 매몰되지 않도록 하려면 다음과 같은 방법을 참고하자.

- 공부 이외에 아이가 좋아하는 것을 찾아서 여기에 중점을 둔다. 아이가 랩을 좋아하는가? 아이가 추천하는 음악을 듣고 아이와 함께 콘서트에 가라. 아이의 꿈이 가수인가? 노래 강좌에 등록하거

나 합창단에 가입시키고 아이의 욕구에 맞는 자유로운 수업을 받게 해 준다. 아이가 즐거운 시간을 보내고 학교 밖에서 변화를 주는 것이 목적이다. 권태감과 단조로움에서 벗어날 만한 것을 아이에게 찾아 주도록 한다.

- 아이의 친구 관계를 적극 장려하라. 단 한 명의 친구가 무료한 삶에서 아이를 구해 줄 수도 있다. 집으로 친구들을 초대하거나 친구들과 단체로 외출하도록 허락한다.

- 아이가 여러 가지 계획을 세울 기회를 마련하고, 자기 장래를 계획할 수 있도록 격려하라. 방학이 다가오면 스스로 방학 계획을 세우게 한다. 아이가 여행을 가고 싶어 할까, 아니면 새로운 관심거리를 발견하고 싶어 할까? 주말에는 아이의 기분을 전환할 만한 활동을 미리 준비해 둔다.

- 아이에게 인내를 가르쳐라. 인생은 절대로 우리가 생각하는 것과 비슷하지 않고, 현실은 기대와 다르다. 사람이 자라면서 영향력이 커져서 자신의 생각대로 인생을 변화시킬 가능성이 커지는 것은 사실이지만, 완전히 바꾸는 것은 불가능하다. 따라서 이런 불만 상황을 순순히 받아들이고 우리가 현재 가진 것을 인정하는 것, 이것이 바로 성장이다. 그러려면 시간이 필요하다.

만약 우울증으로 악화된다면

어떤 아이들은 우울증이 되기도 한다. 우울증인 아이는 어떤 일이 닥쳐도 온 힘을 쏟지 않으며, 어떤 일에도 흥미를 보이지 않는다. 아침에 일어나는 것에도 엄청난 노력이 필요하다. 또한 자기만의 세계에 빠져서 방에 틀어박혀 꿈쩍도 안 하고 친구들과도 담을 쌓고 지낸다.

　이럴 경우 그냥 내버려두기 보다는 빠른 조치가 필요한데, 정신과 전문의나 심리상담사를 찾아 도움을 구하는 것이 좋다.

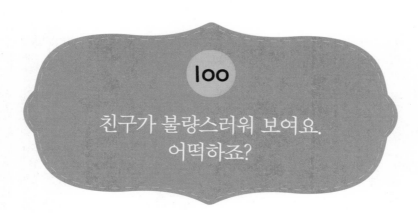

loo

친구가 불량스러워 보여요. 어떡하죠?

"자스민이 새로 사귄 친구를 소개해 주었는데, 찢어진 청바지를 입고 머리는 파랗게 물들였더군요. 가슴이 철렁 내려앉았어요." — 어느 아빠로부터.

젊은이에게는 자유가 필요하며, 자기만의 삶을 살면서 이를 만끽할 수 있다. 이들에게는 친구와 우정이 필요한데, 종종 부모가 선호하는 방향과 어긋나는 경우가 생기는 것이 문제다. 평소 부모가 자녀를 신뢰하더라도 아이의 몇몇 친구를 보면 걱정이 앞선다. 그럴 경우 어떻게 대처해야 할까?

못 본 척하면 안 되는 이유

얼마 전부터 여러분의 열네 살짜리 아들이 아파트 옆 동에 사는 새 친구들과 밖에서 노닥거리는 시간이 많아졌다. 이 아이들이 담배를 피우고, 괴상한 옷차림을 하고 다니는 것을 본 여러분은 걱정이 이만저

만이 아니다. 그저 아들이 예전 친구들에게 돌아왔으면 하는 마음이다. 또 여러분의 열세 살짜리 딸이 두 살 많은 친구를 새로 사귀었는데, 그 친구가 화장을 너무 진하게 하고 조숙하게 하고 다니는 것 같다. 이럴 경우 부모가 개입해야 할까?

일단 부모가 여전히 자녀의 교육에 책임감을 느낀다는 사실을 아이가 확실히 알아야 한다. 부모가 아무것도 못 본 체하거나 아이가 하고 싶은 대로 다 하게 내버려 두는 것은 말도 안 된다. 다른 한편으로, 아이는 자신의 선택이 존중받는다는 느낌을 받아야 한다. 그래야 자기가 좋아하고 싫어하는 것을 스스로 구분할 수 있다. 즉, 아이는 타인과의 관계에서 자유로워야 하되, 혼자라는 느낌이 들지 않아야 한다.

아이 친구들을 제대로 알고 싶다면

제일 먼저 해야 할 일은 여러분이 아이의 친구들을 알 수 있도록 집으로 초대하는 것이다. 멀리서 보는 것과 평판만 전해 듣는 것으로는 정확히 판단할 수 없다. 아이 친구들이 집에 오면 친구들의 인간성과 성격, 교육 정도 등을 쉽게 파악할 수 있을 것이다.

이 아이들이 함께 있으면서 무엇을 하는지 살펴보아라. 그렇다고 온갖 핑계를 대며 아이 방으로 쳐들어가라는 뜻이 아니다!

아이의 친구들을 만나 인사하고, 식사를 함께 하고, 대화를 나누어라. 다시 말해 친구들의 겉모습 그 이상을 보고 여러분이 가졌던 첫인상을 극복하도록 노력하라.

만났는데도, 정말 마음에 안 든다면

아이의 친구를 만나 봤는데, 정말로 여러분 마음에 들지 않는다. 우리 아이가 이 친구를 자주 만난다고 생각하니 견딜 수가 없다. 그렇다면 그 이유가 무엇인지 자문해 봐야 한다.

그 친구가 꺼림칙한 것이 부모의 개인적인 편견 때문일 수도 있다. 그 친구가 교육을 잘 받지 못했다거나, 좋은 환경에서 자라지 못했다거나, 피부색 또는 종교가 마음에 들지 않는다거나 옷차림이나 말투가 거슬리는 것이 그런 경우다. 이럴 때, 가장 좋은 해결 방법은 그 친구와 잘 지내는 것이다. 여러분이 가진 부정적인 생각과 못마땅한 부분을 잠시 접어 두고 그 친구를 집으로 초대해서 환대하라.

아이가 자신이 속한 사회를 잘 알려면 다양한 환경과 문화의 사람들을 겪어야 한다고 생각하라. 다양한 환경에서 자란 사람들과의 만남은 아이에게 좋은 약이 된다. 그러므로 아이가 탐험을 하도록 그냥 내버려 두는 것이 좋다.

친구에 대해 말할 때 유의 사항

여러분이 자녀의 친구를 탐탁지 않게 여기는 이유가 '교육적' 요인일 수 있다. 요컨대 그 친구가 여러분이 중요시하는 부분, 즉 학교 성적이나 품행 등에서 나쁜 영향을 미칠까 봐 우려하는 것이다. 이런 경우 여러분의 견해를 밝히되, 주의를 기울여 세심하고 능란하게 개입해야 한다.

먼저 자녀와 대화하는 것으로 시작하라. 아이에게 친구의 어떤 점을 좋게 평가하는지 질문한다. 자녀의 취향과 활동, 친구에 대해 처음부터 너무 비판적인 시각을 보이면 안 된다. 대뜸 부정적인 평가를 하면 아이가 반발해서 의도했던 것과는 정반대의 결과를 초래할 수 있다. 여러분이 아이의 친구를 공격하면 아이는 친구를 옹호하려 들 것이고, 여러분 몰래 그 친구를 계속해서 만날 가능성이 크다. 또한 앞으로는 부모에게 어느 누구도 소개하지 않으려 들 것이다.

결론적으로 말하면, 자녀가 자주 만나는 사람들에 대해 과도하게 비판적이거나 까다롭게 굴면 안 된다. 그 대신 개방적인 사고방식을 보여야 한다. 여러분의 의견은 밝히되 아이의 취향은 존중해야 한다. 이것이야말로 아이와 대화를 유지하고 아이가 바람직한 인간관계를 선택할 수 있도록 가르치는 최선의 방법이다.

친구 때문에 아이가 위험하다면

여러분은 부모로서 자녀의 안전을 보장해야 하며, 자녀에게 기준을 제시해야 한다. 아이가 불법적이거나 위험한 행동을 공모하게 내버려두는 것은 말도 안 되는 일이다. 청소년기 자녀가 고립되지 않도록 자녀와 대화를 유지하고 함께 해결책을 찾으려 노력하는 것이 부모의 올바른 태도다. 상황을 너무 예사롭게 생각하지도 말고, 너무 드라마틱하게 몰고 가지도 말아야 한다. 그러면서도 필요한 경우에는 단호한 조치를 취할 준비가 되어 있어야 한다.

자녀를 위험한 일에 끌어들이려는 친구나 패거리로부터 자녀를 떼어 놓으려면 자녀가 부분적이나마 환경을 바꿀 수 있게 해 주면 한결 수월하다. 자녀가 다른 친구들과 외출하거나 과외 활동을 하도록 유도

한다. 또는 방학 중에 다른 친구들을 사귈 수 있도록 캠프나 연수를 보낸다.

아이들은 스마트폰이나 컴퓨터를 통해 SNS에 가입한다. 그리고 이 가상공간에서 '실제 삶'에서는 한 번도 만나 본 적 없는 '친구'나 '친구의 친구'와 정보를 공유한다.

학교나 이웃에서 사귄 자녀의 친구들은 여러분이 직접 만나고 이야기도 나눌 수 있지만, 사이버 공간에서 가명으로만 존재하는 친구들에 대해서는 평가를 내리기가 어렵다.

자녀가 이런 사이트에 접근하면, 그 즉시 아이에게 이런 공간에서는 어떻게 행동해야 하며 어떤 위험이 있는지 아주 구체적으로 알려 주어야 한다. 혹시 여러분이 이쪽 분야를 잘 알지 못한다면, 정보를 찾아보거나 여러분 대신 아이에게 설명해 줄 사람을 찾는다.

여러분의 자녀가 초등학생에서 중학생 나이라면, 컴퓨터는 아이 방보다는 공용 공간에 설치해서 아이가 어떤 작업을 하고 있는지 가끔씩 눈길을 주도록 한다. *end.*

잘 소통하고 자신감 있고
주체적인 아이로 키우는 육아의 비밀

　필자는 이십 년이 넘는 세월 동안 수많은 부모를 만나 보았고, 그들의 고민을 나누며 함께 울고 웃었다. 이 책은 선배 부모들의 고민을 통해 후배 부모들이 조금이나마 쉽게 육아라는 길을 걸을 수 있기를 바라는 마음으로 썼다. 그러나 이 책을 읽은 부모들 중에는 이런 일을 잘못 처리했고 저런 일을 잘못 시작했다고 생각하며 후회하는 사람도 분명 있을 것이다. 그것은 필자가 기대한 바가 전혀 아니다.

　이 책에 담긴 조언들은 부모를 보다 바람직한 방향으로 이끄는 실마리가 되겠지만, 그렇다고 모든 부모가 아이와 잘 소통하고 자신감 있고 주체적인 아이로 키울 수 있는 것은 아니다. 서툴러 보이더라도 부모가 온 마음과 정성을 다해 노력하는 것이 오히려 훌륭한 성과를 내기도 한다.

　부모들이 반가워할 만한 좋은 소식이 두 가지 있다.

· 아이들은 놀라울 만큼 적응을 잘한다.

- 부모는 완벽할 필요가 없다. '좋은 부모'면 충분하다. 아이들에게 완벽한 부모는 숨이 막혀 견디기 어려운 대상이다. 완벽한 부모 밑에서 아이들은 기가 죽어 더 잘해야겠다는 생각마저 사그라들 수 있다.

필자는 과거를 돌아보고 '그렇게 했으면 좋았을걸' 하고 후회하는 것보다 현재에 집중하라고 부모들에게 조언하고 싶다. 아이가 몇 살이든, 어떤 성격이든, '현재'는 부모가 능력을 발휘할 수 있는 유일한 시공간이기 때문이다.

그러니 지금부터 다시 시작하라. 가정 분위기에 신경을 쓰고, 집에서 좀 더 편안하게 지낼 수 있게 환경을 만들고, 서로 마음을 열고 삶의 기쁨을 누리게 하여 가족 모두가 행복을 느끼는 것, 이것이야말로 가장 중요한 부모의 역할이다.

부모의 100가지 고민으로 배우는
프랑스 육아법

아이는 신이 부모에게 준 가장 큰 선물이라는 말이 있다. 아이가 어리건 이미 장성했건, 자녀를 둔 부모라면 처음 아이를 품에 안았을 때의 감동을 잊지 못할 것이다. 기쁨과 감사의 마음으로 충만한 부모는 이내 아이와 사랑에 빠지고 만다.

눈부시고 아름다운 이야기만 계속되면 좋겠지만, 현실은 그렇지 않다. 아이가 생기고 부모가 된 그 순간부터 부모의 삶은 완전히 달라진다. 머릿속에서 꿈꾸던 것과는 달리, 말도 마음도 통하지 않는 새로운 존재와 하루하루 익숙해지는 과정은 녹록지 않다.

사람들 사이의 모든 관계가 다 그렇듯, 부모와 아이의 관계에서도 서로를 이해하고 공감하는 것이야말로 가장 중요한 부분 중 하나다. 이해와 공감이 가능한 관계에서는 갈등이나 상처도 쉽게 생기지 않고, 생기더라도 잘 해결되고 흉터도 없이 아물기 때문이다.

부모가 아이를 이해하고 아이의 마음에 공감하려면, 무엇보다도 먼저 아이에 대해서 잘 알아야 할 것이다. 아이가 발달 단계와 연령에 따라 어떻게 성장하는지, 어떠한 행동을 하며, 그런 행동을 하는 심리적 배경이 무엇인지를 알아야 한다.

아이가 부모 곁에 온 첫날부터 부모는 여러 곤란한 상황에 맞닥뜨리게 된다. 지은이 안느 바커스는 수많은 상담 경험을 통해 이런 상황에 처하는 이유를 설명하고 여기에 올바르게 대처하는 법을 구체적이고 친절하게 제시해 준다. 특히 거의 모든 부모가 아이의 성장 과정에 한번쯤 갖게 되는 의문과 고민을 엄선해, 나 역시 이 책을 읽으면서 미리 알았더라면 하며 무릎을 쳤던 사항이 한두 가지가 아니다.

100개의 질문 모두가 우리 아이에게 해당되지는 않더라도, 이 책을 통해 과거 또는 미래의 아이 마음을 헤아려 보면 아이의 행동도 자연스럽게 이해하게 될 것이다. 어쩌면 부모가 미처 눈치채지 못했던 일도 새삼 발견할 수 있을지 모르는 일이다.

지은이가 강조하듯, 이 책은 모든 상황에 대한 모범 답안을 담고 있는 것이 아니다. 각각의 상황마다 부모의 이해를 돕고 일반적으로 가장 바람직한 교육적 선택을 할 수 있도록 도와주고 있을 뿐이다. 여기에 부모의 사랑 한 스푼을 더해서 우리 아이에게 맞는 판단을 하는 것은 부모의 몫이다.

갓난아기든, 중2병을 호되게 앓는 사춘기 아이든, 아이를 동등한 인격체로 존중해 부모의 기준을 강요하지 않고 아이의 행동과 감정을 있는 그대로 받아들일 수 있다면, 생각보다 문제 해결의 실마리는 쉽게 찾을 수 있다.

부디 이 책이 아이를 위해 항상 고민하는 모든 부모에게 실용적인 도움뿐 아니라 따뜻한 힘이 되기를 바란다. 이 책이 출간되면 옮긴이 또한 사춘기 딸아이와 소통하려고 뒤늦게 노력하는 남편에게 권할 생각이다.

— 김수진

프랑스 육아의 최고 권위자
안느 바커스가 밝히는

프랑스
육아의
비밀

초판 1쇄 발행 2018년 1월 10일
초판 2쇄 발행 2018년 2월 10일

지은이 안느 바커스
옮긴이 김수진
펴낸이 정용수

사업총괄 장충상 **본부장** 홍서진 **편집장(1실)** 박지원
책임편집 김은혜 **교정교열** 아침노을 **디자인** 서인영 **영업·마케팅** 윤석오 정경민

펴낸곳 (주)예문아카이브
출판등록 2016. 8. 8. 제2016-000240호
주소 서울특별시 마포구 동교로18길 10 2층(서교동)
대표전화 02-2038-3373 **대표팩스** 031-955-0605 **이메일** yeamoonsa3@naver.com
홈페이지 http://www.yeamoonsa.com **블로그** http://blog.naver.com/yeamoonsa3
물류센터 경기도 파주시 직지길 460(출판도시) **전화** 031-955-0550

ISBN 979-11-87749-53-0 13370
한국어판 ⓒ 예문아카이브, 2018